KB202112

인생의
절반쯤 왔을 때
읽어야 할 맹자

마음을 바르게 하면 맹자가 들린다

인생의
절반쯤 왔을 때
읽어야 할 맹자

· 맹자 지음 | 박훈 옮김 ·

탐나는책

맹자孟子는 추騶나라 사람으로 이름은 가軻이다. 자사子思의 문인門
人에게 글을 배웠다. 맹자는 도를 터득한 다음에 제齊나라에 가서 선
왕宣王을 섬기려 했으나, 선왕이 그를 등용하지 않았다. 그래서 양梁
나라로 갔다. 양혜왕梁惠王은 맹자의 말을 따르지 않았다. 맹자의 말
이 너무 먼 후세의 일인 듯하여 '당시의 현실' 사정에 활용할 수 없다
고 생각되었기 때문이다.

그 당시는 '춘추전국시대'로 진秦나라는 상앙商鞅을 등용하고, 초楚
나라와 위魏나라에서는 오기吳起를 등용하고, 제나라에서는 손자孫
子와 전기田忌를 등용해 쓰고, 천하의 여러 나라가 바야흐로 합종연
횡合從連衡에 힘을 쏟고 있었으며, 오직 무력적 공격과 토벌만을 현
명한 정책이라고 생각하고 있었다.

그러나 맹자는 '요순하은주堯舜夏殷周의 덕치'를 주장했다. 그러므
로 어디를 가나 받아들여지지 않았으며, 마침내 물러나 만장萬章 등
제자와 함께 시경詩經과 서경書經을 풀이하고, 또 공자의 뜻을 받들
어『맹자孟子 7편』을 저술했다.

한유韓愈가 말했다.

"요堯가 도통道統을 순舜에게 전했고, 순이 이를 우禹에게 전했고,

우는 이를 탕湯에게 전했고, 탕은 이를 문왕文王·무왕武王·주공周公에게 전했고, 문왕·무왕·주공은 이를 공자孔子에게 전했고, 공자는 이를 맹자孟子에게 전했다. 그러나 맹자가 죽은 다음에는 전하지 않았다. 순자荀子와 양웅揚雄의 학문은 비록 공자의 도를 택하기는 했으나 정밀하지 못했으며, 이론이나 주장이 자상하지 못했다."

어떤 사람이 정자程子에게 '맹자도 성인이라 할 수 있습니까?' 하고 묻자, 정자가 답했다. '아직은 감히 성인이라고 말할 수 없다. 그러나 그의 학문은 이미 그 경지에 도달했다.'

'맹자가 공자의 학파, 즉 유교에 세운 공적은 이루 다 헤아릴 수 없다. 공자 중니仲尼가 한마디 인仁이라고 한 것을, 맹자는 입을 열기만 하면 인의仁義라고 했다. 또 공자 중니가 지志라고 한마디 한 것을 맹자는 여러 가지로 기氣를 키워내야 한다고 말했다. 이 두 가지만으로도 맹자의 공은 매우 크다.'

'맹자는 세상 사람들에게도 큰 공을 세웠다. 즉 맹자는 사람의 본성은 착하다고 말했기 때문이다.' '맹자의 성선설性善說과 양기론良氣論은 이전의 선현들이 밝혀내지 않았던 것이다.' '학자는 전적으로 때[時]를 알고 맞게 행동해야 한다. 만약에 때를 모르면 제대로 배웠다고 말할 수 없다. 안자(顏子; 즉 안회 顏回)가 누추한 거리에서 스스로 안락安樂했던 것은 그 때, 즉 춘추시대에 성인 공자가 생존해 있었기 때문이다. 만약에 맹자의 때, 즉 전국시대에는 이미 공자 같은 성인이 없으니, 어찌 맹자 자신이 도의 선양을 자기의 사명으로 삼지 않을 수 있겠느냐.'

'맹자는 제법 영기英氣가 있다. 재능에 영기가 있으면, 모난 규각圭角이 있게 마련이다. 영기가 심하면 일을 해친다. 안자가 원만하고 후덕한 것과는 같지 않다. 안자는 성인의 경지와는 거리가 머리털 하나 사이라 하겠다. 그러나 맹자는 대현大賢이며, 아성亞聖 다음이라 하겠다.'

어떤 사람이 '영기는 어떤 곳에 나타나 보입니까?' 하고 묻자 정자가 말했다.

'공자의 말을 가지고 비유하면 잘 알 수 있다. 예를 들면, 얼음이나 수정도 빛이 없는 것은 아니다. 그러나 옥玉의 빛에 비하면 다르다. 즉 옥의 빛 속에는 자체에서 풍기는 온윤溫潤하고 함축含蓄된 기상氣象이 있다. 그러나 얼음이나 수정에는 그와 같이 허다한 빛이 없다.'

양씨(이름은 時, 호는 龜山)가 말했다.

"맹자라는 책은 오직 정심正心을 요점으로 하고, 존심存心과 양성養性을 가르치고, 또 방심放心을 수습하기를 주장하고, 더 나아가 인의예지仁義禮智를 논함에 있어서는 측은惻隱·수오羞惡·사양辭讓·시비是非의 마음을 사단四端이라 했다. 또 사설邪說의 해를 논함에 있어서는 사악한 마음이 정치를 해친다고 말했다. 또 임금을 섬기는 도리를 논하여, 임금의 마음속에 있는 비리非理를 바로잡아주어야 한다. 일단 임금이 바르게 되면 나라도 바르게 안정된다고 했다. 이 세상의 천변만화千變萬化는 다 마음에서 우러나오는 것이다. 고로 별도로 따로 꾸미고 조작할 필요가 없다."

"대학에서 말하는 수신, 제가, 치국, 평천하도 그 근본은 오직 정심正心 성의誠意이다. 그러므로 마음으로 「정正」을 터득하면 다음에 '본성적인 선[性之善]'을 알게 된다. 고로 맹자는 모든 사람에게 성선性善을 주장했다."

옮긴이 박훈

머리말 _04

양혜왕장구 상 梁惠王章句上

梁惠王章句上

제1장 인의장 仁義章

 이익보다는 인의만 있을 뿐이다

맹자가 양혜왕(전국시대 위나라의 혜왕)을 알현했다. 양혜왕이 말했다.
"노선생께서 천릿길을 멀다하지 않고 이곳에 오셨으니 장차 우리나
라에 이득을 주시겠지요?"
맹자가 대답했다.
"임금님께서는 하필 이를 말하십니까? 역시 인의만 있을 뿐입니다."

해설

양혜왕梁惠王
전국시대 위魏나라의 혜왕. 사기史記 육국연표六國年表에 보면 'BC 370년부터 BC
335년까지 임금 자리에 있었다.'고 했다. 그는 BC 362년에 도읍을 안읍(安邑: 山西省)
에서 대량(大梁: 河南省 開封)으로 옮겼다. 그래서 '양혜왕梁惠王'이라 했다.

孟子가 見 梁惠王하신대 王이 曰 叟不遠千里而來하시니 亦將有以利吾 國乎이까.
맹자   현 양혜왕   왕   왈 수불원천리이래   역장유이리오 국호

孟子가 對 曰 王은 何必 曰 利이꼬 亦有仁義而已矣니이다.
맹자   대 왈 왕   하필 왈 이   역유인의이이의

제1편 양혜왕장구 상 梁惠王章句上 11

임금은 이익보다는 인의를 높여야 한다

"임금께서 '어떻게 내 나라만을 이롭게 할까?'하고 주장하신다면, 제후나 대부들도 '어떻게 내 집안만 이롭게 할까?'하고 말할 것이며, 또 선비나 백성들도 '어떻게 나 자신만 이롭게 할까?'하고 말하게 될 것입니다. 전차 만 대를 지니고 있는 천자의 나라에서, 반역하고 천자를 시해할 자는 마침내 전차 천 대를 가지고 있는 제후의 가문일 것이며, 전차 천 대가 있는 나라에서 반역하고 상전을 시해할 자는 마침내 전차 백 대를 가지고 있는 대부의 집안일 것입니다. 천자가 가지고 있는 만萬에서 제후가 천千의 녹봉을 취하는 것이나, 제후가 가지고 있는 천千에서 백百의 녹봉을 취하는 것은 결코 많지 않은 것이 아닙니다. 그만하면 많습니다. 그러나 만약에 의를 뒤로하고 오직 이利만을 내세운다면 10분의 1만이 아니고 전부를 탈취하지 않고서는 그만두지 않을 것입니다.

王曰 何以利吾國고하시면 大夫가 曰 何以利吾家오하며 士庶人이 曰
왕왈 하이리오국   대부 왈 하이리오가   사서인이 왈

何以利吾身고하야 上下가 交征利면 而國이 危矣리이다. 萬乘之國에 弑其君者는
하이리오신   상하 교정리 이국 위의   만승지국 시기군자

必千乘之家요 千乘之國에 弑其君者는 必百乘之家이니
필천승지가   천승지국 시기군자   필백승지가

萬取千焉하며 千取百焉이 不爲不多矣언마는 苟爲後義而先利면
만취천언   천취백언 불위부다의   구위후의이선리

不奪하여는 不饜이나이다.
불탈   불염

인仁하면 자기 어버이를 버린 자가 없으며, 의義하면 자기 임금을 뒤로 돌린 자가 없습니다. 그러니 임금님도 역시 오직 인의만을 높이십시오. 왜 하필 이를 말하십니까?"

해설

정징征은 '취하고 뺏는다'는 뜻으로, 위가 아래에서 뺏고 아래가 위에서 뺏으므로 교정(交征: 서로 뺏음)이라고 말한 것이다. 승징乘은 전차를 세는 단위로 대臺에 해당한다. 만승지국萬乘之國은 곧 천자의 기내 사방 천리千里에서 전차 만 대를 동원할 수 있는 큰 나라다. 천승지가千乘之家는 천하 공경의 봉지封地로, 사방 백리百里에서 전차 천 대를 차출할 수 있다. 천승지국千乘之國은 제후의 나라이며, 백승지가百乘之家는 제후 밑에 있는 대부의 집안이다.

다음과 같은 뜻이다. 신하가 군주에 대해서 저마다 10분의 1을 취해 가졌으니, 역시 그만하면 많은 것이다. 만약에 의義를 뒤로하고 이利만을 앞세우면, 결국은 군주를 시해하고 모든 것을 탈취하지 않으면, 욕심이 채워지지 않을 것이다. 인자仁者는 반드시 자기 어버이를 친애하고, 의자義者는 자기 군주를 긴요하게 생각하고 받든다. 고로 임금이 몸소 인의를 행하고, 이利를 취하려는 마음이 없으면, 곧 아래의 신하도 감화되어 임금을 친애하고 추대한다.

未有仁而遺其親者也며 未有義而後其君者也니이다.
미 유 인 이 유 기 친 자 야   미 유 의 이 후 기 군 자 야

王은 亦曰 仁義而已矣시니 何必曰利이꼬.
왕   역왈 인 의 이 이 의   하 필 왈 리

제2장 왕립장 王立章
어진 임금만이 즐길 수 있는 원유

맹자가 양혜왕을 알현하자, 왕은 못 가에 서서 크고 작은 기러기와 사슴들을 둘러보면서 맹자에게 물었다.

"옛날의 현명한 임금도 이와 같이 거대한 원유(동·식물원)를 건설하고 즐겼을까요?"

맹자가 아뢰었다.

"인의 도덕을 지키고 행하는 현명한 임금이라야 비로소 이런 것을 참으로 즐길 수 있습니다. 어질지 못한 사람은 비록 이런 것들을 가졌다 해도 진정으로 즐길 수가 없습니다."

孟子가 見梁惠王하신대 王이 立於沼上이러시니
맹자   현양혜왕   왕   입어소상

顧鴻鴈麋鹿 曰 賢者도 亦樂此乎이까.
고홍안미록 왈 현자   역락차호

孟子가 對曰 賢者而後에 樂此이니 不賢者는 雖有此나 不樂也이니이다.
맹자   대왈 현자이후   낙차   불현자   수유차 불락야

성군은 원유를 백성과 함께 즐긴다

"시경에 다음과 같은 시가 있습니다. '주 문왕이 처음에 영대를 지으려 생각하고 터를 잡고 측량하고 표식을 세우자, 모든 백성들이 자진해 와서 공사를 하여 며칠이 되지 않아 완성했노라.'

'문왕이 측량하고 꾸미기 시작하는 일을 급하게 하지 말라고 일렀거늘, 백성들이 어버이를 따르는 자식들 같이 자진해서 달려와 영대를 꾸몄노라.'

'문왕이 영대 원유에 나타나면, 새끼 밴 암사슴이 태연하게 엎드려 있고, 그 암사슴은 살이 오르고 윤이 나며, 흰 새들도 산뜻하게 맑고 빛이 나며, 문왕이 영대 못 가에 서 있으면, 못 가득히 물고기가 펄떡펄떡 뛰노라.'

詩云 經始靈臺하야 經之營之하시니 庶民攻之라 不日成之로다.
시 운 경 시 영 대   경 지 영 지   서 민 공 지   불 일 성 지

經始勿亟하시나 庶民子來로다 王在靈囿하시니 麀鹿攸伏이로다.
경 시 물 극   서 민 자 래   왕 재 영 유   우 록 유 복

麀鹿濯濯이어늘 白鳥鶴鶴이로다. 王在靈沼하시니 於牣魚躍이로다.
우 록 탁 탁   백 조 학 학   왕 재 영 소   어 인 어 약

결국 문왕은 백성의 힘으로 대와 못을 만들었습니다. 그러므로 백성들은 기쁘고 즐거워했으며, 그 대를 영대라 부르고, 그 못을 영소라 부르고, 또 그곳에서 큰사슴, 작은 사슴 및 물고기와 자라들이 뛰고 놀고 자라는 것을 즐거워했습니다. 그러므로 옛날의 성군은 원유를 백성과 함께 즐겼으므로 진실로 즐길 수 있었던 것입니다."

해설

문왕이 비록 백성들의 힘을 빌었지만, 백성들이 도리어 기쁘고 즐거워했다. 영대라는 좋은 이름까지 붙이고 임금이 갖는 것을 즐겁게 여겼다. 무릇 문왕이 백성들을 사랑할 수 있었기 때문에, 백성들도 왕의 즐거움을 즐겁게 여겼으며, 문왕 역시 즐거움을 마냥 누렸다.

文王이 以民力으로 爲臺爲沼하시니 而民이 歡樂之하야
문 왕   이 민 력   위 대 위 소   이 민   환 락 지

謂其臺曰靈臺라하고 謂其沼曰靈沼라하야
위 기 대 왈 영 대   위 기 소 왈 영 소

樂其 有麋鹿魚鼈하니 古之人이 與民偕樂이라 故로 能樂也니이다.
낙 기 유 미 록 어 별   고 지 인   여 민 해 락   고   능 락 야

백성에게 버림받은 임금은 즐겁지 않다

"『서경書經』 상서 탕서편에 다음과 같이 있습니다.
'저 해는 언제 멸망할까? 나도 너와 함께 죽고 망하리라.'
이렇게 백성들이 임금과 함께 망해 없어지려고 하면, 비록 대나 못에
새나 동물이 있어도 버림받은 임금이 어찌 혼자서 즐거워할 수 있겠
습니까?"

해설
백성이 걸의 학정을 원망했다. 고로 걸 자신의 말을 가지고, 그를 지목하고 말했다.
'저 해가 언제 망할까?' '그대가 망하면, 나도 차라리 함께 망하리라.' 무릇 그의 멸망
을 심하게 바랐다. 맹자가 이 말을 인용해서 밝힌 것이다. 즉 임금이 혼자만 일락逸樂
하고, 백성들을 긍휼矜恤히 여기지 않으면 곧 백성들이 임금을 원망한다. 따라서 그
즐거움도 지닐 수 없게 된다.

湯誓에 日 時日은 害喪고 予及女로 偕亡이라하니
탕서   왈 시일   갈상   여급여   해망
民欲與之偕亡이면 雖有臺池鳥獸이나 豈能獨樂哉리이꼬.
민욕여지해망   수유대지조수   기능독락재

백성을 위한 정책의 결과에 대한 의문

양혜왕이 말했다.

"과인은 나라를 다스림에 있어 마음을 다 기울이고 있다. 하내에 흉년이 들면 그곳 백성들을 하동에 옮기고, 또 양곡을 하내로 수송해 준다. 하동에 흉년이 들어도 역시 그렇게 한다. 그런데 이웃 나라 다스리는 모양을 살펴보면 내가 마음을 쓰는 것같이 잘하지 않는다. 그런데도 이웃 나라의 백성의 수가 감소하는 것도 아니고, 반대로 우리 나라의 백성의 수가 더 증가하는 것도 아니니, 그 이유가 무엇이겠는가?"

해설

하내河內는 하남성河南省. 옛날에는 황하 이북을 하내河內, 이남을 하외河外라 했다.
모두 위魏나라의 영토였다.
하동河東은 산서성山西省. 북에서 남으로 흐르는 황하의 동쪽 지방이다.

梁惠王이 曰 寡人之於國也에 盡心焉耳矣로니 河內凶 則移其民於河東하며
양혜왕   왈 과인지어국야   진심언이의   하내흉 즉이기민어하동

移其粟於 河內하고 河東이 凶커든 亦然하노니 察鄰國之政한대 無如寡人之用心者로대
이기속어 하내   하동   흉 역연   찰린국지정   무여과인지용심자

鄰國之民이 不加少하며 寡人 之民이 不加多는 何也리이꼬.
인국지민   불가소   과인 지민   불가다   하야

백성을 위한 선왕지도를 행해야 한다

맹자가 대답하여 말했다.

"왕께서 전쟁에 능통하시니 전쟁을 비유로 들어 아뢰겠습니다. 바야흐로 싸움이 벌어져 둥둥 전고戰鼓가 울리고, 양쪽 군사들이 서로 무기를 맞대고 싸우다가 한쪽이 패하여 갑옷을 버리고 무기를 끌고 도망을 가는데, 어떤 자는 100보를 가다가 멈추고, 어떤 자는 50보를 가다가 멈추었습니다. 그리고 50보를 도망간 자가 100보를 도망간 자를 보고 비웃었다면 어떻겠습니까?"

양혜왕이 말했다.

"안 되지. 다만 100보가 아닐 뿐, 그 자도 역시 도망간 것이 아니오?"

맹자가 말했다.

"임금님께서 그렇듯이 도리를 알고 계신다면 이웃 나라보다 백성이 많아지기를 바라지 마십시오."

孟子가 對曰 王이 好戰하실새 請以戰喩호리이다. 塡然鼓之하야 兵刃旣接이어늘
맹자 대왈 왕 호전 청이전유 전연고지 병인기접

棄甲曳兵而走호대 或百 步而後에 止하여 或五十步而後에 止하여
기 갑 예 병 이 주 혹 백 보 이 후 지 혹 오 십 보 이 후 지

以五十步로 笑百步면 則何如하니이꼬 曰 不可하니 直不百 步耳언정 是亦走也로다
이 오 십 보 소 백 보 즉 하 여 왈 불 가 직 불 백 보 이 시 역 주 야

曰 王如知此 則無望民之多於鄰國也하소서.
왈 왕 여 지 차 즉 무 망 민 지 다 어 인 국 야

왕도덕치의 기본 바탕

"백성들로 하여금 농사의 때를 어기지 않고 농사를 잘 짓게 하면 곡식을 이루 다 먹을 수 없게 됩니다. 그물눈이 촘촘한 그물을 못이나 강 속에 넣지 않고 치어稚魚를 잡지 않으면 물고기나 자라가 번식하여 이루 다 먹을 수 없을 만큼 많게 됩니다. 때에 맞추어 산림에 들어가 도끼로 벌목하면 산에 나무가 잘 자라고 무성하여 재목을 이루 다 쓸 수 없을 만큼 많게 됩니다. 곡식과 생선 및 자라 등의 식량이 풍족하고, 재목 등이 쓰고 남을 정도로 많으면, 그때 비로소 백성들로 하여금 양생養生과 상사喪死를 유감없이 하게 할 것입니다. 유감없이 양생과 상사를 하게 하는 것이 곧 '왕도덕치'의 바탕이고 시발점입니다."

不違農時면 穀不可勝食也이며 數罟를 不入洿池면 魚鼈을 不可勝食也이며
불 위 농 시   곡 불 가 승 식 야   촉 고   불 입 오 지   어 별   불 가 승 식 야

斧斤을 以時入 山林이면 材木을 不可勝用也이니 穀與魚鼈을 不可勝食하며
부 근   이 시 입 산 림   재 목   불 가 승 용 야   곡 여 어 별   불 가 승 식

材木을 不可勝用이면 是使民養生 喪死에 無憾也이니
재 목   불 가 승 용   시 사 민 양 생 상 사   무 감 야

養生喪死에 無憾이 王道之始也이니이다.
양 생 상 사   무 감   왕 도 지 시 야

참다운 왕의 도리로써 왕도를 완성한다

"다섯 무(약 260평) 넓이의 택지와 주변 땅에 뽕나무를 심고 양잠을 하면 나이 50세 된 어른이 비단옷을 입으며, 닭과 새끼돼지 및 개와 큰 돼지를 기르되 가축이 번식하는 때를 놓치지 않고 사육하면 70세의 노인들이 고기를 먹게 됩니다. 한 가구에 백 무의 전답을 주고 농사 지을 때에 맞추어 짓게 하고, 또 그들의 노동력을 탈취하지 않고 농사를 잘 짓게 하면 여러 식구가 있는 집안이 굶지 않고 잘 살 수 있게 됩니다. 그리고 성실하고 근엄하게 학교 교육이나 교화를 하고, 거듭 백성에게 효제孝悌의 도의道義를 가르치고 깨우치면, 머리가 희끗희끗한 노인들이 짐을 지고 길을 가지 않게 됩니다. 칠십 노인이 비단옷을 입고 고기를 먹고, 일반 백성이나 서민들이 굶주리지 않고 추위에 떨지 않게 될 것입니다. 그와 같이하고도 천하에 참다운 왕 노릇을 하지 못한 예는 아직까지 없었습니다."

五畝之宅에 樹之以桑이면 五十者가 可以衣帛矣며 雞豚狗彘之畜을 無失其時면
오 무 지 택   수 지 이 상   오 십 자   가 이 의 백 의   계 돈 구 체 지 축   무 실 기 시

七十者가 可以食肉矣며 百畝之田을 勿奪其時면 數口之家가 可以無飢矣라
칠 십 자   가 이 식 육 의   백 무 지 전   물 탈 기 시   수 구 지 가   가 이 무 기 의

謹庠序之敎하여 申之以孝悌之義면 頒白者가 不負戴於道路矣리니
근 상 서 지 교   신 지 이 효 제 지 의   반 백 자   불 부 대 어 도 로 의

七十者가 衣帛食肉하며 黎民이 不飢不寒이오 然而不王者가 未之有也니이다.
칠 십 자   의 백 식 육   여 민   불 기 불 한   연 이 불 왕 자   미 지 유 야

참다운 왕도의 덕치를 펼쳐라

"윗사람이 개나 돼지에게 백성들이 먹을 곡식을 먹여 사육하면서 단속할 줄 모르고, 또 길가에 굶어 죽은 사람의 시체가 있어도 곡물창고를 열어 구호미를 풀 줄 모릅니다. 그리고 사람이 굶어 죽으면, 임금은 '내 탓이 아니다. 흉년 탓이다.'라고 말하니, 그런 태도는 사람을 찔러 죽이고 '내가 아니다. 무기다'라고 말하는 것과 무엇이 다릅니까? 임금께서 죄를 흉년에 돌리지 않고 참다운 왕도의 덕치를 펴면 그때에 비로소 천하의 만민이 올 것입니다."

해설

정자가 말했다.
"맹자가 논하는 왕도는 이와 같을 뿐이며, 참으로 알차고 실질적이다."
"공자 때에는 주周나라가 쇠미해도 천하가 주를 높이는 것을 의義로 여겼다. 그래서 춘추시대에는 존주尊周를 근본으로 삼았다."

狗彘가 食人食 而不知檢하며 塗有餓莩 而不知發하며 人死則曰 非我也라.
구 체　사 인 식　이 부 지 검　　　도 유 아 표　이 부 지 발　　　인 사 즉 왈　비 아 야

歲也라하시니 是 何異於刺人而殺之하고 曰 非我也라 兵也라
세 야　　　시 하 이 어 자 인 이 살 지　왈 비 아 야　병 야

王無罪歲하시면 斯天下之民이 至焉하리이다.
왕 무 죄 세　　　사 천 하 지 민　지 언

제4장 원안장 願案章
정치를 잘해야 한다

양혜왕이 말했다.

"과인이 편하고 즐거운 마음으로 가르침을 듣고자 합니다."

맹자가 왕에게 물었다.

"사람을 죽이는 데 몽둥이를 쓴 것과 칼을 쓴 것이 다릅니까?"

임금이 말했다.

"다를 바 없지요."

맹자가 물었다.

"칼로 죽이는 것과 정치를 잘못해서 죽이는 것이 다를 바 있습니까?"

임금이 말했다.

"다를 바 없지요."

梁惠王이 曰 寡人이 願安承敎하나이다.
양혜왕　왈 과인　　원안승교

孟子가 對曰 殺人以梃與刃이 有以異乎이까 曰無以異也니이다.
맹자　대왈 살인이정여인　유이이호　　왈무이이야

以刃與政이 有以異乎이까 曰無以異也니이다.
이인여정　유이이호　　왈무이이야

백성의 부모로써 임금의 실정

"임금이나 귀족들의 푸줏간에는 기름진 고기가 넘치고, 마구간에는 살찐 말들이 있는데, 백성들 얼굴에는 굶주린 기색이 돌고, 들판에는 허기져 쓰러진 시체가 있으니, 이는 바로 위정자들이 짐승을 데려다가 백성이 먹을 곡식을 먹게 하는 것입니다."

"금수가 서로 잡아먹는 것조차 사람들은 나쁘게 여기거늘, 백성들의 부모가 되는 임금이 다스리면서 금수를 끌어다가 사람을 잡아먹게 하는 잘못에서 벗어나지 못하니, 어찌 그를 백성의 부모라 하겠습니까?"

曰 庖有肥肉하며 廐有肥馬요 民有飢色하며 野有餓莩이면 此는 率獸而食人也니이다.
왈 포유비육 구유비마 민유기색 야유아표 차 솔수이사인야

獸相食을 且人이 惡之하나니 爲民父母라
수상식 차인 오지 위민부모

行政하되 不免於率獸而食人이면 惡在其爲民父母也리이꼬.
행정 불면어솔수이사인 오재기위민부모야

임금은 백성을 굶게 해서는 안 된다

"공자가 '최초로 나무 인형을 만들어 순장에 쓴 사람은 아마 후손이 없었을 것이다.'라고 말하셨으니, 그 이유는 너무나 사람을 닮은 인형을 순장에 쓴 그 자의 마음씨가 모질다고 여겼기 때문입니다. 백성의 부모 되는 임금이 어떻게 백성으로 하여금 굶어 죽게 내버려 둘 수가 있습니까?"

해설

옛날 장례에는 풀을 엮어서 사람이라 치고, 그것을 딸려 영구를 지키게 했으며 추령芻靈이라 일컬었으니 대략 사람의 모양과 같을 뿐이었다. 중고中古에는 용俑으로 대체했으나, 얼굴과 눈의 기능과 움직임이 너무 사람을 닮았다.

그래서 공자가 그와 같은 잔인한 짓을 미워하고 그런 자는 반드시 후손이 없을 것이라고 말한 것이다. 맹자는 말했다. "그와 같이 목용木俑을 만든 사람은 오직 사람을 닮은 인형을 만들고 순장했을 뿐이다." 그런데도 공자가 그를 악하다고 미워했거늘, 하물며 실지로 백성들로 하여금 굶어 죽게 한 임금에 대해서는 어떠하겠는가.

仲尼曰 始作俑者가 其無後乎인저하시니 爲其象人而用之也시니
중 니 왈 시 작 용 자 기 무 후 호   위 기 상 인 이 용 지 야

如之何 其使斯民飢 而死也리이꼬.
여 지 하 기 사 사 민 기 이 사 야

제5장 진국장 晉國章

우리나라의 치욕을 씻고 싶다

양혜왕이 말했다.

"우리나라 진晉은 천하에 막강한 나라였습니다. 이 사실은 노인장도 아시는 바입니다. 그러나 과인의 대代에 와서 동으로는 제齊에게 패하고 또 태자를 죽게 하고, 서로는 진秦에게 7백 리의 영토를 빼앗겼으며, 남으로는 초楚에게 패하고 욕을 보았습니다. 과인은 이를 부끄럽게 여기고 있으며, 죽은 사람을 위해서도 치욕을 일소하고 싶은데 어찌하면 되겠습니까?"

해설

진문공晉文公은 제환공齊桓公 다음으로 패자가 되었다. 그러나 후에 진은 '한韓, 위魏, 조趙'로 삼분三分되어, 삼진三晉이라고 했다. 그 중에도 위사魏斯가 세운 '위'가 가장 강했으며, 양혜왕은 바로 위사의 후손이다. 그래서 양혜왕이 현재의 위나라를 진이라고 말한 것이다.

梁惠王이 曰 晉國이 天下에 莫强焉은 叟之所知也이라
양혜왕   왈 진국   천하   막강언   수지소지야

及寡人之身하야 東敗於齊에 長子를 死焉하고 西喪地於秦七百里하야 南辱於楚하니
급 과인지신   동패어제   장자   사언   서상지어진칠백리   남욕어초

寡人이 恥之하야 願比死者하야 壹洒之하노니 如之何則可니이꼬.
과 인   치지   원비사자   일세지   여지하즉가

임금은 덕치로써 백성에게 인정을 베풀어야 한다

맹자가 대답했다.

"국토가 사방 백 리만 되어도 덕치로써 왕 노릇을 할 수 있습니다. 임금께서는 만약 백성에게 인정을 베풀어 형벌을 적게 하고, 세금 징수를 감면하고, 또 농토를 깊이 갈고 김을 잘 매게 하여 농업생산을 높이고 아울러 청소년에게 공부할 시간을 주어 저마다 '효제충신孝悌忠信'을 닦게 하고, 집안에서는 부모와 형제를 잘 섬기고, 나아가서는 연장자나 윗사람을 잘 섬기게 감화해야 합니다. 그렇게 하면, 그들 백성들로 하여금 몽둥이를 무기로 삼고 진秦과 초楚나라의 견고한 갑옷이나 예리한 창칼을 무찌르게 할 수 있습니다."

孟子가 對曰 地方百里而可以王이니이다.
맹 자   대 왈 지 방 백 리 이 가 이 왕

王如施仁政於民하사 省刑罰하시며 薄稅斂하시며 深耕易耨하고
왕 여 시 인 정 어 민   생 형 벌   박 세 렴   심 경 이 누

壯者以暇日로 修其孝悌忠信하여 入以事其父兄하여 出以事其長上하리니
장 자 이 가 일   수 기 효 제 충 신   입 이 사 기 부 형   출 이 사 기 장 상

可使制梃하여 以撻秦楚之堅甲利兵矣리이다.
가 사 제 정   이 달 진 초 지 견 갑 리 병 의

임금은 백성을 구제해야 한다

"그들 진秦·초楚는 백성들의 시간을 탈취하여 농사를 잘 지어, 자기 부모를 보양하는 것조차 못하게 합니다. 따라서 부모가 추위에 떨고 굶주리고 형제 처자가 서로 흩어집니다.

그들 나라에서 백성들을 함정이나 물속에 빠뜨리듯이 포학한 정치로서 민심을 잃었을 때에 민심을 하나로 만든 임금이 가서 바로잡는 일을 어느 누가 막고 대항할 수 있습니까?

고로 인자仁者는 무적이라 합니다. 임금은 저의 말을 의심하지 마십시오."

해설

공씨(孔氏: 이름은 文仲. 臨江 사람)가 말했다. 양혜왕의 뜻은 원한을 풀고자 함이었다. 맹자의 주장은 백성을 구제救濟함에 있다. 이른바 천도를 집행하는 하늘의 관리만이 방벌放伐할 수 있다고 한 것으로 곧 맹자의 본의일 것이다.

彼가 奪其民時하여 使不得耕耨하여 以養其父母하면
피   탈 기 민 시   사 부 득 경 누   이 양 기 부 모

父母가 凍餓하니 兄弟妻子가 離散하리니.
부 모   동 아   형 제 처 자   이 산

彼가 陷溺其民이어든 王이 往而征之하시면 夫誰與王敵이리이꼬.
피   함 닉 기 민   왕   왕 이 정 지   부 수 여 왕 적

故로 曰 仁者無敵이라하니 王請勿疑하소서.
고   왈 인 자 무 적   왕 청 물 의

누가 천하를 통일하겠는가?

맹자가 양양왕을 만나고 나와서 말했다.

"멀리서 바라보아도 그 풍모가 임금 같지 않고, 가까이 대해도 임금 다운 위엄이 보이지 않더라. 그런데 느닷없이 나에게 '천하가 어떻게 될 것이냐?'고 묻기에, 내가 '결국은 하나로 통일됩니다.'하고 대답했다."

"누가 천하를 하나로 통일할 수 있느냐?"고 묻기에 답했다. "사람 죽이기를 좋아하지 않으면 천하를 통일할 수 있습니다."

"누가 그를 따르고 편들겠느냐?"

孟子가 見梁襄王하시고 出語人曰 望之不似人君이오 就之而不見所畏焉이러니
맹 자   현양양왕   출어인왈 망지불사인군   취지이불견소외언

卒然問曰 天下는 惡乎定고하여늘 吾가 對曰 定於一이라호다.
졸연문왈 천하   오호정   오   대왈 정어일

孰能一之오하여늘 對曰 不嗜殺人者가 能一이라호다. 孰能與之오하여늘.
숙능일지   대왈 불기살인자 능일지   숙능여지

어진 임금에게만 백성은 순종한다

맹자가 대답했다.

"천하에서 어느 누구도 안 따르고 편들지 않을 사람이 없습니다. 임금님도 논에 심은 벼의 묘苗를 아시지요. 7,8월 사이에 가물면 묘가 바짝 마릅니다. 그러다가 하늘에 뭉게뭉게 구름이 일어나고 비가 한바탕 억세게 쏟아져 내리면 즉시 시들었던 묘가 다시 세차게 살아서 일어납니다. 그와 같은 힘이나 도리를 어느 누가 막을 수 있습니까?"

"오늘 천하의 임금들은 살인을 좋아하지 않는 자가 없으며, 모두가 백성을 못살게 굴고 죽이고 있습니다. 만약에 살인을 즐기지 않는 인자仁慈한 임금이 나타나면 즉시 천하의 모든 백성들이 목을 길게 뽑고 우러러 바라볼 것입니다. 참으로 어진 임금이 나타나면 만민이 그에게 돌아와 순종順從할 것이며, 흡사 물이 아래로 흘러내리듯이, 또 단비가 쏟아져 내린 듯이 흠뻑 젖으려 할 것입니다. 그와 같은 왕도를 누가 가로막을 수 있겠습니까?"

對曰 天下가 莫不與也이니 王은 知夫苗乎이까 七八月之間이 旱 則苗가 槁矣라가
대왈 천하   막불여야   왕   지부묘호   칠팔월지간   한 즉묘 고 의

天이 油然作 雲하야 沛然下雨 則苗가 浡然興之矣하나니 其如是면 孰能禦之리오.
천   유연작 운   패연하우 즉묘   발연흥지의   기여시   숙능어지

今夫天下之人牧이 未有不嗜殺人者也이니 如有不嗜殺人者면 則天下之民이
금부천하지인목   미유불기살인자야   여유불기살인자   즉천하지민

皆 引領而望之矣라 誠如是면 民歸之 由水之就下하리니 沛然을 誰能禦之리오.
개 인령이망지의   성여시야 민귀지 유수지취하   패연   수능어지

30

왕도에 대한 말

제나라 선왕이 맹자에게 물었다.

"제환공齊桓公과 진문공晉文公의 사적事跡에 대한 말을 들려줄 수 있으십니까?"

맹자가 대답했다.

"공자의 문도는 제환공이나 진문공에 대해서는 말하지 않습니다. 그래서 후세에 전하지 않았고, 또 저도 듣지 못해서 아는 바가 없습니다. 그래도 저의 말을 그만두지 말고 더 하라고 하시면 즉 왕도에 대한 말을 하겠습니다."

선왕이 말하길, "덕이 어떠하면 즉 참다운 왕이 될 수 있겠습니까?"

하자 맹자는 "백성을 잘 보호하고 친애하면 왕이 될 것이며, 그것을 누구도 막을 수 없습니다."하였다.

─────────────

齊宣王이 問 曰 齊桓晉文之事를 可得聞乎이까. 孟子가 對曰 仲尼之徒가
제선왕   문 왈 제환진문지사   가득문호   맹자   대왈 중니지도

無道桓文之事者이라 是以로 後世에 無傳焉하니 臣이 未之聞也하나 無以 則王乎인저.
무도환문지사자   시이   후세   무전언   신   미지문야   무이 즉왕호

曰 德이 何如 則可以王矣리이꼬 曰保民而王이면 莫之能禦也이다.
왈 덕   하여 즉가이왕의   왈보민이왕   막지능어야

백성을 위한 정치를 할 수 있는가?

선왕: "나와 같은 사람도 백성을 보호하고 친애할 수 있겠습니까?"

맹자: "가능합니다."

선왕: "무엇으로 내가 가능하다는 것을 아시오?"

맹자가 선왕에게 말했다.

"신은 호흘胡齕이 하는 다음과 같은 말을 들었습니다. 왕이 당상에 앉아 있을 때, 어떤 사람이 소를 몰고 당 아래를 지나가자, 왕이 보고 '그 소는 어디로 가느냐?'고 물었으며, 그 사람이 '장차 흔종(새로 동종銅鐘을 주조하면 희생을 죽여 피를 주물 틈에 바르는 것)하려고 합니다.'라고 대답하자, 왕이 '그만두어라. 나는 그 소가 겁에 질려 떨고 뒷걸음질 치고, 또 죄도 없이 사지에 끌려가는 것을 차마 볼 수가 없다.'라고 하셨으며, 이에 '그러면 흔종을 폐할까요?'하고 되묻자, 왕께서 '어찌 흔종을 폐할 수 있겠느냐, 양으로 바꾸어라'라고 말했습니다." 호흘의 말을 옮기고 다시 맹자가 물었다. "실로 그런 일이 있었습니까?"

日若寡人者도 可以保民乎哉이까 日可이다 日何由知吾可也이꼬 日臣이 聞之胡齕호니
왈약과인자 가이보민호재   왈가   왈하유지오가야 왈신 문지호흘

日王이 坐於堂上이어늘 有牽牛而過堂下者이니라 王이 見之하시고 日牛는 何之오
왈왕   좌어당상   유견우이과당하자   왕 견지   왈우 하지

對日 將以釁鐘이니이다 王日 舍之하라 吾가 不忍其觳觫 若無罪而就死地하노라
대왈 장이흔종   왕왈 사지 오 불인기곡속 약무죄이취사지

對日 然則廢釁鐘與이까 日何可廢也이리오 以羊易之라하시니 不識케이다 有諸이까.
대왈 연즉폐흔종여   왈하가폐야   이양역지   불식   유제

32

임금은 불인지심과 측은지심을 갖고 있다

선왕: "사실 그런 일이 있었소."

맹자가 말했다.

"그런 마음이 있으시면 족히 왕도인정王道仁政을 할 수 있습니다. 하지만 백성들은 모두 임금이 '비싼 소를 아끼고, 싼 양으로 바꿨다고' 생각합니다. 그러나 저는 임금님이 불인지심不忍之心으로 그렇게 하셨음을 굳게 알고 있습니다."

왕이 말했다.

"그렇소. 사실로 백성들 중에는 그렇게 생각하는 사람이 있소. 허나 우리 제나라가 비록 좁고 작아도 어찌 내가 소 한 마리를 아까워하겠소. 바로 소가 겁에 질려 떨고 뒷걸음질치고, 또 죄도 없이 사지에 끌려가는 것을 차마 볼 수가 없었으므로 그래서 양으로 바꾸게 한 것이오."

曰有之이다 曰是心이 足以王矣리이다
왈 유 지   왈 시 심   족 이 왕 의

百姓皆以王爲愛也이어니와 臣은 固知王之不忍也하나이다.
백 성 개 이 왕 위 애 야   신   고 지 왕 지 불 인 야

王曰 然하다 誠有百姓者이로다마는 齊國이 雖褊小이나 吾何愛一牛이리오
왕 왈 연   성 유 백 성 자   제 국   수 편 소   오 하 애 일 우

卽不忍其觳觫 若無罪 而就死地라 故로 以羊易之也호이다.
즉 불 인 기 곡 속 약 무 죄 이 취 사 지   고   이 양 역 지 야

임금은 백성의 말뜻을 이해해야 한다

맹자가 말했다.

"백성들이 '왕이 비싼 소를 아까워했다고 생각하는 것을' 괴이하게 여기지 마십시오. 실로 임금님이 작은 양으로 큰 소를 대신하라고 했습니다. 그러니 그들 백성이 어떻게 속마음을 알겠습니까? 정녕 임금님이 그와 같이 죄 없이 사지에 들어가는 것을 측은하게 여기셨다면 소나 양이나 무슨 차이가 있겠습니까?"

그러자 왕이 웃으며 말했다.

"정말이지, 그때 무슨 마음으로 그렇게 했을까. 나도 잘 모르겠소. 허나 나는 재물이 아까워 양으로 바꾸게 한 것은 아니요. 그러나 백성이 내가 재물을 아껴서 바꾸었다고 생각할 만도 하지요."

해설

맹자의 말은 '소나 양이나 다 죄 없이 죽을 바에, 무슨 분별이 있다고 양으로 소를 대신하느냐.'의 뜻이다. '맹자가 고의로 이같이 힐난하고, 왕으로 하여금 스스로 반성하고 본심을 찾게 하려고 했다.' '그러나 왕이 못했다.' 고로 끝내 백성들이 말뜻을 스스로 이해하지 못했던 것이다.

曰 王은 無異於百姓之以王爲愛也허소서 以小易大어니 彼惡知之리이꼬
왈 왕   무 이 어 백 성 지 이 왕 위 애 야   이 소 역 대   피 오 지 지

王이 若隱其無罪 而就死地라면 則牛羊何擇焉이리이꼬
왕   약 은 기 무 죄 이 취 사 지   즉 우 양 하 택 언

王이 笑曰 是誠何心哉런고 我非愛其財 而易之以羊也언마는 宜乎百姓之謂我愛也로다.
왕   소 왈 시 성 하 심 재   아 비 애 기 재 이 역 지 이 양 야   의 호 백 성 지 위 아 애 야

군자는 푸줏간을 멀리한다

맹자가 말했다.

"상심하지 마십시오, 그러한 것이 바로 인仁을 이룩하는 심술心術입니다. 그때에 임금께서는 눈앞의 소는 보았으나, 아직 양은 보지 않았습니다. 그래서 눈앞의 소는 차마 죽일 수 없다고 생각하시고, 눈앞에 없는 양을 대신하라고 하신 것입니다. 본래 군자가 금수를 대하는 태도가 그러한 것입니다. 살아 있는 것을 보고는 차마 눈앞에서 무참하게 죽는 꼴을 못 보고, 또 죽어가면서 내는 비명 소리를 듣고는 차마 그 동물의 고기를 먹지 못하는 법입니다. 그러하기 때문에, 군자는 푸줏간을 멀리하는 것입니다."

___
해설

원래, 인간과 금수는 같은 생명체이며 다만 종류가 다를 뿐이다. 그러므로 저마다 예禮, 즉 도리에 맞게 해야 한다. 사람의 불인지심도 직접 보고 듣는 곳에서는 더 심하게 나타나게 마련이다. 푸주간을 멀리하는 이유도 인심을 미리 키우려는 까닭이며, 인仁을 넓히는 방법이다.

曰 無傷也라 是乃仁術也니 見牛코 未見羊也일세니이다
왈 무 상 야   시 내 인 술 야   견 우   미 견 양 야

君子之於禽獸也에 見其生하고 不忍 見其死하며
군 자 지 어 금 수 야   견 기 생   불 인 견 기 사

聞其聲하고 不忍食其肉하시니 是以로 君子는 遠庖廚也니이다.
문 기 성   불 인 식 기 육   시 이   군 자   원 포 주 야

불인지심의 마음

왕이 기뻐하며 말했다.

"『시경詩經』소아小雅 교언편巧言篇에, '타인의 마음을 내가 촌탁한다.' 라는 말이 있거늘, 바로 선생을 말한 것이군요. 하기는 내가 행했으면 서도 돌이켜 보아도, 내 마음을 잘 알 수 없었거늘, 선생의 말을 들으니 전에 모르던 불인지심不忍之心이 내 마음속에 새삼스럽게 되살아나는군요. 하지만 그런 마음이 왕도덕치王道德治에 합당한 까닭이 무엇입니까?"

해설

임금이 맹자의 말로 인해, 전에 느꼈던 측은한 마음이 다시 일어나기 시작했다. 그래서 임금도 그 '불인지심不忍之心'이 외적으로 얻어지는 것이 아님을 알았다. 그러나 임금은 왕도가 바로 자기의 본성本性으로 되돌아가 속에 있는 인심仁心을 추진해 나가는 것임은 미처 모른다.

王이 說曰 詩云 他人有心을 予忖度之라하니 夫子之謂也로소이다
왕   열왈 시운 타인유심   여촌탁지   부자지위야

夫我乃行之하고 反而求之호대 不得吾心이러니 夫子가 言之하시니
부아내행지   반이구지   부득오심   부자   언지

於我心에 有戚戚焉하여이다 此心之所以合於王者는 何也이꼬.
어아심   유척척언   차심지소이합어왕자   하야

임금의 공덕이 백성에 닿아야 한다

맹자가 말했다.

"어떤 사람이 임금님에게, '나의 힘은 족히 백 균의 무게를 들어 올릴 수 있다. 그러나 지금은 털 하나도 들어 올릴 수 없다. 또 나의 눈은 밝아서 족히 추호의 끝도 볼 수 있다. 그러나 지금은 수레에 실은 장작더미가 보이지 않는다.'고 말하면, 그자의 말을 임금께서는 인정하겠습니까?"

임금이 아니라고 말했다.

"지금 임금님의 은애恩愛가 족히 금수에 미치고 있거늘 그러면서 임금님의 공덕功德이 백성에 미치지 못하는 것은 단적으로 왜 그러합니까. 그러한즉 털 하나를 들어 올리지 않는 것은 힘을 쓰지 않는 것이고, 수레에 실은 장작이 안 보인다고 하는 것은 밝은 눈으로 보지 않기 때문입니다. 백성들이 임금에게 보육되지 않음은 임금이 은덕을 베풀지 않기 때문입니다. 고로 임금이면서 왕도덕치王道德治를 펴지 않는 것은 안하는 것이지, 못하는 것이 아닙니다."

曰 有復於王者이 曰 吾力足以擧百鈞 而不足以擧一羽하며
왈 유복어왕자 왈 오력족이거백균 이부족이거일우

明足以察秋毫 之末 而不見輿薪이라하면 則王許之乎이까
명족이찰추호 지말 이불견여신 즉왕허지호

曰 否라 今에 恩足以及禽獸 而功不至於百 姓者는 獨何與이꼬
왈 부 금 은족이급금수 이공부지어백 성자 독하여

然則一羽之不擧는 爲不用力焉이며 輿薪之不見은 爲不用明焉이며
연즉일우지불거 위불용력언 여신지불견 위불용명언

百姓之不保는 爲不用恩焉이니 故로 王之不王은 不爲也이언정 非不能也이나이다.
백성지불견보 위불용은언 고 왕지불왕 불위야 비불능야

하지 않는 것과 못 하는 것

임금이 물었다.

"하지 않는 것과 못하는 것은 그 형상形狀이 어떻게 다릅니까?"

맹자가 말했다.

"태산泰山을 끼고 북해北海를 넘어야 할 경우, 남에게 '나는 못한다.'고 말하면, 그것은 진짜로 못하는 것입니다. 그러나 연장자를 위해서 나 뭇가지를 꺾을 때에 '나는 못한다.'고 말하는 것은 하지 않는 것이지 못하는 것이 아닙니다. 고로 임금님이 왕도덕치王道德治를 펴지 않으시는 것은, 겨드랑이에 태산을 끼고 북해를 뛰어 넘는 유類가 아니고, 임금님이 왕도덕치를 펴지 않으시는 것은 나뭇가지를 꺾는 유이며, 그것은 하지 않는 것입니다."

曰 不爲者와 與不能者之形이 何以異이꼬 曰 挾太山하여 以超北海를
왈 불위자 여불능자지형이 하이이 왈 협태산 이초북해

語人曰 我不能이라하면 是는 誠不能也이어니와
어인왈 아불능 시 성불능야

爲長者折枝를 語人曰 我不能이라하면 是는 不爲也이언정 非不能也이니
위장자절지 어인왈 아불능 시 불위야 비불능야

故로 王之 不王은 非挾太山以超北海之類也이라 王之不王은 이 折枝之類也이니이다.
고 왕지불왕 비협태산이초북해지류야 왕지불왕 시 절지지류야

인심을 널리 펼쳐 백성을 사랑하라

"먼저 임금님의 부모 및 일가의 모든 노인 어른들을 잘 섬기고 공경하시고, 그리고 다른 사람의 노인, 즉 모든 백성의 부모 노인들도 잘 섬기고 공경하십시오. 또 우선 임금님이 자기 집안의 자녀나 어린 사람들을 사랑으로 양육하고 이어 그 사랑의 양육을 모든 백성들의 어린 사람들에게도 미치십시오. 그러면 천하를 자기 손바닥 위에 놓고 굴리듯이 잘 다스릴 수 있습니다.

『시경詩經』 대아大雅 사제편思齊篇에, 다음과 같이 있습니다. '문왕이 자기 부인에게 바르게 대하고, 그리고 인덕仁德을 형제에게 미치고, 더 나가 일가친척 및 나라를 다스리노라.' 이 말은 곧 본성 속에 있는 인심仁心을 들어서 모든 사람에게 베푼다는 뜻을 말한 것입니다.

老吾老하여 以及人之老하며 幼吾幼하여 以及人之幼이면 天下는 可運於掌이니
노 오 로   이 급 인 지 로   유 오 유   이 급 인 지 유   천 하   가 운 어 장

詩云 刑于寡妻하여 至于兄弟하여 以御于家邦이라하니 言擧斯心하여 加諸彼而已니라
시 운 형 우 과 처   지 우 형 제   이 어 우 가 방   언 거 사 심   가 제 피 이 이

고로 은덕을 뻗어 넓히면 족히 사해 만민을 보호할 수 있지만, 뻗어 넓히지 않으면 자기 처자도 보호할 수 없습니다. 옛날의 성왕이 다른 사람보다 크게 뛰어난 이유는 바로 인심을 잘 뻗어 백성들을 사랑했기 때문입니다. 지금 임금님의 은혜가 금수에까지 족히 미쳤거늘 그런데도 은공이 백성에게 미치지 못한 것은 단적으로 왜 그렇습니까?"

해설

임금이 은혜恩惠를 뻗지 않으면, 백성들이 등을 돌리고 친족들이 이탈한다. 그러므로 나라를 잃고 임금으로서 처자도 보호할 수 없게 된다.

옛 사람들은 반드시 친 부모형제를 친애하는 것을 바탕으로 하고 사랑을 미루어 나갔던 것이다. 그런 다음에 백성을 사랑하고, 또 기타 사람에게 사랑을 미루어 뻗고, 그 다음에 동물이나 만물을 사랑했다. 모두 가까운데서 멀리 뻗고, 먼저 용이한 것을 하고 다음에 어려운 것을 해야 한다.

그런데 지금 임금은 반대로 했으며, 반드시 그렇게 한 이유가 있을 것이다. 그래서 맹자가 다시 근본을 내세워 가지고 물었던 것이다.

故로 推恩이면 足以保四海오 不推恩이면 無以保妻子이니
고   추은   족이보사해   불추은   무이보처자

古之人이 所以大過人者는 無他焉이라 善推 其所爲而已矣니라
고지인   소이대과인자   무타언   선추 기소위이이의

今에 恩足以及禽獸 而功不至於百姓者는 獨何與니이꼬.
금   은족이급금수 이공부지어백성자   독하여

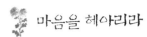 마음을 헤아리라

"저울로 재보아야 경중輕重을 알 수 있으며, 자로 재보아야 장단長短
을 알 수 있으니, 모든 사물이 다 그러합니다. 특히 보이지 않고 미묘
하게 작용하는 마음은 더욱 심합니다. 그러므로 청하오니, 부디 마음
을 잘 헤아리십시오."

"그런데 임금님께서는 무장한 병사들을 동원하여 전쟁을 일으키고,
선비들과 신하를 위험 속에 빠뜨리고, 다른 나라의 제후들과 원한을
맺고자 하십니다. 그렇게 하셔야만 마음이 즐거우십니까?"

왕이 말했다.

"아니오. 내가 어찌 그런 일을 즐거워하겠소. 장차 크게 원하는 바를
얻으려 함이오."

權 然後에 知輕重이며 度 然後에 知長短이니 物皆然이어니와 心爲甚하니
권 연후 지경중 도 연후 지장단 물개연 심위심

王請度之하소서. 抑 王은 興甲兵하며 危士臣하며 構怨於諸侯 然後에 快於心與이까.
왕청탁지 억 왕 흥갑병 위사신 구원어제후 연후 쾌어심여

王이 曰 否라 吾何快於是리오 將以求吾所大欲也이로다.
왕 왈 부 오하쾌어시 장이구어소대욕야

맹자가 생각하는 임금님이 전쟁을 일으키는 이유

맹자가 말했다.

"임금님께서 크게 바라는 바가 무엇인지 들려주실 수 있습니까?"

왕이 빙그레 웃으며 말하지 않았다. 그러자 맹자가 물었다.

"기름지고 맛좋은 음식이 입에, 즉 먹기에 부족해서입니까? 가볍고 따뜻한 옷이 몸에, 즉 입기에 부족해서 입니까? 혹은 아름답게 꾸민 미녀들이 눈으로 보기에 부족해서입니까? 아름다운 음악소리가 귀로 듣기에 부족해서입니까? 유순하고 사랑스런 근신들이 앞에서 부려 쓰시기에 부족해서입니까?

그러한 모든 것은 여러 신하들이 충분히 공급해 올리거늘, 그런데도 임금님은 어찌하여 욕심을 내고 전쟁을 하려고 하십니까?"

임금이 말했다.

"아니오, 그런 것 때문에 전쟁을 하는 것이 아니오."

曰 王之所大欲을 可得聞與이까 王이 笑而不言하시다
왈 왕지소대욕   가득문여   왕   소이불언

曰 爲肥甘이 不足於口與이며 輕煖이 不足於體與이며
왈 위비감 부족어구여   경난 부족어체여

抑爲采色이 不足視於目與이며 聲音이 不足聽於耳與이며 便嬖가 不足使令於前與이까
억위채색 부족시어목여   성음 부족청어이여여   편폐 부족사령어전여

王之諸臣이 皆足以供之하나니 而王은 豈爲是哉시리이꼬 曰 否 吾不爲是也로이다
왕지제신 개족이공지   이왕   기위시재   왈 부 오불위시야

맹자가 또 말했다.

"그러면, 즉 임금님의 큰 욕구를 알 만합니다. 영토를 더 넓히고, 진나라와 초나라를 조공 들게 하고, 제나라가 천하의 중심이 되어, 사방의 오랑캐나라를 다스리자는 것입니다. 하지만 임금님이 하시는 일, 즉 전쟁으로써 그러한 것을 바라는 것은 흡사 나무에 올라가 물고기를 잡으려함과 같습니다."

해설

편폐便嬖는 가까이서 시중드는 총애하는 사람이다. 이리는 어조사다. 벽辟은 '영토를 넓히고 확대한다'는 뜻이다. 조朝는 '조공을 들게 한다'는 뜻이다. 진나라나 초나라는 모두 큰 나라다. 이莅는 '다다르다, 임한다, 군림한다'는 뜻이다. 약若은 '만약, 이와 같다'는 뜻이다. 연목구어(緣木求魚: 나무에 올라가서 생선이나 물고기를 얻으려고 한다.)라는 비유比喩다. 즉 절대로 얻을 수 없다는 뜻을 말한 것이다.

曰 然則王之所大欲을 可知已니 欲辟土地하고 朝秦楚하고 莅中國 而撫四夷也로소이다
왈 연 즉 왕 지 소 대 욕 가 지 이 욕 벽 토 지   조 진 초   이 중 국 이 무 사 이 야

以若所 爲로 求若所欲이면 猶緣木而求魚也니이다.
이 약 소 위   구 약 소 욕   유 연 목 이 구 어 야

근본으로 돌아가라

왕이 "그렇게 심각합니까?"하고 물었다. 이에 맹자가 말했다.

"그 이상으로 심각합니다. '연목구어'는 물고기를 얻지 못해도, 뒤에 재해는 없습니다. 그러나 전쟁으로써 정복욕을 채우려 하면, 아무리 마음을 다 기울여도 뒤에는 반드시 재해가 따르게 마련입니다."

임금이 "자세하게 들을 수 있습니까?"하고 맹자에게 말하자, 맹자가 되물었다. "추鄒나라 사람과 초楚나라 사람이 싸우면 임금께서는 어느 쪽이 이긴다고 생각하십니까?"

임금이 대답했다. "초나라 사람이 이깁니다."

이에 맹자가 다시 말했다. "그러므로 작은 나라는 당연히 큰 나라에 대적할 수 없고, 약자는 당연히 강자에 대적할 수가 없습니다. 해내海 內의 구주九州 땅에는 사방 천리가 되는 큰 나라가 아홉 개나 있습니다. 제齊나라 땅을 다 합해도 그 중의 하나에 불과합니다.

王曰 若是其甚與이까 曰 殆有甚焉하니 緣木求魚는 雖不得魚이나 無後災어니와
왕왈 약시기심여   왈 태유심언   연목구어   수부득어   무후재

以若所 爲로 求若所欲이며 盡心力而爲之라도 後必有災하리이다 曰 可得聞與이까
이약소위   구약소욕   진심력이위지   후필유재   왈 가득문여

曰 鄒人이 與楚人 戰 則王以爲孰勝이니이까 曰 楚人이 勝하리이다
왈 추인 여초인 전 즉왕이위숙승   왈 초인 승

曰 然則 小固不可以敵大며 寡固不可以敵 衆이며 弱固不可以敵彊이니
왈 연즉 소고불가이적대 과고불가이적 중이며 약고불가이적강

海內之地는 方千里者가 九에 齊이 集有其一하니
해내지지   방천리자 구 제 집유기일

하나로써 여덟 개를 정복하려는 것은 추 같은 작은 나라가 초 같은 큰 나라와 싸우려는 것과 무엇이 다릅니까? 그러므로 어찌 원칙적으로 근본으로 돌아가 시작하지 않으십니까?"

해설

추鄒는 소국, 초楚는 대국이다. 제집유기일齊集有其一은 제나라 땅을 다 합해도 구주九州의 하나라는 뜻이다.

즉 다음과 같은 뜻을 말한 것이다.

제나라의 땅을 다 합해도 사방 천리로 천하의 9분의1에 해당한다. 하나로써 여덟 개를 정복하려고 하면 반드시 이기지 못한다. 이것이 이른바 뒤에 재난이 온다는 뜻이다.

以一服八이 何 以異於鄒敵楚哉러이꼬 蓋亦反其本矣니이다.
이 일 복 팔   하 이 이 어 추 적 초 재   합 역 반 기 본 의

인덕을 베풀어라

"지금부터 임금님께서 바른 정치를 발동하시고 인덕仁德을 베푸시고, 천하의 모든 선비들로 하여금 임금님의 조정에 나서서 벼슬을 살게 하고, 천하의 모든 농사짓는 사람으로 하여금 임금님의 밭에서 농사를 짓게 하고, 천하의 모든 상인으로 하여금 임금님의 시장에 물건을 쌓아두게 하고, 천하의 모든 여행하는 사람으로 하여금 임금님 나라의 길을 지나게 하고, 또 천하에 있는 다른 나라에서 자기 나라 임금의 잘못을 미워하는 사람들로 하여금, 모두가 임금님에게 와서 호소하게 하십시오. 그렇게 된다면 임금님께서 천하 만민의 진정한 왕이 되는 것을 누가 막을 수 있겠습니까?"

今王이 發政施仁하사 使天下仕者로 皆欲立於王之朝하며 耕者로 皆欲耕於王之野하며
금 왕   발 정 시 인   사 천 하 사 자   개 욕 립 어 왕 지 조   경 자   개 욕 경 어 왕 지 야

商 賈로 皆欲藏於王之市하며 行旅로 皆欲出於王之途하시면 天下之欲疾其君者가
상 고   개 욕 장 어 왕 지 시   행 려   개 욕 출 어 왕 지 도   천 하 지 욕 질 기 군 자

皆欲赴 愬於王하리니 其若是면 孰能禦之리이까.
개 욕 부 소 어 왕   기 약 시   숙 능 어 지

임금이 지향해야 할 것

왕이 말했다.

"나는 혼미하여 그런 경지에 나아갈 수 없소이다. 원하는바 나의 뜻을 돕고 아울러 지향할 바를 밝게 가르쳐 주시오. 내가 비록 영민英敏하지는 못해도 일단 시험 삼아 애는 써보겠소이다."

맹자가 말했다.

"항산恒産이 없어도 항심恒心을 간직하는 사람은 오직 선비만이 그럴 수 있습니다. 일반 백성은 곧 항산이 없으면, 항심도 없게 됩니다. 만약에 항심을 간직하지 못하면 방종放縱하고, 괴벽乖僻하고, 간사奸邪하고, 사치奢侈하는 나쁜 짓을 끝없이 하게 됩니다. 죄악에 빠져들게 된 다음에 뒤따라 형벌을 가하는 것이 곧 '망민罔民'입니다. 즉 그물로 물고기를 잡듯이 백성을 법망法網에 걸어 잡는 것입니다. 어찌 인덕仁德을 갖춘 임금이 자리에 올라 다스리면서 백성에게 그물을 치고 걸리게 하겠습니까?"

王曰 吾惛하여 不能進於是 矣러니 願夫子는 輔吾志하여 明以教我하소서
왕왈 오혼   불능진어시 의   원부자   보오지   명이교아

我雖不敏이나 請嘗試之호리이다 曰 無恆産 而有恆心者는 惟士가 爲能이어니와
아수불민   청상시지   왈 무항산 이유항심자   유사 위능

若民則無恆産이면 因無恆心이니 苟無恆心이면 放辟 邪侈를 無不爲已니
약민즉무항산   인무항심   구무항심   방벽 사치 무불위이

及陷於罪 然後에 從而刑之면 是는 罔民也이니
급함어죄 연후   종이형지   시는 망민야

焉有仁人이 在位하야 罔民而可爲也이리오.
언유인인 재위   망민이가위야

백성이 윤리도덕을 따르게 하라

"그런고로 고대의 명군明君은 민생을 안정되게 하고, 모든 백성들로 하여금 반드시 위로는 족히 부모를 잘 봉양할 수 있게 하고, 아래로는 족히 처자를 양육할 수 있게 했습니다. 풍년에도 평생토록 배불리 먹고 잘살며, 흉년에도 굶어 죽는 것을 면했습니다. 그런 다음에 백성들을 교육하고 독려하여 착한 길을 가게 했습니다. 고로 백성들이 윤리도덕을 따르고 행하기가 용이했습니다."

"오늘의 임금들은 민생을 억압하고 있으며, 따라서 위로는 부모조차 족히 봉양할 수 없고, 아래로는 처자조차 족히 양육할 수 없습니다. 풍년에도 평생을 두고 고생해야 하고, 흉년에는 죽음조차 면할 수 없습니다. 그러므로 죽음에서 벗어나려고 해도 그것조차 족히 이룰 수가 없으니, 어느 여가에 예의를 돌보고 다스립니까?"

是故로 明君이 制民之産호대 必使仰足以事父母하며 俯足以畜妻子하야 樂歲에
시고 명군 제민지산 필사앙족이사부모 부족이휵처자 낙세

終身飽하고 凶年에 免於死亡하나니 然後에 驅而之善 故로 民之從之也가 輕이라.
종신포 흉년 면어사망 연후 구이지선 고 민지종지야 경

今也 制民之産호대 仰不足以事父母하며 俯不足以畜妻子하야 樂歲終身苦하고
금야 제민지산 앙부족이사부모 부부족이휵처자 낙세종신고

凶年에 不免於死亡하나니 此惟救死而恐不贍이어니 奚暇에 治禮義哉리오.
흉년 불면어사망 차유구사이공불섬 해가 치례의재

진정한 왕은 왕도덕치를 펴야 한다

"임금께서 왕도의 덕치를 원하신다면서 왜 근본으로 돌아가지 않으려하십니까? 즉 인심仁心을 바탕으로 한 왕도인정王道仁政으로 돌아가셔야 합니다."

"모든 농가마다 다섯 무의 택지를 갖게 하고, 그곳에 뽕나무를 심어, 양잠에 힘을 쓰게 하면 50세의 어른들이 따뜻한 비단옷을 입을 수 있습니다. 닭, 돼지, 개 및 큰 돼지 같은 가축을 양육하고, 번식할 때를 잃지 않고 새끼를 받아 키우면 70세 노인에게 고기를 먹게 할 수 있습니다.

王欲行之 則盍反其本矣이꼬. 五畝之宅에 樹之以桑이면 五十者가 可以衣 帛矣며
왕 욕 행 지 즉 합 반 기 본 의   오 무 지 택   수 지 이 상   오 십 자   가 이 의 백 의

雞豚狗彘之畜을 無失其時면 七十者가 可以食肉矣며
계 돈 구 체 지 축   무 실 기 시   칠 십 자   가 이 식 육 의

모든 농가에 백 무의 농토를 주고 또한 그들로 하여금 농사지을 때를 놓치지 않게 보장해 주면 일가 8명의 식구가 굶지 않고 먹고 살 수 있습니다. 그 다음에 학교 교육을 성실하게 하고, 효제孝悌의 도의道義를 거듭 밝히고 행하게 하면, 반백의 노인들이 도로에서 짐을 지고 가는 일이 없을 것입니다. 노인이 비단옷을 입고, 고기를 먹고, 백성들이 굶주리거나 추위에 떠는 일이 없게 되고도, 진정한 왕자가 되지 못한 예는 아직 없습니다. 그렇게 하면 반드시 진정한 왕으로써 왕도덕치를 펴게 됩니다."

해설

조기趙技는 말했다. '8명 식구의 농가는 상급의 농가 다음가는 농부다. 이렇게 하는 것이 곧 왕도덕치의 근본이며 또 언제나 백성을 잘살게 하는 도리다. 고로 맹자는 제나라 선왕 및 위나라 양혜왕 두 사람을 위해서 각각 이렇게 진술한 것이다.'

百畝之田을 勿奪其時면 八口之家가 可以無飢矣며 謹庠序之 敎하여 申之以孝悌之義면
백 무 지 전   물 탈 기 시   팔 구 지 가   가 이 무 기 의   근 상 서 지 교   신 지 이 효 제 지 의

頒白者가 不負戴於道路矣리니 老者가 衣帛食肉하며 黎民이 不飢不寒이오
반 백 자   불 부 대 어 도 로 의   노 자   의 백 식 육   여 민   불 기 불 한

然而不王者가 未之有也이니이다.
연 이 불 왕 자   미 지 유 야

양혜왕장구 하 梁惠王章句下

梁惠王章句下

음악을 즐기는 건, 도와 가까워지는 것이다

장포莊暴가 맹자를 보고 말했다.

"제가 임금님을 뵙자 임금님이 '음악을 즐기신다.'고 말하셨습니다. 저 포는 임금님에게 아무런 대꾸도 하지 않았습니다. 임금님이 음악을 즐기시면, 어떠합니까?"

맹자가 말했다.

"임금님이 음악을 크게 즐기시면 바로 제나라의 정치가 도에 가까워 질 것입니다."

다른 날 맹자가 임금을 알현하고 물었다.

"임금님께서 전에 장포에게 '음악을 즐기신다.'고 말씀하셨다고 하던데, 그런 일이 있었습니까?"

왕이 안색을 변하고 말했다.

"과인은 선왕의 예악을 좋아하는 것이 아니오. 다만 세속적인 음악을 즐긴 것이오."

莊暴가 見孟子曰 暴가 見於王하니 王이 語暴以好樂이어시늘 暴가 未有以對也하니
장포 견맹자왈 포 현어왕 왕 어포이호악 포 미유이대야

曰好樂이 何如하니이꼬 孟子가 曰 王之好樂이 甚이 則齊國은 其庶幾乎인저,
왈호악 하여 맹자 왈 왕지호악심 즉제국 기서기호

他日에 見於王曰 王이 嘗語莊子以好樂하샤오니 有諸이까
타일 현어왕왈 왕 상어장자이호악 유저

王이 變乎色 曰 寡人이 非能好先王之樂也이라 直好世俗之樂耳로이다.
왕 변호색 왈 과인 비능호선왕지악야 직호세속지악이

음악은 많은 사람과 함께 즐겨라

맹자가 임금에게 말했다.

"임금님께서 음악을 매우 좋아하신다면, 제나라가 머지않아 잘 다스려질 것입니다. 오늘의 음악도 옛날의 음악과 같습니다."

"자세히 들려주실 수 있습니까?"

맹자가 임금에게 되물어 말했다.

"혼자 음악을 즐기는 것과 다른 사람과 함께 음악을 즐기는 것과, 어느 쪽이 더 즐겁습니까?"

"혼자 즐기는 것은 다른 사람과 함께 즐기는 것만 못합니다."

맹자가 또 물었다.

"소수의 사람과 함께 음악을 즐기는 것과, 다수의 사람들과 음악을 즐기는 것과, 어느 쪽이 더 즐겁습니까?"

"많은 사람들과 함께 즐기는 것이 더 좋습니다."

曰 王之好樂이 甚 則齊其庶幾乎인저 今之樂이 猶古之樂也니이다.
왈 왕 지 호 악   심 즉 제 기 서 기 호   금 지 악   유 고 지 악 야

曰 可得聞與이까 曰 獨樂樂과 與人樂樂이 孰樂이니이꼬 曰 不若與人이니이다
왈 가 득 문 여   왈 독 악 악   여 인 락 악   숙 락   왈 불 약 여 인

曰 與少樂樂과 與衆樂樂이 孰樂이니이꼬 曰 不若與衆이니이다.
왈 여 소 락 악   여 중 락 악   숙 락   왈 불 약 여 중

임금은 음악을 백성과 함께 즐겨야 한다

"신이 임금님을 위해 음악에 대해서 말씀드리겠습니다. 지금 임금님이 이곳에서 음악을 즐기시는데, 백성들은 종이나 북소리, 또는 생황이나 피리소리를 듣고, 모두 골치를 앓고 이마를 찌푸리고 서로 마주보고 말합니다. '우리 임금님은 북을 치고 음악을 즐기시거늘, 어째서우리들로 하여금 이와 같은 극심한 궁지에 이르게 하시는가. 우리는부자가 서로 돌보지도 못하고 형제 처자가 뿔뿔이 흩어져 있거늘.'

臣이 請爲王言樂하리이다. 今王이 鼓樂於此어시든
신   청위왕언악   금왕   고악어차

百姓이 聞王의 鐘鼓之聲과 管籥之音하고 擧疾首蹙頞 而相告曰 吾王之好鼓樂이여
백성   문왕   종고지성   관약지음   거질수축알 이상고왈 오왕지호고악

夫何使我로 至於此極也오하야 父子가 不相見하며 兄弟妻子가 離散하며
부아사아   지어차극야   부자   불상견   형제처자   이산

지금 이곳에서 임금님이 사냥을 하시는데, 백성들이 임금님의 거마車馬 소리를 듣거나, 아름답게 새털로 장식한 깃발이나 정기旌旗를 보고 모두가 두통을 앓고, 이마를 찌푸리고 서로 보고 '우리 임금님은 사냥을 즐기시지만, 어째서 우리들로 하여금 이와 같은 극심한 궁지에 이르게 하시는가. 우리는 부자가 서로 돌보지도 못하고 형제 처자가 뿔뿔이 흩어지고 있도다.'하고 말합니다. 그들이 이렇게 불평하는 이유는 다름이 아닙니다. 임금님이 음악이나 사냥을 백성들과 함께 즐기지 않기 때문입니다."

해설

종고관악種鼓管籥은 다 악기다. 거舉는 '모두'의 뜻이다. 질수疾首는 '두통이다' 축알蹙頞은 '찌푸리다'의 뜻이다. 알頞은 '이마'의 뜻이다. 사람은 울적하면 이마를 찌푸린다. 극極은 '궁핍'의 뜻이다. 우모羽旄는 정기旌旗에 속한다. 불여민동락不與民同樂은 '임금 혼자 즐기고, 백성을 구휼하지 않고, 곤궁하게 만든다'는 뜻이다.

今王이 田獵於此어시든 百姓이 聞王의 車馬之音하면 見羽旄之美하고
금 왕   전 렵 어 차   백 성   문 왕   거 마 지 음   견 우 모 지 미

擧疾首蹙頞 而相告曰 吾王之好田獵이여 夫何使我로 至於此極也오하야
거 질 수 축 알 이 상 고 왈 오 왕 지 호 전 렵   부 하 사 아 로   지 어 차 극 야

父子가 不相見하며 兄弟妻子가 離散하면 此는 無他이라 不與民同樂也니이다.
부 자   불 상 견   형 제 처 자   이 산   차   무 타   불 여 민 동 락 야

임금이 백성과 즐거움을 함께 하는 것이 왕도덕치이다

"만약에 임금님이 이곳에서 음악을 연주하고 즐기시면, 백성들이 종이나 북소리, 또는 생황이나 피리소리를 듣고 모두들 싱글벙글 희색을 띠고 서로 '우리 임금님께서 제발 무병하셔야지, 그렇지 않으면 어떻게 음악을 연주하고 즐기실 수 있겠는가.'하고 말합니다."

"지금 임금님이 이곳에서 사냥을 하시는데 백성들이 임금님의 거마車馬 소리를 듣거나, 아름답게 새털로 장식한 깃발이나 정기旌旗를 보고 모두들 싱글벙글 희색을 띠고, 서로 '우리 임금님께서 제발 무병하셔야지, 그렇지 않으면 어떻게 사냥을 즐기실 수 있겠는가.'하고 말할 것입니다. 이는 다른 이유가 아닙니다. 백성들과 함께 음악이나 사냥을 즐기시기 때문입니다."

"지금에라도 백성들과 함께 즐기시면 바로 왕도덕치의 임금님이 되십니다."

"만약에 이제라도 임금이 백성들과 즐거움을 같이하시면 참다운 왕도덕치를 하십니다."

今王이 鼓樂於此이어시든 百姓이 聞王의 鐘鼓之聲과 管籥之音하고
금 왕   고 악 어 차   백 성   문 왕   종 고 지 성   관 약 지 음

擧欣欣然 有喜色 而相告曰 吾王이 庶幾無疾病與아 何以能鼓樂也오하며
거 흔 흔 연 유 희 색 이 상 고 왈   오 왕   서 기 무 질 병 여   하 이 능 고 악 야

今王이 田獵於此이시어든 百姓이 聞王의 車馬之音하며 見羽旄之美하고
금 왕   전 렵 어 차   백 성   문 왕   거 마 지 음   견 우 모 지 미

擧欣欣然 有喜色 而相告曰 吾王이 庶幾無疾病與아 何以能田獵也오하면
거 흔 흔 연 유 희 색 이 상 고 왈   오 왕   서 기 무 질 병 여   하 이 능 전 렵 야

此는 無他이라 與民同樂也이니이다. 今王이 與百姓同樂 則王矣시리이다.
차   무 타   여 민 동 락 야   금 왕   여 백 성 동 락   즉 왕 의

백성들과 공유하라

제나라 선왕이 물었다.

"주나라 문왕의 원유(동·식물원)는 사방 70리를 넓혔다고 하는데 사실이 그러했습니까?"

맹자가 대답했다. "전하는 바 그렇다고 합니다."

"그렇게나 컸습니까?"

"백성들은 그래도 그것을 작다고 생각했습니다."

"과인의 원유는 사방 40리를 넓혔는데도 백성들이 그것을 크다고 생각하는 까닭은 어째서입니까?"

맹자가 말했다.

"문왕의 원유는 사방 70리를 넓혔지만 꼴을 베고 나무하는 사람들도 들어갈 수 있으며, 또 꿩이나 토끼를 잡는 사람들도 들어갈 수 있었습니다. 즉 문왕은 원유를 백성들과 함께 공유하고 있었으므로 백성들이 작다고 생각한 것도 당연하지 않겠습니까?"

齊宣王이 問曰 文王之囿는 方七十里라하니 有諸이까 孟子對曰 於傳에 有之하니이다.
제선왕   문왈 문왕지유   방칠십리   유저   맹자대왈 어전   유지

曰 若是其大乎이까 曰 民이 猶以爲小也니이다 曰 寡人之囿는 方四十里로대
왈 약시기대호   왈 민   유이위소야   왈 과인지유   방사십리

民猶以爲大는 何也이꼬 曰 文王之囿는 方七十里에 芻蕘者가 往焉하며
민유이위대   하야   왈 문왕지유   방칠십리   추요자   왕언

雉兎者가 往焉하야 與民同之하시니 民이 以爲小도 不亦宜乎이까.
치토자   왕언   여민동지   민   이위소 불역의호

공유되지 않은 원유는 함정과 같다

"그런데 저는 처음에 제나라 국경에 도달하자 나라에서 크게 금하는 것이 무엇인가를 물어 본 후에 감히 들어왔습니다. 그때 제가 들은 바, 교외 관문 안에 사방 40리 넓이의 원유가 있고, 그 안에서 크나 작으나 사슴을 죽이면 살인과 같은 죄로 벌준다고 했으니, 그것이 바로 나라 안에 사방 40리 넓이의 함정을 파놓은 것입니다. 백성들이 크다고 생각하는 것 역시 당연하지 않습니까?"

해설

예법상, 남의 나라에 들어갈 때는 금법을 묻는다. 국도國都 밖 백리를 교외라 한다. 교외 밖에는 관문이 있다. 정阱은 구덩이(坎)다. '동물을 빠뜨려 잡는다 함은 즉 백성을 함정에 빠뜨려 죽게 한다는 뜻이다.'
※ 가혹한 국법國法은 동물을 잡는 덫이나 함정과 같은 면이 있다.

臣이 始至於境하야 間國之大禁 然後에 敢入하니
신 　시지어경　　 문국지대금　 연후　 감입

臣은 聞郊關之內에 有囿가 方四十里에 殺其麋鹿者를 如殺人之罪라하니
신 　문교관지내　　 유유　 방사십리　 살기미록자　 여살인지죄

則是方四十里는 爲阱於國中이니 民이 以爲大도 不亦宜乎이까.
즉시방사십리　　 위정어국중　　 민　 이위대　 불역의호

이웃 나라와 잘 지내려면 인덕이 있어야 한다

제나라 선왕이 물었다.

"이웃 나라와 사귀는 좋은 도리가 있습니까?"

맹자가 대답했다.

"있습니다. 오직 인덕이 있는 임금이라야 나라가 커도 작은 나라를 잘 다룰 수 있습니다. 그러므로 은의 탕왕이 갈백葛伯을 잘 도왔고, 주의 문왕이 오랑캐 곤이를 잘 다루었습니다. 그래서 또 지혜로운 군주라야 나라가 적어도 큰 나라를 잘 다룰 수 있습니다. 그래서 주의 태왕이 훈육을 잘 달랬고, 월의 구천이 오의 부차를 잘 섬겼던 것입니다."

齊宣王이 問曰 交鄰國이 有道乎이까
제 선 왕   문 왈 교 린 국   유 도 호

孟子가 對曰 有하니 惟仁者가 爲能以大事小하나니
맹 자   대 왈 유   유 인 자   위 능 이 대 사 소

是故로 湯이 事葛하시고 文王이 事昆夷하시니라
시 고   탕   사 갈   문 왕   사 곤 이

惟智者이아 爲能以小事大하나니 故로 大王이 事獯鬻하시고 句踐이 事吳하니이다.
유 지 자   위 능 이 소 사 대   고   태 왕   사 훈 육   구 천   사 오

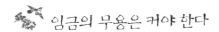
임금의 무용은 커야 한다

"큰 나라의 임금이면서 작은 나라를 잘 도와주는 것은 하늘의 도리를 즐겁게 따르는 사람입니다. 작은 나라의 군주이면서 큰 나라를 잘 섬기는 것은 하늘의 운세를 두려워하는 사람입니다. 천도를 즐겁게 따르고 순종하는 사람은 천하를 잘 보유할 수 있고, 천운을 두려워하는 사람은 나라를 잘 보존할 수 있습니다."

"시경에 '하늘의 위엄을 두려워함으로써, 나라를 잘 간직한다.'라고 했습니다."

선왕이 말했다. "선생의 말씀은 참으로 원대합니다. 헌데 과인에게는 무용武勇을 좋아하는 병이 있습니다."

맹자가 말했다. "임금님 제발 작은 무용을 좋아하지 마십시오. 무릇 칼을 잡고 눈을 흘기며 '저 자가 감히 어디라고 나에게 덤비느냐.' 하는 따위는 필부의 무용이며, 고작 한 사람을 상대로 하는 것입니다. 임금님께서는 크게 무용을 행하시기를 바랍니다."

以大事小者는 樂天者也이오 以小事大者는 畏天者也이니 樂天者는 保天下하고
이 대 사 소 자   낙 천 자 야   이 소 사 대 자   외 천 자 야   낙 천 자   보 천 하

畏天者는 保其國이니이다. 詩云 畏天之威하야 于時保之라하니이다.
외 천 자   보 기 국   시 운 외 천 지 위   우 시 보 지

王曰 大哉아 言矣여 寡人이 有疾하니 寡人은 好勇하노이다.
왕 왈 대 재   언 의   과 인   유 질   과 인   호 용

對曰 王請無好小勇하소서 夫撫劍疾視曰 彼惡敢當我哉리오하나니
대 왈 왕 청 무 호 소 용   부 무 검 질 시 왈 피 오 감 당 아 재

此는 匹夫之勇이라 敵一人者也니라 王請大之하소서.
차   필 부 지 용   적 일 인 자 야   왕 청 대 지

문왕과 무왕 같은 참다운 무용이 필요하다

"『시경詩經』 대아大雅 황의편皇矣篇에 있습니다. '문왕이 한번 화를 내시고 무력을 정비하시고 밀密나라의 침략군이 거莒로 가는 것을 차단하시고, 주周나라의 복지나 백성들의 행복을 두텁게 했노라. 이로써 천하 만민의 소망에 보답했노라.' 이것이 문왕의 무용武勇입니다. 문왕이 한번 노하시자 천하 만민이 편안해졌습니다."

"『서경書經』 태서편泰誓篇에 있습니다. '하늘이 지상 세계에 만민을 내려 살게 하시고 백성들을 다스리고 지도할 임금과 스승을 세우셨으니, 그 뜻은 바로 임금이나 스승으로 하여금 상제上帝를 도와서 하늘의 은총恩寵을 사방 만민에게 주고자 해서이다. 고로 하늘이나 상제에게 죄를 짓느냐, 안 짓느냐 하는 것은, 오직 나에게 있노라. 천하에 어느 누가 감히 참월僭越할 수 있겠느냐?'"

詩云 王赫斯怒하사 爰整其旅하여 以遏徂莒하여 以篤周祜하여
시 운 왕 혁 사 노　　원 정 기 려　　이 알 조 거　　이 독 주 호

以對于天下라하니 此는 文王之勇也이니 文王이 一怒 而安天下之民하사이다.
이 대 우 천 하　　차　문 왕 지 용 야　　문 왕　일 노 이 안 천 하 지 민

書曰 天降下民하사 作之君 作之師하시니 惟其 助上帝라 寵之四方이시니
서 왈 천 강 하 민　　작 지 군 작 지 사　　유 왈 기 조 상 제　총 지 사 방

有罪無罪에 惟我가 在커니 天下가 曷敢有越厥志리오하니
유 죄 무 죄　유 아 재　　천 하　갈 감 유 월 궐 지

"그러나 단 한 사람 주紂가 천하를 제멋대로 횡행하면서 포학무도한 짓을 했습니다. 그래서 주周 무왕이 부끄럽게 여기고 그를 토벌했던 것입니다. 이것이 무왕의 무용입니다. 무왕 역시 한바탕 노하고 무용을 휘두르고 천하 만민을 안락하게 해주었던 것입니다."

"지금 바로 임금님께서도 문왕이나 무왕같이 화를 내시고 악을 물리치시고 천하 만민을 안락하게 해주십시오. 백성들은 오직 임금님께서 참다운 무용을 좋아하지 않으시는 것을 두렵게 여기고 있습니다."

해설

문왕과 무왕의 대용(大勇)을 말한 것이다.

'임금이 만약 문왕이나 무왕과 같이 할 수 있다면, 천하의 백성들은 임금이 노하시고, 난동을 제거하고, 자기들을 물불 속에서 구해 주기를 바랄 것이다. 허나, 임금이 대용을 좋아하지 않는 것을 두려워하고 있을 것이다.'

一人이 衡行於天下이어늘 武王이 恥之하시니 此는 武王之勇也이니
일인 횡행어천하 무왕 치지 차 무왕지용야
而武王이 亦一怒 而安天下之民하시니이다.
이무왕 역일노 이안천하지민
今王이 亦一怒 而安天下之民하시면 民이 惟恐王之不好勇也이리이다.
금왕 역일노 이안천하지민 민 유공왕지불호용야

임금과 백성은 즐거움이나 걱정이나 함께 한다

제나라 선왕이 설궁雪宮에서 맹자를 보고 물었다.

"현자도 역시 이러한 즐거움이 있습니까?"

맹자가 대답했다.

"있습니다. 백성은 함께 즐거움을 누리지 못하면 위를 비방합니다. '임금과 함께 즐거움을 누리지 못한다고 임금을 비난하는 것은 잘못입니다. 그러나 위에서 백성을 다스리면서 백성과 함께 즐기지 않는 것도 역시 잘못입니다.' 임금이 백성들의 즐거움을 즐겁게 여기면, 백성 역시 임금의 즐거움을 즐겁게 여기고, 임금이 백성과 함께 근심 걱정을 하면, 백성도 역시 임금과 함께 근심 걱정을 합니다. 즐거움은 천하와 함께하고, 근심 걱정을 천하와 함께하고도 임금이 되지 못한 예는 아직 없습니다."

齊宣王이 見孟子於雪宮이러시니 王曰 賢者도 亦有此樂乎이까 孟子가 對曰 有하니
제 선 왕   견 맹 자 어 설 궁   왕 왈 현 자   역 유 차 락 호   맹 자   대 왈 유

人不得 則 非其上矣니이다. 不得而非其上者도 非也이며 爲民上而不與民同樂者도
인 부 득 즉 비 기 상 의   부 득 이 비 기 상 자   비 야   위 민 상 이 불 여 민 동 락 자

亦非也니이다. 樂民之樂者는 民亦樂其樂하고 憂民之憂者는 民亦憂其憂하나니
역 비 야   낙 민 지 락 자   민 역 락 기 락   우 민 지 우 자   민 역 우 기 우

樂以天下하며 憂以天下하고 然而不王者 未之有也니이다.
낙 이 천 하   우 이 천 하   연 이 불 왕 자 미 지 유 야

백성들의 삶을 돌아보아야 한다

옛날에, 제나라 경공이 재상 안자에게 물었습니다.

"내가 전부轉附·조무朝儛를 거쳐 바다를 따라 남쪽으로 내려가, 낭야 琅邪까지 시찰하려고 하는데, 어떻게 차비를 해야, 옛날 선왕들과 비등할 수 있습니까?"

안자가 다음과 같이 대답했습니다.

"잘 물으셨습니다. 천자가 제후의 나라로 가는 것을 순수巡狩라 합니다. 순수는 제후가 지키고 있는 곳을 두루 돌아본다는 뜻입니다. 그리고 제후가 입조入朝하여 천자에게 알현하는 것을 술직述職이라고 합니다. 술직은 제후가 맡은 바 직무에 대해서 보고한다는 뜻입니다. 순수나 술직이나 목적이 없는 것이 아닙니다. 봄에는 백성들의 경작을 살피고 부족한 것을 보충해 주고, 가을에는 백성들의 추수를 살피고 모자라는 것을 보조해 주었습니다."

昔者에 齊景公이 問於晏子曰 吾欲觀於轉附朝儛하야 遵海而南하야 放於琅邪하노니
석 자   제경공   문어안자왈 오욕관어전부조무 하야   준해이남   방우랑야

吾 何脩而可以比於先王觀也오. 晏子가 對曰 善哉라 問也이어 天子가 適諸侯曰巡狩이니
오 하수이가이비어선왕관야   안자   대왈 선재   문야   천자   적제후왈순수

巡狩者는 巡所守也이오
순수자   순소수야

諸侯가 朝於天子 曰述職이니 述職者는 述所職也이니 無非事者이오
제후   조어천자 왈술직   술직자   술소직야   무비사자

春省耕 而補不足하며 秋省斂 而助不給하나니
춘성경 이보부족   추성렴 이조불급

"하夏나라의 속언에 다음과 같은 말이 있습니다. '만약에 우리 임금께서 돌보아주시지 않으면 우리는 어떻게 안심하고 쉴 수가 있으며, 또 만약에 우리 임금께서 가을에 돌봐주시지 않으면 우리들이 어떻게 도움을 받겠는가.' 이렇듯이 천자가 봄이나 가을에 순시하는 일유일예一遊一豫가 다 제후들에게 본보기나 법도가 되었던 것입니다."

해설

하언夏諺은 하나라 때의 속어俗語다.

다 일이나 목적 없이 공연히 하는 것이 아니다. 또 봄이나 가을에는 교외에 가서 백성들의 부족한 것을 살피고 보조해 준다. 고로 하나라 때의 속담은 '임금의 일유일예一遊一豫를 곧 은혜를 백성에게 베푸는 것'으로 보았다. 그래서 제후들도 그와 같은 법도를 따라, 일 없이 함부로 여행을 하고 백성들을 병들게 하지 않은 것이다.

夏諺에 曰 吾王이 不遊면 吾何以休며 吾王이 不豫면 吾何以助이리오
하 언   왈 오 왕   불 유   오 하 이 휴   오 왕   불 예   오 하 이 조

一遊一豫가 爲諸侯度라하니이다.
일 유 일 예   위 제 후 도

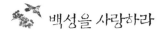 **백성을 사랑하라**

안자가 경공에게 말했다.

"오늘에는 그렇지 않습니다. 임금 행차에 많은 군대가 수행하고, 많은 양식을 징발해서 먹습니다. 그래서 굶주린 백성들이 더욱 먹지를 못하고, 시달리고 지친 백성들이 쉬지도 못합니다. 그러므로 백성들이 서로 성난 눈으로 흘겨보며, 임금 행차를 헐뜯고 욕하며, 백성들이 나쁜 마음을 품습니다. 임금이 백성을 사랑하라는 선왕의 명을 어기고 백성을 학대하고 흘러가는 강물처럼 무절제하게 먹고 마시고, 또 끝없이 계속해서 거칠고 무도한 짓을 함으로써 작은 나라나 지방을 다스리는 제후들의 걱정거리가 되고 있는 것입니다.

今也에는 不然하야 師行而糧食하야 飢者가 弗食하며 勞者가 弗息하야 睊睊胥讒하야
금 야   불연   사행이양식   기자 불식   노자 불식   견견서참

民乃作慝이어날 方命虐民하야 飮食若流하야 流連荒亡하야 爲諸侯憂하니이다.
민내작특   방명학민   음식약유   유연황망   위제후우

흐름을 따라 내려가기만 하고 돌아오지 못하는 것을 유流라 하고, 거슬러 올라가기만 하고 돌아오지 못하는 것을 연連이라 하고, 짐승을 쫓아가서 끝없이 사냥을 하고 물릴 줄 모르는 것을 황荒이라 하고, 술마시고 노는 것을 끝없이 즐기는 것을 망亡이라 합니다.

옛날 제齊나라의 선왕께서는 물줄기를 타고 흘러 내려가거나 반대로 거슬러 역행하는 즐거움을 취하신 일이 없으셨습니다. 그러하거늘 오늘의 대왕께서 그런 일을 하려고 하십니까?"

해설

사師는 '무리'로서 2천5백 명이다. 춘추전春秋傳에 있다. 임금 행차에는 사師가 따른다. 특慝은 '원망하고 미워한다'는 뜻이다. 종유하從流下는 '배를 풀어 물에 흘려보낸다'는 뜻이며, 종유상從流上은 '배를 당겨 거슬러 올라간다'는 뜻이다. 유연황망流連荒亡의 황荒은 폐廢함이며, 망亡은 실失의 뜻이다. 즉 나라와 시국을 문란케 하고 정사를 망친다는 뜻이다. 곧 '선왕의 법도를 따르느냐, 반대로 오늘의 기강을 망가지게 하느냐, 두 가지가 오직 임금의 행할 바에 달려 있음을 말한 것이다.'

從流下而忘反을 謂之流이오 從流上而忘反을 謂之連이오 從獸無厭을 謂之荒이오
종 유 하 이 망 반   위 지 유   종 유 상 이 망 반   위 지 연   종 수 무 염   위 지 황

樂酒無厭을 謂之亡이니 先王은 無流連之樂과 荒亡之行하시더니 惟君所行也니이까.
낙 주 무 염   위 지 망   선 왕   무 유 연 지 락   황 망 지 행   유 군 소 행 야

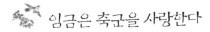 임금은 축군을 사랑한다

맹자가 선왕에게 한 말이다.

"안자의 말을 듣고 경공이 기뻐했으며 대대적으로 전국에 영을 내리고, 또 임금이 몸소 교외에 나가서 묵고 백성들의 고생을 살피고 체험했습니다. 이에 비로소 나라의 창고를 열고 곡식을 풀어서 백성에게 베풀고 백성들의 부족한 것을 보충해 주었습니다. 그리고 또 음악을 관장하는 대사를 불러서 '나를 위해서 임금과 백성이 함께 즐길 수 있는 음악을 만들라'고 말했습니다. 아마 '치소徵招〔韶〕와 각소角招〔韶〕'가 그 음악일 것입니다. 그 시에 '축군하우畜君何尤'란 말이 있습니다. 임금의 욕구를 막는다는 축군畜君은 임금을 사랑한다는 뜻입니다."

景公이 說하야 大戒於國하고 出舍於郊하야 於是에 始興發하야
경공 열 대계어국 출사어교 어시 시흥발

補不足하고 召大師曰 爲我하야 作君臣相說之樂하라하니
보부족 소대사왈 위아 작군신상열지악

蓋徵招角招 是也이라 其詩曰 畜君何尤리오하니 畜君者는 好君也이니이다.
개치소각소 시야 기시왈 축군하우 축군자 호군야

제5장 명당장 明堂章

명당은 임금님의 공당이다

제나라 선왕이 맹자에게 물었다.

"남들은 모두 나를 보고 명당을 헐어버리라고 하는데, 그것을 헐어버 릴까요, 그대로 둘까요?"

맹자가 대답했다.

"명당은 임금의 공당公堂입니다. 임금님께서 왕정王政을 원하신다면, 즉 헐지 마십시오."

해설

조기趙岐가 말했다.

"명당明堂은 태산泰山에 있는 명당이다. 주周나라 천자가 동쪽을 순수할 때에, 제후 들과 조회하던 곳이다. 한漢나라 때에도 그 유지가 남아 있었다. 사람들이 선왕에게 헐어버리기를 바란 것은 아마도 당시는 주나라가 쇠미하여 천자가 다시 동쪽을 순 수하지도 않으며, 그렇다고 제후가 주나라 명당을 부당하게 쓸 수도 없기 때문이었 을 것이다. 그래서 제나라의 선왕이 '헐어버릴까, 그만둘까'하고 물은 것이다."

齊宣王이 問日 人皆謂我毁明堂이라하나니 毁諸아 已乎이까.
제선왕   문왈 인개위아훼명당   훼저   이호

孟子가 對日 夫明堂者는 王者之堂也이니 王欲行王政이며 則勿毁之矣하소서.
맹자   대왈 부명당자   왕자지당야   왕욕행왕정   즉물훼지의

왕정은 천하의 궁민窮民을 먼저 구제해야 한다

제나라 선왕이 말했다.

"왕정에 대한 말을 들려줄 수 있습니까?"

맹자가 대답해서 말했다.

"옛날에 주문왕周文王이 기岐를 다스릴 때에, 농민은 9분의 1을 세금으로 바쳤으며, 벼슬을 살면 녹봉을 자손에게도 세습하게 했으며, 관문이나 시장에서는 감시하고 감독만 할 뿐, 별도로 통행세나 물품세를 징수하지 않았습니다. 소택沼澤이나 강에서 어량魚梁을 설치하고 고기를 잡는 것을 금하지 않았으며, 죄인을 벌하되 처자에게 연루시키지 않았습니다. 늙고 아내 없는 사람을 환(鰥; 홀아비)이라 하고, 늙고 남편 없는 사람을 과부라 하고, 늙고 자식 없는 사람을 독(獨; 자식 없는 아비)이라 하고, 어리면서 부모 없는 아이를 고(孤; 외톨이 고아)라고 합니다.

王曰 王政을 可得聞與이까
왕왈 왕정 가득문여

對曰 昔者文王之治岐也에 耕者를 九一하며 仕者를 世祿하며
대왈 석자문왕지치기야 경자 구일 사자 세록

關市를 譏而不征하며 澤梁을 無禁하며 罪人을 不孥하더시니 老而無妻曰鰥이오
관시 기이부정 택량 무금 죄인 불노 노이무처왈환

老而無夫曰寡이오 老而無子曰獨이오 幼而無父曰孤이니
노이무부왈과 노이무자왈독 유이무부왈고

이들 네 종류의 불쌍한 사람들이 천하의 궁민窮民이며 호소할 곳이 없는 불쌍한 사람들입니다. 그래서 문왕이 정치를 하고 인덕仁德을 베풀 때에 반드시 이들 네 부류에 속하는 사람들을 먼저 구제했습니다. 『시경詩經』 소아小雅 정월편正月篇에 있습니다. '부유한 사람들은 그래도 괜찮다. 이들 의지할 데 없는 사람들이 가장 불쌍하다.'"

해설

세록世祿은 선왕先王 시대에는 벼슬한 사람의 자손을 교육했으며, 가르쳐서 인재가 되면 벼슬을 살게 했다. 만약 쓰기에 부족해도 역시 그로 하여금 녹봉을 잃지 않게 했다. 무릇 그의 선조가 전에 국가나 백성에게 공덕을 세웠으므로 그와 같이 보답한 것을 말한다. 참으로 지극한 충성이고 후덕이다.

선왕은 백성을 보양하는 정치를 폈으며, 모든 가정의 처자를 잘 교도하여 저마다 자기 집안의 노인들을 잘 공양하고 어린아이들을 잘 키우게 했다. 그런데도 불행하게 환과고독鰥寡孤獨한 사람이 나타나고, 또 부모처자의 보양을 받지 못하는 경우에는 특히 나라에서 그들을 긍휼矜恤하고 돌봐주어야 했다. 그래서 그들에 대한 구제를 반드시 앞세웠던 것이다.

此四者는 天下之窮民而無告者이어늘 文王이 發政施仁하시대 必先斯四者하시니
차 사 자   천 하 지 궁 민 이 무 고 자   문 왕   발 정 시 인   필 선 사 사 자

詩云 哿矣富人이어니와 哀此煢獨이라하나이다.
시 운 가 의 부 인   애 차 경 독

백성을 위해 재물을 쌓고 무력을 강화한다

제나라 선왕이 맹자에게 말했다.

"선생의 말은 참으로 좋은 말입니다."

맹자가 임금에게 말했다.

"임금님께서 저의 말을 좋게 여기신다면 왜 즉시 행하지 않으십니까?"

왕이 말했다.

"저에게는 나쁜 버릇이 있습니다. 저는 재물을 좋아합니다."

그러자 맹자가 임금에게 말했다.

"옛날의 공류公劉도 재물을 좋아했습니다. 『시경詩經』 대아大雅 공류편公劉篇에 다음과 같이 있습니다. '곡식을 들에도 쌓고 창고에도 쌓았도다. 건량乾糧을 전대나 자루에 넣었도다. 그리고 모든 백성들이 안락하고, 또 나라를 빛나게 하고자 생각했노라. 그리고 궁시弓矢 및 간과부월干戈斧鉞 등 모든 무기를 갖추고 비로소 민족 이동의 대행진을 시작했노라.'"

王曰 善哉라 言乎이여 曰 王如善之 則何爲不行이니이꼬
왕왈 선재 언호 왈 왕여선지 즉하위불행

王曰 寡人이 有疾하니 寡人이 好貨하노이다 對曰 昔者에 公劉가 好貨하더시니
왕왈 과인 유질 과인 호화 대왈 석자 공류 호화

詩云 乃積乃倉이어늘 乃裹餱糧을 于橐于囊이오와 思戢用光하야 弓矢斯張하며
시운 내적내창 내과후량 우탁우낭 사집용광 궁시사장

干戈戚揚으로 爰方啓行이라하니
간과척양 원방계행

맹자가 시경을 풀이하고 다시 말했다.

"그러므로 남아 있는 사람들에게는 들이나 창고에 쌓은 곡식을 먹게 했고, 민족 이동에 참가하는 사람들에게는 전대나 자루에 넣은 마른 곡식을 가지고 가서 먹게 했으며, 그런 연후에 비로소 민족의 대이동을 시작했던 것입니다. 그러니 임금님께서도 재물이나 무력을 좋아하신다면 백성과 더불어, 즉 백성을 위해서 재물을 쌓고 무력을 강화하십시오. 그렇게 하면 참다운 임금노릇을 하는 데 하등의 문제가 없습니다."

해설

맹자의 말은 다음과 같은 뜻을 말한 것이다. 주周나라 공류公劉 때에는 백성들이 그와 같이 부유하고 안락하게 살았다. 그 까닭은 공류가 재물을 좋아하되, 능히 자기 마음을 미루어 백성에게 미쳤기 때문이다. 그러므로 지금 임금님께서 재물을 좋아하시는 태도를 그와 같이 한다면 곧 천하에 왕정을 펴는 것은 어렵지 않다.

故로 居者가 有積倉하며 行者가 有裹糧也 然後에야 可以爰方啓行이니
고   거자   유적창   행자   유과낭야 연후   가이원방계행

王如好貨어시든 與百姓同之하시며 於王에 何有리이다.
왕 여 호 화   여 백 성 동 지   어 왕   하 유

백성과 함께라면 여자를 좋아해도 좋다

선왕이 말했다.

"나에게는 나쁜 버릇이 있습니다. 나는 여색을 좋아합니다."

맹자가 대답했다.

"옛날의 태왕도 여자를 좋아했습니다. 그래서 자기 왕비를 사랑했습니다. 『시경詩經』 대아大雅 면편綿篇에 다음과 같이 있습니다. '고공단보가 아침이 되자 말을 달려서 서쪽 물가를 따라 기산岐山 밑에 와서 강씨의 딸을 맞이하고 함께 와서 같이 살았노라.' 그 당시는 안에 원한을 품은 여자가 없고, 바깥에도 홀아비가 없었습니다. 그러니 임금께서 여자를 좋아하시려면 백성과 더불어 좋아하십시오, 그러면 왕정도 문제없이 할 수 있습니다."

王曰 寡人이 有疾하니 寡人은 好色하노이다
왕왈 과인   유질   과인   호색

對曰 昔者에 太王이 好色하사 愛厥妃하시더니 詩云 古公亶父가 來朝走馬하샤
대왈 석자   태왕   호색   애궐비   시운 고공단보   내조주마

率西水滸하여 至于岐下하야 爰及姜女로 聿來胥宇라하니
솔서수호   지우기하   원급강녀   율래서우

當是時也하야 內無怨女하며 外無曠夫하니 王如好色이어시든 與百姓同之하시면
당시시야   내무원녀   외무광부   왕여호색   여백성동지

於王에 何有리이다.
어왕   하유

나라를 제대로 다스리지 못하는 임금님은…

맹자가 제선왕에게 물었다.

"임금님의 신하가 만약에 다른 친구에게 자기 처자를 의탁하고 초나라로 갔다가 돌아와 보니 그 친구가 돌보지 않아서 자기 처자가 얼고 굶주렸다면 그런 친구를 어떻게 하시겠습니까?"

임금이 말했다. "그런 친구는 버려야 합니다."

"감옥을 다스리는 책임자가 부하를 단속하지 못하면 그런 자를 어떻게 하십니까?"

"파면해야지요."

"네 울타리 안, 즉 나라를 다스리지 못하면 그런 임금을 어떻게 해야 할까요?"

임금은 좌우를 둘러보고 딴 소리를 했다.

孟子가 謂齊宣王曰 王之臣이 有託其妻子於其友 而之楚遊者가 比其反也하야
맹자 위제선왕왈 왕지신 유탁기처자어기우 이지초유자 비기반야

則凍餒其妻子이어든 則如之何이꼬 王曰 棄之니이다.
즉동뇌기처자 즉여지하 왕왈 기지

曰 士師가 不能治士이어든 則如之何이꼬 王曰 已之니이다.
왈 사사 불능치사 즉여지하 왕왈 이지

曰 四境之內이 不治이든 則如之何이꼬 王이 顧左右而言他하시다.
왈 사경지내 불치 즉여지하 왕 고좌우이언타

임금은 현명한 사람을 써야 한다

맹자가 제나라 선왕을 보고 말했다.

"이른바 고국故國은 사社에 교목喬木이 있는 나라를 말하지 않습니다. 대代를 이어가면서 공을 세운 세신世臣이 많이 있는 나라를 말합니다. 그런데 임금님께서는 참으로 친근한 신하가 없습니다. 뿐만 아니라 이전에 벼슬하던 신하가 지금 어디로 가서 어떻게 사라졌는지도 아시지 못하고 계십니다."

선왕이 말했다.

"내가 어떻게 사전에 재능이 없다는 것을 알고 안 쓰고 또 버릴 수 있겠소?"

맹자가 말했다.

"나라를 다스리는 임금은 현명한 사람을 등용해 써야 하며, 부득이하게 신분이 비천한 사람이라도 현명하면 존귀한 사람 위에 써야 합니다. 또 임금과 사이가 소원한 사람이라도 현명하면 친척 위에 올려 써야 합니다. 그러니 어찌 신중하지 않을 수 있겠습니까?"

孟子가 見齊宣王曰 所謂故國者는 非謂有喬木之謂也니라
맹자   견제선왕왈 소위고국자   비위유교목지위야

有世臣之謂也니이 王無親臣矣샤소이다 昔者所進을 今日에 不知其亡也온여.
유세신지위야   왕무친신의   석자소진 금일 부지기망야

王曰 吾何以識其不才而舍之이꼬. 曰 國君이 進賢호대 如不得已니
왕왈 오하이식기부재이사지   왈 국군 진현   여부득이

將使卑로 踰尊하며 疏로 踰戚이니 可不愼與이까.
장사비 유존   소 유척   가불신여

임금은 국민의 공론을 새겨야 한다

"좌우 측근의 신하들이 모두 현명하다고 말해도 믿고 따르면 안 됩니다. 모든 대부大夫들이 다 현명하다고 말해도 믿고 따르면 안 됩니다. 국민들이 모두 현명하다고 말하면, 그 다음에 임금님이 몸소 살피시고 참으로 그 사람이 현명하다는 것을 확인한 다음에 그를 등용해 써야 합니다."

"좌우 측근의 신하들이 모두 안 된다고 말해도 듣고 따르면 안 됩니다. 모든 대부들이 다 안 된다고 말해도 듣고 따르면 안 됩니다. 국민들 모두가 안 된다고 말하면, 그 다음에 임금 자신이 살펴보고 참으로 안 되는 것을 알게 된 다음에, 그 사람을 제거해야 합니다."

左右가 皆曰 賢이라도 未可也하며 諸大夫가 皆曰 賢이라도 未可也하고
좌우   개왈 현   미가야   제대부   개왈 현   미가야

國人이 皆曰 賢 然後에 察之하여 見賢焉 然後에 用之하며
국인   개왈 현 연후 찰지   견현언 연후 용지

左右가 皆曰不可라도 勿聽하며 諸大夫가 皆曰不可라도 勿聽하고
좌우   개왈불가   물청   제대부   개왈불가   물청

國人이 皆曰不可 然後에 察之하여 見不可焉 然後에 去之하며
국인   개왈불가 연후 찰지   견불가언 연후 거지

"좌우 측근의 신하들이 다 죽여야 한다고 해도 듣지 말며, 여러 대부가 다 죽여야 한다고 해도 듣지 말며, 국민 모두가 다 죽여야 한다고 한 다음에 비로소 임금이 살펴서, 죽여야 할 죄가 보이면 사형에 처해야 합니다. 그러므로 국민의 이름으로 사형하는 것입니다. 임금이 이와 같이 국민의 공론을 바탕으로 해야 비로소 국민의 부모라 할 수 있습니다."

左右가 皆曰可殺이라도 勿聽하며 諸大夫가 皆曰可殺이라도 勿聽하고
좌 우   개 왈 가 살   물 청   제 대 부   개 왈 가 살   물 청

國人이 皆曰可殺 然後에 察之하야 見可殺焉 然後에 殺之니
국 인   개 왈 가 살 연 후   찰 지   견 가 살 언 연 후   살 지

故曰 國人이 殺之也라하니이다. 如此 然後에 可以爲民父母이니라.
고 왈 국 인   살 지 야   여 차 연 후   가 이 위 민 부 모

인의가 없는 임금은 필부에 불과하다

제나라 선왕이 맹자에게 물었다.

"은殷의 탕왕湯王이 하夏의 걸桀을 방벌放伐하고, 주周의 무왕武王이 은殷의 주紂를 토벌했다고 하는데, 사실 그런 일이 있었습니까?"

맹자가 대답했다.

"전하는 바 그렇다고 합니다."

선왕이 되물었다.

"신하가 자기 임금을 시해弑害해도 됩니까?"

맹자가 말했다.

"인仁을 해치는 것을 적賊이라 하고, 의義를 해치는 것을 잔殘이라 합니다. 잔학하게 역적질하는 사람은 일개 필부匹夫입니다. 제가 듣고 아는 바, 일개 필부 주紂를 처단한 것이지 임금을 시해한 것이 아닙니다."

齊宣王이 問日 湯이 放桀하시고 武王이 伐紂라하니 有諸이까 孟子가 對日
제 선 왕   문 왈 탕   방 걸   무 왕   벌 주   유 저   맹 자   대 왈

於傳에 有之하니이다. 日 臣弑其君이 可乎이까. 日 賊仁者를 謂之賊이오
어 전   유 지   왈 신 시 기 군   가 호   왈 적 인 자   위 지 적

賊義者를 謂之殘이오 殘賊之人을 謂之一夫이니 聞誅一夫紂矣오 未聞弑君也케이다.
적 의 자   위 지 잔   잔 적 지 인   위 지 일 부   문 주 일 부 주 의   미 문 시 군 야

제9장 거실장 巨室章

 현명한 임금이 현명한 신하를 만든다

맹자가 제나라 선왕을 보고 말했다.

"큰 집을 건축할 때에는 반드시 우두머리 목수로 하여금 큰 재목을 구하게 하고, 그가 큰 재목을 얻으면 즉 임금님이 기뻐하실 겁니다. 그래야 능히 그 일을 감당할 수 있기 때문입니다. 그런데 그 밑에 있는 목수가 큰 재목을 깎거나 베어서 작게 토막을 내면 임금님은 바로 노하실 것입니다. 그것은 큰 집을 짓는 일을 감당하지 못하기 때문입니다. 대체로 사람이 어려서 글을 배우는 목적은 장성하여 실지로 좋게 행동하기 위해서입니다. 그런데 왕이 성인이나 군자를 보고 '지금은 잠시 그대가 배운 왕도王道의 학문지식을 버리고 무조건 나의 무력패도武力覇道를 따라야 한다.'고 말하신다면 어떻게 되겠습니까?"

孟子가 見齊宣王 曰 爲巨室 則必使工師로 求大木하시리니
맹자 견제선왕 왈 위거실 즉필사공사 구대목

工師得大木 則王이 喜하야 以爲能勝其任也라하시고
공사득대목 즉왕 희   이위능승기임야

匠人이 斲而小之 則王이 怒하야 以爲不勝其任矣라하시리니
장인 착이소지 즉왕 노   이위불승기임의

夫人이 幼而學之는 壯而欲行之니
부인 유이학지   장이욕행지

王曰 姑舍女의 所學하고 而從我라하시면 則何如하니이꼬.
왕왈 고사여 소학   이종아   즉하여

"지금 여기에 원석 옥돌이 있으며, 그 값이 만 일鎰이나 되면, 임금님은 반드시 그 원석을 옥인玉人으로 하여금 쪼고 다듬게 할 것입니다. 국가를 다스리는 일에 있어 '잠시 그대가 배운 학문을 버리고 나의 방식을 따르라고 말을 하시니' 어째서 전문가인 옥인으로 하여금 옥돌을 다듬게 하는 것과 다르게 하십니까?"

해설

범씨范氏가 말했다.

"옛날의 현인은 항상 '임금이 자가들 현인이 배운 바를 행하지 못하는 것'을 걱정했다. 그러나 세상의 어리석은 임금은 역시 '현인들이 자기의 저속한 욕심 따르지 않는 것'을 걱정했다. 그러므로 현명한 신하와 현명한 임금이 서로 만나기가 어려웠던 것이다. 공자나 맹자가 평생토록 좋은 임금을 못 만난 것이 그래서일 것이다."

今有璞玉於此하면 雖萬鎰이라도 必使玉人彫琢之하시리니
금 유 박 옥 어 차   수 만 일   필 사 옥 인 조 탁 지

至於治國家하여는 則曰 姑舍女의 所學하고 而從我라하시면
지 어 치 국 가   즉 왈 고 사 여   소 학   이 종 아

則何以異於敎玉人彫琢玉哉이꼬.
즉 하 이 이 어 교 옥 인 조 탁 옥 재

제10장 벌연장 伐燕章

하늘의 뜻에 따라 연나라를 취한다면…

제齊나라가 연燕나라를 치고 승리했다.

그리고 선왕이 맹자에게 물었다.

"어떤 사람은 과인에게 연나라를 취하지 말라 하고, 어떤 사람은 빼앗으라고 합니다. 하지만 만승의 나라가 다른 만승의 나라를 쳐서, 50일 만에 상대를 치고 승리를 거둔 것은 인력만으로는 할 수 없는 일입니다. 하늘의 뜻이나 명이 있을 것이다. 그러므로 취하지 않으면 반드시 하늘의 재앙이 내릴 것입니다. 그러니 연나라를 취하면 어떻겠습니까?"

해설

사기史記에 있다. 연燕나라 왕 쾌噲가 나라를 재상宰相 자지子之에게 양보하자, 나라가 크게 혼란했다. 그래서 제齊나라가 연을 공격했다. 그때에, 연나라 사졸士卒들이 싸우지 않고, 성문도 닫지를 않았다. 그래서 제나라가 연에게 대승했다.

※선왕宣王의 뒤를 이은 민왕湣王 때의 일이다. 제가 연을 친 것을 선왕 때의 일이라고 한 것은 사기나 다른 책의 기록과 다르다. 맹자서설孟子序說에 보인다.

齊人이 伐燕 勝之어늘 宣王이 問曰 或謂寡人勿取라하며 或謂寡人取之라하나니
제 인 벌 연 승 지   선 왕   문 왈 혹 위 과 인 물 취   혹 위 과 인 취 지

以萬乘之國으로 伐萬乘之國호대 五旬而擧之하니 人力으로 不至於此이니
이 만 승 지 국   벌 만 승 지 국   오 순 이 거 지   인 력 으 로 부 지 어 차

不取하면 必有天殃이니 取之何如하니이꼬.
불 취   필 유 천 앙   취 지 하 여

연나라 백성이 좋아한다면, 취한다

맹자가 대답해서 말했다.

"연燕나라를 취해서 연나라 사람들이 좋아한다면 곧 취하십시오. 옛날 사람으로 그와 같이 한 사람이 바로 주무왕周武王입니다. 취해서 연나라 사람들이 좋아하지 않으면 곧 취하지 마십시오. 옛날 사람으로 그와 같이 한 사람이 주문왕周文王입니다."

"만승의 제齊나라가 만승의 연나라를 치는데, 연나라 백성이 대그릇에 밥을 담고, 항아리에 국물을 담아 가지고 와서 임금님의 군대를 환영하는 까닭은 어찌 다른 이유가 있겠습니까? 연나라 국민들이 물이나 불같은 고통에서 벗어나려고 해서입니다. 그런데 만약에 제가 연을 친 다음에 더욱 깊은 물에 빠진 듯이 고생을 하고, 더욱 심한 불에 타는 고생을 하게 된다면, 그들은 또 다른 데로 옮겨가려고 할 것입니다."

孟子가 對曰 取之而燕民이 悅則取之하소서 古之人이 有行之者하니 武王이 是也니이다
맹자 대왈 취지이연민 열즉취지 고지인 유행지자 무왕 시야

取之而燕民이 不悅則勿取하소서 古之人이 有行之者하니 文王이 是也니이다.
취지이연민 불열즉물취 고지인 유행지자 문왕 시야

以萬乘之國으로 伐萬乘之國이어늘 簞食壺漿으로 以迎王師는 豈有他哉리오
이만승지국 벌만승지국 단사호장 이영왕사 기유타재

避水火也이니 如水益深하며 如火益熱이며 亦運而已矣니이다.
피수화야 여수익심 이화익열 역운이이의

제11장 구연장 救燕章
큰 나라의 임금은 남을 두려워하지 않는다

제나라가 연나라를 치고 점령하자, 여러 나라의 제후들이 결탁하여 모의하고 연나라를 구제하려고 했다. 이에 선왕이 맹자에게 물었다.

"제후들 다수가 결탁하여 과인을 치려고 도모하고 있으니, 어떻게 이에 대처해야 합니까?"

맹자가 대답해서 말했다.

"신은 들어서 알고 있습니다. 사방 70리 크기의 나라라도 임금이 덕으로 천하를 다스렸다는 말을 듣고 압니다. 즉 그가 탕왕湯王입니다. 그러나 사방 천 리가 되는 큰 나라의 임금이면서 남들을 겁내는 사람의 말을 들어본 적이 없습니다."

齊人이 伐燕 取之한대 諸侯가 將謀救燕이러니 宣王이 曰 諸侯가 多謀伐寡人者하니
제 인　벌연 취지　　　제후　장모구연　　　　선왕　왈 제후　다모벌과인자

何以待之이꼬 孟子가 對曰 臣은 聞七十里로 爲政於天下者는 湯이 是也이니
하 이 대 지　　맹자가 대왈 신은　문칠십리　위정어천하자　탕　시야

未聞以千里로 畏人者也케이다.
미문이천리　　외인자야

"『서경書經』 중훼지고仲虺之誥에 있습니다. '탕왕이 처음에 무력 토벌을 갈葛나라부터 시작했다. 천하의 모든 사람들이 그를 믿었다. 탕왕이 동쪽으로 가서 정벌하면, 서쪽 오랑캐가 원망했다. 남쪽으로 가서 토벌하면, 북쪽의 오랑캐들이 원망했다. 그리고 말했다. 왜 우리들은 뒤로 돌리는가?' 백성들이 탕왕이 와서 악을 치고 자기들을 구제해 주기를 바란 것이 흡사 심한 가뭄에, 비구름이나 무지개를 바라보듯이 했습니다. 그래서 시장으로 오가는 사람들이 걸음을 멈추지 않았고, 또 농사짓는 사람들도 변함없이 여전히 농사를 지었습니다. 탕왕이 무력으로 나쁜 임금을 주살誅殺하고, 그들 백성들을 구제하고 위로해준 것을 마치 때맞춰 비가 쏟아져 내린 것처럼 백성들이 크게 기뻐했습니다. 그래서 서경에 '우리 임금이 오기를 기다린다. 임금이 오면 백성들이 소생한다.'고 적었습니다."

書에 日 湯이 一征을 自葛로 始하신대 天下가 信之하야 東面而征에 西夷가 怨하며
서   왈 탕   일정   자갈 시   천하   신지   동면이정   서이   원

南面而征에 北狄이 怨하며 日 奚爲後我오하야 民이 望之호대 若大旱之 望雲霓也하야
남면이정   북적   원   왈 해위후아   민   망지   약대한지 망운예야

歸市者가 不止하며 耕者가 不變이어늘 誅其君而弔其民하신대 若時雨가 降이라
귀시자   부지   경자   불변   주기군이조기민   약시우   강

民이 大悅하니 書에 日 徯我后하다소니 后來하시니 其蘇라하나이다.
민   대열   서   왈 해아후   후래   기소

법도에 따르지 않은 폭정은 대항이 있기 마련이다

"지금 연나라가 자기 백성들을 학대하기 때문에 임금님께서 가시어 연을 치고 그 나라 백성들, 즉 자기들을 물과 불 속에서 구제해 주는 거라고 기대하며, 따라서 대나무 그릇에 밥을 담고, 항아리에 국물을 담아 와서 임금님의 군대를 환영했던 것입니다. 그렇거늘 만약에 그들 연나라의 어른이 되는 부형父兄을 살해하거나, 어린 자제子弟들을 잡아서 묶거나, 그 나라의 종묘를 파괴하거나, 그 나라의 귀중한 보물이나 기물을 탈취해서 옮겨온다면, 어떻게 좋다고 하겠습니까? 천하 모든 사람이 굳게 제나라를 강국이라고 겁내고 있습니다. 그런데 만약에 지금 다시 연나라를 점령하고 영토만을 배로 늘리고 인정仁政을 펴지 않으신다면 그때에는 천하의 제후들이 단결하여 무력을 동원하고 제나라에 대항할 것입니다."

今에 燕虐其民이어늘 王이 往而征之하시니 民이 以爲將拯己 於水火之中也이라하야
금   연학기민   왕이정지   민   이위장증기 어수화지중야

簞食壺漿으로 以迎王師이어늘 若殺其父兄하며 係累其子弟하며 毀其宗廟하며
단사호장   이영왕사   약살기부형   계루기자제   훼기종묘

遷其重器하면 如之何 其可也리오 天下가 固畏齊之彊也이니
천기중기   여지하 기가야   천하   고외제지강야

今又倍地 而不行仁政이면 是는 動天下之兵也이니이다.
금우배지 이불행인정   시   동천하지병야

"임금님께서 속히 명령을 내리시고, 잡아서 억류하고 있는 연나라의 노약자를 되돌려 보내게 하고, 연나라로부터 귀중한 보물이나 기물을 반출해 오는 것을 중지하게 하고, 또 연나라의 국민들과 상의해서 그들이 원하는 임금을 두시고, 또 군대를 철수하시면 아직은 제후들이 합동해서 군대를 동원하는 것을 막을 수 있습니다."

해설

범씨范氏가 말했다. '맹자는 제齊와 양梁 두 나라의 임금을 섬겼으며 도덕을 논할 때에는 반드시 요순堯舜을 높였고, 무력 정벌을 논할 때는 반드시 탕무湯武를 높였다. 무릇 백성을 다스림에 있어, 요순을 법도로 삼지 않으면 폭정이 되고, 무력을 행사할 때에 탕무湯武를 본받지 않으면 난동이 된다. 그러니 어찌 자기가 섬기는 임금이 그렇게 하지 못한다고 자기마저 배운 바 학문을 버리고 임금의 패도覇道를 따를 수 있겠는가?'

王速出令하샤 反其旄倪하시고 止其重器하시고 謀於燕衆하야
왕 속 출 령   반 기 모 예   지 기 중 기   모 어 연 중

置君而後에 去之 則猶可及止也이리이다.
치 군 이 후   거 지   즉 유 가 급 지 야

임금이 인정을 행하면 백성은 따른다

추鄒가 노魯와 싸워 패했다. 노나라 목공이 맹자에게 말했다.

"추가 분란을 일으켰을 때 노나라의 지휘관이나 귀족들은 33명이나 전사했으나 일반 민중들은 전사한 자가 하나도 없었습니다. 민중들을 잡아서 죽이려 해도 그 수가 너무 많아서 다 죽일 수 없었습니다. 그렇다고 안 죽이면 앞으로도 민중들이 윗사람 죽는 것을 미운 눈초리로 보기만 하고 도와주지 않을 것이니, 이를 어떻게 하면 되겠습니까?"

맹자가 대답해서 말했다.

"흉년이 들고 굶주릴 때에 임금님의 백성들은, 노약자는 굶주려 도랑이나 구덩이에 떨어져 굴렀으며, 젊은 사람은 뿔뿔이 흩어져 사방으로 간 사람의 수가 수천 명이나 되었습니다. 그러나 임금님의 곡물창고에는 곡식이 가득 차 있었고, 재물이나 물품 창고에는 재물이 가득 차 있었습니다. 그래도 관리들이 임금님에게 고하지 않고 구제해 주지도 않았으니 이는 곧 임금이 태만하고 관리가 잔학했던 것입니다.

鄒가 與魯鬨이러니 穆公이 問曰 吾有司死者가 三十三人이로대 而民莫之死也하니
추   여노홍   목공   문왈 오유사사자   삼십삼인   이민막지사야

誅之 則不可勝誅이오 不誅 則疾視其長上之死 而不救하니 如之何 則可也리이꼬.
주지 즉불가승주   부주 즉질시기장상지사 이불구   여지하 즉가야

孟子가 對曰 凶年饑歲에 君之民이 老弱은 轉乎溝壑하고 壯者는 散而之四方者가
맹자   대왈 흉년기세   군지민   노약   전호구학   장자   산이지사방자

幾千人矣오 而君之倉廩이 實하며 府庫가 充이어늘 有司가 莫以告하니
기천인의   이군지창름   실   부고   충   유사   막이고

是는 上慢而殘下也니
시   상만이잔하야

증자曾子가 말했습니다. '삼가고 또 삼가야 한다. 그대로부터 나간 것이 그대에게 되돌아온다.' 허기진 백성들은 이제부터 뒤늦게 임금이나 관리들에게 되돌려주려고 할 것입니다. 임금님은 탓하지 마십시오."

"임금님이 인정仁政을 행하시면 그 백성들이 윗사람을 친애하고, 또 윗사람을 위해서 죽기도 할 것입니다."

해설

임금이 어질지 못하고 재물만 구하므로 이에 관리들이 거두어들이는 것만 알고, 백성 구휼을 모른다. 고로 임금이 인정仁政을 행하면 모든 관리도 백성을 사랑하게 되고, 또 백성도 위를 사랑하게 될 것이다.

범씨范氏가 말했다. '『서경書經』 오자지가五子之歌에 백성은 바로 나라의 근본이다. 근본이 굳어야 나라가 편안하다.'고 했다. 나라에 창름倉廩과 부고府庫가 있는 것은 백성을 위해서다. 즉 풍년에는 곡식이나 재물을 거두어 저장하고, 흉년에는 풀어서 백성들의 기한飢寒이나 질병 및 고통을 구휼해 준다. 그러므로 백성들이 윗사람들을 친애하고 나라에 위난이 있을 때는 달려가서 구제한다.

曾子가 曰 戒之戒之하라 出乎爾者가 反乎爾者也라하시니
증자　왈　계지계지　　　출호이자　　반호이자야

夫民이 今而後에 得反之也로소니 君無尤焉하소서.
부민　금이후　득반지야　　　군무우언

君이 行仁政하시면 斯民이 親其上하야 死其長矣리이다.
군　행인정　　　사민　친기상　　사기장의

제13장 소국장 小國章

 인정으로 백성을 다스린다

등滕나라 문공文公이 맹자에게 물었다.

"우리나라 등滕은 작은 나라이며, 제와 초 두 강대국 사이에 끼어 있습니다. 그러므로 제나라를 섬겨야 합니까, 초나라를 섬겨야 합니까?"

맹자가 대답해서 말했다.

"그러한 계략은 제가 말할 수 있는 바가 아닙니다. 그래도 부득이 말을 해야 한다면 즉 한 가지 방도가 있을 뿐입니다. 성城 밖에 방비용 연못을 깊이 파고, 또 방비용 성벽을 굳게 축성하고 백성들과 함께 지키는데 임금이나 관리들이 우선 생명을 걸어야 합니다. 아울러 백성들이 이 나라를 버리고 떠나지 않게 인애를 베푸는 정치를 해야 합니다. 그렇게 하는 것만이 가능한 방도입니다."

滕文公이 問曰 滕은 小國也이라 間於齊楚하니 事齊乎이까 事楚乎이까.
등문공   문왈등   소국야   간어제초   사제호   사초호

孟子가 對曰 是謀는 非吾의 所能及也로소이다 無已 則有一焉하니 鑿斯池也하며
맹자   대왈 시모   비오의 소능급야   무이 즉유일언   착사지야

築斯城也하며 與民守之하야 效死而民弗去 則是 可爲也이다.
축사성야   여민수지   효사이민불거 즉시 가위야

착한 정치를 행하라

등滕나라의 임금 문공이 물었다.

"강대국 제齊가 이웃의 설薛을 점령하고 새로 성城을 축조하니, 매우 겁이 납니다. 어떻게 대처하면 좋겠습니까?"

맹자가 말했다.

"옛날에 태왕大王이 빈邠에서 살았으나, 오랑캐가 침입하자, 빈을 떠나 기산岐山 아래에 거처하셨습니다. 그것은 태왕이 스스로 택해서 취한 것이 아니고 부득이해서 옮겨온 것입니다."

"적어도 착하게 다스리면 후세의 자손 중에 반드시 훌륭한 임금이 나타납니다. 군자는 나라를 세우고 좋은 전통을 내려주고 후손이 나라와 전통을 이어나갈 수 있게 해주어야 합니다. 그리고 성공하고 못하고는 바로 하늘에 달려 있습니다. 그러니 임금님께서 그들에 대해 어찌 하려고 하지 말고, 오직 전력을 다해 착한 정치를 행하십시오."

滕文公이 問曰 齊人이 將築薛하니 吾가 甚恐하노니 如之何 則可이꼬. 孟子가 對曰
등 문 공   문왈 제인   장축설   오 심공   여지하 즉가   맹자 대왈

昔者에 大王이 居邠하실새 狄人이 侵之어늘 去하시고 之岐山之下하사 居焉하시니
석 자 태왕 거빈   적인 침지 거   지기산지하   거언

非擇而取之라 不得已也이시니이다. 苟爲善이면 後世子孫이 必有王者矣리니
비 택이취지 부득이야   구위선   후세자손   필유왕자의

君子가 創業垂統하야 爲可繼也이라 若夫成功 則天也이니
군 자   창업수통   위가계야   약부성공 즉천야

君如彼라 何哉리오 彊爲善而已矣니이다.
군여피 하재   강위선이이의

제15장 갈력장 竭力章

오랑캐의 침략에서 벗어나려면...

등滕나라의 문공文公이 맹자에게 물었다.

"우리나라 등은 작은 나라입니다. 그래서 힘을 다해서 큰 나라를 섬깁니다. 그런데도 그들의 침략이나 압력에서 벗어날 수가 없으니, 이를 어떻게 하면 좋겠습니까?"

맹자가 대답해서 말했다.

"옛날에 주周의 태왕大王이 빈邠에 터를 잡고 농사를 짓고 살았습니다. 그러자 오랑캐 적狄이 침략해 왔습니다. 그래서 그들에게 동물의 가죽이나 비단을 주고 달래도 물러가지 않았고, 개나 말 같은 동물을 주고 달래도 물러가지 않았고, 진주나 옥 같은 보물을 바치고 달래도 물러가지 않았습니다."

滕文公이 問曰 滕은 小國也이라 竭力하야 以事大國이라도 則不得免焉이로소니
등문공   문왈등   소국야   갈력   이사대국   즉부득면언

如之何則可이꼬 孟子가 對曰 昔者에 大王이 居邠하실새 狄人이 侵之어늘
여지하즉가   맹자 대왈 석자   태왕   거빈   적인   침지

事之以皮幣라도 不得免焉하며 事之以犬馬라도
사지이피폐   부득면언   사지이견마

不得免焉하며 事之以珠玉라도 不得免焉하니이다.
부득면언   사지이주옥   부득면언

어진 임금은 백성이 따라 움직인다

"그래서 태왕이 주민의 대표가 되는 노인들을 모아놓고 말했습니다. '오랑캐 적인狄人들이 바라는 것은 우리의 토지이다. 나는 듣고 있다. 백성을 다스리는 임금은 백성을 양육해 주는 토지를 지키려고 싸워, 백성을 해치고 죽게 하지 않는다. 그러니 여러분들은 어찌 임금인 내가 없는 것을 걱정하는가. 임금인 나 혼자 떠나면 여러분은 무사할 것이다.' 이렇게 말하고 태왕이 빈을 떠났으며, 양산을 넘어, 기산 밑에 새로 도읍을 이루고 살았습니다. 그러자 빈의 주민들은 '태왕은 참으로 어진 임금이시다. 저분을 잃으면 안 된다.'하고 뒤를 따라온 사람들이, 앞을 다투어 장터에 몰리듯이 많았습니다."

乃屬其耆老 而告之曰 狄人之所欲者는 吾土地也니라 吾는 聞之也하니
내 속 기 기로 이 고 지 왈 적 인 지 소 욕 자 오 토 지 야 오 문 지 야

君子는 不以其所以養人者로 害人이라하니 二三子는 何患乎無君이리오
군 자 불 이 기 소 이 양 인 자 해 인 이 삼 자 하 환 호 무 군

我將去之하리라하시고 去邠하시고 踰梁山하사 邑于岐山之下하시고 居焉하신대
아 장 거 지 거 빈 유 양 산 읍 우 기 산 지 하 거 언

邠人이 曰 仁人也이라 不可失也이라하고 從之者가 如歸市하더라.
빈 인 왈 인 인 야 불 가 실 야 종 지 자 여 귀 시

"혹자는 다음과 같이 말합니다. '국가는 선조로부터 대를 물려가면서 지켜왔고, 또 앞으로도 지켜야할 귀중한 영토다. 그러므로 임금 혼자서 어떻게 할 수 있는 바가 아니다. 목숨을 걸고 나라를 지켜야 하며 절대로 떠나서는 안 된다.' 임금님께 청합니다. 이 두 가지 중에서 하나를 택하십시오."

해설

맹자가 또 다른 견해를 말했다.

국가 토지는 선조로부터 물려받고, 또 대대로 지켜온 귀중한 터전이다. 혼자서 마음대로 처리할 수 있는 것이 아니다. 그러므로 마땅히 목숨을 걸고 사수해야 하며, 버리고 떠나서는 안 된다. 이렇게 하는 것이 나라의 임금이 사직과 더불어 죽어야 하는 상법常法이다.

이는 곧 춘추공양전(春秋公羊傳: 襄公6년)에서 말한 바, "나라가 망하면 임금도 죽는 것이 정도다."라고 한 것이다. 바로 이렇게 함을 맹자가 말한 것이다.

或曰 世守也라 非身之所能爲也이니 效死勿去라하니이다. 君請擇於斯二者하소서.
혹 왈 세 수 야   비 신 지 소 능 위 야   효 사 물 거   군 청 택 어 사 이 자

예의를 모르는 사람은 만나지 말라

노나라 평공平公이 출타하려 하자, 측근 장창臧倉이라는 자가 가로막고 말했다.

"다른 날에는 임금님께서 출타하실 때에 반드시 담당관에게 행선지를 알리고 명령을 내리셨습니다. 그런데 지금에는 이미 수레에 말까지 다 매어놓았거늘 모시고 갈 담당관이 아직도 행선지를 모르고 있습니다. 감히 청해 올립니다. 행선지를 말씀해 주십시오."

평공이 말했다.

"맹자를 만나보고자 한다."

그러자 장창이 말했다.

"어찌된 일이십니까? 임금님께서 몸을 가볍게 낮추시고 먼저 나서서 필부를 만나려고 하십니까? 그를 현명한 사람이라고 생각하십니까? 원래 예禮와 의義는 현자賢者로부터 나오고 실천되어야 합니다.

魯平公이 將出할새 嬖人臧倉者가 請曰 他日에 君이 出則必命有司所之러시니
노 평 공   장 출   폐 인 장 창 자   청 왈 타 일   군   출 즉 필 명 유 사 소 지

今에 乘輿가 已駕矣로대 有司 未知所之하니 敢請하노이다 公曰 將見孟子하리라
금   승 여   이 가 의   유 사 미 지 소 지   감 청   공 왈 장 견 맹 자

曰 何哉이꼬 君所爲輕身하야 以先於匹夫者이까 以爲賢乎이까 禮義는 由賢者出이어늘
왈 하 재   군 소 위 경 신   이 선 어 필 부 자   이 위 현 호   예 의   유 현 자 출

그러나 맹자는 나중에 지낸 어머니의 상례를, 먼저 지낸 아버지의 상
례보다 더 성대하게 지냈습니다. 그러므로 맹자는 예禮도 의義도 안
지켰습니다. 그러므로 맹자를 만나지 마십시오."
노나라 평공이 대답했다.
"그렇게 하마."

해설

승여乘輿는 임금의 수레다. 가駕는 '말을 매다'의 뜻이다. 맹자는 먼저 부친상을 지냈
고, 나중에 모친상을 지냈다. 유踰는 '지나치다'는 뜻이다. 즉 자기 모친에게는 후하
게 했고, 부친에게는 박하게 했다는 뜻을 말한 것이다. 낙諾은 승낙하는 말이다.

而孟子之後喪이 踰前喪하니 君無見焉하소서 公曰 諾다.
이 맹 자 지 후 상   유 전 상   군 무 견 언   공 왈 낙

조사는 생활 형편에 따라 다를 수 있다

악정자樂正子가 들어가서 평공을 알현하고 말했다.
"임금님, 어째서 맹자를 만나보지 않으십니까?"
평공이 말했다.
"어떤이가 나에게 말하더군. '맹자가 모친상을 부친상보다 더 성대하
게 지냈다.' 그래서 내가 가서 보지 않았다."
악정자가 말했다.
"임금님께서 '보다 더 성대하게 지냈다'고 하신 말씀은 무슨 뜻입니
까? 먼저는 맹자가 사士의 신분으로 부친상을 지냈고, 나중에는 대부
大夫의 신분으로 모친상을 지냈으며, 그래서 먼저는 삼정을 바쳤고,
나중에는 오정을 바쳤습니다. 그것을 두고 '보다 더 성대하게 지냈다'
고 말씀하시는 것입니까?"

樂正子가 入見日 君이 奚爲不見孟軻也이꼬
악 정 자   입 현 왈 군   해 위 불 견 맹 가 야

日 或이 告寡人日 孟子之後喪이 踰前是이라할새 是以로 不往見也호라
왈 혹   고 과 인 왈 맹 자 지 후 상   유 전 상   시 이   불 왕 견 야

日 何哉이꼬 君所謂踰者는 前以士이오 後以大夫이며 前以三鼎 而後以五鼎與이까
왈 하 재   군 소 위 유 자   전 이 사   후 이 대 부   전 이 삼 정 이 후 이 오 정 여

평공이 말했다.

"그것을 말하는 것이 아니오. 관곽棺槨이나 의금衣衾을 좋게 했다는 뜻이오."

악정자가 변명해서 말했다.

"이른바 보다 더 성대하게 지냈낸 것이 아닙니다. 빈부가 같지 않기 때문입니다."

해설

악정자樂正子는 맹자의 제자로 노魯나라에서 벼슬을 했다. 삼정三鼎은 사士의 제례祭禮이고, 오정五鼎은 대부大夫의 제례이다.

삼정은 사의 신분 즉, 시豕 1정, 어魚 1정, 석腊: 육포 1정을 바친다. 오정은 대부분의 신분으로 삼정 외에 양羊 1정, 부膚: 돼지 가죽살 1정을 더 바친다. 관棺은 시신을 모시는 내관內棺, 곽槨은 외곽外槨, 즉 바깥의 관이다. 임금의 수의나 위에 덮는 이불이다.

曰 否이라 謂棺槨衣衾之美也이니 曰 非所謂踰也이라 貧富不同也니이다.
왈 부   위 관 곽 의 금 지 미 야   왈 비 소 위 유 야   빈 부 부 동 야

사람의 만남은 천명이다

악정자가 맹자를 보고 말했다.

"저, 극克이 임금에게 말해서 임금이 와서 선생님을 만나보고자 했습니다. 그런데 측근인 장창이라고 하는 자가 임금을 가지 못하게 저지했으므로 임금님이 결국 오지 못했습니다."

맹자가 악정자에게 말했다.

"갈 때 무엇인가 가게 하는 힘이 있고, 멈출 때 무엇인가 막는 힘이 있는 법이다. 가거나 멈추거나 다 사람의 힘만으로 되는 것이 아니다. 내가 노나라의 임금을 만나지 못하는 것은 천명이다. 장씨 같은 인간이 어찌 능히 나로 하여금 임금을 못 만나게 할 수 있겠느냐?"

해설

사람이 가는 것도 반드시 가게 하는 사람이 있고, 멈추게 하는 것도 반드시 멈추게 하는 사람이 있다. 그러나 가게 하는 바탕이나 멈추게 하는 바탕이나 마땅히 천명이 있어야 하고, 사람의 힘만으로 가게 하거나 못 가게 막는 것도 아니다. 그러니 내가 임금을 못 만난 것도 어찌 장창의 힘만으로 그렇게 된 것이겠느냐?

樂正子가 見孟子 曰克이 告於君호니 君이 爲來見也이러시니
악 정 자   견 맹 자 왈 극 이 고 어 군   군   위 래 견 야

嬖人有臧倉者가 沮君이라 君이 是以로 不果來也하시니이다
폐 인 유 장 창 자   저 군 이   군 이 시 이 로 불 과 래 야

曰 行或使之며 止或尼之나 行止는 非人所能也이라
왈 행 혹 사 지 지 혹 니 지 나 행 지 는 비 인 소 능 야

吾之不遇魯侯는 天也이니 臧氏之子가 焉能使予로 不遇哉리오.
오 지 불 우 노 후 는 천 야   장 씨 지 자 가 언 능 사 여 로 불 우 재

공손추장구 상 公孫丑章句上

公孫丑章句上

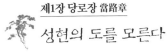

제1장 당로장 當路章
성현의 도를 모른다

공손추가 맹자에게 물었다.
"만약에 선생님께서 제나라 요직에 오르시면 관중管仲이나 안자晏子 같은 공적을 다시 기대할 수 있겠습니까?"
맹자가 말했다.
"자네는 참으로 제나라 사람이로군. 관중이나 안자만 아네그려."

해설

공손추公孫丑는 맹자의 제자로 제齊나라 사람이다. 관중은 제나라 대부, 이름은 이오 夷吾 환공桓公을 도와 제후들의 패자가 되게 했다. 맹자가 아직 정치에 참여하지 못 했으므로, 공손추가 '만약이라 하고' 했다. 제인齊人은 다만 제나라와 두 사람만 알 고, 성현의 도를 모른다는 뜻이다.

公孫丑가 問曰 夫子가 當路於齊하시면 管仲 晏子之功을 可復許乎이까.
공 손 추　　문 왈 부 자　　당 로 어 제　　　　관 중 안 자 지 공　　가 부 허 호

孟子가 曰 子誠齊人也로다 知管仲晏子而已矣온여.
맹 자　　왈 자 성 제 인 야　　　지 관 중 안 자 이 이 의

나라의 부국강병만으로 경외를 받는 것은 아니다

"어떤 사람이 증서曾西에게 '선생님과 자로子路는 어느 분이 더 현명
하십니까?' 하고 묻자, 증서는 송구스런 표정으로 말했다. '그분 자로
선생은 우리 선인께서도 경외하신 분이시오.' 어떤 사람이 또 '그렇다
면 선생님과 관중은 어느 분이 더 현명하십니까?' 하고 묻자, 증서가
발끈 화를 내고 불쾌한 듯이 말했다. '그대는 어찌 나를 관중과 비교
하느냐. 관중은 임금의 신임을 받고 재상이 되어 그와 같이 전횡專橫
했으며, 또 다스리면서 그와 같이 오래도록 부국강병만을 일삼았다.
관중의 공은 그와 같이 비천한 것이거늘, 어찌 그대는 나를 그런 자
와 비교한단 말인가?' 하고 탓했다."

或이 問乎曾西曰 吾子與子路孰賢이까 曾西가 蹴然曰 吾先子之所畏也이니라
혹   문호증서왈 오자여자로숙현   증서   축연왈 오선자지소외야

曰 然則吾子가 與管仲孰賢이까 曾西가 艴然不悅曰 爾何曾比子於管仲하고
왈 연즉오자가 여관중숙현   증서   불연불열왈 이하증비여어관중

管仲得君이 如彼其專也이며 行乎國政이 如彼其久也로대
관중득군   여피기전야   행호국정   여피기구야

功烈이 如彼其卑也하니 爾何曾比子於是오하니라.
공열   여피기비야   이하증비여어시

힘 있는 나라의 왕은 천하의 왕 노릇하기 쉽다

맹자가 말했다.

"관중은 증서조차도 치지 않는 사람인데 그대는 내가 관중같이 되기를 원하는가?"

공손추가 말했다.

"관중은 자기 임금 환공을 패자가 되게 했고, 안자는 자기 임금의 이름을 빛나게 했습니다. 그만한 공을 세운 관중이나 안자를 아직도 부족하다고 생각하십니까?"

맹자가 말했다.

"제나라의 강대한 힘을 가지면 천하에 참다운 왕 노릇하기는 손바닥 뒤집듯이 쉬운 일이다."

日 管仲은 曾西之所不爲也어늘 而子가 爲我願之乎아 日 管仲은 以其君霸하고
왈 관 중 증 서 지 소 불 위 야   이 자 위 아 원 지 호   왈 관 중 이 기 군 패

晏子는 以其君顯하니 管仲晏子는 猶不足爲與이까 日 以齊로 王이 由反手也이니라.
안 자 이 기 군 현   관 중 안 자 유 부 족 위 여   왈 이 제 로 왕 이 유 반 수 야

주문왕의 덕치도 모범으로 부족한가?

공손추가 말했다.

"그렇게 말씀하시면, 저의 미혹迷惑이 더욱 심하게 됩니다. 덕이 높으신 문왕이 백년을 살다가 돌아가셨지만 흡족하게 천하를 왕화王化하지 못하고, 뒤를 무왕과 주공이 계승한 다음에 비로소 왕화가 크게 행해졌습니다. 지금 제나라가 임금 노릇하기 쉬울 것이라고 말씀하셨으니, 그렇다면 주문왕周文王도 모범으로 삼기에 부족합니까?"

해설

문왕文王은 97세에 붕어했다. 이를 백세百年라고 말한 것은 수를 채워서 말한 것이다. 문왕은 천하의 3분의 2를 덕으로 귀속시켰다. 그 뒤를 무왕武王이 은殷을 치고 비로소 천하를 다스리게 되었으며, 주공周公이 성왕成王을 도와서 예악禮樂을 제정했으며, 그런 다음에 교화가 크게 행해졌다.

日 若是則弟子之惑이 滋甚케이다 且以文王之德으로 百年而後崩하시대
왈 약시즉제자지혹 자심   차이문왕지덕   백년이후붕

猶未洽於天下이어시늘 武王周公이 繼之 然後에 大行하니
유미흡어천하   무왕주공 계지 연후 대행

今言王若易然하시니 則文王을 不足法與이까.
금언왕약이연   즉문왕 부족법여

전통 깊은 나라는 귀속시키기 어렵다

맹자가 말했다.

"어찌 문왕을 당할 수 있느냐. 은나라는 시조 탕왕湯王부터 중흥의 임금 20대의 무정武丁까지 현명하고 어진 군주가 6,7명이나 있었으며, 천하가 은왕조에 귀순한 지가 오래되었다. 오래된 나라는 변하기 어렵다. 무정은 전국의 제후들을 지배하고 천하 다스리기를 흡사 손바닥 위에 놓고 굴리듯이 했다. 은나라를 망친 주왕紂王도 중흥의 임금 무정으로부터 멀리 떨어지지 않았다. 그리고 은왕조의 유풍遺風 유속 流俗이나 선정善政이 여전히 남아 있었다. 또 미자·미중·왕자 비간·기자 및 교격 등이 다 현인이었으며, 서로 은나라를 보필했다.

日 文王은 何可當也이시리오 由湯으로 至於武丁이 賢聖之君이 六七이 作하야
왈 문왕   하가당야   유탕   지어무정 현성지군   육칠 작

天下의 歸殷이 久矣니 久則難變也라 武丁이 朝諸侯有天下호대 猶運之掌也시니
천하 귀은 구의 구즉난변야 무정 조제후유천하   유운지장야

紂之去武丁이 未久也라 其故家遺俗과 流風善政이 猶有存者하며
주지거무정 미구야 기고가유속 유풍선정 유유존자

又有微子 微仲 王子比干 箕子 膠鬲이 皆賢人也라 相與輔相之라
우유미자 미중 왕자비간 기자 교격   개현인야   상여보상지

그러므로 은나라가 오래 지속되다가 망했던 것이다. 한편 문왕은 한 자 넓이의 땅도 소유하지 못했으며, 한 사람도 자기의 신하가 아니었다. 그렇지만 문왕은 백 리 넓이의 땅에서 일어났다. 그래서 천하를 바로잡고 왕 노릇하는 데 어려움을 겪었던 것이다."

해설

문왕의 덕은 높았다. 그러나 은의 전통이 깊고, 또 현인이 많았으므로 문왕은 생전에 임금이 못된 것이다.

당當은 적敵과 같은 뜻이다. 은나라는 성탕成湯에서 무정武丁에 이르는 사이에, 태갑太甲, 태무太戊, 조을組乙, 반경盤庚 등, 모두 현명하고 어진 임금들이었다. 작作은 '일어난다(起)'는 뜻이다. 무정에서 주紂까지 대략 7대이다. 고가故家는 '오래된 신하의 집(舊臣之家)'의 뜻이다.

故로 久而後에 失之也하니 尺地도 莫非其有也이며 一民도 莫非其臣也이어늘
고   구이후   실지야   척지   막비기유야   일민   막비기신야

然而文王이 猶方百里起하시니 是以難也이니라.
연이문왕   유방백리기   시이난야

왕업을 이룰 때가 있다

"제나라 사람들의 속담에 있다. '비록 지혜가 있어도 운세를 타는 것
만 못하고, 비록 농기구가 있어도 농사철을 기다리는 것만 못하다.'
지금이 제나라로서는 좋은 때이므로 쉽게 왕업을 이룰 수 있다."
"하·은·주 3대代가 흥성했을 때도 영토는 천 리를 넘지 못했었다. 그
러나 제나라는 이미 천 리의 영토를 가지고 있으며, 또 사방에서 닭
이 울고 개 짖는 소리가 서로 어울려 들리며, 촌락이 사방의 국경에
까지 이어져 있으며, 제나라에는 백성들이 많이 있다. 고로 영토를 더
넓히지 않고, 백성도 더 모으지 않고, 인정仁政을 펴서 왕화王化하면
아무도 막지 못할 것이다."

齊人有言曰 雖有智慧나 不如乘勢며 雖有鎡基나 不如待時라 今時則易然이니라.
제 인 유 언 왈 수 유 지 혜   불 여 승 세   수 유 자 기   불 여 대 시   금 시 즉 이 연 야

夏后殷周之盛에 地未有過千里者也하니 而齊는 有其地矣며
하 후 은 주 지 성   지 미 유 과 천 리 자 야   이 제   유 기 지 의

雞鳴狗吠는 相聞 而達乎四境하니
계 명 구 폐   상 문 이 달 호 사 경

而齊는 有其民矣니 地不改辟矣며 民不改聚矣라도 行仁政而王이며 莫之能禦也이리라.
이 제   유 기 민 의   지 불 개 벽 의   민 불 개 취 의   행 인 정 이 왕   막 지 능 어 야

때가 맞아야 천하를 안정시킬 수 있다

"또한 인정을 행하는 참다운 왕자가 나타나지 않은 기간이 오늘보다 더 긴 때가 없었다. 주나라 문·무왕이 나타나 천하를 안정시킨 다음 오늘까지 약 7백년이 지났다. 그래서 백성들이 학정에 시달려 초췌하게 된 것도 지금보다 더 심할 때도 없었다. 굶주린 사람에게는 먹을 것을 쉽게 먹게 할 수 있으며, 목마른 사람에게는 물을 쉽게 마시게 할 수 있다."

"공자가 말했다. '덕의 감화가 사방으로 퍼져 나가는 것은 역마驛馬가 명령을 전하는 것보다 빠르다.'"

"오늘의 시운을 맞아서 전차 만대를 지니고 있는 천자의 나라가 인정을 행하면 백성들이 좋아할 것이며, 흡사 거꾸로 매달려 있다가 풀려난 듯이, 좋아할 것이다. 고로 일이나 수고는 옛사람의 반을 하고, 공은 옛사람의 배를 세울 것이다."

且王者之不作이 未有疏於此時者也하며 民之憔悴於虐政이 未有甚於此時者也하니
차 왕 자 지 부 작   미 유 소 어 차 시 자 야   민 지 초 췌 어 학 정   미 유 심 어 차 시 자 야

飢者에 易爲食이며 渴者에 易爲飮이니라
기 자   이 위 식   갈 자   이 위 음

孔子가 曰 德之流行이 速於置郵而傳命이라하시니 當今之時하야
공 자   왈 덕 지 유 행   속 어 치 우 이 전 명   당 금 지 시

萬乘之國이 行仁政이면 民之悅之가 猶解倒懸也리니 故로 事半古之人이오
만 승 지 국   행 인 정   민 지 열 지 가   유 해 도 현 야   고   사 반 고 지 인

功必倍之는 惟此時가 爲然하니라.
공 필 배 지   유 차 시   위 연

마음을 흔들리지 않게 하는 데 도가 있다

제자 공손추가 맹자에게 물었다.

"선생님께서 제나라의 경상卿相 자리에 오르시고 도를 행하신다면 제나라 임금을 패자霸者로 만들 수도 있고, 혹은 왕자王者로 만들 수도 있으며, 아무도 이의를 달거나 괴이하게 여기지 않을 것입니다. 그래도 마음의 흔들림이 없겠습니까?"

맹자가 말했다.

"없을 것이다. 나는 나이 사십이다. 마음의 흔들림이 없다."

공손추가 말했다.

"그렇다면 선생님은 맹분孟賁보다 월등히 더 용감하십니다."

맹자가 말했다.

"천도를 간직하고 마음을 동하지 않게 하는 것은 어렵지 않다. 고자가 나보다 먼저 마음을 동하지 않는다고 했다."

공손추가 맹자에게 물었다.

"마음을 흔들리지 않게 하는데 도가 있습니까?"

맹자가 말했다. "있다."

公孫丑가 問曰 夫子가 加齊之卿相하사 得行道焉하시면 雖由此 霸王이라도 不異矣리니
공손추　문왈 부자　가제지경상　득행도언　　　수유차 패왕　　불이의

如此 則動心이 否乎이까 孟子曰 否라 我는 四十이라 不動心호라
여차 즉동심　부호　맹자왈 부 아　사십　부동심

曰 若是 則夫子가 過孟賁이 遠矣니이다 曰 是不難하니 告子도 先我不動心하니라
왈 약시 즉부자　과맹분　원의　　　왈 시불난　고자 선아부동심

曰 不動心이 有道乎이까 曰 有하니라.
왈 부동심　유도호　왈 유

북궁유의 용기

"북궁유의 용기에 대해서 말하겠다. 그는 칼이나 창에 찔려도 피부나 살이 오므라들지 않는다. 눈앞에 무기를 대고 위협해도 눈을 깜짝이거나 눈동자를 돌리지 않는다. 터럭만큼이라도 남으로부터 모욕을 받았다고 생각이 들면, 시장바닥에서 매를 맞는 것처럼 생각했다. 헐렁한 베옷을 입은 천민으로부터 수모를 당하지도 않았고, 또 만승지국의 천자로부터도 모욕 받기를 싫어했다. 만승의 나라를 다스리는 임금 죽이는 것을 천민이나 평민 죽이는 것같이 생각했다. 제후들도 그를 겁내고 두려워하지 않았다. 자기를 욕하고 미워하는 말을 들으면 반드시 되돌려 욕하고 미워했다."

北宮黝之養勇也는 不膚撓하며 不目逃하야 思以一豪이나 挫於人이어든
북 궁 유 지 양 용 야   불 부 요   불 목 도   사 이 일 호   좌 어 인

若撻之於市朝하야 不受於褐寬博하며 亦不受於萬乘之君하야 視刺萬乘之君호대
약 달 지 어 시 조   불 수 어 갈 관 박   역 불 수 어 만 승 지 군   시 자 만 승 지 군

若刺褐夫하야 無嚴諸侯하야 惡聲이 至커든 必反之하니라.
약 자 갈 부   무 엄 제 후   오 성   지   필 반 지

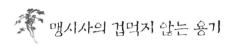

맹시사의 겁먹지 않는 용기

맹자가 이번에는 맹시사孟施舍를 말했다.

"맹시사가 용기를 돋우고 나타내는 태도를 말하겠다. 그는 다음같이 말했다. '적을 보고 이기지 못할 것을 알면서도, 마치 이길 수 있는 것처럼 용감히 싸워야 한다. 적의 수나 세력을 헤아리고 겁을 내고 후퇴하거나, 이길 거라고 생각한 후에 적과 마주하고 싸우는 그런 자는 곧 삼군 앞에서는 겁을 먹는 옹졸한 자다. 난들 어찌 반드시 이길 수 있겠느냐? 다만 겁을 먹지 않고 싸울 뿐이다.'"

해설

맹자의 말뜻은 다음과 같다. "북궁유와 맹시사의 용기를 논하면, 어느 쪽이 더 낫다고 말할 수 없다. 다만 자신을 단속하는 면에서는 맹시사가 북궁유보다 '자신을 잘 단속할 수 있다.'고 말하겠다."

맹시사(孟施舍)가 말했다. '싸워서 비록 이기지 못해도 두려워하지 않는다. 만약에 적을 헤아리고 승리를 생각하고 나서 싸움에 나가는 것은 용기가 없는 것으로, 대군을 겁내는 태도다.'

나는 전력을 다하여 싸우는 용사다. 그러므로 두려워하지 않는 것을 주체로 삼는다. 바로 그것이 나의 부동심不動心이다.

孟施舍之所養勇也는 曰 視不勝호대 猶勝也로니 量敵而後進하며 慮勝而後會하면
맹 시 사 지 소 양 용 야   왈 시 불 승   유 승 야   양 적 이 후 진   여 승 이 후 회

是는 畏三軍者也이니 舍는 豈能爲必勝哉리오 能無懼而已矣라하니라.
시   외 삼 군 자 야   사   기 능 위 필 승 재   능 무 구 이 이 의

바르고 옳다고 생각하는 것을 행하는 용기

"맹시사는 증자를 닮았다. 북궁유는 자하를 닮았다. 그들 두 사람의
용기는, 어느 쪽이 현명한지 아닌지를 알 수 없다. 그러나 맹시사는
자기를 지키고(守), 단속(約)했다."

"옛날에 증자가 자기의 제자 자양子襄에게 말했다. 자네는 용맹을 좋
아하는군. 그러니 내가 용맹에 대해서 말 하겠네. 나는 전에 공자 선
생님으로부터 대용大勇에 대한 말씀을 들은 바 있네. 선생님께서 말
씀하셨네. '스스로 돌이켜보고 바르고 곧지 못하면, 비록 헐렁한 베
옷을 걸친 천민賤民에게도, 내가 어찌 두려워하지 않을 수 있겠느냐?
스스로 돌이켜보고 바르고 옳다면, 비록 천민이라도 용감히 앞으로
나가서 싸워야 한다.'고 하셨네."

"맹시사가 한결같이 용기를 간직하고 지켰다고 해도, 그것은 역시 증
자가 하늘의 도리를 따르고 한결같이 자신을 단속하고 선생님의 가
르침을 지킨 것만 못하다."

孟施舍는 似曾子하고 北宮黝는 似子夏하니 夫二子之勇이 未知其孰賢이어니와
맹 시 사   사 증 자   북 궁 유   사 자 하   부 이 자 지 용   미 지 기 숙 현

然而孟施舍는 守가 約也이니라 昔者에 曾子가 謂子襄曰子가 好勇乎아
연 이 맹 시 사   수   약 야   석 자   증 자   위 자 양 왈 자   호 용 호

吾嘗聞大勇於夫子矣로니 自反而不縮이면 雖褐寬博이라도 吾不惴焉이어니와
오 상 문 대 용 어 부 자 의   자 반 이 불 축   수 갈 관 박   오 불 췌 언

自反而縮이면 雖千萬人이라도 吾往矣라하시다
자 반 이 축   수 천 만 인   오 왕 의

孟施舍之守는 氣라 又不如曾子之守는 約也이니라.
맹 시 사 지 수   기   우 불 여 증 자 지 수   약 야

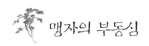

맹자의 부동심

제자 공손추公孫丑가 맹자에게 물었다.

"감히 묻겠습니다. 선생님이 말씀하시는 부동심不動心과 고자가 말하는 부동심에 대해서 말씀해 주실 수 있습니까?"

맹자가 먼저 고자를 말했다.

"고자가 다음과 같이 말했다. '남의 말을 듣고 내가 납득할 수 없으면 그 말을 제쳐두고 억지로 마음속으로 생각하면서 이해하려고 애를 쓰지 마라. 또 내 마음에 납득되지 않는 남의 말을 내가 혈기血氣로 나타내려고 하지 마라.' 그리고 맹자가 비판했다. 고자가 말한 바 '부득어심 물구어기(不得於心 勿求於氣)'는 그런 대로 괜찮다. 그러나 '부득어언 물구어심(不得於言 勿求於心)'이라고 한 말은 안 된다. 무릇 지志는 기氣의 통솔자다. 기氣는 신체身體에 충만해 있는 생명과 활동의 근원이다. 원칙적으로 먼저 지志가 가면, 다음에 기氣가 따른다. 고로 자신의 지志를 바르고 굳게 지니고, 기氣를 포악하게 나타내지 말아야 한다."

曰 敢問 夫子之不動心과 與告子之不動心을 可得聞與이까 告子曰 不得於言이어든
왈 감문 부자지부동심 여고자지부동심 가득문여   고자왈 부득어언

勿求於心하며 不得於心이어든 勿求於氣라하니 不得於心이어든 勿求於氣는 可커니와
물구어심   부득어심   물구어기   부득어심   물구어기   가

不得於言이어든 勿求於心은 不可하니 夫志는 氣之帥也오 氣는 體之充也이니
부득어언   물구어심 불가   부지   기지수야 기   체지충야

夫 志가 至焉이요 氣가 次焉이니 故로 曰 持其志오도 無暴其氣라하니라.
부 지 지언 기 차언   고 왈 지기지   무폭기기

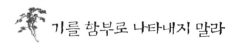 기를 함부로 나타내지 말라

공손추가 맹자에게 물었다.

"선생님께서 먼저는 '뜻이 가면 기가 따른다.'고 말씀하셨으나, 또 다시 '뜻을 굳게 지니고 기를 함부로 나타내지 마라.'고 하셨으니, '기를 함부로 나타내지 말라.'고 하신 말씀은 무슨 뜻입니까?"

맹자가 대답해서 말했다.

"뜻을 한결같이 지녀야 기도 바르고 곧게 동하고 나타난다. 그것이 원칙이다. 그러나 특수한 경우에는 기가 한쪽으로 쏠리면 이에 따라 뜻도 동하고 따른다. 만약에 당장 넘어질 듯한 순간에 몇 발짝 앞으로 뛰어 달리는 경우가 있다. 그것이 바로 순간적인 기의 발동이며, 이에 따라서 주체가 될 마음이 도리어 기를 따라 움직이는 예이다."

해설

정자程子는 말했다.

"뜻이 기를 움직이는 경우가 10중 9이고 기가 뜻을 움직이는 경우는 10중 1이다."

旣曰 志가 至焉이오 氣가 次焉이라하시고 又曰 持其志오도 無暴其氣者는 何也이꼬
기 왈 지   지 언   기   차 언   우 왈 지 기 지   무 폭 기 기 자   하 야

曰 志壹則動氣하고 氣壹則動志也이니 今夫蹶者趨者 是氣也 而反動其心이니라.
왈 지 일 즉 동 기   기 일 즉 동 지 야   금 부 궐 자 추 자 시 기 야 이 반 동 기 심

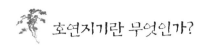# 호연지기란 무엇인가?

공손추가 물었다.

"감히 묻겠습니다. 선생님께서는 어떠한 점에 뛰어나셨습니까?"

맹자가 말했다.

"나는 남의 말을 듣고 그 속에 있는 심성心性이나 도리道理를 판단하고 안다. 나는 나의 호연지기浩然之氣를 잘 키울 수 있다."

공손추가 물었다.

"감히 묻겠습니다. 무엇을 '호연지기'라고 합니까?"

맹자가 말했다.

"말로 설명하기 어렵다."

해설

맹자가 먼저 지언知言이라고 말했다. 그런데 공손추가 먼저 양기陽氣에 대해서 물은 것은 앞에서 지기志氣를 논한 것을 이어받고 한 말이다. 말로 설명하기 어렵다는 것은 무릇 마음으로 홀로 터득하는 것이며, 형체나 소리로 나타나게 할 수 없으므로 쉽사리 말로 형용할 수 없다는 뜻이다.

고로 정자程子는 말했다. "이 한마디를 보아도 맹자가 사실로 양기했음을 알 수 있다."

敢問 夫子는 惡乎長이니시이꼬 曰 我는 知言하며 我는 善養 吾의 浩然之氣하도다.
감 문 부 자   오 호 장   왈 아   지 언   아   선 양 오   호 연 지 기

敢問 何謂浩然之氣이꼬 曰 難言也이니라.
감 문 하 위 호 연 지 기   왈   난 언 야

호연지기는 의가 모이면 자연히 나타난다

"그 호연지기는 지극히 크고 지극히 억세다. 곧게 함양涵養하고 해치지 않으면 천지간에 차고 넘친다."

"그 호연지기는 의義와 도道와 짝하고 어울려야 한다. 안 그러면 시든다."

"그것, 즉 호연지기는 의義가 모이면 스스로 나타나는 것이다. 의義를 덮어씌우고 얻게 하는 것이 아니다. 자기 행동이 자기 마음에 만족하지 않으면 호연지기는 이내 굶주리고 시든다. 그래서 나는 '고자는 의義의 참뜻을 처음부터 모르는 자'라고 말한 것이다. 그 이유는 고자는 도의에 의해서 함양되는 기氣를 외형적 용력勇力이라고 잘못 알고 있기 때문이다."

其爲氣也는 至大至剛하니 以直養 而無害 則塞于天地之間이니라.
기 위 기 야   지 대 지 강   이 직 양 이 무 해 즉 색 어 천 지 지 간

其爲氣也는 配義與道하니 無是면 餒也이니라 是集義所生者이라
기 위 기 야   배 의 여 도   무 시   뇌 야   시 집 의 소 생 자

非義가 襲而取之也이니 行有不慊於心 則餒矣니
비 의   습 이 취 지 야   행 유 불 겸 어 심   즉 뇌 의

我는 故로 曰 告子가 未嘗知義라하노니 以其外之也일새니라.
아   고   왈 고 자   미 상 지 의   이 기 외 지 야

118

도의에 맞는 일을 하면 호연지기가 함양된다

"호연지기를 함양하려면 반드시 도의에 맞는 좋은 일을 해야 한다. 그에 대한 보답을 기대하지 마라. 또 함양하겠다는 생각을 항상 마음속에 품고 잊지 말아야 한다. 또 무리하게 부추기고 자라게 하면 안된다."

맹자는 다음과 같이 알묘조장揠苗助長의 우화를 들었다.

'어느 송나라 사람이 자기 논밭의 모가 빨리 자라지 않는 것을 민망히 여기고, 밭에 심어진 모를 하나하나 손으로 잡아 뽑아 올렸다. 그리고 피곤하여 맥 빠지고 늘어진 모습으로 돌아와서 자기 집안사람에게 말했다. '오늘 혼이 났다. 내가 모를 잘 자라게 거들었다.' 아들이 뛰어가서 밭의 모를 보니, 모가 다 뽑혀진 채 시들었더라.'

必有事焉 而勿正하야 心勿忘하며 勿助長也하야 無若宋人然이어이다.
필유사언 이물정 심물망 물조장야 무약송인연

宋人이 有閔其苗之不長 而揠之者러니 芒芒然歸하야 謂其人曰 今日에 病矣라
송인 유민기묘지부장 이알지자 망망연귀 위기인왈 금일 병의

予가 助苗長矣와라하야날 其子가 趨而往視之하니 苗則槁矣러라.
여 조묘장의 기자 추이왕시지 묘즉고의

"천하에 알묘조장을 안하는 사람이 적다. 한편 양기陽氣를 무익하다고 포기하는 사람들은 비유하면 모를 심고도 김을 매지 않는 사람이라 하겠다. 또 기를 함양하는 데 있어 성급하고 어리석게 조장助長하는 사람은 비유하면 모를 뽑아 죽게 하는 사람이라 하겠다. 그 모두는 비단 무익할 뿐만 아니라 도리어 해가 된다."

해설

'모를 내버려두고 김을 매지 않는 자는 곧 자기가 할 일을 망각한 사람이다.' '모를 뽑아 올린 자는 바르게 얻지 못하고 엉터리로 수작을 부린 사람이다.' '그러나 김을 안 매면 키우지 못하게 될 뿐이다. 모를 뽑으면 도리어 해가 된다. 이 두 가지를 하지 말아야 기氣를 키울 수 있고, 또 해가 되지도 않는다.'

'고자告子같이 집의集義할 줄 모르고 강제로 자기 마음을 몰아대면 바로 조장助長의 병폐를 면치 못할 뿐 아니다. 이른바 호연浩然하게 배양하지 못할 뿐 아니라, 도리어 해를 끼치게 된다.'

天下之不助苗長者가 寡矣니 以爲無益 而舍之者는 不耘苗者也이오
천 하 지 부 조 묘 장 자   과 의   이 위 무 익   이 사 지 자   불 운 묘 자 야

助之長者는 揠苗者也이니 非徒無益이라 而又害之니라.
조 지 장 자   알 묘 자 야   비 도 무 익   이 우 해 지

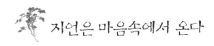

지언은 마음속에서 온다

공손추가 화제를 바꾸어 물었다.

"무엇을 지언知言이라 합니까?"

맹자가 말했다.

"한쪽으로 치우친 말을 들으면 그 사람의 마음이 욕심에 가리고 덮여져 있음을 안다. 도에 넘치는 난잡한 말을 들으면 그 사람의 마음이 무엇에 빠져 있는지를 안다. 사악한 말을 들으면 그 사람의 마음이 바른 도리에서 이탈되었음을 안다. 발뺌을 하거나 회피하려는 말을 들으면 그 사람이 빠져 있는 궁지나 곤궁한 사정을 알 수 있다. 이들은 다 그 마음속에서 태어나는 것이다. 근원은 속마음이다. 그러므로 결국은 그들의 정치에 해를 끼치고, 또 정치에 나타나 해를 끼친다. 마음이 말로 나타나고 정치에 나쁜 영향을 준다. 성인聖人 공자孔子께서 다시 나타나셔도 반드시 나의 말에 찬동하실 것이다."

何謂知言이니이꼬 曰 詖辭에 知其所蔽하며 淫辭에 知其所陷하며 邪辭에
하 위 지 언   왈 피 사   지 기 소 폐   음 사   지 기 소 함   사 사

知其所離하며 遁辭에 知其所窮이니 生於其心하야 害於其政하며
지 기 소 리   둔 사   지 기 소 궁   생 어 기 심   해 어 기 정

發於其政하야 害於其事하노니 聖人이 復起셔도 必從吾言矣이시라.
발 어 기 정   해 어 기 사   성 인   부 기   필 종 오 언 의

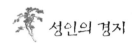 성인의 경지

공손추가 화제를 바꾸고 말했다.

"공자님의 제자 재아宰我나 자공子貢은 말을 잘했고, 또 염우冉牛·민
자閔子·안연顏淵은 덕행에 뛰어났으며, 공자님은 둘을 겸했습니다. 그
런데 공자님이 '나는 사명辭命에는 능하지 못하다.'고 말했습니다."

공손추가 또 공자에게 말했다.

"그러므로 곧 선생님은 이미 성인의 경지에 드셨습니다."

해설

맹자가 지언知言하고, 또 양기養氣를 했으므로 성인이라고 말한 것이다.

宰我子貢은 善爲說辭하고 冉牛閔子顏淵은 善言德行이러니
재 아 자 공   선 위 설 사   염 우 민 자 안 연   선 언 덕 행

孔子가 兼之하신대 曰 我는 於辭命 則不能也로라하시니 然則夫子는 旣聖矣乎이신저.
공 자   겸 지   왈 아   어 사 명 즉 불 능 야   연 즉 부 자   기 성 의 호

인과 의를 겸하면 성인이다?

맹자가 말했다.

"아니, 그게 무슨 소리인가?"

그리고 논어에 있는 예를 인용했다.

"옛날에 자공이 공자에게 '선생님은 성인이십니다.'하자, 공자가 말했다. '성인의 경지에는 나는 들 수 없다. 나는 다만 배움에 물리지 않고, 또 가르치는데 게으르지 않을 뿐이다.' 그러자 자공이 말했다. '배우는데 물리지 않는 것이 지智이고, 가르치는 데 게으르지 않는 것이 인仁입니다. 인仁과 지智를 겸하셨으니, 선생님은 이미 성인이십니다.'"

그리고 맹자가 공손추에게 말했다.

"성인이나 성인의 경지를 공자 선생 자신이 해당된다고 인정하지 않았거늘, 자네가 나를 보고 성인이라고 함은 그 무슨 말인가?"

曰 惡이라 是何言也이꼬 昔者에 子貢이 問於孔子曰 夫子는 聖矣乎이신저
왈 오   시 하 언 야   석 자   자 공   문 어 공 자 왈 부 자   성 의 호

孔子가 曰 聖則吾不能이러니와 我는 學不厭 而敎不倦也이로다
공 자   왈 성 즉 오 불 능   아   학 불 염 이 교 불 권 야

子貢이 曰 學不厭은 智也이오 敎不倦은 仁也이니 仁且智하시니
자 공   왈 학 불 염   지 야   교 불 권   인 야   인 차 지

夫子는 旣聖矣인저하니 夫聖은 孔子도 不居하시니 是何言也이꼬.
부 자   기 성 의   부 성   공 자   불 거   시 하 언 야

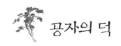

공자의 덕

공손추가 끈질기게 맹자에게 물었다.

"전에 제가 들은 바 있습니다. 자하·자유·자장 등 세 사람은 공자의
덕의 일부를 체득했으며, 염우·민자·안연 등은 공자의 덕을 갖추었으
나 넓지 못하다고 들었습니다. 감히 묻겠습니다. 선생님은 어느 쪽에
해당하십니까?"

맹자가 대답했다.

"그런 것은 거론하지 말라."

해설

자하·자유·자장은 다 공자의 높은 제자들이다. 일체一體는 '일부一部'의 뜻. 전체全體
는 '전부全部'의 뜻이다. 염우·민자·안연은 한 단계 높은 공자의 수제자들이다.

昔者에 竊聞之하니 子夏 子游 子張은 皆有聖人之一體하고
석자   절문지   자하 자유 자장   개유성인지일체

冉牛 閔子 顏淵은 則具體而微라하니 敢問所安하노이다 曰 姑舍是하라.
염우 민자 안연   즉구체이미   감문소안   왈 고사시

백이와 이윤의 도, 그리고 공자의 도

공손추가 물었다.

"백이와 이윤은 어떠한 사람입니까?"

맹자가 대답했다.

"그들은 저마다 도가 같지 않다."

맹자가 나누어 말했다.

"임금다운 임금이 아니면 섬기지 않는다. 백성다운 백성이 아니면 부려 쓰지 않는다. 도에 맞게 잘 다스려지면 나가서 벼슬을 하지만 어지럽고 흐트러지면 물러난다. 그러한 주장과 도리를 내세우는 사람이 곧 백이다."

"어찌 내가 잘 섬기는데 임금이 아니겠는가? 즉 내가 잘 섬기면 누구라도 임금이 된다. 어찌 내가 잘 부리면 백성이 아니겠는가? 즉 내가 잘 부리면 누구라도 백성이 된다. 잘 다스려지는 나라에도 나가서 벼슬하고, 흐트러진 나라에도 나가서 벼슬하는 사람이 바로 이윤이다."

曰 伯夷伊尹은 何如하니이꼬
왈 백 이 이 윤　하 여

曰 不同道하니 非其君不事하며 非其民不使하야 治則進하고
왈 부 동 도　비 기 군 불 사　비 기 민 불 사　치 즉 진

亂則退는 伯夷也이오 何事非君이오 何使非民이리오하야 治亦進하며
난 즉 퇴　백 이 야　하 사 비 군　하 사 비 민　치 역 진

亂亦進은 伊尹也이오
난 역 진　이 윤 야

"나가서 일을 할 만하면 출사出仕하고, 그만두어야 할 만하면 그만두고 물러난다. 오래 있을 만하면 오래 있고, 빨리 털고 물러나는 게 좋으면 빨리 물러난다. 이와 같은 태도를 취하는 분이 바로 공자이시다."

"이들은 다 옛날의 성인이다. 나는 아직 그들같이 행하지 못한다. 내가 소원하는 바는 공자같이 되고자 한다."

해설

백이伯夷와 이윤伊尹

백이伯夷는 고죽국孤竹國 임금의 장자이다. 형제가 임금자리를 서로 양보하고 주紂를 피해 숨어살았다. 그리고 문왕文王의 덕을 따라. 주周로 갔다. 무왕武王이 무력으로 주紂를 치자 주周나라에 살지 않겠다고 결심하고 수양산首陽山) 들어가 고사리를 먹다가 굶어 죽었다.

이윤伊尹은 유신국有辛國의 처사로 탕왕湯王의 초빙을 받고 와서 등용되었다. 탕왕의 명을 받고 걸桀에게 갔으나, 걸이 그를 쓰지 않았으므로, 다시 탕왕에게 돌아갔다. 이렇게 다섯 번이나 오가다가 마침내 탕왕을 도와서 걸을 토벌했다.

可以仕則仕하며 可以止則止하며 可以久則久하며 可以速則速은 孔子也이시니
가 이 사 즉 사   가 이 지 즉 지   가 이 구 즉 구   가 이 속 즉 속   공 자 야

皆古聖人也라 吾未能有行焉이어니와 乃所願 則學孔子也로다.
개 고 성 인 야   오 미 능 유 행 언   내 소 원 즉 학 공 자 야

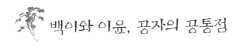

백이와 이윤, 공자의 공통점

공손추가 물었다.

"백이와 이윤이 공자에게 그다지도 비등합니까?"

맹자가 대답했다.

"아니다. 사람이 태어난 이래로 공자 같은 성인은 아무도 없다."

공손추가 물었다.

"그들이 다 성인이라면 즉 그들 사이에 공통점이 있습니까?"

맹자가 "있다."고 말하고 다음과 같이 설명했다.

"사방 백리 넓이 되는 땅을 얻고 임금이 되면 그들 세 사람은 다 덕으로써 제후들을 순복順服시키고 천하를 지니고 잘 다스리게 될 것이다. 그러나 만약에 하나의 불의不義를 행하거나, 한 사람이라도 무고한 사람을 죽이고서 천하를 얻는다 해도 그들 세 사람은 다 그런 짓을 하지 않을 것이다. 이런 점이 바로 그들의 공통점이다."

伯夷伊尹이 於孔子에 若是班乎이까 曰 否라 自有生民以來로 未有孔子也이시니라.
백이이윤 어공자 약시반호 왈 부 자유생민이래 미유공자야

曰 然則有同與이까 曰 有하니 得百里之地 而君之면 皆能以朝諸侯 有天下이어니와
왈 연즉유동여 왈 유 득백리지지 이군지 개능이조제후 유천하

行一不義하며 殺一不辜 而得天下는 皆不爲也이리니 是則同하니라.
행일불의 살일불고 이득천하 개불위야 시즉동

백이와 이윤, 공자의 차이점

공손추가 물었다.

"감히 묻겠습니다. 다른 점은 무엇입니까?"

맹자가 말했다.

"재아·자공·유약 세 사람의 제자는 지혜가 충분하여, 성인 공자의 인품을 잘 알 만하다. 비록 그들 세 사람의 품격은 낮으나 그렇다고 존경하는 스승 공자에게 아첨을 하는 그런 사람들은 아니다."

"재아가 말했다. '내가 선생님을 관찰한 바, 현명하신 덕德이 요임금이나 순임금보다 훨씬 더 높으시다.'"

"자공이 말했다. '공자 선생님이 정한 예禮를 보면, 그분의 인정仁政이 얼마나 높은 것인지를 알게 된다. 그분의 음악을 들으면, 그분의 인덕仁德을 알 수 있다. 지금으로부터 백세 후가 되고, 백대의 왕이 나타나기를 기다려 보아도 나의 말이 어긋나지 않을 것이다. 이 세상에 사람이 태어난 이래로, 공자 선생님 같은 분은 없다.'"

曰 敢問其所以異하노이까　曰 宰我子貢有若은 智足以知聖人이니
왈 감 문 기 소 이 이　　　　왈 재 아 자 공 유 약　지 족 이 지 성 인

汙不至阿其所好이니라.　宰我가 曰 以予觀於夫子컨대 賢於堯舜이 遠矣하시다.
오 부 지 아 기 소 호　　　재 아　왈 이 여 관 어 부 자　현 어 요 순　원 의

子貢이 曰 見其禮 而知其政하며 聞其樂 而知其德이니 由百世之後하야
자 공　왈 견 기 예　이 지 기 정　　문 기 악　이 지 기 덕　유 백 세 지 후

等百世之王컨대 莫之能違也이니 自生民以來로 未有夫子也이시니라.
등 백 세 지 왕　　　막 지 능 위 야　　자 생 민 이 래　미 유 부 자 야

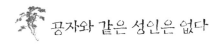
공자와 같은 성인은 없다

"유약有若이 말했다. '어찌 사람에게만 등급이 있겠는가? 만물에도 저마다 등급이 있다. 영특한 기린은 일반 동물과 다르고, 영특한 봉황은 다른 나는 새와 다르고, 신령한 태산은 보통 산과 다르고, 큰 강이나 바다는 기에 고인 물웅덩이와 다르다. 이 모든 것들은 같은 종류이면서 품격品格이 다른 것이다. 성인이신 공자 선생은 그 인덕仁德이 훨씬 뛰어나셨고 높이 돋아나셨다. 세상에 사람이 태어난 후, 공자보다 더 성대한 인덕을 지닌 분은 없다.'"

해설

기린麒麟은 모충毛虫의 장이고, 봉황鳳凰은 우충羽虫의 장이다. 질垤은 개밋둑이다. 행료行潦는 근원이 없이 길 위에 고인 물이다. 출出은 '높이 뛰어났다'는 뜻이다. 발拔은 '홀로 섰다'는 뜻이다. 췌萃는 '무리聚)'와 같다. 즉 '자고로 성인은 물론 중인들과 다르지만 공자같이 인덕仁德이 특출한 사람은 없다.'는 뜻을 말한 것이다.

有若이 曰 豈惟民哉리오 麒麟之於走獸와 鳳凰之於飛鳥와 太山之於邱垤과
유 약   왈 기유민 재   기 린 지 어 주 수   봉 황 지 어 비 조   태 산 지 어 구 질

河海之於行潦에 類也이며 聖人之於民에 亦類也이시니
하 해 지 어 행 료   류 야   성 인 지 어 민   역 류 야

出於其類하며 拔乎其萃이나 自生民以來로 未有盛於孔子也이시니라.
출 어 기 류   발 호 기 췌   자 생 민 이 래   미 유 성 어 공 자 야

제3장 가인장 假仁章

왕도덕치의 경지

맹자가 말했다.

"무력으로 인仁을 가장하는 자가 패자覇者이다. 패자는 반드시 나라가 커야 한다. 덕德으로써 인정仁政을 펴는 임금을 왕자王者라 한다. 왕자는 강대하기를 기다리지 않는다. 은殷 탕왕湯王은 사방 70리 넓이의 작은 나라였고, 주周 문왕文王은 사방 백리 넓이의 나라였다. 그렇게 작은 나라에서 왕도덕치王道德治를 폈다."

"힘에 눌려 굴복하는 것은 심복心服이 아니다. 힘이 모자라서이다. 덕으로 남에게 복종하는 것은 속으로 즐거워서 참으로 복종하는 것이다. 예를 들면 공자의 제자 70명이 순복順服하는 것과 같다. 『시경詩經』 대아大雅 문왕유성文王有聲편에 있다. '서, 동, 남, 북에서 순복하지 않으려고 생각한 사람이 없다.' 이것이 바로 왕도덕치의 경지라 하겠다."

孟子가 曰 以力假仁者는 霸니 霸必有大國이오 以德行仁者는 王이나 王不待大라
맹자   왈 이력가인자   패 패필유대국   이덕행인자   왕   왕부대대

湯이 以七十里하시고 文王이 以百里하시니라
탕   이칠십리   문왕   이백리

以力服人者는 非心服也이라 力不贍也이오
이력복인자   비심복야   역불섬야

以德服人者는 中心이 悅而誠服也이니 如七十子之服孔子也이라
이덕복인자   중심   열이성복야   여칠십자지복공자야

詩云 自西自東하며 自南自北이 無思不服이라하니 此之謂也니라.
시운 자서자동   자남자북   무사불복   차지위야

130

임금이 인정을 펴야 나라가 번영한다

맹자가 말했다.

"인정仁政을 펴면 나라가 번영한다. 인정을 펴지 못하면 백성과 나라
를 잃고 욕을 보게 될 것이다. 만약에 욕보기를 싫어하면서 인정을
펴지 않는다면, 이는 곧 축축한 물기를 싫어하면서 낮은 습지에 처하
고 있는 것과 같으니라."

"만약에 임금이 나라를 잃고 욕보는 것을 싫어한다면 무엇보다도 학
덕學德 있는 사람을 귀하게 여기고 선비를 존중해야 한다. 현명하고
선량한 사람을 자리에 앉히고 능력과 재주 있는 사람에게 직분을 맡
기면, 국가가 잘 다스려져 한가하게 된다. 그렇게 된 다음에 정치와
법률을 밝게 다스려 백성을 선도하고 교화하면 다른 큰 나라도 반드
시 두렵게 여길 것이다."

孟子가 曰 仁則榮하고 不仁則辱하나니 今에 惡辱而居不仁이 是猶惡濕而居下也이니라.
맹자 왈 인즉영   불인즉욕   금   오욕이거불인   시유오습이거하야

如惡之면 莫如貴德而尊士이니 賢者가 在位하며 能者가 在職하야
여오지   막여귀덕이존사   현자   재위   능자   재직

國家가 開暇이어든 及是時하야 明其政刑이면 雖大國이라도 必畏之矣리라.
국가   한가   급시시   명기정형   수대국   필외지의

능히 국가를 다스릴 수 있는 사람

"『시경詩經』 빈풍豳風 치효편鴟鴞篇에 있다.

'하늘이 미처 어둡고 비를 내리기 전에, (서둘러) 뽕나무 뿌리의 껍질을 따서 창문이나 문을 엮고 대비하노라. 그러니 나무 밑의 사냥꾼이 어찌 감히 나를 모욕할 수 있느냐?'

공자가 말했다. '이 시를 지은 사람은 도리를 아는 사람이다. 능히 국가를 잘 다스릴 수 있으면 누가 감히 욕을 보이겠느냐?'"

___
해설

시詩는 『시경詩經』 빈풍豳風 치효鴟鴞편의 시다. 주공周公이 지은 시다. 태迨는 급及과 같다. 철澈은 취取의 뜻이다. 상두桑土는 뽕나무 뿌리의 껍질(桑根之皮)이다. 주모綢繆는 '얽어 묶고 보수한다'는 뜻이다. 유호牖戶는 새집의 통기와 출입하는 곳이다. 여予는 새 자신을 일컫는 말이다.

___

詩云 迨天之未陰雨하야 徹彼桑土하야 綢繆牖戶이면 今此下民이 或敢侮予하여늘
시 운 태 천 지 미 음 우   철 피 상 두   주 모 유 호   금 차 하 민   혹 감 모 여

孔子가 曰 爲此詩者는 其知道乎인저 能治其國家이면 誰敢侮之리오하시니라.
공 자   왈 위 차 시 자   기 지 도 호   능 치 기 국 가   수 감 모 지

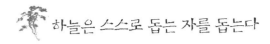

"만약에 지금, 국가에 내우외환이 없어 한가한 그런 때에 위정자가 멋대로 향락하고 게으름피우고 또 오만을 떤다면, 이는 곧 스스로 화를 자초하는 것이니라."

"화나 복은 모두 자기가 스스로 구하지 않는 것이 없다."

"『시경詩經』 대아大雅 문왕편文王篇에는 '주周나라는 오래 오래 하늘의 명과 짝했으므로 스스로 많은 덕을 얻었다.'라 했고, 또 『서경書經』 상서商書 태갑편太甲篇에는 '하늘이 내려주는 재화는 피할 수 있으나, 스스로 만든 죄로부터 도망가 살아남을 수 없다.'고 했다. 바로 이를 말한 것이다."

今國家가 閒暇이어든 及是時하야 般樂怠敖하나니 是는 自求禍也이니라.
금 국 가   한 가   급 시 시   반 락 태 오   시   자 구 화 야

禍福이 無不自己求之者니라. 詩云 永言配命이 自求多福이라하며
화 복   무 부 자 기 구 지 자   시 운 영 언 배 명   자 구 다 복

太甲에 曰 天作孼은 猶可違어니와 自作孼은 不可活이라하니 此之謂也이니라.
태 갑   왈 천 작 얼   유 가 위   자 작 얼   불 가 활   차 지 위 야

제5장 존현장 存賢章

사람이 살고 싶은 나라의 다섯 가지 조건

맹자가 말했다.

"현인을 존중하고 능력 있는 사람을 쓰고, 또 재주와 덕행이 뛰어난 사람을 자리에 앉히면 이내 천하의 선비들이 즐거운 마음으로 임금의 조정에 나서서 일하기를 원할 것이다."

"나라에서는 시장을 설치하고 시장터에 점포를 내고 장사를 하게 하되 세금은 징수하지 않고, 또 법을 정해서 질서를 유지하되 점포나 물품에 대한 별도의 세금을 징수하지 않는다. 그러면 곧 천하의 모든 상인들이 즐거이 자진해서 그 나라 시장에 물건을 옮겨 쌓고 장사를 할 것이다."

"관문에서는 오가는 사람이나 물품을 검사만 할 뿐, 세금을 징수하지 않으면, 천하의 여행하는 사람들이 모두 좋아하고 그 나라의 길을 타고 여행하기를 원할 것이다."

孟子가 曰 尊賢使能하야 俊傑이 在位 則天下之士가 皆悅 而願立於其朝矣리라.
맹 자   왈 존 현 사 능   준 걸   재 위 즉 천 하 지 사   개 열 이 원 립 어 기 조 의

市에 廛而不征하여 法而不廛 則天下之商이 皆悅 而願藏於其市矣리라.
시   전 이 부 정   법 이 부 전 즉 천 하 지 상   개 열 이 원 장 어 기 시 의

關에 譏而不征 則天下之旅가 皆悅 而願出於其路矣리라.
관   기 이 부 정 즉 천 하 지 려   개 열 이 원 출 어 기 로 의

"농민들에게는 조助만 거두고 별도의 세금을 부과하지 않는다. 그러면 천하의 농민들이 다 좋아하고 그 나라 밭에서 농사짓기를 원할 것이다."

"거주민에 대해서도, 부포夫布나 이포里布 같은 벌금이나 부가세를 부가하지 않으며 천하의 모든 사람들이 좋아하고 그 나라에 와서 살고자 원할 것이다."

해설

준걸俊傑은 재덕才德이 중인과 다른 사람이다. 전廛은 시장의 집이다. 장자張子가 말했다. "혹은 시장터에 있는 점포에서 세금을 거두기도 한다. 그러나 상품에 대한 세금은 거두지 않는다. 혹 시장을 관리하는 법에 따라 단속은 하지만, 그 점포에 대한 세금은 거두지 않는다." "무릇 말단적인 재물을 쫓는 자가 즉 장사꾼이 많으면 점포 개설을 억제하고, 장사꾼이 적으면 반드시 점포 개설을 단속하지 않는다."

耕者는 助而不稅 則天下之農이 皆悅 而願耕於其野矣리라.
경 자   조 이 불 세   즉 천 하 지 농   개 열 이 원 경 어 기 야 의

廛 無夫里之布 則天下之民이 皆悅 而願爲之氓矣리라.
전 무 부 리 지 포   즉 천 하 지 민   개 열 이 원 위 지 맹 의

임금은 다섯 가지 조건을 행해야 한다

"참으로 이상의 다섯 가지를 행할 수 있으면, 즉 이웃나라 백성들도
그를 부모와 같이 우러러 높일 것이다. '그와 같이 잘하지 않고, 반대
로 자기 나라의 자제들을 이끌고, 남의 나라의 부모를 공격하는 악한
일을 한 임금은 세상에 사람이 태어난 이래, 한 번도 성공한 예가 없
었다.' 이와 같이 다섯 가지를 행하고 잘하면, 바로 천하에 상대할 자
가 없게 된다. 천하에 상대할 자가 없는 그런 사람은 곧 천명天命으로
임명된 하늘의 관리(天吏)다. 그러고도 천하의 왕자가 되는 예는 아직
없었다."

信能行此五者 則鄰國之民 仰之若父母矣리니 率其子弟하야
신 능 행 차 오 자 즉 린 국 지 민 앙 지 약 부 모 의   솔 기 자 제

攻其父母는 自有生民以來 未有能濟者也로 如此 則無敵於天下하리니
공 기 부 모   자 유 생 민 이 래 미 유 능 제 자 야   여 차 즉 무 적 어 천 하

無敵於天下者는 天吏也이니 然而不王者가 未之有也니라.
무 적 어 천 하 자   천 리 야   연 이 불 왕 자   미 지 유 야

성왕은 불인인지심이 있다

맹자가 말했다.

"모든 사람에게는 불인인지심不忍人之心이 있다."

"옛날에 성왕聖王들은 불인인지심을 가지고 있었으며, 그래서 불인인지정不忍人之政을 폈던 것이다. 불인인지심을 가지고 불인인지정을 펴면 천하 다스리기를 손바닥 위에 놓고 굴리듯 할 수 있다."

해설

하늘과 땅은 만물을 낳고 살게 하는 것을 마음으로 삼고 있다. 그러므로 태어나 살고 있는 만물도 저마다 '천지생물지심天地生物之心'을 마음으로 삼고 있다. 그러므로 모든 사람에게는 '불인인지심不忍人之心'이 있다.

孟子가 曰 人皆有不忍人之心하니라.
맹자 왈 인개유불인인지심

先王이 有不忍人之心으로 斯有不忍 人之政矣니라
선왕 유불인인지심   사유불인 인지정 의

以不忍人之心으로 行行不忍人之政이면 治天下는 可運之掌上이니라.
이 불인인지심   행불인인지정   치천하   가운지장상

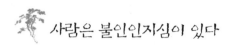 사람은 불인인지심이 있다

"사람에게 다 '불인인지심不忍人之心'이 있다는 이유를 다음같이 말하겠다. 만약에 누구나 갑자기 어린아이가 우물에 떨어질 듯한 것을 보면, 후딱 놀라고 겁을 내고, 측은하게 여긴다. 그것은 내심으로 어린아이의 부모와 깊이 사귀겠다는 계산이 있어 그러는 것이 아니다. 또 마을 사람들이나 붕우에게 칭찬을 받겠다는 욕심으로 그렇게 하는 것도 아니다. 또 모른 척하면 남들이 욕할까 두려워서 그렇게 하는 것도 아니다."

해설

사乍는 홀忽과 같다. 출척怵惕은 '놀라 움직인다'는 뜻이다. 측惻은 '상처가 깊다'는 뜻이다. 은隱은 '아픔이 심한'의 뜻이다. 그런 것이 이른바 불인인지심不忍人之心이다. 내內는 '맺다(結)'의 뜻이다. 요要는 '구한다'는 뜻이다. 성聲은 '명성名聲'의 뜻이다. 즉 홀연히 보자 '불인인지심'이 즉각 나타나고 발동한 것이다. 세 가지 계산으로 그렇게 한 것이 아니다.

所以謂 人皆有不忍人之心者는 今人이 乍見孺子가 將入於井하고
소 이 위 인 개 유 불 인 지 심 자   금 인   사 견 유 자   장 입 어 정

皆有怵惕惻隱之心하나니 非所以內交於孺子之父母也이며
개 유 출 척 측 은 지 심   비 소 이 내 교 어 유 자 지 부 모 야

非所以要譽於鄕黨朋友也이며 非惡其聲而然也이니라.
비 소 이 요 예 어 향 당 붕 우 야   비 오 기 성 이 연 야

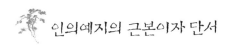 인의예지의 근본이자 단서

"이렇게 볼 때, 측은하게 여기는 마음이 없으면 사람이 아니고, 자기의 잘못을 창피하게 여기고 잘못을 미워하는 마음이 없으면 사람이 아니고, 사양하는 마음이 없으면 사람이 아니고, 시비를 가리는 마음이 없으면 사람이 아니다."

"측은하게 여기는 마음이 인仁의 근본이자 단서이다. 창피를 알고 악을 미워하는 마음이 곧 의義의 근본이자 단서이다. 사양하는 마음이 예禮의 근본이자 단서이다. 시비를 가리는 마음이 곧 지智의 근본이자 단서이다."

由是觀之컨대 無惻隱之心이면 非人也이며 無羞惡之心이면 非人也이며
유 시 관 지   무 측 은 지 심   비 인 야   무 수 오 지 심   비 인 야

無辭讓之心이면 非人也이며 無是非之心이면 非人也이니라.
무 사 양 지 심   비 인 야   무 시 비 지 심   비 인 야

惻隱之心은 仁之端也이오 羞惡之心은 義之端也이오
측 은 지 심   인 지 단 야   수 오 지 심   의 지 단 야

辭讓之心은 禮之端也이오 是非之心은 智之端也이니라.
사 양 지 심   예 지 단 야   시 비 지 심   지 지 단 야

사단은 선천적인 나에게 있다

"모든 사람에게 사단四端이 있는 것은 마치 모든 사람에게 사지四肢가 있는 것과 같다. 이와 같이 사단을 지니고 있으면서, 스스로 '나는 행할 수 없다.'고 말하는 자는 스스로 자기를 해치고 망치는 자다. 자기 임금에게 '행할 수 없다.'고 말하는 신하는 자기 임금을 해치고 망치는 신하다."

"무릇 사단四端은 선천적으로 나에게 있는 것이며, 또 그것을 확대하면 알차게 됨도 알 수 있다. 흡사 불이 처음에는 작지만 차차 크게 타오르거나, 샘물이 처음에는 작지만 나중에는 멀리 뻗어 흐르는 것과 같다. 만약 능히 확대하고 알차게 하면 족히 사해四海를 간직하고 다스릴 수 있으나, 만약에 확충하지 못하면 자기 부모도 제대로 섬기지 못할 것이다."

人之有是四端也가 猶其有四體也이니 有是四端 而自謂不能者는 自賊者也이오
인 지 유 시 사 단 야   유 기 유 사 체 야   유 시 사 단 이 자 위 불 능 자   자 적 자 야

謂其君不能者는 賊其君者也이니라. 凡有四端於我者를 知皆擴而充之矣면
위 기 군 불 능 자   적 기 군 자 야   범 유 사 단 어 아 자   지 개 확 이 충 지 의

若火之始然하며 泉之始達이니 苟能充之면 足以保四海오
약 화 지 시 연   천 지 시 달   구 능 충 지   족 이 보 사 해

苟不充之면 不足以事父母이니라.
구 불 충 지   부 족 이 사 부 모

제7장 시인장 矢人章
직업이나 기술은 신중하게 택하라

맹자가 말했다.

"화살을 만드는 사람이 어찌 갑옷을 만드는 사람보다 더 어질지 못하겠느냐? 그러나 직업상 화살 만드는 사람은 자기가 만든 화살이 부실해서 사람을 해치지 못하면 어쩌나 하고 걱정하고, 한편 갑옷을 만드는 사람은 자기가 만든 갑옷이 부실해서 혹시나 사람을 다치게 하면 어쩌나 하고 걱정한다. 무당巫堂이나 관장棺匠 역시 같다. 병을 고치려는 무당과 시신을 처리하려는 관장이의 입장도 서로 대조적이다. 그러므로 직업이나 기술을 신중하게 택하지 않으면 안 된다."

해설

시인矢人은 '화살을 만드는 사람'을 뜻한다. 기불인어豈不仁於는 '어찌 보다 더 불인不仁 하겠는가'이다. 함인函人은 '갑옷을 만드는 사람'을 뜻한다.

孟子가 曰 矢人이 豈不仁於函人哉리오마는 矢人은 唯恐不傷人하고
맹자 왈 시인 기불인어함인재 시인 유공불상인

函人은 唯恐傷人하나니 巫匠도 亦然하니 故로 術不可不愼也이니라.
함인 유공상인 무장 역연 고 술불가불신야

인은 하늘이 준 가장 존귀한 작위

"공자가 말했다. '인仁에 살아야 아름답고 좋다. 스스로 택해서 인에 처하지 않으면, 어찌 지혜롭다 하겠느냐?' 본래 인仁은 하늘이 준 가장 존귀한 작위爵位이다. 모든 사람이 편안하고 안락하게 살 수 있는 집이다. 인덕에 깃들어 사는 것을 아무도 막지 않거늘 내가 스스로 어질지 않게 하니, 이는 참으로 슬기롭지 못한 것이다."

해설

논어論語 이인편里仁篇에 있다. 주자朱子는 '인의예지仁義禮智 중에서도 첫 번째 인仁이 가장 존귀하다.'고 풀었다. 조기趙岐는 '인정仁政을 베풀면 천하에서 으뜸가는 왕 노릇을 한다.'는 뜻으로 해석했다. 여기서는 '인仁이 최고의 가치다. 하늘이 내려준 최고의 벼슬자리, 즉 천작天爵'으로 풀이했다.

孔子가 曰 里仁이 爲美하니 擇不處仁이면 焉得智리오하시니
공자   왈 이인이 위미하니 택불처인이면 언득지

夫仁은 天之尊爵也이면 人之安宅也이어늘 莫之禦 而不仁하니 是不智也이니라.
부인은 천지존작야이면 인지안택야이어늘 막지어 이불인하니 시부지야

인자는 자기 스스로 반성하는 태도를 취한다

"어질지 않고 지혜롭지 않으면, 예禮도 없고 의義도 없게 되며, 결국 남에게 부림을 받게 된다. 남의 종이 되어 남에게 부림을 받는 것을 창피하게 여기는 것은 흡사 활 만드는 사람이 활 만들기를 부끄럽게 여기는 것이나, 또는 화살 만드는 사람이 화살 만들기를 부끄럽게 여기는 것과 같다. 그와 같이 남의 밑에서 천한 일 하는 것을 부끄럽게 여긴다면 인仁을 행함이 가장 좋다."

"인자仁者의 태도는 화살을 쏘는 사람과 같아야 한다. 활 쏘는 사람은 먼저 자기의 자세를 바르게 취하고, 그 다음에 활을 쏜다. 활을 쏘고 화살이 과녁에 명중하지 않아도, 자기보다 더 잘 쏜 사람을 원망하지 않으며, 반성하고 자신에게 찾는다."

不仁不智라 無禮無義면 人役也이니 人役而恥爲役함은 由弓人而恥爲弓하며
불 인 부 지   무 례 무 의   인 역 야   인 역 이 치 위 역   유 궁 인 이 치 위 궁

矢人而恥爲矢也이니라. 如恥之면 莫如爲仁이니라. 仁者는 如射하니
시 인 이 치 위 시 야   여 치 지   막 여 위 인   인 자   여 사

射者는 正己而後에 發하여 發而不中이라도 不怨勝己者이오 反求諸己而已矣니라.
사 자   정 기 이 후   발   발 이 부 중   불 원 승 기 자   반 구 제 기 이 이 의

제8장 자로장 子路章
임금은 남들과 더불어 선을 행한다

맹자가 말했다.

"공자의 제자 자로는 남이 자신의 과실이나 잘못을 지적하고 말해 주면 좋아했다."

"우는 착한 말을 들으면 즉시 절을 하고 고마워했다."

"위대한 순임금은 그 덕이 더욱 컸으며 선善을 남과 함께 같이했다. 자신을 버리고 남의 선에 따랐으며, 남의 선을 취해서 선한 일 하기를 즐겼다."

"순舜은 경작하고 추수하고, 도자기를 만들고 고기를 잡을 때부터, 임금이 되어 천하를 다스리게 된 뒤에도 남의 선을 취하지 않은 것이 없다. 천하 만민의 선한 장점과 능력을 다 취하고 활용해서 덕정德政을 폈다는 뜻이다."

"모든 사람으로부터 장점을 취해서 좋은 일을 했으니, 그것이 곧 남들과 더불어 선을 한 것이다. 그러므로 임금으로서 남과 함께 선을 행하는 것보다 더 위대한 것이 없다."

孟子는 曰 子路는 人이 告之以有過則喜하니라. 禹는 聞善言 則拜러시다.
맹자 왈 자로 인 고지이유과즉희   우 문선언 즉배

大舜은 有大焉하시니 善與人同하샤 捨己從人하시며 樂取於人하야 以爲善이러시다.
대순 유대언   선여인동   사기종인   낙취어인   이위선

自耕稼陶漁도 以至爲帝는 無非取於人者이러시다.
자경가도어   이지위제 무비취어인자

取諸人以爲善이 是는 與人爲善者也이니 故로 君子는 莫大乎與人爲善이니라.
취제인이위선 시 여인위선자야   고 군자 막대호여인위선

백이의 도

맹자가 말했다.

"백이伯夷는 도道를 따르는 좋은 임금이 아니면 섬기지 않고, 좋은 벗이 아니면 벗하지 않고, 나쁜 사람의 조정에서는 벼슬하지 않고, 나쁜 사람하고는 말도 하지 않았다. 그는 나쁜 사람의 조정에 나가 벼슬하는 것이나, 나쁜 사람과 말하는 것을, 마치 관복官服이나 관모冠帽를 차려입고, 검은 흙탕 속에 앉은 듯이 기피했다. 백이가 악惡을 미워하는 마음을 미루어 생각하건대, 그는 마을 사람들과 함께 어울리려고 하다가도 그중, 한 사람이라도 관冠을 바르게 쓰지 않았으면, 멀리서 민망하게 바라보고 그냥 멀리 떠나갔으며, 그들과 어울리면 마치 자기가 더럽혀질 듯이 생각하고 피하고 떠나갔을 것이다. 백이는 이렇게 지나치게 결백했다. 고로 여러 나라의 제후들이, 비록 좋은 말을 하고 사람을 보내어 벼슬을 주려고 해도 그는 벼슬을 받지 않았다. 주는 벼슬을 받지 않은 백이는 역시 제후들을 만나러 가는 것조차 좋게 생각하지 않았다."

孟子가 曰 伯夷는 非其君不事하며 非其友不友하며 不立於惡人之朝하야
맹자 왈 백이 비기군불사   비기우불우   불립어인지조

不與惡人言하더니 立於惡人之朝하야 與惡人言호대 如以朝衣朝冠으로 坐於塗炭하며
불여악인언   입어악인지조   여악인언   여이조의조관   좌어도탄

推惡惡之心하야 思與鄉人立에 其冠不正이어든 望望然去之하야 若將浼焉하니
추오악지심   사여향인립 기관부정   망망연거지   약장매언

是故로 諸侯가 雖有善其辭命而至者라도 不受也하니 不受也者는 是亦不屑就已니라.
시고 제후 수유선기사명이지자   불수야   불수야자   시역불설취이

자신의 맡은 바 일에 대한 도리를 다하라

"노魯나라 대부大夫 유하혜柳下惠는 더러운 임금 밑에서 벼슬하는 것을 부끄럽게 여기지 않았고, 낮은 벼슬도 천하게 여기지 않았고, 나가서 벼슬을 하는 이상은 자기의 현재賢才를 숨김없이 다 발휘하고, 반드시 자기의 도리를 다했다. 버림을 받고 등용되지 못해도 원망하지 않았고, 길이 막히고 곤궁해도 걱정하지 않았다. 그리고 말했다. '너는 너고, 나는 나다. 비록 그대가 내 곁에서 윗도리를 벗고 알몸이 되어도 어찌 나를 더럽힐 수 있느냐?' 그래서 그는 유연悠然한 자세로 그 곁에 함께 있으면서 자신을 잃지 않았다. 한편 남이 만류하고 그대로 있게 하면, 그대로 멈추어 있었다. 남이 당기고 멈추었다고 그대로 멈추어 있는 것은 역시 결백하게 떠나고 싶지 않았기 때문이니라."

柳下惠는 不羞汙君하며 不卑小官하야 進不隱賢하야 必以其道하며 遺佚而不怨하며
유 하 혜   불 수 오 군   불 비 소 관   진 불 은 현   필 이 기 도   유 일 이 불 원

阨窮而不憫하더니 故로 曰 爾爲爾오 我爲我이니 雖袒裼裸裎於我側이나
액 궁 이 불 민   고   왈 이 위 이   아 위 아   수 단 석 라 정 어 아 측

爾焉能浼我哉리오하니 故로 由由然與之偕 而不自失焉하야 援而止之而止하니
이 언 능 매 아 재   고   유 유 연 여 지 해 이 부 자 실 언   원 이 지 지 이 지

援而止之而止者는 是亦不屑去已니라.
원 이 지 지 이 지 자   시 역 불 설 거 이

해설

유하혜柳下惠는 노나라 대부 전금展禽이다. 유하柳下에 살고 시호를 혜惠라고 했다. 불은현不隱賢은 '도를 굽히지 않는다'는 뜻이다. 유실遺失은 '추방되고 버림을 받는다'는 뜻이다. 액阨은 '막힌다(困)'는 뜻이다. 민憫은 '근심하고 걱정한다'는 뜻이다. 이위이爾爲爾에서 지언능매아재至焉能浼我哉까지는 유하혜가 한 말이다. 단석袒裼은 '어깨와 팔을 노출한다'는 뜻이다. 나정裸裎은 '알몸이 된다'는 뜻이다. 유유由由는 자득自得하는 모양이다. 해偕는 '함께 같이 있다'는 뜻이다. 부자실不自失은 '자기의 바른 도리를 잃지 않는다'는 뜻이다. 원이지지이지자援而止之而止者는 '떠나려고 하다가 그냥 머무를 수 있다'는 뜻을 말한 것이다.

군자는 지나친 것을 따르지 않는다

맹자가 두 사람을 평하고 말했다.

"백이는 도량이 좁고 편협하고, 유하혜는 하늘의 도리를 엄숙하게 지키지 못하고 경솔했다. 지나치게 협소한 것도, 반대로 지나치게 경솔한 것도 군자는 다 따르지 않는다."

해설

애隘는 '편협하고 좁다'는 뜻이다. 불공不恭은 '경솔하고 태만하다'는 뜻이다. 백이나 유하혜의 행동은 물론 지극한 처지에서 이루어진 것이다. 그러나, 이미 편협하면 폐단이 없지 않다. 그러므로 따르고 행하면 안 된다.

孟子가 曰 伯夷는 隘하고 柳下惠는 不恭하니 隘與不恭은 君子가 不由也이니라.
맹자 왈 백이 애 유하혜 불공 애여불공 군자 불유야

공손추장구 하 公孫丑章句下

公孫丑章句下

제1장 천시장 天時章
천시는 지리만 못하다

맹자가 말했다.

"천시天時(하늘의 현상)는 지리地利(험난한 산악이나 계곡 등)만 못하고, 지리는 인화人和(임금과 백성의 화합단결)만 못하다."

"내성內城이 3리밖에 안 되고, 외성外城이 7리밖에 안 되는 작은 성을 포위하고 공격하고도 이기지 못했다. 포위하고 공격을 한 것은 반드시 천시天時를 얻은 것이다. 그런데 이기지 못한 것은 곧 천시가 지리地利만 못하기 때문이다."

해설

'3리, 7리'는 내성內城이나 외성外城이며, 작은 성이다. 환還은 '포위包圍'의 뜻이다. 즉 사면으로 공격하고 포위를 했으나 금방 이기지 못하고 날만 허망하게 보내고 지구전을 하게 된다. 공격을 받고 수비하는 쪽에서 반드시 천시의 이득을 얻고 있다는 뜻을 말한 것이다. 즉 작은 성이 천시를 얻고 있기 때문에 포위를 당해도 함락되지 않는다.

孟子가 曰 天時는 不如地利오 地利는 不如人和이니라.
맹자 왈 천시 불여지리 지리 불여인화

三里之城에 七里之郭을 環而攻之 而不勝하나니 夫環而攻之에 必有得天時者矣언마는
삼리지성 칠리지곽 환이공지 이불승 부환이공지 필유득천시자의

然而不勝者는 是가 天時不如地利也이니라.
연이불승자 시 천시불여지리야

지리는 있어도 인화가 없으면 망한다

"성이 높지 않은 것이 아니다. 성 밖에 판 방비용 호수湖水나 해자(濠)
가 깊지 않은 것이 아니다. 공격 무기나 방비용 갑옷이 견고하고 예
리하지 않은 것이 아니다. 군량미가 많지 않은 것이 아니다. 그런데도
성을 적에게 넘기고 도망을 가는 경우가 있다. 그것은 지리地利가 인
화人和만 못하기 때문이다."

해설

지리는 있어도 인화가 없으면, 성을 지키지 못하고 망한다.
혁革은 '갑옷'이다. 속粟은 '곡식'이다. 위委는 '포기한다'는 뜻이다. 민심을 얻지 못하
면 성을 지킬 수 없음을 말한 것이다.

城非不高也이며 池非不深也이며 兵革非不堅利也이며
성 비 불 고 야   지 비 불 심 야   병 혁 비 불 견 리 야

米粟이 非不多也이로대 委而去之하나니 是는 地利가 不如人和也이니라.
미 속   비 부 다 야   위 이 거 지   시   지 리   불 여 인 화 야

백성은 도덕인정으로 다스린다

"고로 말한다. 백성을 영역 내에서 이탈하지 않게 단속하되, 국경이나 경계境界를 봉쇄하는 강압적 방법으로 하지 않고, 도덕인정道德仁政으로 한다. 나라를 굳게 지키되 산이나 계곡의 험난한 지세에만 의존하지 않고 도덕인정으로 한다. 천하에 위세를 떨치되 무력적 예리함에만 의존하지 않고 도덕인정으로 한다. 도道를 얻은 사람에게는 도움이 많지만, 도를 잃은 사람에게는 도움이 적어진다. 도움이 적게 된 끝에 가서는 친척들도 배반한다. 도움이 많게 되면 결국 천하 모든 사람이 귀순한다."

"천하 만민을 귀순케 한 인덕仁德으로, 친척들조차 배반하고 이탈하는 악덕한 자를 공격하면 반드시 이긴다. 고로 도를 행하는 임금은 전쟁을 하지 않는다. 그러나 불가피하게 싸워도 반드시 승리한다."

故로 曰 域民호대 不以封疆之界하며 固國호대 不以山谿之險하면
고 왈 역민 불이봉강지계 고국 불이산계지험

威天下호대 不以兵革之利니 得道者는 多助하고 失道者는 寡助이라
위천하 불이병혁지리 득도자 다조 실도자 과조

寡助之至에는 親戚이 畔之하고 多助之至에는 天下가 順之느니라.
과조지지 친척 반지 다조지지 천하 순지

以天下之所順으로 攻親戚之所畔이라 故로 君子有不戰이언정 戰必勝矣이니라.
이천하지소순 공친척지소반 고 군자유부전 전필승의

제2장 장조장 將朝章

병으로 임금님을 알현하지 못하다

맹자가 장차 조정에 가서 임금을 알현하려고 했다. 그런데 임금이 사람을 보내어 말을 전했다.

"원래는 과인이 가서 만나보려고 했거늘 감기에 걸려서 바람을 쏘이면 안 되기 때문에 못 갑니다. 그러나 만약에 선생이 조정에 와서 보시겠다면 나가 만나고자 합니다. 그러나 모르겠습니다. 나로 하여금 선생을 보게 하실 수 있습니까?"

맹자가 대답해서 말했다.

"불행히 저도 병에 걸려서 조정에 올라가 알현할 수 없습니다."

孟子가 將朝王이러시니 王이 使人來曰 寡人이 如就見者也이라니 有寒疾이라
맹자　　장조왕　　　　왕　　사인래왈 과인　　여취견자야　　　　　유한질

不可以風일새 朝將視朝호리니 不識케이다
불가이풍　　　조장시조　　　불식

可使寡人으로 得見乎이이까 對曰 不幸而有疾이라 不能造朝이로소이다.
가사과인　　　득견호　　　대왈 불행이유질　　　불능조조

154

아프지 않으니 위문한다

다음날 맹자가 제나라의 대부 동곽씨 집으로 위문하러 갔다. 그러자 맹자의 제자 공손추가 말했다.
"어제는 병을 핑계로 임금님도 안 만나셨거늘, 오늘 위문하시는 것은 혹 잘못이 아닙니까?"
그러자 맹자가 말했다.
"어제는 아팠으나, 오늘은 다 나았다. 어찌 위문하러 안 가겠느냐?"

___
해설

동곽씨東郭氏는 제齊나라 대부의 집안이다. 석자昔者는 '어제'를 말한다. 혹자或者는 의문을 표시하는 말이다. 병을 핑계하고 임금을 만나기를 사양하고 다음날 나가서 위문한 것은 공자가 유비孺悲를 만나지 않고 비파를 울리고 노래한 것과 같은 뜻으로 '公子不見孺悲 取瑟而歌'는 『논어論語』 양화편梁貨篇에 있다.

___

明日에 出弔於東郭氏러시니
명 일   출 조 어 동 곽 씨

公孫丑가 曰 昔者에 辭以病하시고 今日弔는 或者不可乎이꼬
공 손 추   왈 석 자   사 이 병   금 일 조   혹 자 불 가 호

曰 昔者疾이 今日愈이어니 如之何不弔이리오.
왈 석 자 질   금 일 유   여 지 하 부 조

임금님을 알현했을까?

왕이 사람을 보내어 맹자를 문병했으며, 의사까지 맹자 집으로 왔다. 이에 집을 지키고 있던 맹중자가 당황하여 말했다.

"어제는 왕명을 받고도 병 때문에 조정에 올라가지 못했습니다. 오늘은 병이 좀 나았으므로 조정에 달려가셨습니다. 허나 저는 잘 모르겠습니다. 맹자께서 잘 가셨는지 어떠한지."

그리고 뒤로 사람을 풀어서 여러 사람으로 하여금 길목을 지키고 있다가 맹자에게 말하게 했다.

"청하는 바 집에 돌아오지 마시고, 반드시 조정에 가서 임금을 만나십시오."

王이 使人問疾하시고 醫來어늘 孟仲子가 對日 昔者에 有王命이어시늘
왕   사인문질   의래   맹중자   대왈 석자에 유왕명

有采薪之憂이라 不能造朝이러시니 今病小愈이어시늘 趨造於朝하더시니
유채신지우   불능조조   금병소유   추조어조

我不識케라 能至否乎아하고 使數人으로 要於路 日 請必無歸 而造於朝하소서.
아 불식   능지부호   사수인   요어로 왈 청필무귀 이조어조

156

신하는 임금님을 공경해야 한다

맹자가 별수 없이 자기 집으로 돌아가지 못하고 제齊나라 대부大夫 경추씨景丑氏의 집에 가서 묵었다. 그러자 경추씨가 맹자를 보고 말했다.

"집안에서는 아버지와 자식, 밖에서는 임금과 신하가 인간 윤리의 큰 것입니다. 부자간에는 은애恩愛를 주로 하고, 군신 간에는 공경을 주로 합니다. 그런데 내가 보기에는 임금님은 그대를 공경했거늘 그대는 임금님을 공경하지 않은 것 같소이다."

그러자 맹자가 말했다.

"아니, 그게 무슨 말씀이오. 당신들 제나라 사람들은 인의仁義로써 왕에게 진언進言하는 자가 없소이다. 어찌 당신들 제나라 신하들이 인의가 좋지 않다고 생각해서 왕에게 말하지 않았겠소.

───────────────

不得已 而之景丑氏하야 宿焉이러시니 景子는 曰 內則父子이오
부 득 이   이 지 경 추 씨   숙 언   경 자   왈 내 즉 부 자

外則君臣이 人之大倫也이니 父子는 主恩하고 君臣은 主敬하니
외 즉 군 신   인 지 대 륜 야   부 자   주 은   군 신   주 경

丑가 見王之敬子也이오 未見所以敬王也케이다
추   견 왕 지 경 자 야   미 견 소 이 경 왕 야

曰 惡이라 是何言也오 齊人인 無以仁義與王言者는 豈以仁義로 爲不美也이리오
왈 오   시 하 언 야   제 인   무 이 인 의 여 왕 언 자   기 이 인 의   위 불 미 야

마음속으로 '이 임금하고 어찌 함께 인의를 논할 수 있으랴. 즉 논하기에는 부족하다고 생각해서 인의를 진언하지 않은 것이오.' 그렇다면 결국 당신들 제나라 신하의 임금에 대한 불경不敬은 더없이 큽니다. 나는 본래 요순지도堯舜之道가 아니면, 감히 왕 앞에 나타나 진언하지 않소. 그래서 임금을 안 만난 것이오. 그러므로 결국 당신들, 즉 속으로 임금을 무시하는 제나라 사람들은 나만큼 임금을 공경하지 않는 것이라 하겠소."

경추가 말했다.

"아닙니다. 제가 말한 것은 그런 뜻이 아닙니다. 『예기禮記』곡례편曲禮篇에 '부친이 부르면 예하고 대답할 사이도 없이 즉시 달려가고, 임금의 명을 받으면, 수레에 말을 맬 사이를 기다리지 않고 즉시 나간다.'고 했습니다. 그러므로 당연히 조정에 가서 임금님을 뵈어야 합니다. 그런데 선생님은 왕명을 듣고도 끝내 알현하지 않았으니, 의당히 예에 맞지 않음과 같습니다."

其心에 曰 是何足與言仁義也 云爾 則不敬莫大乎是하니 我非堯舜之道이어든
기 심   왈 시하족여언인의야 운이 즉불경막대호시   아비요순지도

不敢以陳於王前하노니 故로 齊人이 莫如我敬王也이니라. 景子가 曰 否라
불감이진어왕전니 고 제인이 막여아경왕야이니라. 경자가 왈 부

非此之謂也이라 禮에 曰 父가 召이어든 無諾하며 君이 命召이어시든 不俟駕이라하니
비차지위야이라 예왈부소 무낙 군 명소 불사가

固將朝也이라가 聞王命 而遂不果하시니 宜與夫禮로 若不相似然하리다.
고 장조야   문왕명 이수불과 의여부예 약불상사연

158

존귀한 경지에 통달하는 세 가지 요소

맹자가 말했다.

"당신은 어찌 형식적인 예절을 말하십니까?"

그리고 맹자는 화제의 중심을 다른 데로 돌려 증자의 말을 인용했다.

"증자曾子가 다음과 같이 말했습니다. '진晉나라나 초楚나라는 재물이 풍족하여, 재물 면에서는 나는 따를 수 없다. 그들 나라는 경제적 부를 누리고 있으나, 나는 인덕仁德을 지니고 행하고 있다. 그들은 작위 爵位를 가지고 사람을 부려 쓰지만, 나는 도의道義를 따르고 있습니다. 그러니 나에게 무슨 부족함이 있겠는가?' 허기는 현명한 증자가 어찌 도의에 어긋나는 소리를 하겠습니까? 증자가 말하는 주장도 역시 하나의 도리입니다. 천하에는 존귀한 경지에 통달하는 요소가 세 가지 있습니다. 하나는 벼슬의 작위이고, 다른 하나는 연치, 즉 연령이고, 다른 하나는 인덕仁德입니다. 그런데 조정에서는 작위보다 더한 것이 없습니다.

曰 豈謂是與이리오 曾子가 曰 晉楚之富는 不可及也이나 彼以其富이어든
왈 기위시여   증자   왈 진초지부   불가급야   피이기부

我以吾仁이오 彼以其爵이어든 我以吾義니
아이오인   피이기작   아이오의

吾何慊乎哉리오하시니 夫豈不義를 而曾子言之시리오
오하겸호재   부기불의   이증자언지

是或一道也이니라 天下에 有達尊이 三이니 爵一 齒一 德一이니 朝廷엔 莫如爵이오
시혹일도야   천하   유달존 삼   작일 치일 덕일   조정   막여작

향당에서는 연령을 제일로 치고, 세상을 바로잡고 백성들을 잘 살게 하는 데는 인덕仁德이 제일입니다. 그러나 어찌 작위만 중하게 여기고, 다른 둘, 즉 연령이나 인덕을 소홀히 할 수 있겠습니까?"

"고로 장차 큰일을 할 임금에게는 반드시 불러서는 오지 않을 만한 참으로 현명하고 덕이 높은 신하가 있게 마련입니다. 그러므로 임금님이 도모하고자 하면 몸소 그 사람을 찾아가야 합니다. 임금님이 덕을 존중하고 도를 좋아하는 태도가, 그와 같지 않으면 더불어 일할 수 없습니다."

해설

겸慊은 '한스럽다. 부족하다'의 뜻이다. 혹은 겸嗛으로 쓰기도 한다. 글자의 뜻은 입에 물건을 물고 있다 그러므로 '겸慊'은 '마음속에 품고 있다'는 뜻이 된다. '즐겁고 족하거나, 한스럽고 부족하다'는 뜻으로 풀 수도 있다. '곧 일에 따라서 마음에 품고 있는 생각이 다르게 마련이다.'

鄕黨엔 莫如齒오 輔世長民엔 莫如德이니 惡得有其一하야 以慢其二哉리오.
향 당   막 여 치   보 세 장 민   막 여 덕   오 득 유 기 일   이 만 기 이 재

故로 將大有爲之君은 必有所不召之臣이라 欲有謀焉 則就之하나니
고   장 대 유 위 지 군   필 유 소 불 소 지 신   욕 유 모 언 즉 취 지

其尊德樂道가 不如是면 不足與有爲也이니라.
기 존 덕 락 도   불 여 시   부 족 여 유 위 야

성인에게 배워 패자가 된 임금

"고로 은나라의 탕왕湯王과 그를 보필한 명상 이윤伊尹의 관계에 있어서도, 탕왕이 먼저 이윤에게 배웠으며, 그 다음에 그를 신하로 등용했던 것입니다. 그러므로 탕왕은 힘들이지 않고 참다운 왕이 되었습니다. 제齊나라의 환공桓公과 그를 보필한 명상 관중管仲과의 관계에 있어서도, 환공이 먼저 관중에게 배웠으며, 그 다음에 그를 등용하고 신하로 삼았습니다. 고로 환공은 힘들이지 않고 첫 번째 패자覇者가 될 수 있었던 것입니다. 지금 천하 여러 나라들은 국토의 넓이가 비슷하고 임금의 덕도 비등합니다. 그래서 서로 엇비슷하고 남보다 잘난 점이 없습니다. 그 이유는 다른 것이 아닙니다. 모든 나라의 임금들이 신하에게 시키기를 좋아하고, 반대로 신하로부터 가르침 받기를 좋아하지 않기 때문입니다. 탕왕은 이윤에 대해서, 환공은 관중에 대해서 함부로 부르지 않았습니다. 관중조차 역시 함부로 부르지 않았거늘, 하물며 관중을 대단하게 여기지 않는 사람을 함부로 부르겠습니까?"

故로 湯之於伊尹에 學焉而後에 臣之 故로 不勞而王하시고 桓公之於管仲에 學焉而後에
고   탕지어이윤   학언이후   신지 고   불로이왕   환공지어관중   학언이후

臣之 故로 不勞而霸하니라. 今天下가 地醜德齊하야 莫能相尙은 無他라
신지 고   불로이패   금천하   지추덕제   막능상상   무타

好臣其所教 而不好臣其所受教이니라.
호신기소교 이불호신기소수교

湯之於伊尹과 桓公之於管仲에 則不敢召하니 管仲且猶不可召는 而況不爲管仲者乎아.
탕지어이윤   환공지어관중   즉불감소   관중차유불가소   이황불위관중자호

선물을 받음과 안 받음

맹자의 제자 진진陳臻이 질문했다.

"전에는 제齊나라에서 임금이 상품上品의 금金 백일百鎰을 선물로 주셨으나 선생께서는 안 받으셨습니다. 한편 송宋나라에서는 송나라 임금이 보통 금 70일鎰을 선물로 주시는 것을 받으셨고, 또 설薛에서는 성주城主 전영田嬰이 주는 50일鎰의 금을 받으셨습니다. 전일 제나라 왕이 선사한 금을 안 받으신 것을 옳다고 하면, 이번에 받으신 것이 잘못이고 이번에 받으신 것을 옳다고 하면, 전에 안 받으신 것이 잘못이니, 선생님께서는 선물을 받고 안 받음에 있어 어느 한쪽을 취하셨어야 할 것이라 생각합니다."

그러자, 맹자가 말했다.

"양쪽이 다 옳았다."

陳臻이 問曰 前日於齊에 王이 餽兼金一百 而不受하시고 於宋에 餽七十鎰而受하시고
진 진   문왈 전일어제   왕   궤겸금일백 이불수   어송   궤칠십일이수

於薛에 餽五十鎰而受하시니 前日之不受가 是 則今日之受는 非也이오
어설   궤오십일이수   전일지불수   시 즉금일지수   비야

今日之受가 是 則前日之不受는 非也이니 夫子가 必居一於此矣시리이다.
금일지수   시 즉전일지불수   비야   부자   필거일어차의

孟子가 曰 皆是也이니라.
맹자   왈 개시야

군자는 매수하려는 돈은 받지 않는다

"송나라에 있을 때는 내가 장차 먼 길을 여행하려고 했다. 먼 길을 가는 사람에게는 반드시 전별금을 주는 법이다. 덧붙여 하는 말이 '전별금을 드린다.'고 하더라. 그러니 내가 어찌 안 받겠느냐?"

"설薛에 있을 때, 나는 경계하는 마음이 있었다. 그러자 성주城主가 다음과 같이 말했다. '선생께서 경계를 하신다고 들었습니다. 고로 무력을 마련하시라고 돈을 드립니다.' 그러니 내가 어찌 안 받겠느냐?"

"제齊나라 같은 경우에는, 즉 돈을 받을 일이나 처지가 전연 없었다. 일이나 처지가 없는데 돈을 보내준 것은, 바로 재물로 매수하려는 것이다. 어찌 군자가 매수하려는 돈을 받을 수 있겠느냐?"

當在宋也하야 予將有遠行니라니 行者必以贐이라 辭日 餽贐이어니 予何爲 不受이리오.
당 재 송 야   여 장 유 원 행   행 자 필 이 신   사 왈 궤 신   여 하 위 불 수

當在薛也하야 予有戒心이라니 辭日 聞戒 故로 爲兵餽之어니 予何爲 不受이리오.
당 재 설 야   여 유 계 심   사 왈 문 계 고   위 병 궤 지   여 하 위 불 수

若於齊 則未有處也호니 無處而餽之는 是가 貨之也이니 焉有君子而可以貨取乎이리오.
약 어 제 즉 미 유 처 야   무 처 이 궤 지   시   화 지 야   언 유 군 자 이 가 이 화 취 호

성주가 할 수 없는 일

맹자가 평륙平陸에 가서, 그곳을 다스리는 대부를 보고 말했다.

"그대의 성을 지키는 병사兵士가 하루에 세 차례나 대오를 이탈하면 처단하겠소? 그냥 두겠소?"

대부가 말했다.

"세 차례를 기다리지 않고 즉시 처단하겠습니다."

맹자가 말했다.

"그렇다면 그대도 자기의 책무를 잃고 직책을 다하지 못한 것이 역시 많습니다. 흉년이 들고 기근에 시달리는 해에는 그대가 다스리는 백성들로서, 노약자는 굶주려 구덩이에 굴러떨어져 죽고, 장정들은 사방으로 흩어졌으며, 그 수가 몇 천 명이나 됩니다."

그러자 성주 공거심이 말했다.

"그런 일은 저, 거심距心이 감당할 수 있는 일이 아닙니다."

孟子之平陸하샤 謂其大夫 曰 子之持戟之士가 一日而三失伍 則去之 否乎아
맹자지평륙   위기대부 왈 자지지극지사   일일이삼실오 즉거지 부호

曰 不待三이니이다. 然則子之失伍也가 亦多矣로다 凶年饑歲에 子之民이
왈 부대삼   연즉자지실오야   역다의   흉년기세에 자지민이

老羸는 轉於溝壑하고 壯者는 散 而之四方者가 幾千人矣오
노리   전어구학   장자   산 이지사방자가 기천인의

曰 此非距心之所得爲也이니이다.
왈 차비거심지소득위야

성주의 죄, 임금의 죄

맹자가 말했다.

"만약에 남의 소나 양을 맡아 가지고 목양牧養 하는 자가 있다면 그는 소나 양을 위해서 목장을 찾고 풀을 먹게 해야 합니다. 목장이나 풀을 구해도 못 구하면 즉시 그 소나 양을 주인에게 돌려주어야 하나요? 아니면 그냥 맨땅에 세워놓고 죽는 것을 보고만 있어야 하나요?"

그가 말했다. "이는 결국 성주인 저 거심距心이 죄를 질 것입니다."

후일에 맹자가 제齊나라 임금을 만나서 아뢰었다.

"임금 나라에서 도읍都邑을 다스리는 사람을 저는 다섯 명이나 알고 있습니다. 그 다섯 명 중에서 자기 잘못을 아는 사람은 오직 공거심 한 사람뿐입니다."

그리고 전에 있었던 말을 임금에게 자세히 해주었다. 그러자 왕이 말했다.

"그것은 바로 과인의 잘못이고 또 죄입니다."

曰 今有受人之牛羊 而爲之牧之者 則必爲之求牧與芻矣러니
왈 금 유 수 인 지 우 양 이 위 지 목 지 자 즉 필 위 지 구 목 여 추 의

求牧與芻而不得 則反諸其人乎아
구 목 여 추 이 부 득 즉 반 제 기 인 호

抑亦立而視其死與아 曰 此則距心之罪也로소이다.
억 역 립 이 시 기 사 여 왈 차 즉 거 심 지 죄 야

他日에 見於王曰 王之爲都者를 臣知五人焉이로니
타 일 현 어 왕 왈 왕 지 위 도 자 신 지 오 인 언

知其罪者는 惟孔距心이러이다하고 爲王誦之하신대 王曰 此則寡人之罪也로소이다.
지 기 죄 자 유 공 거 심 위 왕 송 지 왕 왈 차 즉 과 인 지 죄 야

제5장 지와장 蚳鼃章
신하는 임금에게 간언을 해야 한다

맹자가 지와蚳鼃에게 말했다.

"그대가 영구靈丘의 읍장邑長을 사임하고 사사士師가 되기를 자청한 일은 도리에 맞는 것 같소이다. 그 자리에 있으면 임금에게 간언을 할 수 있기 때문이지요. 그런데 지금 여러 달이 지났거늘 그대는 아직도 임금에게 간언을 올리지 못했소이다."

지와가 임금에게 간해도 임금이 듣지 않자, 신하 되기를 사퇴하고 물러났다.

해설

가이언可以言은 '사사士師가 되면 임금 가까이에서 형벌의 잘못된 것을 간할 수 있다' 는 뜻이다. 치致는 환還과 같은 뜻이다.

孟子가 謂蚳鼃曰 子之辭靈丘 而請士師는 似也가 爲其可以言也이니 今旣數月矣로대
맹자   위지와왈 자지사영구 이청사사   사야   위기가이언야   금기수월의

未可以言與아. 蚳鼃가 諫於王 而不用이어늘 致爲臣而去호대
미가이언여   지와   간어왕 이불용   치위신이거

관직을 가진 자는 맡은 바 직책을 다해야 한다

제나라 사람이 말했다.

"맹자가 지와蚔鼃에게 한 일은 그런대로 좋다. 그러나 맹자 자신의 태도에 대해서는 우리가 이해할 수 없다."

이와 같은 말을 맹자의 제자 공도자公都子가 맹자에게 고했다.

맹자가 말했다.

"나는 들은 바 있다. 관직을 지니고 직책을 이행해야 할 사람은 직책을 다하지 못하면 자리에서 물러나고, 임금에게 간언을 올릴 책임이 있는 사람이 도에 맞는 간언을 할 수 없으면 자리를 떠나야 한다. 허나 나는 지킬 벼슬도 없고 간언할 책임도 없으니, 진퇴에 구속이 없고 마냥 자유롭고, 또 여유가 있지 않으냐?"

齊人이 曰 所以爲蚔鼃 則善矣어니와 所以自爲 則吾不知也케라. 公都子가 以告한대
제 인   왈 소 이 위 지 와 즉 선 의   소 이 자 위 즉 오 부 지 야   공 도 자   이 고

曰 吾는 聞之也호니 有官守者가 不得其職則去하고 有言責者는 不得其言則去이라하니
왈 오   문 지 야   유 관 수 자 부 득 기 직 즉 거   유 언 책 자   부 득 기 언 즉 거

我無官守하며 我無言責也 則吾進退는 豈不綽綽然有餘裕哉리오.
아 무 관 수   아 무 언 책 야 즉 오 진 퇴   기 부 작 작 연 유 여 유 재

이미 정해진 일에 대해서는 할 말이 없다

맹자가 제나라에 객경客卿이 되어, 등나라 국상國喪에 조문하러 나갔다. 그때 제나라 왕은 개蓋의 대부 왕환을 부사로 삼고 정사인 맹자를 만났다. 그러나 제나라와 등나라를 오가는 동안 한 번도 공식 행사에 대해서 함께 말하는 일이 없었다.

제자 공손추가 말했다.

"제나라 객경의 벼슬은 작은 것이 아닙니다. 한편 제와 등나라 노정은 가까운 거리가 아닙니다. 그런데 오가시면서 행사에 대해서 아무 말씀을 안 하신 까닭은 어째서입니까?"

맹자가 말했다.

"미리 정해놓았을 것이니, 내가 무슨 말을 하겠느냐?"

孟子가 爲卿於齊하샤 出弔於滕하실새 王이 使蓋大夫王驩으로 爲輔行이러시니
맹자   위경어제   출조어등   왕   사개대부왕환   위보행

王驩이 朝暮見이어늘 反齊滕之路토록 未嘗與之言行事也하시다.
왕환   조모견   반제등지로   미상여지언행사야

公孫丑가 曰 齊卿之位는 不爲小矣며 齊滕之路는 不爲近矣로대
공손추   왈 제경지위   불위소의   제등지로   불위근의

反之而未嘗與言行事는 何也이꼬 曰 夫旣或治之어니 予何言哉리오.
반지이미상여언행사   하야   왈 부기혹치지   여하언재

자식 된 마음

맹자가 모친의 장례를 지내기 위해 제齊나라를 출발하여, 노魯나라에 가서 모친의 장례를 치르고 다시 제나라로 돌아오는 길에 영嬴이라 는 곳에 머물렀다. 그때 맹자의 제자 충우充虞가 공손한 태도로 아뢰 어 올렸다.

"지난번 장례 때에는 선생님께서 어리석은 저, 충우를 알아보지 않으 시고, 저로 하여금 관棺을 두껍게 만들게 하였습니다. 그러나 그때에 는 엄숙한 장례식 때라, 저 충우가 감히 물어보지를 못했습니다. 지금 송구한 마음으로 여쭈어보고자 합니다. 목재木材가 지나치게 두꺼운 것 같습니다."

孟子가 自齊葬於魯하시고 反於齊하실새 止於嬴이러시니 充虞가 請曰 前日에
맹 자   자 제 장 어 노   반 어 제   지 어 영   충 우   청 왈 전 일

不知虞之不肖하샤 使虞敦匠事이어시늘 嚴하야 虞가 不敢請호니 今願竊有請也하노니
부 지 우 지 불 초   사 우 돈 장 사   엄   우   불 감 청   금 원 절 유 청 야

木若以美然하더이다.
목 약 이 미 연

맹자가 말했다.

"옛날에는 내관內棺이나 외곽外槨에, 정해진 법도가 없었다. 주공周公
이 예법을 제정했을 때 관의 두께를 7촌寸으로 정했으며, 곽의 두께
도 그에 어울리고 맞게 했다. 그래서 천자로부터 서민에 이르기까지
다 그 법도에 따랐으니 관을 두껍게 한 것은 비단 보기 좋게 하기 위
해서만이 아니고, 그렇게 해야 비로소 자식 된 자의 마음이나 효성이
채워지기 때문이다."

해설

맹자가 제齊나라에서 벼슬할 때에, 모친이 돌아가셨다. 그래서 노魯나라에 돌아가 장
사를 지냈다. 영영嬴은 제나라 남쪽의 읍론이다. 충우充虞는 맹자의 제자로 전에 관을
만드는 일을 총괄한 사람이다. 엄嚴은 '다급하다'는 뜻이다. 목木은 '관목棺木'의 뜻이
다. 이以는 '이已'와 통한다. 이미以美는 '태미太美와 같다. 도度는 관에 쓰는 목재의
두께와 길이(厚薄尺寸)에 관한 법도다. 중고中古는 주공周公이 예를 제정할 때를 말한
다. 곽칭지槨稱之는 '관棺에 어울리고 서로 맞게 한다'는 뜻이다. 관을 단단하고 두껍
고, 또 오래 지탱하게 하려는 것은 다만 미관상 보기 좋게 하기 위한 것만이 아니다.

曰 古者에 棺槨이 無度하더니 中古에 棺이 七寸이오
왈 고 자   관 곽   무 도   중 고   관   칠 촌

槨을 稱之하야 自天子達於庶人하니 非直爲觀美也이라 然後에 盡於人心이니라.
곽   칭 지   자 천 자 달 어 서 인   비 직 위 관 미 야   연 후   진 어 인 심

군자는 부모의 장례를 검소하게 하지 않는다

"법으로 허락되지 않아 부득이하게 관을 얇게 쓴다면 효자의 마음이 즐거울 수가 없다. 재력이 부족하여 부득이하게 관을 얇게 쓴다면 효자의 마음이 즐거울 수가 없다. 그러나 법으로도 허락되고 재력도 허락되면, 옛사람들은 다 관을 두껍게 쓰고 모셨다. 어찌 나 혼자만 그렇게 하지 않겠느냐. 또한 시신이 흙으로 화할 때, 관을 두껍게 해서 흙이 직접 시신의 피부에 닿지 않게 하는 것이 자식이나 효자 된 사람의 마음에도 오직 흐뭇하지 않겠느냐. 나는 들어서 알고 있다. 군자는 지상의 물질을 위해서 자기 부모의 장례를 검소하게 하지 않는다."

해설

부득不得은 '법과 제도에 따라 당연히 할 수 없다'는 뜻이다. 득지위유재得之爲有財는 '법으로서도 할 수 있고, 또 재력도 있다'는 뜻이다. 비比는 위爲와 같다. 화자化者는 '죽은 사람'이다. 교悅는 쾌快다. 유쾌하다. '죽은 사람을 위해서 흙이 직접 죽은 사람의 피부에 닿지 않게 해주면, 효자 된 사람의 마음이 어찌 즐겁지 않고, 또 한恨 되는 바도 없지 않겠느냐.'

不得이면 不可以爲悅이며 無財면 不可以爲悅이니
부득   불가이위열   무재   불가이위열

得之爲有財하야는 古之人이 皆用之이니 吾何爲獨不然이리오.
득지위유재   고지인   개용지   오하위독불연

且比化者하야 無使土親膚이면 於人心에 獨無恔乎아.
차비화자   무사토천부   어인심   독무교호

吾는 聞之也호니 君子는 不以天下儉其親이니라.
오   문지야   군자   불이천하검기친

나라를 사사로이 주고받는 것은 죄다

제나라 선왕宣王의 신하 심동沈同이 사적으로 맹자에게 물었다.

"연나라를 쳐도 됩니까?"

이에 맹자가 "쳐도 좋다."고 말하고, 이어 그 이유를 다음과 같이 말했다.

"임금 자쾌도 연나라를 함부로 남에게 줄 수 없고, 재상 자지도 연나라를 자쾌로부터 받을 수 없다. 가령 여기 벼슬을 사는 사람이 있다고 치자. 그리고 그대가 그 사람을 좋아한다고 임금에게 고하지 않고 사사로이 그대의 녹祿이나 작爵을 주었다면, 어떻게 되나? 한편 벼슬을 사는 사람이 왕명에 의하지 않고, 사사로이 그대로부터 녹이나 작을 받는다면 되겠는가? 자쾌가 사사로이 자지에게 나라를 준 것이 이런 경우와 무엇이 다르겠는가?"

沈同이 以其私問曰 燕可伐與이까 孟子가 曰 可하니라 子噲도 不得與人燕이며
심동   이기사문왈 연가벌여   맹자 왈 가   자쾌 부득여인연

子之도 不得受燕於子噲니 有仕於此이어든
자지 부득수연어자쾌 유사어차

而子가 悅之하야 不告於王 而私與之吾子之祿爵이어든
이자 열지   불고어왕 이사여지오자지록작

夫士也가 亦無王命 而私受之於子 則可乎아 何以異於是리오.
부사야   역무왕명 이사수지어자 즉가호 하이이어시

천리가 될 사람만이 칠 수 있다

그 후 제나라 사람이 문란해진 연나라를 무력으로 쳤다. 그러자 어떤
사람이 맹자에게 물었다.

"선생님이 제나라에 권해서 연나라를 치게 했다는데 사실로 그런 일
이 있었습니까?"

맹자가 "아니다."라고 말했다. 그리고 계속해서 경위를 설명했다.

"심동이 '연나라를 쳐야 하는가.'라고 묻기에, 나는 '쳐야 한다.'고 대
답했다. 심동은 그렇게 생각하고 연나라를 쳤을 것이다. 그가 만약
'어떤 사람이 쳐야 하나?'고 물었더라면 나는 응당 대답했을 것이다.
'천리天吏가 될 사람이 칠 수 있다.'고 대답했을 것이다. 예를 들어 지
금 살인자가 있다고 하자. 어떤 사람이 '그 살인자를 죽여 마땅하나?'
고 묻는다면 나는 '마땅히 죽여야 한다.'고 대답할 것이다. 만약 그가
'누가 그를 죽일 수 있느냐.'고 묻는다면, 즉 나는 대답할 것이다. '사
법관이 비로소 사형에 처할 수 있다.'

齊人이 伐燕이어늘 或이 問曰 勸齊伐燕이라하니 有諸이까. 曰 未也이라
제 인   벌 연   혹   문 왈 권 제 벌 연   유 저   왈 미 야

沈同이 問燕可伐與아하야늘 吾應之曰 可이라호니 彼然而伐之也이로다
심 동   문 연 가 벌 여   오 응 지 왈 가   피 연 이 벌 지 야

彼如曰 孰可以伐之오하면 則將應之曰 爲天吏 則可以伐之라호이다
피 여 왈 숙 가 이 벌 지   즉 장 응 지 왈 위 천 리 즉 가 이 벌 지

今有殺人者이어든 或이 問之曰 人可殺與아하면 則將應之曰 可라호리니
금 유 살 인 자   혹   문 지 왈 인 가 살 여   즉 장 응 지 왈 가

彼如曰 孰可以殺之오하면 則將應之曰 爲士師 則可以殺之라호리다
피 여 왈 숙 가 이 살 지   즉 장 응 지 왈 위 사 사 즉 가 이 살 지

그러나 이번 경우에는 연나라와 같은 제나라가 연나라를 쳤다. 내가 어찌 그런 것을 권했겠느냐?"

자쾌子噲와 자지子之

자쾌子噲는 연燕나라의 제후였으며, 자지子之는 그 밑에 있는 재상宰相이었다. 자지는 권력을 독점하려고 했다. 그래서 간교한 녹모수鹿毛壽라는 부하를 시켜 연왕 자쾌에게 말했다.

"옛날의 요제堯帝는 자리를 허유許由에게 물려주려고 했으므로 성왕聖王의 명성을 얻었습니다. 그러니 대왕께서도 전권을 재상인 자지에게 넘기시면 성왕의 명성을 얻습니다."

우매한 임금 자쾌는 그들의 계략에 넘어가 자리와 권력을 자지에게 넘겨주었다. 그 결과 연나라는 혼란에 빠지고 쇠약해졌다.

今에 以燕伐燕이러니 何爲勸之哉리오.
금   이 연 벌 연   하 위 권 지 재

슬기로운 임금이란

제나라 선왕宣王이 연나라를 치자 연나라 사람들이 반항했다. 그러자
왕이 말했다.

"나는 참으로 맹자에게 부끄럽다."

제나라의 대부 진가陳賈가 임금 선왕에게 말했다.

"임금님, 걱정하지 마십시오. 임금님 스스로 생각하시기에, 주공周公
과 비교해서 누가 더 어질고 슬기롭다고 생각하십니까?"

선왕이 말했다.

"아니, 그게 무슨 소리인가?"

진가가 말했다.

"주공이 관숙管叔으로 하여금 은殷나라 유왕遺王 무경武庚을 감시하
게 했습니다. 그러자 관숙이 도리어 은나라와 한패가 되어 주공에게
반기를 들고 반항했습니다. 주공이 그럴 줄 미리 알고 관숙을 감시하
게 했다면 이는 주공이 어질지 못한 것입니다. 그럴 줄 미리 알지 못
하고 관숙을 감시하게 했다면 이는 주공이 슬기롭지 못한 것입니다.

燕人이 畔이어늘 王曰 吾가 甚慚於孟子하노라. 陳賈가 曰 王無患焉하소서
연 인   반   왕왈 오   심 참 어 맹 자   진 가   왈 왕 무 환 언

王이 自以爲與周公孰仁且智이꼬 王曰 惡이라 是何言也오
왕   자 이 위 여 주 공 숙 인 차 지   왕왈 오   시 하 언 야

曰 周公이 使管叔監殷이어시늘 管叔이 以殷畔하니 知而使之면 是가 不仁也이오
왈 주 공   사 관 숙 감 은   관 숙   이 은 반   지 이 사 지 시 불 인 야

不知而使之면 是가 不智也이니 仁智는 周公도 未之盡也이시니
부 지 이 사 지 시 부 지 야   인 지   주 공   미 지 진 야

인仁과 지智에 있어, 주공도 완전하지 못했습니다. 하물며 임금님이 어찌 완전하시겠습니까? 저, 진가가 직접 맹자를 보고 해명하겠습니다."

제齊나라 선왕宣王이 무력으로 연燕나라를 치면서 맹자에게 묻자, 맹자가 대답했다. "무력으로 치는 것을 그 나라 백성들이 기뻐하면, 치십시오.(取之而燕民悅 取之) 그러나 백성들이 기뻐하지 않으면, 치지 마십시오.(取之 而燕民不悅 則勿取)"
선왕은 정복욕에 넘쳐 연을 쳤다. 그러나 2년 후에, 연나라 사람들에게 쫓겨났다.(양해왕장구 하 제10장)
진가陳賈는 제나라의 대부다. 관숙管叔의 이름은 선鮮이며, 주무왕周武王의 동생이며, 주공周公의 형이다. 무왕이 은殷을 치고, 주紂를 죽이고, 그들의 유민을 다스리고 선조에 제사를 지내게 하기 위해서 주紂의 아들 무경武庚을 세웠다. 그리고 주무왕의 동생 관숙管叔, 채숙蔡叔 및 곽숙霍叔으로 하여금 은나라를 감시하게 했다. 무왕이 죽자 어린 성왕成王이 뒤를 이었으며, 주공이 섭정攝政으로 그를 도왔다. 관숙이 무경과 어울려 반란했다. 이에 주공은 토벌하고 처형했다.

而況於王乎이이까 賈가 請見而解之호리이다.
이 황 어 왕 호   가   청 견 이 해 지

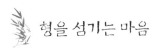 형을 섬기는 마음

진가陳賈가 맹자를 보고, "주공周公은 어떤 분입니까?"하고 묻자, 맹자가 "옛날의 성인입니다."라고 대답했다. 그러자 진가가 맹자에게 말했다.

"주공이 관숙으로 하여금 은殷나라를 감시하게 했으며, 한편 관숙은 은나라와 같이 반란을 했다고 하는데, 사실입니까?"

맹자가 대답했다. "그렇소." 그러자 진가가 "주공이 그가 장차 반란할 것을 알고도 그로 하여금 감시케 했을까요?" 하고 묻자, 맹자는 대답했다. "주공은 몰랐소."

그러자 진가가 대들듯이 말했다. "그렇다면, 성인도 역시 잘못이 있습니까?"

이에 맹자가 진가를 꾸짖듯이 말했다.

"주공은 동생이고, 관숙은 형이오. 형제간에 어찌 서로 의심을 품고 경계를 하겠소. 주공의 잘못은 형을 섬기는 마음에서 나온 것으로 그럴 만도 한 것입니다."

見孟子 問曰 周公은 何人也리이꼬 曰 古聖人也이시니라 曰 使管叔監殷이시어늘
견 맹자 문왈 주공 하인야   왈 고성인야   왈 사관숙감은

管叔以殷畔也이라하니 有諸이까 曰 然하다 曰 周公이 知其將畔而使之與이까
관숙이은반야   유저   왈 연다 왈 주공 지기장반이사지여

曰 不知也이시니라 然則聖人도 且有過與이까 曰 周公은 弟也이오
왈 부지야   연즉성인 차유과여   왈 주공 제야

管叔은 兄也이니 周公之過가 不亦宜乎아.
관숙 형야   주공지과 불역 의호

임금은 잘못을 알면 즉시 고쳐야 한다

"또 옛날의 임금은 잘못하면 즉시 고쳤다. 오늘의 임금은 잘못을 그
대로 따르고 행한다. 옛날 임금의 경우에는 그가 잘못하면 흡사 해나
달에 일식日蝕이나 월식月蝕이 들듯이 백성들이 다 쳐다본다. 그리고
임금이 잘못을 고치게 되어도 백성들이 그것을 다 쳐다본다. 지금의
임금들은 잘못을 비단 따르고 행할 뿐만이 아니다. 잘못한 것을 궤변
詭辯으로 호도糊塗한다."

해설

순順은 '잘못을 끝까지 행한다'는 뜻이다. 갱更은 '고친다'는 뜻이다. 사辭는 '궤변으
로 변명한다'는 뜻이다. 임금이 만약 잘못해도 그 잘못을 고치므로 본래의 명덕明德
은 손상되지 않는다. 그러므로 백성이 임금을 우러러 받들게 된다. 잘못을 알고도 그
대로 따라 하고 변명하면 잘못이 더욱 심하게 된다. 맹자孟子는 진가陳賈를 책망한
것이다. 즉 진가가 임금에게 개과천선改過遷善하게 권하지 않고, 반대로 '비를 행하고
잘못을 변명하게(遂非文過)' 가르쳤음을 책망한 것이다.

且古之君子는 過則改之러니 今之君子는 過則順之로다
차 고 지 군 자   과 즉 개 지   금 지 군 자   과 즉 순 지

古之君子는 其過也가 如日月之食이라 民皆見之하고 及其更也하야는 民皆仰之러니
고 지 군 자   기 과 야   여 일 월 지 식   민 개 견 지   급 기 갱 야   민 개 앙 지

今之君子는 豈徒順之리오 又從而爲之辭이로다.
금 지 군 자   기 도 순 지   우 종 이 위 지 사

맹자가 신하되기를 사퇴하고 돌아가려고 하자,
왕이 찾아와서 맹자를 보고 말했다.
"전에는 선생을 보고자 했으나 못했습니다. 그러다가 객경客卿으로
모시고 조정에 있을 때는 매우 기뻤습니다. 그런데 지금 다시 과인을
버리고 돌아가시니, 앞으로도 계속 만나볼 수 있겠습니까?"
맹자가 대답해서 말했다.
"제가 감히 청할 수는 없습니다. 저는 물론 다시 뵙기를 소원합니다."

孟子가 致爲臣而歸하실새 王이 就見孟子 曰 前日에 願見而不可得이라가
맹자   치위신이귀   왕   취견맹자 왈 전일   원견이불가득

得侍하야는 同朝甚喜러니 今又棄寡人而歸하시니 不識케이다 可以繼此而得見乎이까
득시   동조심회   금우기과인이귀   불식   가이계차이득견호

對曰 不敢請耳언정 固所願也이니이다.
대왈 불감청이   고소원야

군자는 부를 탐하지 않는다

그 후, 왕이 시자時子라는 신하에게 말했다.

"나는 국도國都, 즉 임치臨淄에 맹자를 위해 큰 집 즉 학교를 지어주고 젊은이들을 교육하고 배양케 하고 그 대가로 맹자에게 만종萬鍾의 녹을 주고자 한다. 또 모든 대부大夫나 나라 사람들로 하여금 맹자를 존중하고 본받게 하고자 한다. 그대가 대신 맹자에게 말해주지 않겠는가?"

시자가 맹자의 제자 진자陳子, 즉 진진陳臻을 통해 맹자에게 고하려 했다. 이에 진자는 시자의 말을 맹자에게 고했다. 그러자 맹자가 말했다.

"시자 같은 자가 어찌 내가 제나라에 머물러 그런 일을 할 수 없다는 것을 알겠느냐. 만약에 내가 재물을 욕심냈다면, 10만萬의 녹을 받는 경卿 자리를 사퇴하고, 만萬의 녹을 받는 선생으로 남아 있겠느냐. 그런 것이 부를 탐하는 일이 되겠는가?"

해설

만종萬鍾은 약 64만 두斗, 1만4천 석石에 해당한다.

他日에 王이 謂時子曰 我欲中國而授孟子室하고 養弟子以萬鍾하야 使諸大夫國人으로
타 일   왕   위 시 자 왈   아 욕 중 국 이 수 맹 자 실   양 제 자 이 만 종   사 제 대 부 국 인

皆有所矜式하노니 子盍爲我言之리이꼬. 時子가 因陳子而以告孟子이어늘
개 유 소 긍 식   자 합 위 아 언 지   시 자   인 진 자 이 이 고 맹 자

陳子가 以時子之言으로 告孟子하다. 孟子가 曰 然하다 夫時子가 惡知其不可也이리오
진 자   이 시 자 지 언   고 맹 자   맹 자   왈 연   부 시 자   오 지 기 불 가 야

如使予欲富인저 辭十萬而受萬이 是爲欲富乎아.
여 사 여 욕 부   사 십 만 이 수 만   시 위 욕 부 호

세금을 징수하게 된 이유

"계손季孫이 말했다. '자숙의子叔疑는 이상하다. 자신이 정치를 하다
가 임금에게 받아들여 지거나 등용되지 못하면 그것으로 그만두어야
한다. 그러나 그는 또 다시 자기의 자제를 경卿으로 만들었다. 사람은
누구나 부귀를 탐내지 않겠느냐? 다들 부귀를 탐낸다. 그러나 자숙의
는 부귀의 중심을 독차지하고 혼자서 용단龍斷하고 있다.'"

"옛날에는 시장에서 장사하는 사람은 자기의 물품으로 자기에게 없
는 물품을 교환했으며, 시장을 다스리는 사람도 질서나 쟁의만을 단
속했다. 그런데 어떤 천박한 사나이가 나타나, 반드시 언덕 마루턱을
찾아 그곳을 독점하고 남을 차단하고 혼자 높이 올라가서, 좌우를 관
망하고, 시장의 모든 이득을 다 거두어 혼자 차지했다. 이에 모든 사
람들이 그를 천하게 여기고, 그로부터 세금을 징수했다. 상업에서 세
금을 징수하는 것은 이 천한 자로부터 시작된 것이다."

季孫이 曰 異哉라 子叔疑여 使己爲政호대 不用 則亦已矣어늘 又使其子弟爲卿하니
계 손 왈 이 재 자 숙 의 사 기 위 정 불 용 즉 역 이 의 우 사 기 자 제 위 경

人亦孰不欲富貴리오마는 而獨於富貴之中에 有私龍斷焉이라하니라
인 역 숙 불 욕 부 귀 이 독 어 부 귀 지 중 유 사 용 단 언

古之爲市者가 以其所有로 易其所無者이어든
고 지 위 시 자 이 기 소 유 역 기 소 무 자

有司者가 治之耳러니 有賤丈夫焉하니 必求龍斷而登之하야
유 사 자 치 지 이 유 천 장 부 언 필 구 용 단 이 등 지

以左右望 而罔市利어늘 人皆以爲賤故로 從而征之하니 征商이 自此賤丈夫始矣니라.
이 좌 우 망 이 망 시 리 인 개 이 위 천 고 종 이 정 지 정 상 자 차 천 장 부 시 의

제11장 거제장 去齊章

임금이 현인을 존중하면, 현인은 임금을 떠나지 않는다

맹자가 벼슬을 버리고 제나라를 떠나 서남쪽에 있는 주晝라는 읍邑에서 묵었다.

임금을 위해서 맹자를 만류하려는 사람이 있었다. 그가 맹자 앞에 무릎을 꿇고 앉아서 말했다. 그러나 맹자는 대꾸도 하지 않고, 걸상에 몸을 기대고 비스듬히 누워 있었다.

객이 불쾌하여 말했다.

"저, 제자는 목욕재계하고 하룻밤을 경건하게 지내고, 그런 다음에 와서, 감히 선생님을 뵙고 말씀드린 것입니다. 그러나 선생님께서는 누워서 들은 척도 안 하십니다. 외람되오나 다시는 찾아뵙지 않겠습니다."

孟子가 去齊하실새 宿於晝이러시니 有欲爲王留行者가 坐而言이어늘 不應하시고
맹자　거제　숙어주　　　유욕위왕류행자　좌이언　　　불응

隱几而臥하신대 客이 不悅曰 弟子가 齊宿而後敢言이어늘 夫子가 臥而不聽하시니
은궤이와　　　객　불열왈 제자　제숙이후감언　　　부자　와이불청

請勿復敢見矣로리이다
청물부감견의

182

그러자 맹자가 말했다.

"앉으시오. 내가 그대에게 말하리다. 옛날 노魯나라의 목공繆公은 현인 자사子思 곁에 자기의 뜻을 전하고, 또 시중들 사람이 없으면, 자사를 안심시킬 수 없었다고 했으며, 또 설류泄柳·신상申詳도 현명한 사람이 목공 곁에서 일을 바르게 잡아주지 않으면 자신들의 몸도 편할 수가 없었다고 했소. 그대가 나를 위해서 걱정을 하지만, 그러나 자사子思에도 미치지 못했소. 근본적으로는 목공繆公이 자사를 높인 것에 미치지 못했소. 그래서 내가 떠난 것이요. 그러니, 결국 그대가 나를 거절했다고 할까요? 장자長者인 내가 거절했다고 할까요?"

曰 坐하라 我는 明語子호리라 昔者에 魯繆公이 無人乎子思之側
왈 좌   아 명어자   석자 노목공   무인호자사지측

則不能安子思하고 泄柳申詳이 無人乎繆公之側 則不能安其身이리이다.
즉불능안자사   설류신상   무인호목공지측 즉불능안기신

子는 爲長者慮 而不及子思하니 子絶長者乎아 長者絶子乎아.
자 위장자려 이불급자사   자절장자호   장자절자호

제12장 윤사장 尹士章
윤사의 비난

맹자가 제나라를 떠나자, 제나라 사람 윤사尹士가 남에게 맹자를 비난하여 말했다.

"맹자가 처음부터 우리나라의 왕이 탕왕湯王이나 무왕武王 같을 수 없다는 것을 몰랐다면 그것은 맹자가 총명하지 않은 것이다. 맹자가 왕이 왕도를 펼 수 없음을 미리 알면서도 왔다면 그것은 맹자가 혜택을 받고자 온 것이다. 맹자가 일단 불원천리하고 와서 임금을 만났으면서 맞지 않는다고 물러났으면 훌훌 떠날 것이지 사흘이나 묵고 지체하다가 주晝를 떠났으니, 그 태도가 얼마나 미련 있고 지지부진한 것이냐. 선비는 그런 태도를 좋게 여기지 않는다."

해설

윤사尹士는 제齊나라 사람이다. 간干은 구求다. 택澤은 은택恩澤이다. 유체濡滯는 '꾸물대고 지체한다'는 뜻이다.

孟子가 去齊하실새 尹士가 語人曰 不識王之不可以爲湯武 則是이 不明也이오
맹자   거제   윤사   어인왈 불식왕지불가이위탕무 즉시   불명야

識其不可한대 然且至 則是干澤也이니 千里而見王하야 不遇 故로 去호대
식기불가   연차지 즉시간택야   천리이견왕하야 불우 고 거

三宿而後出晝하니 是何濡滯也오 士則玆不悅하노라.
삼숙이후출주   시하유체야   사즉자불열

맹자가 제나라를 떠난 이유

맹자의 제자 고자高子가 윤사尹士의 말을 맹자에게 고해 올렸다. 그러자 맹자가 말했다.

"그 윤사가 어찌 나의 깊은 뜻을 알겠느냐? 내가 천리 길을 와서 임금을 만난 것은 내가 원해서 한 일이다. 즉 왕을 설득해서 왕도덕치王道德治를 펴게 하기 위해서였다. 그러나 임금이 나의 뜻을 따르지 않기 때문에 제나라를 떠났으니 어찌 그것이 내가 원하던 바냐. 임금이 나와 맞지 않기 때문에 떠난 것이며, 따라서 내가 바라던 바가 아니다. 나로서는 마지못해서 제나라를 떠난 것이다."

"나는 3일을 주晝에서 묵으며 지체하다가 출국했으나 그래도 내 마음에는 빠른 것처럼 느껴졌다. 나는 왕이 고치기를 바랐으며, 만약 왕이 고치면 즉시 나는 齊나라로 돌아가려고 생각했기 때문이다."

高子가 以告하대 曰 夫尹士가 惡知予哉리오 千里而見王은 是予所欲也이니 不遇故로
고자   이고   왈 부윤사   오지여재   천리이견왕   시여소욕야   불우고

去가 豈予所欲哉리오 予不得已也로라.
거   기여소욕재   여부득이야

予는 三宿而出晝한대 於予心에 猶以爲速하노니
여   삼숙이출주   어여심   유이위속

王庶幾改之니 王如改諸시면 則必反予이시리라.
왕서기개지   왕여개제   즉필반여

맹자의 왕에 대한 마음

"내가 주畫를 떠날 때까지 왕은 나를 뒤쫓지 않았으므로 나는 그런 다음에 후련한 마음으로 돌아올 뜻을 가졌던 것이다. 비록 그렇기는 해도 내가 어찌 왕을 버리겠는가? 왕이 도를 행하기를 바라는 마음은 여전하다. 허기는 앞으로 제나라 왕은 역시 나의 말을 채용하고 선정 善政을 할 수 있을 것이므로, 왕이 만약에 나를 등용해서 쓰고 도를 행한다면 즉 어찌 다만 제나라 백성들만이 안락하겠는가? 천하 모든 백성들도 안락할 것이다. 지금도 나는 왕이 고쳐지기를 매일같이 바라고 있노라."

夫出畫 而王不予追也하실새 予然後 浩然有歸志하니 予雖然이나 豈舍王哉리오
부 출 주   이 왕 불 여 추 야   여 연 후   호 연 유 귀 지   여 수 연   기 사 왕 재

王由足用爲善하시리니 王如用予이시면 則豈徒齊民安이리오
왕 유 족 용 위 선   왕 여 용 여   즉 기 도 제 민 안

天下之民擧安하리니 王庶幾改之를 予日望之하노라.
천 하 지 민 거 안   왕 서 기 개 지   여 일 망 지

 윤사의 후회

"내가 어찌 졸장부같이 행동하겠느냐. 임금에게 간언했다가 들어주지 않는다고 즉시 화를 내고, 발끈 화난 기색을 내보이고 후딱 떠나고 하루 종일 힘을 다해서 멀리 가서 묵고 자는 그런 짓을 하겠느냐?"

윤사가 맹자의 말을 듣고 말했다.

"나, 윤사는 참으로 소인이로소이다."

해설

행행悻悻은 '성난'의 뜻이다. 궁窮은 '다하다'는 뜻이다. 이 장에는 성현이 도를 행하고 세상을 구제하려는 넘치는 본심과, 애군택민愛君澤民하려는 넘치는 성의가 있다.

予豈若是小丈夫然哉아 諫於其君而不受 則怒하야 悻悻然 見於其面하야
여 기 약 시 소 장 부 연 재   간 어 기 군 이 불 수   즉 노   행 행 연 현 어 기 면

去 則窮日之力 而後에 宿哉리오. 尹士가 聞之 曰 士는 誠小人也이로다.
거 즉 궁 일 지 력 이 후   숙 재   윤 사   문 지 왈 사 는 성 소 인 야

제13장 충우장 充虞章
군자는 하늘을 원망하지 않는다

맹자가 제나라를 떠나자 맹자의 제자 충우充虞가 길에서 물었다.

"선생님께서 불유쾌하신 듯이 보입니다. 전에 저, 충우는 선생님의 말씀을 들은바 있습니다. '군자는 하늘을 원망하지 않고, 남을 탓하지 않는다.'고 가르치셨습니다."

맹자가 말했다.

"그때는 그때이고 지금은 지금이다. 지금은 천하가 심각한 위기에 처해 있다. 그러므로 하늘도 사람도 다 걱정할 때이다. 천하는 역사적으로 5백 년마다 반드시 훌륭한 임금이 나타나 왕도王道로써 천하를 흥성케 했으며, 그 사이에는 반드시 세상에 이름을 떨칠 성현聖賢이 나타나는 법이다.

孟子가 去齊하실새 充虞가 路問曰 夫子는 若有不豫色然하시니이다
맹자 거제 충우 노문왈 부자 약유불예색연

前日에 虞가 聞諸夫子曰하니 君子는 不怨天하며 不尤人이라호이다.
전일 우 문제부자왈 군자 불원천 불우인

曰 彼一時며 此一時也이니라.
왈 피일시 차일시야

五百年에 必有王者가 興하나니 其間에 必有名世者이니라.
오백년 필유왕자 흥 기간 필유명세자

주周나라로부터 오늘이 이르기까지, 7백여 년의 세월이 지났다. 연수가 이미 지났으니 시운時運을 보면 즉 훌륭한 왕이나 성현이 나타날 만하다. 허기는 하늘이 아직도 천하가 평화롭게 되기를 원치 않는구나. 그래서 성왕이 나타나지 않고, 또 나도 성왕을 만나지 못하는 것이다. 만약에 천하가 평화롭기를 바란다면 오늘 이 세상에서 나를 놔두고 그 누구를 내세우겠느냐? 그런데 때가 왔는데도 하늘이 평화를 바라지 않으니 내가 어찌 불안하지 않겠느냐?"

해설

다음과 같은 뜻을 말한 것이다.

'이러한 때에, 나로 하여금 제나라에서 바른 임금을 못 만나게 한 것은 곧 하늘이 아직 천하를 평화롭게 다스려지기를 원치 않는 것이다.' '그러나 하늘의 뜻은 아직 모른다 해도, 그 도리는 역시 내가 갖추고 있으니, 내가 왜 불안하고 불쾌하게 걱정만 하겠느냐.' 인간의 차원에서는 불안하고 걱정이 된다. '그러나 하늘의 차원에서는 하늘의 뜻을 따라야 한다. 그러므로 맹자는 흡사 걱정스럽게 보이면서도, 실은 전연 걱정하거나 불쾌하게 여기지 않는 것이다.'

由周而來로 七百有餘歲矣니 以其數 則過矣오 以其時考之 則可矣니라.
유 주 이 래   칠 백 유 여 세 의   이 기 수 즉 과 의   이 기 시 고 지 즉 가 의

夫天이 未欲平治天下也이시니 如欲平治天下인대
부 천   미 욕 평 치 천 하 야   여 욕 평 치 천 하

當今之世하야 舍我이오 其誰也이리오 吾何爲不豫哉리오.
당 금 지 세   사 아   기 수 야   오 하 위 불 예 재

제14장 거휴장 居休章
녹을 받지 않는 도리

맹자가 제나라를 떠나, 휴休라는 곳에 머물렀다. 그러자 제자 공손추
가 물었다.

"벼슬을 살면서 녹祿을 받지 않는 것이, 옛날의 도리입니까?"

맹자가 말했다.

"아니다 숭崇에서 나는 임금을 만나보았다. 그리고 임금 앞에서 물러
난 다음에 즉시 제나라를 떠나려는 생각을 했다. 임금이 왕도王道를
따르려 하지 않아서, 맹자가 물러나려고 했다. 그리고 나의 물러나려
는 마음이 변하기를 원치 않았기 때문에, 고로 녹祿을 받지 않은 것
이다. 그 후에 계속해서 임금이 무력전쟁을 했으므로 내가 감히 청할
수가 없어서, 즉 하직하고 돌아가겠다는 말을 할 수가 없어서 오래
제나라에 지체했으나, 그것은 나의 뜻이 아니었다."

해설

숭崇은 지명이다. 맹자가 처음 제왕齊王을 만났으나 도道가 맞지 않으므로 떠나려는
뜻을 품었다. 변變은 '자기의 떠나려는 마음이 변한다'는 뜻이다. 사명師命은 군사軍
師나 군대를 동원하는 명령, 즉 출전出戰 명령이다. 나라가 이미 전란에 휩싸였으므
로 맹자로서는 떠나겠다고 말하기 어려웠다는 뜻이다.

孟子가 去齊居休이러시니 公孫丑가 問曰 仕而不受祿이 古之道乎이이까.
맹자   거제거휴   공손추 문왈 사이불수록   고지도호

曰 非也야 於崇에 吾得見王하고 退而有去志하니
왈 비야   어숭   오득견왕   퇴이유거지

不欲變 故로 不受也호라 繼而有師命이라 不可以請이언정 久於齊는 非我志也이니라.
불욕변 고   불수야   계이유사명   불가이청   구어제   비아지야

등문공장구 상 滕文公章句上

滕文公章句上

제1장 등문장 滕文章

 도는 하나이다

등나라 문공이 세자였을 때, 초나라로 가는 길에 맹자가 송나라에 있다는 말을 듣고 송나라에 들러 맹자를 만났다. 맹자는 '사람의 본성은 착하다'는 성선설性善說을 말했으며, 말할 때마다 반드시 요순堯舜을 내세우고 칭송했다. 세자가 초나라에서 돌아오는 길에 다시 맹자를 만나자, 맹자가 말했다.

"세자는 내가 지난번에 한 말이 의아스럽습니까? 허나 도는 하나입니다."

해설

세자는 태자다. 도道는 '말한다'는 뜻이다. 성性은 사람이 하늘로부터 받아 지니고 있는 바, 본성 속에 내재하고 있는 삶의 도리이다. 그 삶의 도리는 우주 천지 만물과 혼연일체를 이루고, 또 지극히 선한 것이며 악함이 없다. 대중 사람은 사사로운 욕심에 골몰하기 때문에 본성적인 착함을 상실한다.

맹자는 세자와 대화를 할 때에 언제나 성선性善을 말했으며, 아울러 반드시 요·순 임금이 본성적인 착한 도리를 충실히 실천했다고 칭찬했다. 인의를 바르게, 인의의 덕치德治를 펴고자 하면 외부적임 힘을 빌리거나 구하지 않고, 오직 요·순임금 같은 성인을 배우고 본받으면 도달한다. 그러므로 해이하지 말고 노력하라고 말한 것이다.

滕文公이 爲世子에 將之楚할새 過宋 而見孟子하신대 孟子가 道性善하신대
등문공　　　위세자　　장지초　　　과송 이견맹자　　　맹자　도성선

言必稱堯舜이러시다 世子가 自楚反하야 復見孟子하신대
언필칭요순　　　　세자　자초반　　　부견맹자

孟子가 曰 世子는 疑吾言이이까 夫道는 一而已矣니이다.
맹자　왈 세자　의오언호　　부도　 일이이의

사람의 본성은 착하다

"제나라의 용사 성간이 제나라 경공에게 다음과 같이 말했습니다. '그 사람이나 저나 다 같은 대장부입니다. 제가 어찌 그를 두려워하겠습니까?' 또 공자의 제자 안연이 말했습니다. '순임금이나 나나 다 같은 사람입니다. 노력하고 착하게 하면 역시 그와 같이 됩니다.' 또 노나라의 현인 공명의가 말했습니다. '주공이 문왕은 나의 부친이시고 동시에 나의 스승이시다'라고 했거늘, 어찌 주공이 거짓말을 하겠습니까?'"

"지금 등나라에서 긴 데를 자르고, 짧은 곳에 보태는 식으로 영토의 평균치를 내면 사방 50리가 될 것이며, 그만하면 좋은 나라가 될 수 있습니다. 『상서商書』 열명편說命篇에 '만약에 약을 마셔도 눈앞이 캄캄해지고 어지럽지 않다면, 그런 약은 병을 고치지 못한다.'라고 했습니다."

成覵이 謂齊景公曰 彼丈夫也이며 我丈夫也이니 吾何畏彼哉이오하며
성간 위제경공왈 피장부야 아장부야 오하외피재

顔淵이 曰 舜何人也이며 予何人也오 有爲者가 亦若是라하며
안연 왈 순하인야 여하인야 유위자 역약시

公明儀가 曰 文王은 我師也이라하시니 周公이 豈欺我哉시리오하니이까
공명의 왈 문왕 아사야 주공 기기아재

今滕을 絶長補短이면 將五十里也이나 猶可以爲善國이니
금등 절장보단 장오십리야 유가이위선국

書에 曰 若藥이 不瞑眩이면 厥疾이 不瘳라하나이다.
서 왈 약약 불명현 궐질 불추

제2장 등정장 滕定章
대상에 대한 법도

등의 정공定公이 죽자, 세자 문공文公이 사부 연우然友에게 말했다.
"전에 나는 맹자를 송에서 만나 성선설性善說에 대한 대화를 나눈 적
이 있으며, 아직도 마음에 그의 말을 잊지 않고 있습니다. 지금 불행
하게도 대상을 당하였습니다. 선생을 사신으로 삼고자 하옵니다. 가
시어 맹자에게 대상에 대한 법도를 물어주십시오. 그런 다음에 옛날
의 법도대로 상례喪禮를 올리고자 합니다."

___
해설
연우然友는 세자의 사부師傅다. 대고大故는 대상大喪이다. 사사는 상례喪禮를 말한다.

___
滕定公이 薨커늘 世子가 謂然友曰
등 정 공   훙   세 자   위 연 우 왈

昔者에 孟子는 嘗與我言於宋이어시늘 於心終不忘이러니
석 자   맹 자   상 여 아 언 어 송   어 심 종 불 망

今也不幸하야 至於大故호니 吾欲使子로 問於孟子 然後에 行事하노라.
금 야 불 행   지 어 대 고   오 욕 사 자   문 어 맹 자 연 후   행 사

상례에 대한 예

연우가 추鄒에 가서 맹자에게 상례에 대해서 묻자, 맹자가 말했다.
"참으로 잘하는 일입니다. 부모의 상례는 마땅히 자신의 효성孝誠을
다해서 치러야 합니다. 옛날에 증자가 말했습니다. '살아계실 때는 예
를 다해서 섬기고, 돌아가시면 예를 다해서 장사를 지내고, 제사를 모
실 때도 예를 다해야 한다. 그래야 비로소 효라고 할 수 있다.' 제후들
의 예에 대해서, 나는 배우지 않았으며, 잘 알지 못합니다. 그러나 내
가 들은 바 3년 동안 거상居喪하고, 베옷을 입고, 죽을 들어야 합니
다. 천자에서 서민까지 3대(하夏·은殷·주周)가 공통으로 따르던 예법
입니다."

然友가 之鄒하야 問於孟子한대 孟子가 日 不亦善乎아 親喪은 固所自盡也이니
연우   지추   문어맹자   맹자   왈 불역선호   친상   고소자진야

曾子가 日 生事之以禮하며 死葬之以禮하며 祭之以禮면 可謂孝矣이라하시니
증자   왈 생사지이예   사장지이예   제지이예   가위효의

諸侯之禮는 吾未之學也어니와 雖然이나 吾嘗聞之矣러니
제후지예   오미지학야   수연   오상문지의

三年之喪에 齊疏之服과 飦粥之食은 自天子達於庶人하야 三代가 共之하니라.
삼년지상   자소지복   전죽지식   자천자달어서인   삼대   공지

196

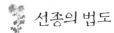 선종의 법도

연우가 돌아와서 복명하자, 문공이 3년상을 치르기로 결정했다. 그러자 문공의 일가 부형들이나 나라의 모든 관리들이 반대하고 말했다. "우리 등나라의 종주국인 노나라의 선군들도 3년상을 지내지 않았으며, 우리 등나라의 선군들도 3년상을 지내지 않았습니다. 그대의 대에 이르러 이전의 예와 반대되게 하는 것은 좋지 않습니다. 또 기록에도 적혀 있습니다. 상례와 제례는 선종의 법도를 따라야 합니다." 그러자 문공이 말했다. "나는 맹자에게 배워서 옛날의 법도를 알게 되었다."

然友가 反命하야 定爲三年之喪한대 父兄百官이 皆不欲 曰
연 우   반 명   정 위 삼 년 지 상   부 형 백 관   개 불 욕 왈

吾宗國 魯先君도 莫之行하시고
오 종 국 노 선 군   막 지 행

吾先君도 亦莫之行也하시니 至於子之身而反之가 不可하이다
오 선 군   역 막 지 행 야   지 어 자 지 신 이 반 지   불 가

且志에 日 喪祭는 從先祖이라하나 曰 吾有所受之也이니이다.
차 지 왈 상 제   종 선 조   왈 오 유 소 수 지 야

효성을 다한다

문공이 연우에게 말했다.

"나는 전에 학문을 배우지 않고 오직 말 타기와 검술 연습만을 좋아했습니다. 그래서 지금 부형들이나 백관들이 나를 부족한 사람이라 여기고 나에게 반대하는 것입니다. 이러다가는 뜻한 대로 대상大喪을 치르지 못할까 두렵습니다. 그러니 선생님께서 저를 위해서 다시 맹자에게 가서 어떻게 하면 좋은지 물어주십시오."

연우가 다시 추鄒에 가서 맹자에게 물었다. 그러자 맹자가 말했다.

"그래도 아들이 부친상을 모시는 일에 있어 다른 사람의 말을 들으면 안 됩니다. 어디까지나 효성을 다해야 합니다. 공자가 말했습니다. '임금이 돌아가시면 총재에게 재가를 받게 한다.'"

해설

불아족不我足은 '나를 그들의 뜻에 만족하지 않게 여긴다'는 뜻이다. 연然은 '그들이 나를 흡족하게 생각하지 않지만, 그래도'의 뜻이다. 불가타구자不可他求者는 '마땅히 자신이 책임을 진다는 뜻'을 말한 것이다. 총재冢宰는 육경六卿의 장長이다.

謂然友曰 吾가 他日에 未嘗學問이오 好馳馬試劍하더니
위 연 우 왈 오　　타 일　　미 상 학 문　　호 치 마 시 검

今也에 父兄百官이 不我足也하니 恐其不能盡於大事하노니
금 야　　부 형 백 관　　불 아 족 야　　공 기 불 능 진 어 대 사

子는 爲我問孟子하라 然友가 復之鄒하야 問於孟子한대
자　　위 아 문 맹 자　　연 우　　부 지 추　　문 어 맹 자

孟子가 曰 然하다 不可以他求者也이라 孔子는 曰 君薨커시든 聽於冢宰하나니
맹 자　　왈 연　　불 가 이 타 구 자 야　　공 자　　왈 군 훙　　청 어 총 재

상례에 대한 군자와 소인의 덕

"그러므로 임금은 죽을 마시고, 비탄에 넘쳐, 안색이 검게 되도록 상주喪主의 자리를 지키고 통곡을 해야 합니다. 그러면 백관들이나 유사들도 애통해하지 않는 자가 없게 됩니다. 남들이 반대해도 솔선했기 때문입니다. 옛말에도 있습니다. '윗사람이 좋아하면, 아랫사람들은 한층 더 심하게 좋아한다. 군자의 덕은 바람과 같고, 소인의 덕은 풀과 같다. 풀에 바람이 불면 반드시 나부낀다.' 그러므로 대상을 정성으로 치르는 일은 오직 세자 자신에게 달려 있습니다."

해설

철歠은 음飮이다. 심묵深墨은 '안색이 심하게 검다'는 뜻이다. 즉卽은 취就와 같다. 상尙은 가加의 뜻이다. 논어에는 상上으로 썼다. 옛날에는 두 글자가 통했다. 언偃은 복伏의 뜻이다.

歠粥하고 面深墨하야 卽位而哭이어든 百官有司가 莫敢不哀는 先之也라
철죽　　면심묵　　즉위이곡　　　백관유사　　막감불애　　선지야

上有好者이면 下必有甚焉者矣니 君子之德은 風也이오 小人之德은 草也이니
상유호자　　하필유심언자의　　군자지덕　　풍야　　　소인지덕　　초야

草尙之風이면 必偃이라하시니 是在世子하니라.
초상지풍　　필언　　　　시재세자

🌸 세자의 상례

연우가 돌아와 복명하는 말을 듣고 세자가 말했다.

"참으로 그러합니다. 상례는 바로 제가 책임을 지고 거행할 일입니다."

그리고 5개월 동안 여막廬幕에 거처하고, 정사를 보지 않고, 또 명령이나 교계敎戒도 내리지 않았다. 그러자 전에 반대했던 백관이나 한집안사람들이 "세자는 가히 상례를 바르게 아는구나."라고 말했다.

그리고 장례 때에 사방에서 사람들이 와서 세자의 안색이 검고 초췌하게 된 모습과 애통하게 통곡하는 모습을 보고 조문객들 모두가 크게 감탄했다.

해설

천자天子는 7개월 간, 제후諸侯는 5개월 간, 대부大夫는 3개월 간, 사士는 1개월 간 시신을 빈소에 모신다. 그 기간이 지나서 산릉山陵에 매장한다. 그동안 상주喪主는 여막에 거처한다. 거적 위에서 자고, 죽을 먹고, 주야로 곡을 하고 애통해 여긴다. 따라서 상주의 얼굴이 초췌하고 안색이 검게 된다.

然友가 反命한대 世子는 曰 然하다 是誠在我라하시고 五月居廬하야 未有命戒어늘
연우 반명 세자 왈 연 시성재아 오월거려 미유명계

百官族人이 可謂曰知라하며 及至葬하야 四方이 來觀之하더니 顔色之戚과 哭泣之哀에
백관족인 가위왈지 급지장 사방 내관지 안색지척 곡읍지애

弔者가 大悅하니라.
조자 대열

200

백성은 농사를 철저히 준비한다

등나라 문공이 맹자에게 치국治國에 대해서 물었다.

맹자가 말했다.

"백성들의 농사를 소홀히 하면 안 됩니다. 『시경詩經』 빈풍豳風 칠월
편七月篇 있습니다. '그대여, 낮에는 띠풀을 베어오고, 밤에는 새끼를
꼬아, 서둘러 지붕에 올라가 고쳐라. 바야흐로 봄이 되니 백곡을 심을
농가가 바쁘니라.'"

해설

민사民事는 농사를 말한다. 시詩는 빈풍豳風 칠월편七月篇이다. 우于는 '가서 취한다'
는 뜻이다. 도絢는 '새끼를 꼰다'는 뜻이다. 극極은 급急이다. 승乘은 승升, '올라가다'
의 뜻이다. 파播는 포布, '뿌리다'의 뜻이다. 농사가 지극히 중대하므로 임금이 가볍
게 여기거나 소홀히 하면 안 된다는 뜻을 말한 것이다.

滕文公이 問爲國하신대 孟子가 曰 民事는 不可緩也이니 詩云 晝爾于茅이오
등 문 공   문 위 국   맹 자 왈 민 사 불 가 완 야   시 운 주 이 우 모

宵爾索絢하야 亟其乘屋이오사 其始播百穀이라하니이다.
소 이 삭 도   극 기 승 옥   기 시 파 백 곡

백성이 따르는 삶의 원칙

"백성들이 따르는 삶의 원칙이나 도리가 있습니다. 일정하고 안정된 생산이나 재산이 있으면, 한결같은 마음을 지니게 됩니다. 그러나 일정하고 안정된 생산이나 재산이 없으면, 한결같은 마음도 없게 됩니다. 만약에 한결같은 마음이 없게 되면 방종放縱이나 방탕放蕩, 편벽偏僻이나 괴벽怪癖, 사악邪惡이나 간사奸邪, 사치奢侈나 음란淫亂 등을 거침없이 저지르게 됩니다. 백성들이 죄악에 빠지게 된 다음에 뒤따라, 그들에게 형벌을 내리는 것은 바로 백성을 법망에 걸리게 하는 일과 같습니다. 어찌 인자한 사람이 자리에 있으면서 백성을 법망에 걸려들게 하겠습니까? 그러므로 현명한 임금은 반드시 공경恭敬하고, 검소儉素하고 아랫사람에게 예양禮讓하며, 백성들로부터 세금을 거둘 때에도 절제해야 합니다."

民之爲道也가 有恒産者는 有恒心이오 無恒産者는 無恒心이니 苟無恒心이면
민 지 위 도 야   유 항 산 자   유 항 심   무 항 산 자   무 항 심   구 무 항 심

放辟邪侈를 無不爲已니 及陷乎罪 然後에 從而刑之면 是는 罔民也이니
방 벽 사 치   무 불 위 이   급 함 호 죄 연 후   종 이 형 지   시   망 민 야

焉有仁人이 在位하야 罔民을 而可爲也이리오
언 유 인 인   재 위   망 민   이 가 위 야

是故로 賢君이 必恭儉하야 禮下하며 取於民有制니이다.
시 고   현 군   필 공 검   예 하   취 어 민 유 제

백성에게서 걷는 세금

"양호가 말했습니다. '부자가 되려면 불인해야 하고, 인자하면 부자가 못된다.' 하나라 때에는 백성 한 사람에게 50무畝의 토지를 주고 '10분의 1'에 해당하는 5무에서 산출되는 곡물을 바치게 했으며, 이 제도를 공貢이라 했습니다. 은나라 때에는 정전제井田制를 시행했으며 여덟 사람이 각각 70무의 사전私田을 경작하고, 공동으로 공전公田을 경작해서 그 소출을 나라에 바치고 별도로 세금을 안 바쳤습니다. 그것이 곧 '조助'입니다. 주나라 때에는 각자에게 백 무의 땅을 주고 세금을 징수했으며, 그 제도를 '철徹'이라 했습니다. 하夏, 은殷, 주周 3대의 제도는 서로 다르지만 사실상으로는 세금으로 '10분의 1'을 거둬들였던 것입니다. '철徹'은 '통通'과 같은 뜻이고, '조助'는 '자藉=借'와 같은 뜻입니다."

陽虎가 曰 爲富이면 不仁矣요 爲仁이면 不富矣이라하니이다. 夏后氏는 五十而貢하고
양 호   왈 위부   불인의   위인   불부 의   하 후 씨   오십이공

殷人은 七十而助하고 周人은 百畝而徹하나 其實은 皆什一也이니 徹者는 徹也이오
은 인   칠십이조   주인   백무이철   기실   개십일야   철자   철 야

助者는 藉也이니라.
조자   자야

용자의 토지 정책

"옛날의 현인賢人 용자가 말했습니다. '토지 정책으로는 조법助法이 가장 좋고, 공법貢法이 가장 좋지 않다. 공법은 수년간의 생산의 중간 치를 헤아려 매년 같은 세금을 바치게 하는 제도이며, 풍년에는 입쌀, 즉 곡물이 낭자狼藉하게 넘쳐, 세금을 과다하게 거두어도 가혹하다고 치지 않거늘 세금을 적게 취한다. 반면 흉년에는 농민이 비료를 밭에 뿌리고 애를 써도 수확이 부족하거늘 세금을 정한 액수대로 거두어 들인다. 백성의 부모 된 임금이 백성들로 하여금 원망스러운 눈초리 를 짓게 하고, 1년 내내 부지런히 일을 하고 농사를 지어도, 자기 부 모조차 공양하지 못하게 한다. 뿐만 아니라 다시 고리高利로 대여貸與 해주고 국가의 재물을 더욱 불린다. 그래서 노인이나 어린아이들이 굶주려 시궁창에 굴러떨어지게 만든다. 그런 짓을 어찌 백성의 부모 된 임금이 하겠느냐?"

龍子가 曰 治地는 莫善於助이오 莫不善於貢이니 貢者는 校數歲之中하야
용자　왈 치지　막선어조　　막불선어공　공자　교수세지중

以爲常하나니 樂歲에 粒米狼戾하야 多取之而不爲虐이라도 則寡取之하고
이위상　　낙세　입미낭려　다취지이불위학　　즉과취지

凶年에 糞其田而不足이어늘 則必取盈焉하나니 爲民父母이라
흉년　분기전이부족　　즉필취영언　　위민부모

使民으로 盻盻然 將終歲勤動하야 不得以養其父母하고
사민　혜혜연 장종세근근　부득이양기부모

又稱貸而益之하야 使老稚로 轉乎溝壑이면 惡在其爲民父母也라.
우칭대이익지　사로치　전호구학　　오재기위민부모야

등나라와 주나라의 토지 정책

"공신功臣의 자손에게 대대로 봉록을 주는 세록제世祿制를 등나라는 전부터 시행하고 있습니다."

"『시경詩經』소아小雅 대전편大田篇에 있습니다. '우리 공전公田에 먼저 비 내리고, 이어 우리 사전私田에도 내려 주시오.' 생각하건데, 조법助法이라야 공전이 있습니다. 이로써 볼 때, 주나라도 조법을 썼을 것입니다."

해설

맹자는 전에 말한 바 있다.

"주문왕周文王이 기岐를 다스릴 때에 농사짓는 사람은 9분의 1을 세금으로 바치며, 관리에게는 세록世祿을 주었으며, 이들 두 제도는 왕정王政의 근본이다. 당시 세록제는 등滕나라에서 이미 시행하고 있으나, 조법助法은 아직 행하지 않았다. 고로 백성들로부터 세금을 징수하는 데 제약이 없었다."

시詩는 소아小雅 대전편大田篇이다. 우는 '비를 내린다'는 뜻이다. 먼저 공전에 비를 내리고, 다음에 사전에 내리게 하라고 하늘에 기원했다. 공公을 앞세우고 사私를 뒤로 돌린 것이다. 당시 조법은 완전히 폐지되었으며, 전적典籍도 남은 것이 없었다. 오직 이 시가 있으므로, 주周 역시 조법을 썼음을 알 수 있다. 그래서 인용한 것이다.

夫世祿은 滕이 固行之矣니이다.
부 세 록   등   고 행 지 의

詩云 雨我公田하야 遂及我私이라하니 惟助爲有公田하니
시 운 우 아 공 전   수 급 아 사   유 조 위 유 공 전

由此觀之컨대 雖周이나 亦助也이로소이다.
유 차 관 지   수 주   역 조 야

인륜을 바탕으로 백성을 교육시켜라

"상庠, 서序, 학學, 교校 등의 교육기관을 세워 백성들을 교육해야 합니다. 상庠은 양육한다(養)는 뜻이고, 교校는 가르치고 교도敎道한다는 뜻이고, 서序는 사례射禮를 가르친다는 뜻입니다. 교육기관을 하夏나라에서는 교校라 했고, 은殷나라에서는 서序라 했고, 주周나라에서는 상庠이라 했습니다. 학學 즉 왕도王都에 있는 국학國學이란 이름은 하·은·주 3대가 같았습니다. 이들 국학에서는 모두 인륜人倫을 밝히는 바탕을 가르쳤습니다. 위에 있는 지도층이 먼저 인륜을 밝히면, 아래에 있는 일반 백성들도 서로 친목하게 됩니다."

해설

상庠은 노인을 부양하는 것을 기본의基本義로 삼고, 교校는 백성을 가르치는 것을 기본의로 삼고, 서序는 사례射禮를 익히는 것을 기본으로 삼았다. 이들은 다 향학鄕學이다. 학學은 국도國都에 있는 태학太學이며, 3대代가 같고 이름이 다르지 않았다. 윤倫은 위계位階 서열序列 등 질서(秩序)의 뜻이다. 즉 부자는 서로 친애한다(父子有親), 군신은 서로 의를 지킨다(君臣有義), 부부는 서로 분별한다(夫婦有別), 연장자와 연하자는 서로 서열을 지킨다(長幼有序), 붕우는 서로 신의를 지킨다(朋友有信)는 다섯 가지 기본 윤리다. 이들 다섯이 곧 인륜의 가장 큰 것이다. 상庠, 서序, 학學, 교校는 인륜을 가르치고 밝히는 바탕이다.

設爲庠序學校하야 以敎之하니 庠者는 養也이요 校者는 敎也이요 序者는 射也이라
설 위 상 서 학 교   이 교 지   상 자   양 야   교 자   교 야   서 자   사 야

夏日校이오 殷日序이오 周日庠이오 學則三代共之하니 皆所以明人倫也이라
하 왈 교   은 왈 서   주 왈 상   학 즉 삼 대 공 지   개 소 이 명 인 륜 야

人倫明於上이면 小民親於下이라.
인 륜 명 어 상   소 민 친 어 하

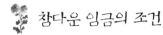# 참다운 임금의 조건

"장차 인정을 펴려고 하는 참다운 임금이 나타나면, 그는 반드시 등에 와서 보고 배우고 법도를 취할 것입니다. 그러므로 임금님은 곧 왕자의 스승이 되십니다. 『시경詩經』 대아大雅 문왕편文王篇에 '주나라는 비록 오래된 나라이지만 문왕의 덕으로 천명을 새로 내려 받았다.'라고 했습니다. 이는 문왕을 말한 것입니다. 임금님도 힘들여 노력하시고, 등나라를 새롭게 하십시오."

해설

등나라는 작은 나라다. 비록 인정을 펴도, 반드시 천하를 지배하고 왕업王業을 흥성케 한다고 말할 수 없다. 그러나 왕자의 스승이 되면, 천하를 소유하지 못해도 은택이 천하에 미칠 것이다.

시詩는 대아大雅 문왕편文王篇이다. 주周는 후직后稷 이래, 오래된 제후의 나라였다. 천명을 받고 천하를 다스린 것은 문왕 때에 비롯했음을 말한 것이다. 자子는 문공文公이다. '제후이며 어리다'는 말이다.

有王者가 起면 必來取法하리니 是爲王者師也이니이다. 詩云 周雖舊邦이나
유 왕 자 기 필 래 취 법 시 위 왕 자 사 야 시 운 주 수 구 방

其命惟新이라하니 文王之謂也이니 子力行之하시면 亦以新子之國하시니이다.
기 명 유 신 문 왕 지 위 야 자 력 행 지 역 이 신 자 지 국

토지의 경계를 정확하게 하라

등나라 문공이 신하 필전畢戰을 시켜서 정전법丁田法을 물었다. 그러
자 맹자가 말했다.

"그대의 임금 문공이 장차 인정을 행하려고 그대를 선택해서 나에게
와서 묻게 했군요. 그대는 열심히 노력하시오. 무릇 인정은 반드시 토
지의 경계를 바르게 하는 데서 시작됩니다. 경계가 정확하지 않으면
9등분 하는 정전丁田이 균등하지 않고, 따라서 곡식이나 세록이 공평
하지 않게 됩니다. 고로 폭군이나 오리들은 경계를 소홀히 합니다. 경
계를 정확하게 하면 경작자에 대한 토지 분배나 세록의 제도를 앉아
서 바르게 할 수 있습니다."

해설

필전畢戰은 등滕나라 신하다. 문공이 맹자의 말을 듣고 필전으로 하여금 정전의 일을
주관하게 했다. 고로 맹자에게 와서 자세하게 물었다. 정지井地는 토지를 정井자로 9
등분 함이며. 경계는 농지를 다스리고 밭을 분할하여 그 도랑이나 길을 구획하고 나
누어서 경작케 한다는 뜻이다.

使畢戰으로 問井地하신대 孟子가 日 子之君이 將行仁政하야 選擇而使子하시니
사 필 전   문 정 지   맹 자   왈   자 지 군   장 행 인 정   선 택 이 사 자

子必勉之어다 夫仁政은 必自經界始니 經界가 不正하며 井地는 不均하며
자 필 면 지   부 인 정   필 자 경 계 시   경 계   부 정 하 며   정 지   불 균 하 며

穀祿이 不平하리니 是故로 暴君汙吏는 必慢其經界하나니
곡 록   불 평 하 리 니   시 고   폭 군 오 리   필 만 기 경 계

經界가 旣正이면 分田制祿은 可坐而定也이니라.
경 계   기 정   분 전 제 록   가 좌 이 정 야

교내와 교외의 토지제도를 달리하라

"원래 등나라는 토지가 협소하지만 당연히 다스리는 군자가 있어야 하고, 또 당연히 농사를 짓는 야인들도 있어야 합니다. 군자가 없으면 야인들을 다스리지 못하고, 야인이 없으면 군자를 부양하지 못합니다. 권하니 교외의 먼 시골에서 9분의 1을 바치는 조법助法을 쓰고, 교내郊內에서는 10분의 1을 바치는 철법撤法을 적용하고, 자진해서 납부케 합니다. 경 이하에는 반드시 50무 넓이의 규전을 가지게 해야합니다. 여부에게는 별도로 25무의 땅을 추가로 줍니다."

해설

圭田규전은 제사에 올릴 곡식을 재배하는 전답이며, 한 집안에서 한 사람의 장정이 백 무百畝의 사전私田을 받는다. 여덟 집안이 합동해서 중앙의 공전公田을 경작하고 나라에 바친다. 이때의 장정은 부모처자 등 5~6명 가족을 부양해야 한다. 그러나 장정의 동생으로 나이가 16세 이상이면서 미혼인 경우는 별도로 25무의 땅을 추가로 내려준다.

夫滕은 壤地가 褊小하나 將爲君子焉이면 將爲野人焉이니 無君子이면 莫治野人이오
부등 양지 편소 장위군자언 장위야인언 무군자 막치야인

無野人이면 莫養君子이니라. 請野에 九一而助히고 國中에 什一하야 使自賦하라.
무야인 막양군자 청야 구일이조 국중 십일 사자부

卿以下는 必有圭田하니 圭田은 五十畝이니라. 餘夫는 二十五畝이니라.
경이하 필유규전 규전 오십무 여부 이십오무

백성에게 잘해야 백성이 화목하다

"이렇게 백성을 후대하면 죽은 사람을 장사지내거나, 집을 이사하는 경우에도 자기가 살던 향鄉을 떠나지 않으며, 같은 향 안에서는 정井 자로 나누어진 땅을 함께 공유하고, 출입할 때도 서로 친하게 지내고, 마을이나 집을 감시할 때도, 서로 도우며 질병이 나면 서로 의지하고 도우므로 결국 백성들이 서로 친애하고 화목和睦하게 됩니다."

해설

사死는 '장례'의 뜻이다. 사徙는 '거처를 옮긴다'는 뜻이다. 동정자同井者는 '여덟 가구'를 말한다. 우友는 '짝한다'는 뜻이다. 수망守望은 '도둑을 방어함'이다.

死徙에 無出鄉이니 鄉田同井이 出入에 相友하며 守望에 相助하며 疾病에 相扶持하면
사 사 무 출 향   향 전 동 정   출 입 상 우   수 망 상 조   질 병 상 부 지

則百姓이 親睦하리라.
즉 백 성   친 목

정전법의 정리

"정전법을 말하자면 다음과 같다. 사방이 각 '1리里' 넓이의 땅을 '1정井'이라 합니다. 그러므로 '1정'은 약 '9백 무畝'가 됩니다. 이 땅을 정井자 모양으로 9등분하니 그 중앙의 땅이 곧 공전公田입니다. 여덟 가구가 각자 주변의 사전私田 '백 무'를 소유하고 그들이 합동으로 공전을 경작합니다. 공전의 농사를 마친 다음에 비로소 사전을 경작하게 합니다. 그 이유는 관직을 가진 군자와 야인을 구별하기 위해서입니다. 즉 군자는 농민을 다스리는 사람이니 그들의 공전을 먼저 다스리게 하는 것입니다. 이상이 정전제의 대략입니다. 이러한 정책을 잘 운용해서 백성들을 잘살게 하는 일은 임금님과, 또 보좌하는 당신들에게 달려 있습니다."

해설

정전제의 형식과 제도를 자세히 말한 것이며, 곧 주나라의 조법助法이기도 하다. 공전은 군자의 녹禄이 되고, 사전은 야인이 받은 땅이다. 선공후사先公後私라고 말한 것은 군자와 야인을 분별하기 때문이다. 군자에 대한 말을 하지 않고 야인만을 들어 말한 것은 글을 생략한 것이다. 전법을 제후들이 전적典籍을 없애버렸으므로 여기는 다만 대략을 말했을 뿐이다.

方里而井이니 井이 九百畝이니 其中이 爲公田이라
방 리 이 정   정 구 백 무   기 중   위 공 전

八家가 皆私百畝하야 同養公田하야 公事를 畢然後에 敢治私事이니
팔 가 개 사 백 무   동 양 공 전   공 사 필 연 후   감 치 사 사

所以別野人也이니라. 此其大略也이니 若夫潤澤之 則在君與子矣니라.
소 이 별 야 인 야   차 기 대 략 야   약 부 윤 택 지 즉 재 군 여 자 의

제4장 신농장 神農章

임금님의 인정은 백성을 만든다

농업의 시조 신농씨神農氏의 말을 실천하는 허행許行이 초나라에서 등나라에 왔다. 그는 대궐 문에 이르러 문공에게 말했다.

"저는 먼 나라 사람입니다. 임금님께서 인정仁政을 행하신다는 말을 듣고 왔습니다. 원하오니 집 한 채를 주시면 이 나라 백성이 되겠습니다."

문공이 그에게 거처할 곳을 주었다. 그러자 그의 도당들 수십 명이 털 가죽옷을 걸치고, 손수 만든 짚신을 신고, 거적자리를 깔고 생활했다. 진량陳良의 제자, 진상陳相이 동생 진신陳辛과 함께 쟁기와 보습을 등에 메고 송宋에서 등滕에 와, 문공에게 말했다.

"저희들은 임금님께서 성인의 정치를 즉 정전제井田制를 행한다고 들었습니다. 그러므로 임금님이 바로 성인이십니다. 저희들은 성인의 백성이 되고 싶습니다."

有爲神農之言者 許行이 自楚之滕하야 踵門 而告文公日 遠方之人이
유위신농지언자 허행 자초지등 종문 이고문공왈 원방지인

聞君의 行仁政하고 願受一廛 而爲氓하노이다 文公이 與之處하시니
문군 행인정 원수일전 이위맹 문공 여지처

其徒數十人이 皆衣褐하고 捆屨 織席하야 以爲食하더라.
기도수십인 개의갈 곤구 직석 이위식

陳良之徒 陳相이 與其弟辛으로 負耒耜 而自宋之滕하야
진량지도 진상 여기제신 부뇌사 이자송지등

日 聞君의 行聖人之政하니 是亦聖人 也이시니 願爲聖人氓하노이다.
왈 문군 행성인지정 시역성인야 원위성인맹

현명한 군주가 되어야 한다

진상이 허행을 만나보고 크게 기뻐했으며 자기가 배운 유학儒學을 다 버리고, 허행의 농가학설農家學說을 배웠다. 그 후에 진상이 맹자를 만나자 허행의 주장(言)을 전하면서(道) 다음과 같이 말했다.

"등나라 문공은 참으로 현명하기는 합니다만, 아직도 도道을 터득하지는 못했습니다. 현군賢君도 백성과 함께 농사를 지어서 먹어야 합니다. 아침이나 저녁밥을 손수 지어 먹으면서 백성을 다스려야 합니다. 그런데 지금 등나라 창름倉廩에는 곡식이 쌓였고, 또 부고府庫에는 재물이 가득합니다. 이는 곧 임금이 백성들로부터 심하게 거두어들여서 자기만 편안하게 양생養生하자는 것입니다. 그러니 어찌 현명하다고 하겠습니까?"

陳相이 見許行 而大悅하야 盡棄其學 而學焉이러니 陳相이 見孟子하야 道許行之言 曰
진 상   견 허 행 이 대 열   진 기 기 학 이 학 언   진 상   견 맹 자   도 어 행 지 언 왈

滕君 則誠賢君也이어니와 雖然이나 未聞道也로다 賢者는 與民 並耕而食하며
등 군 즉 성 현 군 야   수 연   미 문 도 야   현 자   여 민 병 경 이 식

饔飱而治하나니 今也에 滕有 倉廩府庫하니 則是厲民 而以自養也이니 惡得賢이리오.
옹 손 이 치   금 야   등 유 창 름 부 고   즉 시 여 민 이 이 자 양 야   오 득 현

허자는 손수 곡식을 심어 먹는다

맹자: "허자許子는 반드시 손수 곡식을 심어서 먹느냐?"

진상: "네."

맹자: "허자는 반드시 손수 베를 짜서 옷을 만들어 입느냐?"

진상: "아닙니다. 허 선생은 거친 털옷을 입습니다."

맹자: "허자는 관을 쓰느냐?"

진상: "관을 쓰십니다."

맹자: "어떠한 관이냐?"

진상: "생사로 만든 관입니다."

맹자: "그것은 그가 손수 만든 것이냐?"

진상: "아닙니다. 곡물과 교역한 것입니다."

孟子가 曰 許子는 必種粟 而後에 食乎아 曰 然하다
맹자 왈 허자 필종속 이후 식호 왈 연

許子는 必織布 而後에 衣乎아 曰 否이라
허자 필직포 이후 의호 왈 부

許子는 衣褐이니라 許子는 冠乎아 曰 冠이니라
허자 의갈 허자 관호 왈 관

曰 奚冠하고 曰 冠素이니라 曰 自織之與아 曰 否이라 以粟易之니라
왈 해관 왈 관소 왈 자직지여 왈 부 이속역지

맹자: "허자는 왜 손수 베를 짜지 않느냐?"

진상: "농사짓는데 방해가 됩니다."

맹자: "허자는 솥과 시루로 곡식을 쪄 먹고, 또 쇠로 만든 농기구를 써서 경작을 하느냐?"

진상: "그러합니다."

맹자: "그 기물들은 손수 만든 것들이냐?"

진상: "아닙니다. 곡식과 교역한 것입니다."

해설

부釜는 '삶는 그릇'이다. 증甑은 '취사용 시루'다. 찬爨은 '불을 땐다'는 뜻이다. 철鐵은 '쇠로 만든 보습 같은 농기구'를 말한다.

이 말은 맹자가 여덟 번 반문한 것이다. 모두 맹자가 묻고 진상이 대답한 것이다.

曰 許子는 奚爲不自織이고 曰 害於耕이니라
왈 허 자   해 위 부 자 직   왈 해 어 경

曰 許子는 以釜甑爨하며 以鐵耕乎아 曰 然하다
왈 허 자   이 부 증 찬   이 철 경 호   왈 연

自爲之與아 曰 否이라 以粟易之니라.
자 위 지 여   왈 부   이 속 역 지

전문적인 기술은 전문가에게

"곡물을 가지고 기물과 교역하는 것을, 도공陶工이나 야공冶工을 괴롭히는 것이라고 생각하지 않는다면, 도공이나 야공도 역시 자기가 만든 기물을 가지고 곡물과 교역하는 것을 어찌 농부를 괴롭히는 일이라고 생각하겠느냐? 뿐만 아니다. 허자가 왜 자기는 도공이나 야공일은 안 하느냐? 그는 왜 모든 기물들을 자기 집에서 만들어 가지고 쓰지를 않느냐? 왜 번거롭게 다른 기술자들과 교역을 하느냐? 무엇 때문에 허자는 번거로운 일을 꺼리지 않느냐?"

진상이 말했다.

"여러 가지 기술자의 일들은 저마다 전문적인 기술이므로 절대로 농사를 하면서 할 수 있는 일이 아닙니다."

해설

이 구절은 맹자가 묻고 진상이 대답한 것이다. 계기械器는 가마나 시루 같은 것이다. 도陶는 시루를 만들고, 야冶는 솥이나 쇠의 농기구를 만드는 사람이다. 사舍는 '안 한다'는 뜻이다. 사舍를 혹 앞의 구절에 붙여 읽고 도공陶工이나 야공冶工의 집으로 풀기도 한다.

以粟易械器者가 不爲厲陶冶이니 陶冶는 亦以其械器易粟者가 豈爲厲農夫哉리오
이 속 역 계 기 자   불 위 여 도 야   도 야   역 이 기 계 기 역 속 자   기 위 여 농 부 제

且許子는 何不爲陶冶하야 舍 皆取諸其宮中而用之하고 何爲紛紛然 與百工交易하고
차 허 자   하 불 위 도 야   사 개 취 제 기 궁 중 이 용 지   하 위 분 분 연 여 백 공 교 역

何許子之不憚煩하고 曰 百工之事는 固不可耕 且爲也이니라.
하 허 자 지 불 탄 번   왈 백 공 지 사   고 불 가 경 차 위 야

세상일은 각자가 할 일이 따로 있다

맹자가 말했다.

"그러하거늘 천하를 다스리는 사람은 혼자서 농사도 짓고, 또 다스리기도 해야 하는가? 세상일에는 대인이 할 일이 있고, 소인이 할 일이 있는 법이다. 게다가 한 사람이 몸으로 살기 위해서는 모든 기술자가 만든 기물들을 다 갖추어야 한다. 그런데 만약에 그 모든 것들을 반드시 손수 만들어 써야 한다면 천하의 모든 사람들을 지쳐버리게 할 것이다. 그러므로 옛날에 말한 바가 있다. 어떤 사람은 마음, 즉 정신을 부려 쓰고, 어떤 사람은 힘, 즉 노동력을 부려 쓴다. 마음, 즉 정신을 쓰는 사람은 남을 다스리고, 힘, 즉 노동력을 쓰는 사람은 남에게 다스림을 받는다. 다스림을 받는 농민들이 선비를 먹게 하고, 남을 다스리는 선비는 남, 즉 농민에게 부양되는 것이, 천하의 공통된 바른 이치이다."

然則治天下는 獨可耕且爲與아 有大人之事하며 有小人之事하니
연 즉 치 천 하 독 가 경 차 위 여 유 대 인 지 사 유 소 인 지 사

且一人之身에 而百工之所爲가 備하니 如必自爲而後에 用之면 是는 率天下而路也이니라
차 일 인 지 신 이 백 공 지 소 위 비 여 필 자 위 이 후 용 지 시 솔 천 하 이 로 야

故로 日 或勞心하며 或勞力이니 勞心者는 治人이고 勞力者는 治於人이라하니
고 왈 혹 노 심 혹 노 력 노 심 자 치 인 노 력 자 치 어 인

治於人者는 食人하고 治人者는 食於人이 天下之通義也이니라.
치 어 인 자 사 인 치 인 자 사 어 인 천 하 지 통 의 야

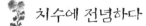

치수에 전념하다

"요임금 때만 해도 천하가 미처 평온하지 못했다. 홍수가 넘쳐흐르고 강물이 천하에 범람했으며, 사방에 초목이 자라 엉키고, 금수가 번식하여 득실거렸으며 전답에 오공을 심지도 못했다. 그때에는 사방에서 금수가 사람에 접근해 위협했으며, 동물이나 새 발자국이 난 길이 나라 중심, 즉 국도國都 안에도 교차했다. 이와 같은 미개한 상태를 요임금이 걱정하고 순을 등용하여 다스리게 하였다. 순은 백익伯益을 시켜 불을 다루게 했으며, 백익은 산이나 늪에 심한 불을 놓아 모조리 타게 했다. 이에 금수들이 도망가 숨었다.

한편 우는 구하九河를 소통했으며, 제수濟水나 탑수漯水를 바다에 흘러들게 했다. 또 여수汝水와 한수漢水의 막힌 물줄기를 트고, 또 회수淮水와 사수泗水를 터서 장강長江에 흐르게 했다.

當堯之時에 天下가 猶未平하야 洪水가 橫流하야 氾濫於天下하야 草木暢茂하며
당요지시 천하 유미평 홍수 횡류 범람어천하 초목창무

禽獸繁殖이라 五穀不登하며 禽獸偪人하야 獸蹄鳥跡之道가 交於中國이어늘
금수번식 오곡부등 금수핍인 수제조적지도 교어중국

堯獨憂之하샤 舉舜而敷治焉이시어늘 舜이 使益掌火하신대
요독우지 거순이부치언 순 사익장화

益이 烈山澤而焚之하니 禽獸가 逃匿이어늘
익 열산택이분지 금수 도닉

禹가 疏九河하며 瀹濟漯而注諸海하시며 決汝漢하며 排淮泗而注之江하시니
우 소구하 약제탑이주제해 결여한 배회사이주지강

그런 다음에 비로소 중국에서 사람들이 농사를 지어 곡식을 거두어 먹고 살 수 있게 되었던 것이다. 그와 같은 개척 시기에 우는 8년 간을 외지에서 일했으며 세 번이나 자기 집 앞을 지나고도 들어가 가족을 만나보지 못했다. 그렇게 치수에 전념했으니 비록 손수 경작을 하고 싶어도 될 수 있었겠는가?"

해설

홍洪은 대大의 뜻이다. 횡류橫流는 '강물이 물줄기를 타지 않고 넘치고 마구 흐른다'는 뜻이다. 창무暢茂는 '수목이 자라 무성하다'는 뜻이다. 오곡五穀은 벼, 수수, 피, 보리, 콩이다. 등登은 '곡물이 자라고 익는다'는 뜻이다. 도道는 '길'이다. 익益은 순舜의 신하의 이름이다. 열烈은 '세차게 불로 태운다'는 뜻이다. 소疏는 '강물을 나누어 통하게 한다'는 뜻이다.

구하九河는 다음의 아홉 개의 강이다. 도해徒駭, 태사太史, 마협馬頰, 복부覆釜, 호소胡蘇, 간簡, 결潔, 구반鉤盤, 격진鬲津이다. 약瀹은 '소통'의 뜻이다. 제濟와 탑漯은 두 개의 강 이름이다. 결決과 배排는 '막힌 곳을 터서 소통하게 한다'는 뜻이다. 여汝, 한漢, 회淮, 사泗도 다 강물의 이름이다. 우공禹貢의 기록이나 현재의 수로를 보면, 한수漢水만이 장강長江에 흘러들고, 여수汝水나 사수泗水는 회수淮水에 들어간다. 그리고 회수가 바다에 흘러 들어간다, 앞에서 네 강이 다 장강으로 들어간다고 한 것은 기술한 사람의 잘못이다.

然後엔 中國이 可得而食也하니 當是時也하야 禹八年於外에 三過其門而不入하시니
연 후　　중국　가 득 이 식 야　　　당 시 시 야　　　우 팔 년 어 외　　삼 과 기 문 이 불 입

雖欲耕이나 得乎아.
수 욕 경　　　득 호

사람이 따라야 할 바른길과 도리

"순임금의 명을 받고 농업을 관장하는 후직后稷은 백성에게 농사와, 또 오곡을 심고 가꾸는 법을 가르쳐 주었다. 그래서 오곡이 익어서 만민들이 잘 먹고 건강하게 자랐다. 허나 사람에게는 따르고 지켜야 할 바른길과 도리가 있는 법이다. 그러므로 배부르게 먹고 따뜻하게 옷을 입고 안락하게 살되, 바르게 도덕과 윤리를 교육하지 않으면 곧 금수와 비슷한 존재가 된다. 그래서 성인, 즉 순임금이 걱정하시고 설契을 사도司徒로 삼고 오륜五倫을 가르치게 했다. 즉 부모와 자식 간에는 육친애가 있어야 한다. 군신 간에는 도의道義가 있어야 한다. 부부 간에는 분별이 있어야 한다. 형과 동생 사이에는 질서와 순차가 있어야 한다. 붕우 사이에는 서로 신의를 지키고 행해야 한다.

后稷이 教民稼穡하야 樹藝五穀한대 五穀이 熟而 民人이 育하니
후직 교민가색 수예오곡 오곡 숙이민인 육

人之有道也에 飽食煖衣하야 逸居而無敎이면 則近於禽獸일새
인지유도야 포식난의 일거이무교 즉근어금수

聖人이 有憂之하샤 使契爲司徒하야 敎以人倫하시니
성인 유우지 사설위사도 교이인륜

父子有親이며 君臣有義며 夫婦有別이며 長幼有序이며 朋友有信이니라
부자유친 군신유의 부부유별 장유유서 붕우유신

한편 방훈, 즉 요堯임금은 다음과 같이 말했다. '천하의 모든 백성들이 와서 부지런히 일하게 해야 한다. 또 그들을 곧고 바르게 잡아주어야 한다. 약하고 힘없는 사람을 돕고 보호해서 저마다 스스로 도를 터득하고 따라서 잘살게 해주어야 한다. 그리고 더 나아가서는 저마다 덕을 세우게 해야 한다.' 순임금 같은 성인이 이와 같이 백성을 걱정하고 애를 쓰고 지도를 했으니, 손수 농사를 지을 시간이 있겠는가?"

해설

后稷후직은 官名관명으로 농업을 '관장하는 장관, 혹은 임금'의 뜻이다. 후직은 주周나라의 시조始祖. 어머니 강원姜嫄이 거인巨人의 발자국을 밟고 잉태하여 아들을 낳았다. 불길하게 생각하고 여러 차례 내다 버렸으나 기적이 일어났으므로, 강원이 다시 데리고 와서 키웠다. 그래서 이름을 기棄라고 했다. 기는 농경에 탁월한 재주가 있었다. 그래서 순임금이 그를 농업장관 '후직'에 임명했던 것이다.

放勳이 曰 勞之來之하며 匡之直之하며 輔之翼之하야 使自得之하고
방 훈   왈 노지래지   광지직지   보지익지   사자득지

又從而 振德之라하시니 聖人之憂民이 如此하시니 而暇耕乎아.
우종이 진덕지   성인지우민   여차   이가경호

농부의 걱정

"요임금은 순 같은 현인을 얻지 못하는 것을 자기의 걱정으로 여기고, 순임금은 우나 고요 같은 사람을 얻지 못하는 것을 자기의 걱정으로 여겼다. 백 무의 땅을 가지고 농사짓기가 쉽지 않다고 걱정하는 사람이 바로 농부이다."

해설

이易는 '다스린다'는 뜻이다. 요순堯舜의 우민憂民은 하나하나의 일을 걱정한 것이 아니고 천하 만민을 위해 다급하고 먼저 애를 써야 할 일들뿐이었다. 백성을 위해 걱정한 것으로 큰 것만도 이와 같았으니, 즉 손수 경작할 틈이 없을뿐더러, 또 반드시 경작할 필요도 없는 것이다.

堯가 以不得舜으로 爲己憂하시고 舜이 以不得禹皐陶로 爲己憂하시니
요　이부득순　　위기우　　순　이부득우고요　위기우

夫以百畝之不易로 爲己憂者는 農夫也이니라.
부이백무지불이　위기우자　농부야

백성을 위해 마음을 쓰는 인정의 어려움

"남에게 재물財物을 나누어 주는 것을 은혜恩惠라 하고, 남에게 선도善道를 가르쳐 주는 것을 충실忠實이라 하고, 천하 만민을 위하여 훌륭한 인재를 얻어 다스림을 맡기는 것을 인정仁政이라 한다. 그러므로 천하를 남에게 주기는 쉬워도, 천하를 위해서 훌륭한 사람을 얻기는 어렵다."

"공자께서 말씀하셨다. '위대하다, 요제堯帝의 임금 되심이여. 오직 하늘만이 크거늘, 요제는 하늘을 본받았으며, 그의 덕이 넘치고 광대하여, 백성들은 칭송할 말조차 찾지 못했노라. 성스러운 임금 순舜이시여, 그의 덕이 높고, 또 높아라. 천하를 물려받고도 홀로 다스리지 않고 현인들로 하여금 다스리게 했노라.'"

이어 맹자가 진상에게 말했다.

"요와 순 두 임금이 천하를 다스릴 때에 어찌 마음을 쓰지 않았겠느냐? 무척 마음을 썼을 것이다. 그러니 역시 두 분도 손수 농사를 짓지 않으신 것이다."

分人以財를 謂之惠요 敎人以善을 謂之忠이오 爲天下得人者를 謂之仁이니
분인이재 위지혜 교인이선 위지충 위천하득인자 위지인

是故로 以天下與人은 易하고 爲天下得人은 難하니라. 孔子가 曰 大哉라
시고 이천하여인 이 위천하득인 난 공자 왈 대재

堯之爲君이여 惟天이 爲大어늘 惟堯가 則之하시니 蕩蕩乎 民無能名焉이로다
요지위군 유천 위대 유요 칙지 탕탕호 민무능명언

君哉라 舜也이여 巍巍乎 有天下而不與焉이라하시니
군재 순야 외외호 유천하이불여언

堯舜之治天下가 豈無所用其心哉시리오마는 亦不用於耕耳시니라.
요순지치천하 기무소용기심재 역불용어경이

진상을 비난하다

맹자가 진상에게 말했다.

"나는 중화中華의 문화로써 야만인을 변화시킨다는 말은 들어도 오랑캐 때문에 변하고 퇴보한다는 말은 듣지 못했다. 그대의 스승 진량은 남쪽 초나라에서 출생한 사람이며, 주공과 공자의 도道를 좋아하고, 북쪽에 와서 문화의 중심에서 유학儒學을 배웠다. 그래서 북방 출신의 학자도 혹 그보다 더 앞서지 못하는 경우도 있으니, 말하자면 진량은 호걸이라 하겠다. 자네 형제가 진량을 스승으로 섬기고 배운 지가 수십 년이 되었거늘, 스승이 죽자 등을 돌리고 허행許行의 농업학파가 되었단 말이냐?"

해설

변이變夷는 '오랑캐들을 변화시킨다'는 뜻이다. 변어이變於夷는 반대로 '오랑캐에게 변화된다'는 뜻이다. 진량陳良은 초楚나라에서 출생했다. 초는 중국의 남쪽이다. 그러므로 북쪽으로 와서 중심국가의 문화를 배웠다고 한 것이다. 선先은 '앞서다'의 뜻이다. 호걸豪傑은 재주나 덕이 출중한 사람을 일컫는 말로 진량은 무리보다 뛰어났다는 뜻이다. 진량은 중화의 문화를 배워서 야만적인 존재가 문화적으로 변했다. 진상은 도리어 야만적으로 퇴보했다.

吾聞用夏變夷者이오 未聞變於夷者也케라 陳良은 楚産也이니 悅周公仲尼之道하야
오 문 용 하 변 이 자   미 문 변 어 이 자 야   진 량   초 산 야   열 주 공 중 니 지 도

北學於中國이어늘 北方之學者가 未能或之先也하니 彼所謂豪傑之士也이라
북 학 어 중 국   북 방 지 학 자   미 능 혹 지 선 야   피 소 위 호 걸 지 사 야

子之兄弟가 事之數十年이라가 師死而遂倍之온여.
자 지 형 제   사 지 수 십 년   사 사 이 수 배 지

형식적으로 추모하지 말라

"옛날에 공자님이 돌아가시자 제자들이 3년 간의 심상心喪을 마치고 나서, 문인들이 각자 짐을 꾸리고 돌아가기에 앞서 대표자격인 자공 子貢의 거실에 들어가 읍례揖禮하고, 서로 마주 보고 통곡했다. 허나 모든 제자들은 말을 잃고 묵묵히 헤어져 돌아갔다. 그러자 자공은 혼자 무덤으로 되돌아와서 무덤 곁에 여막廬幕을 짓고 혼자 다시 3년 간 거상居喪하고 집에 돌아갔다. 그 후에 자하子夏, 자장子張, 자유子游 등 세 제자들이 '유약有若이 흡사 공자를 닮았으니 형식적이나마 공자를 섬기던 예로써 유약을 섬기자'고 제안하고, 증자曾子에게 동의하기를 강요했다. 그러나 증자는 말했다. '안 된다. 돌아가신 공자님의 학문과 덕은 장강長江이나 한수漢水의 물로 맑게 세탁하고, 맑은 가을 햇볕에 말린 것처럼 고결高潔하고 빛나며 그 이상 더 보탤 수 없다.' 그러하거늘 어찌 형식적이라 한들, 남을 내세워 추모할 수 있느냐?"

昔者에 孔子가 沒커시늘 三年之外에 門人이 治任將歸할새 入揖於子貢하고
석자 공자 몰   삼년지외 문인 치임장귀   입읍어자공

相嚮而哭하야 皆失聲 然後에 歸어늘 子貢은 反 築室於場하야
상향이곡   개실성 연후 귀   자공 반 축실어장

獨居三年 然後에 歸하니라 他日에 子夏 子張 子游가 以有若似聖人이라하야
독거삼년 연후 귀   타일 자하 자장 자유 이유약사성인

欲以所事孔子로 事之하야 彊曾子호대 曾子가 曰 不可하니
욕이소사공자 사지   강증자 증자 왈 불가

江漢以濯之며 秋陽以暴之라 皜皜乎不可尙已라하시니라.
강한이탁지 추양이폭지 호호호불가상이

오랑캐의 말을 따르지 마라

"지금 남쪽 오랑캐이며 뱁새소리를 내는 허행許行이 선왕의 도를 비
난하고 있거늘, 그대는 스승 진량陳良을 배반하고 허행을 배우고 따
르니 참으로 역시 증자와 무척 다르다고 하겠다."

"나는 새가 깊고 어두운 계곡에서 나와 높은 나무로 옮아간다는 말은
들어도, 높은 나무에서 내려와 깊고 어두운 계곡으로 들어간다는 말
은 들은 바 없다."

"『시경詩經』 노송魯頌 비궁편閟宮篇에 있다. '서쪽 오랑캐와 북쪽 오랑
캐를 응징한다. 형만荊蠻 초나라와 서舒나라를 응징한다.' 주공도 바
야흐로, 또 형만을 치고자 했거늘, 그대는 남쪽 오랑캐인 허행의 말을
배우고 따르니, 역시 나쁘게 변한 것이다."

今也에 南蠻鴃舌之人이 非先王之道이어늘 子가 倍子之師 而學之하니
금 야   남만결설지인   비선왕지도   자   배자지사 이학지하니

亦異於曾子矣로다. 吾聞 出於幽谷하야 遷於喬木者이오 末聞 下喬木而入於幽谷者케라
역 이 어 증 자 의   오 문 출 어 유 곡   천 어 교 목 자   미 문 하 교 목 이 입 어 유 곡 자

魯頌에 曰 戎狄是膺하니 荊舒是懲이라하니 周公이 方且膺之어시어늘
노 송   왈 융 적 시 응   형 서 시 징   주 공   방 차 응 지

子是之學하니 亦爲不善變矣로다.
자 시 지 학   역 위 불 선 변 의

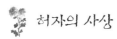# 허자의 사상

진상陳相이 굽히지 않고 맹자에게 말했다.

"허자許子의 사상이나 도를 따르면, 물건 값이 일정하고, 나라 안에서
사기 치는 일이 없습니다. 그러므로 5척동자를 시켜서 시장에 가서
물건을 사게 해도 아무도 속이지 않습니다. 베나 비단이나 길이만 같
으면 즉 가격이 같습니다. 삼실이나 명주실이나 무게만 같으면, 즉 값
이 같습니다. 오곡도 분량만 같으면, 즉 값이 같습니다. 신도 크기만
같으면 즉 값이 같습니다."

해설

5척의 아이(五尺之童)는 어리고 무지한 아이를 말한다. 허행은 시장에서 파는 물건의
정조精粗나 미악美惡을 막론하고 다만 장단長短, 경중輕重, 다과多寡 및 대소大小만으
로 값을 정하려고 했다.

從許子之道 則市賈가 不貳하야 國中이 無僞하야 雖使五尺之童으로 適市라도
종 허 자 지 도   즉 시 가 가   불 이   국 중   무 위   수 사 오 척 지 동   적 시

莫之或欺니 布帛長短이 同 則賈相若하며 麻縷絲絮輕重이 同 則賈相若하며
막 지 혹 기   포 백 장 단   동   즉 가 상 약   마 루 사 서 경 중   동   즉 가 상 약

五穀多寡가 同 則賈相若하야 屨大小가 同 則賈相若이니라.
오 곡 다 과   동   즉 가 상 약   구 대 소   동   즉 가 상 약

물품의 가격이 같지 않은 것이 자연의 도리

맹자가 반박하며 말했다.

"본래 모든 물품은 똑같지 않으며, 그것이 곧 물품의 실정이다. 어떤 것은 그 값이나 가치가 두 배, 혹은 다섯 배 되고, 또 어떤 것은 10배, 혹은 백 배 되는 것도 있다. 또 어떤 것은 천 배, 혹은 만 배 나가는 것도 있다. 그런데 허행이나 그대는 모든 물품을 늘어놓고 다 같다고 하니, 그런 주장은 곧 천하를 혼란하게 만드는 소리다. 큰 신이나 작은 신이나 값이 같다면 어느 사람이 큰 신을 만들겠느냐? 허행의 생각이나 도리를 따르면 모든 사람이 서로 속이고 기만할 것이니 어떻게 나라를 바르게 다스릴 수 있겠느냐?"

해설

배倍는 '한 배'의 뜻이다. 사蓰는 '다섯 배'의 뜻이다. 십백천만什百千萬은 '다 배수倍數'다. 비比는 '옆에 늘어놓다'의 뜻이다. 맹자는 다음 같은 뜻을 말한 것이다. 물품이 서로 같지 않은 것이 바로 자연의 도리다. 물품에는 정밀한 것도 있고, 조잡한 것도 있고, 흡사 큰 것도 있고, 작은 것도 있는 것과 같다. 만약 큰 신과 작은 신의 가격을 같게 한다면 누가 큰 것을 만들려고 하겠느냐. 만약 정밀한 것과 조잡한 것을 논하지 않고 값을 같게 한다면, 천하 모든 사람으로 하여금 정밀한 것을 만들지 않고, 서로 다투어 조잡한 것을 만들고 서로 속이게 할 것이다.

曰 夫物之不齊는 物之情也이니 或相倍蓰하며 或相什伯하며 或相千萬이어늘
왈 부 물 지 부 제   물 지 정 야   혹 상 배 사   혹 상 십 백   혹 상 천 만

子比而同之하니 是亂天下也이로다 巨屨小屨가 同賈이면 人豈爲之哉리오
자 비 이 동 지   시 란 천 하 야   거 구 소 구   동 가   인 기 위 지 재

從許子之道면 相率而爲僞者也이니 惡能治國家이리오.
종 허 자 지 도   상 솔 이 위 위 자 야   오 능 치 국 가

제5장 묵자장 墨子章

 이지의 이중성을 비난하다

묵자墨子의 사상을 신봉하는 이지夷之라는 사람이, 맹자의 제자 서벽
徐辟을 통해서, 맹자를 만나고자 청했다. 맹자가 서벽에게 말했다.
"물론 나도 만나기를 바란다. 그러나 지금 나는 병중이다. 병이 좋아
지면 내가 가서 볼 것이니 지금은 이자를 오지 않게 해라."
다른 날, 이지夷之가 거듭 맹자를 만나고자 하자, 맹자가 제자 서벽에
게 말했다.
"지금은 내가 그를 만나 볼 수 있다. 그러나 그에게는 곧바로 직설적
으로 말하지 않으면 바른 도리를 알게 할 수 없을 것이다. 그러므로
나는 그에게 직설적으로 말을 하겠다. 내가 들은 바, 이지는 묵자墨子
의 사상이나 주장을 따르고 행한다고 하더라. 묵자는 상례喪禮를 치
를 때에 간소하고 천박하게 하는 것을 도로 삼고 있다.

墨者 夷之가 因徐辟 而求見孟子한대 孟子가 曰 吾는 固願見이라니 今吾가 尚病이라
묵 자 이지   인서벽 이구견맹자   맹자가 왈 오   고원견   금오   상병

病愈이어든 我且往見하리니 夷子는 不來니라. 他日에 又求見孟子한대 孟子가 曰 吾는
병유   아차왕견   이자 불래   타일   우구견맹자   맹자가 왈 오

今則可以見矣어니와 不直則道不見하니 我且直之호리다
금 즉 가 이 견 의   부직즉도불견   아차직지

吾聞夷子는 墨者이라호니 墨之治喪也는 以薄爲其道也이라
오문이자   묵자   묵지치상야   이박위기도야

한편 이지는 묵자의 도를 가지고 천하를 개혁하고자 생각하고 있다.
그러므로 이지가 어찌 상례를 간소하게 치르라는 묵자의 주장을 잘
못이라고 생각할 것이며, 또 묵자의 도를 귀하게 여기지 않겠느냐?
그런데, 전에 실지로 이지는 자기 부모의 장례를 정중하게 지냈으니,
곧 자기들이 천하게 여기는 바 유교 방식으로 자기 부모를 섬긴 것이
된다."

해설

묵자墨子라고 한 것은 '묵적墨翟의 도를 믿고 따르는 사람'이라는 뜻이다. 이夷는 성,
지之는 이름이다. 서벽徐辟은 맹자의 제자다. 맹자가 병을 핑계한 것은 아마 꾸민 말
일 것이다. 즉 그의 뜻이 성실한지 아닌지를 보고자 한 것이다. 이지가 또 만나기를
요청한 것은 곧 그의 뜻이 성실함을 나타낸 것이다. 고로 맹자는 서벽을 통해서 그처
럼 다짐한 것이다. 직直은 직설적으로 말을 해서 바로잡는다는 뜻이다. 장자는 말했
다. 묵자는 사람이 출생해도 노래하지 않고, 사람이 죽어도 상복을 입지 않는다. 오
동나무 관의 두께를 3촌으로 하고, 외곽은 안 썼다. 이렇게 간소하게 하는 것이 묵자
의 상례 방식이며, 소박하게 하는 것을 원칙으로 삼았다. 역천하易天下는 천하의 풍
속을 바꾸는 것이다. 이자夷子는 묵자에게 배웠으나 따르지 않았으니, 반드시 양심
적으로 불안하게 여기는 바가 있었을 것이다. 그래서 맹자는 양심을 바탕으로 하고
힐난했던 것이다.

夷子는 思以易天下하나니 豈以爲非是而不貴也이리오
이 자   사 이 역 천 하   기 이 위 비 시 이 불 귀 야

然而夷子는 葬其親이 厚하니 則是以所賤事親也이로다.
연 이 이 자   장 기 친   후   즉 시 이 소 천 사 친 야

맹자가 이지의 잘못 앎을 꾸짖음

맹자의 제자 서벽徐辟이 맹자가 한 말을 이지夷之에게 고했다. 그러자 이지가 다음과 같이 반문했다.

"『서경書經』을 보면 유가의 도리로서 '옛날의 성인은 백성 사랑하기를 마치 어린아이 보양하듯이 한다.'고 했으니, 그 말이 무슨 뜻입니까? 그것이 곧 사랑에는 차등이 없다는 뜻이거늘, 다만 사랑을 베풀 때는 부모로부터 시작하라는 것이지요."

이지의 말을 서벽이 맹자에게 고하자, 맹자가 말했다.

"도대체, 이지는 사람이 자기 형의 아들을 사랑하는 것을, 이웃집의 어린아이를 사랑하는 것과 같다고 믿는 것이냐? 서경書經의 말은 그런 뜻이 아니고 다른 뜻을 적은 것이다. 즉 어린아이가 엉금엉금 기어서 우물에 떨어지려고 하면, 그것은 위험을 모르기 때문이다. 그러므로 어린아이의 죄라고 탓할 수 없다.

徐子가 以告夷子호대 夷子는 曰 儒者之道에 古之人이 若保赤子이라하니
서자 이고이자 이자 왈 유자지도 고지인 약보적자

此言은 何謂也요 之則以爲愛無差等이요 施由親始라하노라 徐子가 以告孟子한대
차언 하위야 지즉이위애무차등 시유친시 서자 이고맹자

孟子가 曰 夫夷子는 信以爲人之親其兄之子가 爲若親其鄰之赤子乎아
맹자 왈 부이자 신이위인지친기형지자 위약친기린지적자호

彼有取爾也이니 赤子匍匐將入井이 非赤子之罪也이라
피유취이야 적자포복장입정 비적자지죄야

또한 하늘은 만물의 출생을 한 뿌리에서 태어나게 했다. 그것이 하늘의 도리다. 그러나 이지는 두 뿌리에서 나온다고 잘못 알고 있기 때문에, 자기 부모와 남의 부모를 똑같이 사랑하라고 하는 것이다.”

해설

약보적자若保赤子는 『서경書經』 주서周書 강고편康誥篇의 글이다. 이것은 유가儒家의 말이다. 아마, 이지夷之가 이 말을 인용해서 자기들이 신봉하는 묵자 사상에 넣어 가지고, 맹자가 자기를 비난하는 것을 막으려고 했을 것이다. 또 '이지가 사랑에는 차등이 없다. 다만 베풀 때는 부모를 먼저 한다.(愛無差等 施由親始)'고 말한 것은, 묵자 사상을 억지로 유가에 결부시켜서 자기가 부모의 장례를 후하게 치른 것을 해명하려고 한 것이며, 그의 말은 궁지를 모면하려는 둔사遁辭라 하겠다.

且天之生物也가 使之一本이어늘 而夷子는 二本故也로다.
차 천 지 생 물 야   사 지 일 본   이 이 자   이 본 고 야

맹자의 깨우침을 받아들이다

"아마, 아득한 옛날에는 장례 제도가 없어 자기 부모를 매장하지 않았고, 자기 부모가 죽으면, 즉시 시체를 들어다가 골짜기에 버리는 자가 있었을 것이다. 그리고 후일 지나가다 보니 여우와 너구리가 자기 부모의 시체를 뜯어먹고, 파리와 모기 혹은 땅강아지가 시체에 붙어 빨아먹고 있더라. 그래서 그 사람은 이마에 식은땀을 흘리며, 정시正視하지 못하고 고개를 돌려 곁눈으로 바라보았을 것이다. 그의 식은 땀은 남을 의식해서 흘리는 것이 아니라, 마음속의 애통함이 얼굴에 나타난 것이다. 아마 그는 집에 돌아가서 삼태기와 가래를 들고 와서 시체를 흙으로 덮고 묻었을 것이다. 그가 시체를 흙으로 덮고 매장한 것은 참으로 잘한 일이다. 그러므로 후세에 효자나 어진 사람이 자기 부모를 정중히 매장하는 것도 다 반드시 도리가 있는 것이다."

蓋上世에 嘗有不葬其親者이러니 其親이 死커늘 則擧而委之於壑하고 他日過之할새
개 상 세   상 유 부 장 기 친 자   기 친 사   즉 거 이 위 지 어 학   타 일 과 지

狐狸가 食之하며 蠅蚋가 姑嘬之어늘 其顙有泚하야 睨而不視하니
호 리 식 지   승 예 고 최 지   기 상 유 차   예 이 불 시

夫泚也는 非爲人泚라 中心이 達於面目이니 蓋歸하야 反虆梩而掩之하니
부 차 야   비 위 인 차   중 심 달 어 면 목   개 귀   반 나 리 이 엄 지

掩之가 誠是也이면 則孝子仁人之掩其親이 亦必有道矣니라.
엄 지   성 시 야   즉 효 자 인 인 지 엄 기 친   역 필 유 도 의

서벽徐辟이 맹자의 말을 이지夷之에게 고하자 이지는 멍하니 있다가 말했다.

"저를 잘 깨우쳐 주셨습니다."

해설

이지夷之가 자기 부모의 장례를 후하게 지냈다는 사실을 바탕으로 하고 맹자가 이와 같이 말한 것이다. 아울러 진정한 사랑의 마음은 하나의 뿌리에서 나온다는 깊은 뜻을 밝힌 것이다.

상세上丗는 '태고太古'다. 위委는 '버린다'는 뜻이다. 학壑은 '산의 물이 모여 흐르는 골짜기'다. 예蜹는 모기의 종류다. 고姑는 어조사다. 혹은 누고(螻蛄: 땅강아지)로 풀기도 한다. 최嘬는 '달려들어 함께 먹는다'의 뜻이다. 상顙은 '이마'다. 차泚는 '흥건하게 땀이 나는 모양'이다. 예睨는 '곁눈으로 보다'의 뜻이다. 시視는 정시正視의 뜻이다. 정시할 수가 없다. 또 참고 정시하지 못한다. 그렇게 애통함이 절박하여, 마음의 심한 충격을 어찌할 수 없는 것이다. 비위인차非爲人泚는 남이 보기 때문에 꾸며서 식은땀을 흘리는 것이 아니고, 자연히 그렇게 된다는 뜻을 말한 것이다. 반反은 복覆의 뜻이다. 나虆는 흙 삼태기다. 이梩는 가래, 흙 수레(土舉)다. 무연憮然은 망연자실茫然自失하는 모양이다. 위간자爲間者는 '잠시 있다'의 뜻이다. 명命은 교敎와 같은 뜻이다. 즉 맹자가 저를 가르쳐 주었다는 뜻을 말한 것이다.

徐子가 以告夷子한대 夷子가 憮然은 爲間曰 命之矣로다.
서 자 이 고 이 자   이 자   무 연   위 간 왈 명 지 의

등문공장구 하 滕文公章句下

滕文公章句下

제1장 진대장 陳代章

굽히는 것은 작고 뻗는 것이 크다

맹자의 제자 진대陳代가 말했다.

"선생님께서 제후들을 찾아보지 않으시는 것은 아마도 지나치게 소절小節에 매이신 것 같습니다. 만약 지금이라도 한바탕 나서서 제후들을 만나보시고, 도와주시면 크게 잘되면, 즉 그를 참다운 임금이 되게 하시고, 혹 작아도 그를 패자霸者가 되게 하실 것입니다. 또 기록에 적혀 있습니다. '한 자를 굽히고 여덟 자를 곧게 한다.' 그러니 제후들을 만나보심이 좋을 것 같습니다."

해설

직直은 신伸이다. 8척八尺은 심尋이라 한다. 왕척직심枉尺直尋은 자기를 굽히고 한 번 제후를 만나면 그들을 왕자나 패자가 되게 할 수 있으니, 굽히는 것은 작고 뻗는 것이 큼과 같음을 말한 것이다.

陳代曰 不見諸侯가 宜若小然하이다 今一見之하시면 大則以王이오 小則以霸니
진 대 왈   불 견 제 후   의 약 소 연   금 일 견 지   대 즉 이 왕   소 즉 이 패

且志에 曰 枉尺而直尋이라하니 宜若可爲也이로소이다.
차 지   왈   왕 척 이 직 심   의 약 가 위 아

군자는 예를 갖춰 부르면 간다

맹자가 말했다.

"옛날 제나라의 경공이 수렵할 때, 정기旌旗를 들고 우인虞人을 불렀으나, 그가 오지 않자, 임금이 그를 죽이려고 했다. 그러자 공자가 '지사는 구학溝壑에 버려질 수도 있다는 생각을 해야 한다. 용사는 자기 목을 잃을 것을 각오해야 한다.'고 그를 칭찬했다. 공자가 어떤 점을 취하고 그를 칭찬했을까? 그가 임금의 부름이 정당하지 않기 때문에, 그가 가지 않은 점을 취한 것이다. 만약에 내가 제후가 예를 갖추어 부르기를 기다리지 않고, 경솔하게 찾아간다면, 나의 체면이나 꼴이 어찌 되겠느냐? 또한 한 자를 굽혀서 여덟 자를 뻗게 한다고 말한 것은 이가 되기 때문에 그렇게 하라고 말한 것이다. 만약에 이가 되면, 즉 여덟 자를 굽히고 한 자를 뻗는 일이 되어도 역시 하는 것이 좋단 말이냐?"

孟子가 曰 昔에 齊景公이 田할새 招虞人以旌한대 不至어늘 將殺之러니
맹자   왈 석   제경공   전   초우인이정   부지   장살지

志士는 不忘在溝壑이오 勇士는 不忘喪其元이라하시니
지사   불망재구학   용사   불망상기원

孔子는 奚取焉이고 取非其招不往也이시니 如不待其招而往엔 何哉오.
공자   해취언   취비기초불왕야   여부대기초이왕   하재

且夫枉尺 而直尋者는 以利言也이니 如以利 則枉尋直尺 而利라도 亦可爲與아.
차부왕척 이직심자   이리언야   여이리 즉왕심직척 이리   역가위여

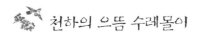 천하의 으뜸 수레몰이

"옛날에 진晉나라의 대부 조앙趙鞅이 어자御者 왕량으로 하여금 자기의 사랑하는 신하, 해奚를 위해서 수레를 몰게 했다. 해는 종일 달려도, 새 한 마리도 잡지 못했다. 그러자 총신 해는 돌아와서 조간자에게 복명復命하며 말했다. '왕량은 세상에서 가장 못난 마부입니다.' 어떤 사람이 그 말을 왕량에게 일러주었다. 그러자, 왕량이 '다시 해를 수레에 태우고 다시 사냥을 하게 허락해 주시오'하고 청했다. 그러나 해가 거절하므로 왕량은 애써 힘들게 허락을 얻어 냈다. 그리고 다시 사냥에 나가, 이번에는 조반 전에 열 마리의 새를 잡아 왔다.
해가 조간자에게 복명하며 말했다. '왕량은 천하에서 으뜸가는 수레몰이입니다.'"

昔者에 趙簡子이 使王良으로 與嬖奚乘한대 終日而不獲一禽하고 嬖奚가 反命曰
석 자 조 간 자 사 왕 량   어 폐 해 승   종 일 이 불 획 일 금   폐 해 반 명 왈

天下之賤工也이러이다 或이 以告王良한대 良이 曰 請復之호리다 彊而後可이라하야늘
천 하 지 천 공 야   혹   이 고 왕 량   량 왈 청 부 지   강 이 후 가

一朝而獲十禽하고 嬖奚가 反命曰 天下之良工也이러이다.
일 조 이 획 십 금   폐 해 반 명 왈 천 하 지 량 공 야

법도를 잃지 말자

"조간자가 청신 해에게 말했다. '내가 앞으로는 수레를 그대 마음대로 타게 하겠다.' 그리고 조간자가 그 뜻을 왕량에게 말하자, 왕량이 '안 됩니다.'라고 거절했다. '제가 그분을 모시고 법도대로 수레를 몰고 달리면, 그분은 종일토록 새 한 마리도 못 잡았습니다. 그러나 수레를 비정상적으로 몰고 억지로 사냥감과 만나게 하자, 아침나절에 새를 열 마리나 잡았습니다. 『시경詩經』소아小雅 차공편車攻篇에 이런 말이 있습니다. '법도를 잃지 않고 수레를 몰고 달리자, 화살을 쏘아 새를 맞히니, 화살을 맞고 새가 터지더라.' 그러나 해는 그렇지 못합니다. 그래서 그분을 태울 수 없습니다. 저는 그와 같은 소인과 같이 수레를 타는 데 익숙하지 않습니다. 그래서 거절하겠습니다."

簡子가 日 我는 使掌與女乘호리라하고 謂王良한대
간자 왈 아 사장여여승 위왕량

良이 不可 日 吾는 爲之範我馳驅호니 終日不獲一하고
량 불가왈 오 위지범아치구 종일불획일

爲之詭遇호니 一朝而獲十하니 詩云 不失其馳어늘 舍矢如破이라하니
위지궤우 일조이획십 시운 불실기치 사시여파

我는 不貫與小人乘호니 請辭라하니라.
아 불관여소인승 청사

자기를 굽히는 자는 다른 사람을 바르게 할 수 없다

"수레를 모는 어자御者도 활 쏘는 사람에게 아첨하기를 수치로 여기고, 또 한패가 되고 사냥하여 금수를 산더미 같이 잡는다 해도, 그런 짓을 안 하거늘, 만약 내가 예禮의 도리를 굽히고 그들 무식한 제후를 만나고 따른다면, 그 꼴이 무엇이 되겠느냐? 더욱 그대의 말이나 생각은 잘못이다. 자기를 굽히는 자는 절대로 다른 사람을 곧고 바르게 할 수 없는 법이다."

해설

비比는 '아첨하고 한패가 된다'는 뜻이다. 약구릉若丘陵은 '산같이 많다'는 뜻이다. 어떤 사람이 말했다. 지금 같은 세상에 살면, 출처 거취를 일일이 예절에 맞게 할 수 없다. 일일이 예절에 맞게 하려고 하면, 자기의 주장이나 바라는 도리를 행할 수 없다. 공자나 맹자는 비록 험난한 춘추나 전국시대라 해도, 반드시 정도正道를 가지고 나가서 벼슬을 하려고 했다. 그래서 결국은 벼슬길에 오르지 못하고 죽은 것이다. 죽어도 거취에 대한 미련이 없어야 비로소 정도正道를 지키고 행할 수 있다. 공자와 맹자가 마땅히 정도를 앞세운 성현聖賢이다. 어찌 공자나 맹자가 정도가 행해지기를 바라지 않았겠느냐. 즉 벼슬자리에 올라 천하를 바르게 다스리려는 뜻이 없었겠느냐. 다만 아무렇게나 벼슬자리에 오르려고 하지 않았던 것이다.

御者는 且羞與射者比하야 比而得禽獸가 雖若丘陵이라도 弗爲也하니
어자　차수여사자비　비이득금수　수약구릉　불위야

如枉道而從彼에 何也오 且子는 過矣로다 枉己者가 未有能直人者也이니라.
여왕도이종피　하야　차자　과의　왕기자　미유능직인자야

제2장 경춘장 景春章
참다운 대장부의 도리

전국시대의 종횡가 경춘이 맹자에게 말했다.

"공손연과 장의는 참으로 대장부가 아닙니까? 그들이 한번 노하면 천하의 제후들이 겁을 먹었고, 반대로 조용히 있으면, 천하의 전란이 멈추었습니다."

맹자가 말했다.

"그런 것을 어찌 대장부라고 말할 수 있겠소. 그대는 예법도 배우지 않았소? 남자가 관례를 올릴 때에는 아버지가 자식에게 사람의 도리를 일러주고, 또 딸이 출가할 때에는 어머니가 타이르되, 대문까지 전송해 가서 딸에게 '너 시집가면 반드시 어른을 공경하고, 몸가짐을 삼가야 한다. 남편에게 거역하지 말라.'고 훈계하지요. 이와 같이 남에게 순종하는 것을 바른 도리로 삼는 것은 곧 아낙네들이나 지킬 도리이지요."

景春이 曰 公孫衍 張儀는 豈不誠大丈夫哉리오 一怒而諸侯는 懼하고
경춘   왈 공손연 장의   기불성대장부재   일노이제후   구

安居而天下는 熄하니라. 孟子가 曰 是焉得爲大丈夫乎이리오 子未學禮乎아
안거이천하   식   맹자   왈 시언득위대장부호   자미학례호

丈夫之冠也에 父는 命之하고 女子之嫁也에 母는 命之하나니
장부지관야   부   명지   여자지가야   모   명지

往에 送之門할새 戒之曰 往之女家하야 必敬必戒하야 無違夫子이라하니
왕   송지문   계지왈 왕지여가   필경필계   무위부자

以順爲正者는 妾婦之道也이니라.
이순위정자   첩부지도야

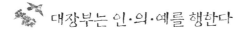# 대장부는 인·의·예를 행한다

"천하의 넓은 집에 살고, 천하의 바른 자리에 서고, 또 천하의 대도를 따르고 행한다. 즉 인仁에 살고, 예禮를 세우고, 의義를 행한다. 뜻을 얻으면 도를 백성들과 함께하고, 뜻을 얻지 못하면 홀로 도를 따르고 산다. 부귀에도 마음을 흩뜨리지 않고, 빈천에도 지조나 절개를 변하지 않고, 위협이나 무력에도 굴하지 않는다. 이런 사람을 대장부라고 한다."

해설

여민유지與民由之는 자기가 얻은 바 인의예仁義禮의 도덕을 남에게도 미루어 얻게 한다는 뜻이다. 독행기도獨行其道는 자기가 얻은 바 인의예의 도를 자기 혼자만이라도 굳게 지킨다는 뜻이다. 음淫은 '자기 마음을 흩트리게 한다'는 뜻이다. 이移는 '절의節義를 변한다'는 뜻이다. 굴屈은 '의지意志가 좌절된다'는 뜻이다.

居天下之廣居하며 立天下之正位하며 行天下之大道하야 得志하얀 與民由之하고
거 천 하 지 광 거   입 천 하 지 정 위   행 천 하 지 대 도   득 지   여 민 유 지

不得志하얀 獨行其道하야 富貴는 不能淫하며 貧賤은 不能移하며
부 득 지   독 행 기 도   부 귀   불 능 음   빈 천   불 능 이

威武는 不能屈이 此之謂大丈夫이니라.
위 무   불 능 굴   차 지 위 대 장 부

제3장 주소장 周霄章
군자도 출사한다

위魏나라 사람 주소가 맹자에게 물었다.

"옛날에 군자는 출사했습니까?"

맹자가 대답했다.

"출사했습니다. 전하는 바, '공자는 석 달 이상, 섬길 임금이 없으면 불안하게 여겼다고 합니다. 그리고 그 나라 영토를 떠날 때는 반드시 예물을 수레에 싣고 갔다'고 합니다. 한편 노魯나라 현인 공명의는 '옛사람들은 석 달간 임금을 섬기지 못하면 다른 사람이 가서 그를 위로해 주었다'고 했습니다."

周霄가 問曰 古之君子는 仕乎이까 孟子가 曰 仕이니라
주소   문왈 고지군자   사호   맹자   왈 사

傳에 曰 孔子는 三月無君 則皇皇如也하샤 出疆에 必載質라하고
전   왈 공자   삼월무군 즉황황여야   출강 필재지

公明儀는 曰 古之人이 三月無君 則弔이라하니라.
공명의   왈 고지인   삼월무군 즉조

벼슬하지 못한 선비도 조문할 만하다

주소가 말했다.

"석 달 간 벼슬하지 못하고 임금을 못 섬겼다고 가서 그를 조문하는 것은 너무 조급한 일이 아닙니까?"

맹자가 말했다.

"선비가 관직을 잃는 것은, 마치 제후가 나라를 잃는 것과 같습니다. 예서禮書에도 있습니다. '제후가 공전公田을 경작하고 공전에서 수확한 곡식을 제사에 바친다. 제후의 부인은 양잠하고 실을 뽑아서, 의복을 만든다. 희생으로 바칠 동물이 잘 자라지 않거나, 제물로 바칠 곡식이 정결하지 못하거나, 의복이 구비되지 못하면 감히 제사를 올리지 못한다.' 또 예서에 있습니다. '선비도 규전圭田이 없으면 역시 제사를 올리지 못한다. 제사에 바칠 희생이나, 제기 기물이나, 의복을 제대로 갖추지 못하면, 감히 제사를 올리지 못하고, 따라서 일가친척이나 마을 사람들에게 베푸는 잔치도 하지 못하게 된다.' 그러니 벼슬을 잃은 사람에게 조문할 만하지 않습니까?"

三月無君則弔는 不以急乎이까 曰 士之失位也는 猶諸侯之失國家也이니 禮에 曰 諸侯는
삼 월 무 군 즉 조   불 이 급 호   왈 사 지 실 위 야   유 제 후 지 실 국 가 야   예 왈 제 후

耕助하야 以供粢盛하고 夫人이 蠶繅하야 以爲衣服이라하니 犧牲이 不成하며 粢盛아
경 조   이 공 자 성   부 인   잠 소   이 위 의 복   희 생   불 성   자 성

不潔하며 衣服아 不備하면 不敢以祭하고 惟士가 無田 則亦不祭하나니
불 결   의 복 불 비   불 감 이 제   유 사 무 전 즉 역 부 제

牲殺器皿衣服이 不備하야 不敢以祭 則不敢以宴이니 亦不足弔乎아.
생 살 기 명 의 복 불 비   불 감 이 제 즉 불 감 이 연   역 부 족 조 호

선비는 퇴사하면 예물을 싣는다

주소가 물었다.

"그 나라 지경을 떠날 때에, 반드시 수레에 예물을 싣는 것은 무슨 까닭입니까?"

맹자가 말했다.

"선비가 나라에 출사하는 것은 흡사 농부가 밭을 경작하는 것과 같습니다. 농부가 자기가 살던 나라를 떠날 때에 농사짓는 쟁기나 보습을 버리고 가겠습니까?"

出疆에 必載質는 何也이꼬
출 강   필 재 지   하 야

曰 士之仕也가 猶農夫之耕也이니 農夫豈爲出疆하야 舍其耒耜哉리오.
왈 사 지 사 야   유 농 부 지 경 야   농 부 기 위 출 강   사 기 뢰 사 재

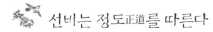 선비는 정도正道를 따른다

주소가 말했다.

"우리 진(晉: 즉 魏)나라도 많은 선비들이 벼슬하고 있는 나라입니다. 그러나 저는 아직 벼슬하는 것을 그와 같이 조급하게 여긴다는 말을 듣지 못했습니다. 벼슬하는 것을 그와 같이 긴급하게 여기면서, 선생님 같은 군자께서 왜 벼슬하시기를 그렇게 어렵게 여기십니까?"

맹자가 말했다.

"남자가 태어나면 그 아들에게 좋은 아내를 얻어 가정을 갖게 하고, 여자가 태어나면 그 딸이 좋은 남편을 만나 시집가서 잘 살기를 바라는 것은 모든 부모의 마음입니다. 그런 마음은 모든 사람이 같습니다. 그러나 아들이나 딸이 부모의 명을 기다리지 않거나, 중매의 말을 기다리지 않고 저희들끼리 멋대로 담에 구멍을 뚫고 엿보거나, 담을 넘어가서 서로 어울린다면, 그런 것을 부모나 나라 사람들은 천시賤視할 것입니다.

曰 晉國이 亦仕國也로대 未嘗聞仕가 如此其急호니 仕如此其急也인댄
왈 진 국 역사국야   미상문사 여차기급   사여차기급야

君子之難仕는 何也이꼬 曰 丈夫가 生而願爲之有室하며
군자지난사 하야   왈 장부   생이원위지유실

女子가 生而願爲之有家는 父母之心이라 人皆有之언마는 不待父母之命과
여자   생이원위지유가   부모지심   인개유지   부대부모지명

媒妁之言하고 鑽穴隙相窺하며 踰牆相從하면 則父母國人이 皆賤之하나니
매작지언   찬혈극상규   유장상종   즉부모국인   개천지

옛날 선비도 벼슬을 원치 않은 것이 아닙니다. 나가서 벼슬하기를 간절히 원했습니다. 그러나 동시에 정도正道를 따르지 않는 것을 싫어했습니다. 정도를 따르지 않고 함부로 나가는 사람은 담에 구멍을 뚫고 서로 엿보고 어울리는 따위의 인간들입니다."

해설

전국시대에는 여러 사람들이 천하게 여러 나라를 유력遊歷하고, 임금들에게 감언이설甘言利說로 유세하고, 벼슬을 얻으려고 광분했다. 그러나 맹자는 임금이 예빙禮聘하기를 기다릴 뿐 몸을 굽히고 찾아가지 않았다. 그래서 주소周霄가 "옛날 군자는 출사했나요?"하고 물어본 것이다.

이에 대해 맹자는 말했다.

"출사하는 것이 원칙이다. 옛날 선비들도 출사를 갈망했다. 다만 정도正道를 따르고 지켰다. 그래서 함부로 벼슬하지 않은 것이다."

古之人이 未嘗不欲仕也언마는 又惡不由其道하니
고 지 인   미 상 불 욕 사 야   우 오 불 유 기 도

不由其道而往者는 與鑽穴隙之類也니라.
불 유 기 도 이 왕 자   여 찬 혈 극 지 류 야

제4장 팽경장 彭更章
도리에 맞는다면, 과분하지 않다

맹자의 제자 팽경彭更이 물었다.

"뒤에 수레를 수십 대를 거느리고, 또 추종하는 제자 수백 명을 따르게 하고, 제후들을 찾아다니며 그들로부터 객사客舍와 식록食祿을 제공받는 것은 너무 과분한 일이 아닙니까?"

맹자가 말했다.

"도리에 맞지 않는다면 남으로부터 한 도시락의 밥도 받아서는 안 될 것이다. 그러나 도리에 맞는다면 순임금이 요임금으로부터 천하를 물려받는 일도 과분하다고 치지 않을 것이다. 그런데 자네는 나의 경우를 과분하다고 생각하는가?"

彭更이 問曰 後車數十乘과 從者數百人으로 以傳食於諸侯가 不以泰乎이까
팽경　문왈　후거수십승　종자수백인　　이전식어제후　　불이태호

孟子가 曰 非其道 則一簞食라도 不可受於人이어니와 如其道 則舜受堯之天下하샤대
맹자　왈　비기도　즉일단사　　불가수어인　　　여기도　즉순수요지천하

不以爲泰하시니 子以爲泰아.
불이위태　　　자이위태호

인과 의를 행하는 선비를 경시하지 마라

팽경이 말했다. "그런 뜻이 아닙니다. 선비가 하는 일 없이 녹을 받아먹는 것을 안 된다고 하는 것입니다."

맹자가 말했다. "사람들이 자기가 생산한 성과를 서로 유통하고, 사물을 교역하고 남는 물품을 가지고 부족한 것을 보충하는 그런 일을 못하게 한다면 농민에게는 곡식이 남아돌아가고, 여인에게는 베가 남아날 것이다. 그대가 그것을 유통하게 하면 목공이나 수레를 만드는 사람도 다 밥을 먹을 수 있을 것이다. 또 여기 사람, 즉 군자나 학자가 있다고 하자, 그들의 덕택으로 모든 사람들이 교육을 받고 감화되어 집안에서는 어버이에게 효도하고, 밖에 나가서는 어른에게 공손하게 한다. 한편 임금도 그의 가르침을 따라서 선왕의 도리를 지킬 것이다. 뿐만 아니라 후세의 더 좋은 학자가 나타나기를 기다릴 것이다. 그런데 만약에 자기가 손수 생산하지 않으면 먹지 말라는 자네의 주장대로 한다면 그런 학자나 선생도 밥을 얻어먹지 못할 것이다. 그대는 어찌하여 목공이나 수레 만드는 사람은 높이면서 인의를 행하려는 선생을 경시하는가?"

曰 否아 士는 無事而食이 不可也이니이다. 曰 子는 不通功易事하야 以羨補不足이며
왈 부 사 무사이식 불가야 왈 자 불통공역사 이선보부족

則農有餘粟하며 女有餘布어니오 子如通之면 則梓匠輪輿皆得食於子하리니
즉농유여속 여유여포 자여통지 즉재장륜여개득식어자

於此有人焉하니 入則孝하고 出則悌하며 守先王之道하여 以待後之學者호되
어차유인언 입즉효 출즉제 수선왕지도 이대후지학자

而不得食於子하나니 子何尊梓匠輪輿 而輕爲仁義者哉오.
이부득식어자 자하존재장륜여 이경위인의자재

군자는 인의로써 뜻을 품고 있다

팽경이 말했다.

"목수나 공인은 그 목적하는바 뜻이 먹을 것을 구하고 일하는 것입니다. 그런데 군자가 인의仁義의 도를 행하는 것도 역시 그 뜻이 먹을 것을 구하기 위해서입니까?"

맹자가 말했다. "자네는 어찌하여 목적하는 바, 뜻을 문제로 삼는가? 일하는 사람이 공이 있어 밥을 먹일 만하면 밥을 먹이는 것이다. 또 그대는 목적하는바 뜻을 위주로 하고 녹을 준다고 생각하는가? 공을 위주로 하고 녹을 준다고 생각하는가?" 팽경이 말했다. "목적하는바 뜻을 위주로 하고 녹을 받아먹습니다." 맹자가 말했다. "여기 어떤 사람이 있는데, 그가 기와를 깨뜨리거나 담을 더럽히기만 한다. 그와 같이 무익하고 해만 끼치는데도 그가 바라는 뜻이 식록食祿을 얻고자 한다면, 그대는 먹이게 하겠는가?" 팽경이 말했다. "안 됩니다." 맹자가 말했다. "그렇다면 그대도 뜻을 보고 먹게 하는 것이 아니고, 공을 보고 먹게 하는 것이다."

曰 梓匠輪輿는 其志가 將以求食也이어니와 君子之爲道也도 其志가 亦將以求食與이까
왈 재장륜여 기지 장이구식야 군자지위도야 기지 역장이구식여

曰 子는 何以其志爲哉오 其有功於子에 可食而食之矣니 且子는 食志乎아 食功乎아
왈 자 하이기지위재 기유공어자 가식이식지의 차자 식지호 식공호

曰 食志니이다 曰 有人於此하니 毁瓦畵墁이오 其志將以求食也 則子가 食之乎아
왈 식지 왈 유인어차 훼와화만 기지장이구식야 즉자 사지호

曰 否이라 曰 然則子는 非食志也이라 食功也이로다.
왈 부 왈 연즉자 비사지야 사공야

제5장 송소장 宋小章

은나라의 도움에도 갈나라는 제사를 지내지 않다

맹자의 제자 만장이 물었다.

"송나라는 작은 나라입니다. 지금 왕정王政을 행하려고 하지만, 동쪽
의 제齊나라와 남쪽의 초楚나라가 반대하고 무력으로 칠 것입니다.
그러니 어떻게 하면 좋겠습니까?"

맹자가 말했다.

"은나라 탕왕湯王이 박亳에 있을 때, 갈葛나라가 인접해 있었다. 갈백
葛伯은 방자무도放恣無道하여 제사를 안 지냈다. 그래서 탕왕이 사람
을 시켜 '왜 제사를 안 지내십니까?'하고 물었다. 갈백이 말했다. '제
사에 바칠 희생이 없습니다.' 이에 탕왕이 희생으로 쓰라고 소와 양을
보내 주었다. 그러자 갈백은 소와 양을 잡아먹고, 또 제사를 지내지
않았다. 이에 탕왕이 사람을 시켜 '왜 제사를 안 지내십니까?'하고 물
었다. 갈백이 말했다. '제사에 바칠 곡물이 없습니다.'"

萬章이 問曰 宋은 小國也라 今에 將行王政하나니
만장   문왈 송   소국야   금   장행왕정

齊楚가 惡而伐之 則如之何이니이꼬. 孟子가 曰 湯이 居亳하실새
제초   오이벌지 즉여지하   맹자 왈 탕 거박

與葛爲鄰이러시니 葛伯이 放而不祀이어늘 湯이 使人問之曰 何爲不祀오
여갈위린   갈백 방이불사   탕 사인문지왈 하위불사

曰 無以供犧牲也이로이다 湯이 使遺之牛羊하신대 葛伯이 食之하고
왈 무이공희생야   탕 사유지우양   갈백 식지

又不以祀이어늘 湯이 又使人問之曰 何爲不祀오 曰 無以供粢盛也이로이다.
우불이사   탕 우사인문지왈 하위불사 왈 무이공자성야

무고한 백성의 죽음에 복수하다

"탕왕은 자기 나라 도읍 밖에 사는 많은 사람들을 갈에 보내서 밭을 갈게 했다. 한편 노약자들은 농사짓는 사람들의 식사를 날라다 주게 했다. 그러자 갈백은 자기 나라 백성 들을 이끌고 길목을 지키고 있다가, 술이나 밥, 혹은 곡식을 가진 사람들을 강탈했고 안 주는 사람은 살해했다. 어린아이도 수수밥이나 고기반찬을 들고 가면 죽이고 탈취했다. 『서경書經』 상서(商書) 중훼지고(仲虺之誥)에 있는 '갈백이 음식을 날라다 주는 사람들을 죽이고 강탈했다.'고 한 말이 바로 이 말이다."

갈백이 그렇게 아이들을 살해했기 때문에 탕왕이 무력으로 정벌한 것이다. 그러므로 사해 안의 모든 사람들이 다 말했다.

"탕왕이 갈을 친 것은 천하를 정복하고, 자기 나라를 부富하게 만들기 위해서가 아니다. 무고하게 죽은 서민 남녀들을 위하여 복수를 한 것이다."

湯이 使亳衆으로 往爲之耕이어시늘 老弱이 饋食이라 葛伯이 率其民하야
탕   사박중   왕위지경   노약 궤식   갈백 솔기민

要其有酒食黍稻者 奪之호대 不授者를 殺之하더니 有童子가 以黍肉餉이어늘
요기유주식서도자 탈지   불수자 살지   유동자 이서육향

殺而奪之하니 書에 曰 葛伯이 仇餉이라하니 此之謂也이니라.
살이탈지   서 왈 갈백 구향   차지위야

爲其殺是童子 而征之하신대 四海之內가 皆曰 非富天下也이라
위기살시동자 이정지   사해지내 개왈 비부천하야

爲匹夫匹婦하야 復讎也이라하니라.
위필부필부   복수야

은나라 탕왕을 기다리는 백성들

"탕왕의 정벌은 갈나라로부터 시작했으며, 모두 11차의 정벌을 했다. 그래서 천하에 대적할 악한 나라가 없게 되었다. 탕왕이 먼저 동쪽을 향해 정벌을 나가면 서쪽 오랑캐들이 원망했고, 탕왕이 먼저 남쪽을 향해 정벌을 나가면 북쪽 오랑캐들이 원망하며, '왜 우리를 뒤로 돌리느냐'하고 말했다. 백성들이 탕왕이 와서 자기들을 해방시켜 주기를 바라기를 흡사 큰 가뭄에, 비 오기를 바라듯했다. 그래서 시장 가는 사람도 걸음을 멈추지 않고, 김매는 사람들도 변하지 않고 일했다. 탕왕이 그들의 악한 임금을 처단하고, 그들 백성을 구제하고 위로하는 것이 마치 하늘이 때맞추어 비를 내리듯이 했으므로, 백성들이 크게 기뻐했던 것이다." 『서경書經』 상서商書 태갑편太甲篇에 있다. '우리는 임금님을 기다린다. 임금님이 와서 악을 치시니 우리도 무고한 벌을 받지 않게 된다.'"

湯이 始征을 自葛로 載하샤 十一征 而無敵於天下하니 東面而征에 西夷가 怨하면
탕 시정 자갈 재 십일정 이무적어천하 동면이정 서이 원

南面而征에 北狄이 怨하야 日 奚爲後我오하야 民之望之가 若大旱之望雨也하야
남면이정 북적 원 왈 해위후아 민지망지 약대한지망우야

歸市者가 弗止하며 芸者가 不變이어늘 誅其君 弔其民하신대 如時雨降이라
귀시자 불지 운자 불변 주기군 조기민 여시우강

民이 大悅하니 書에 日 徯我后하노소니 后來하시면 其無罰아하니라.
민 대열 서 왈 해아후 후래 기무벌

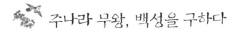 주나라 무왕, 백성을 구하다

"무왕에게 신하가 되지 않으려는 자가 있었다. 그래서 무왕이 동쪽으로 가서 정벌하고, 그 나라의 남자와 여자들을 편하게 해주었다. 그러자 그 나라의 고관이나 귀족들이 대나무 광주리에 흑색 또는 황색의 비단, 즉 폐백을 담아 가지고 와서 바쳤다. 그래서 우리 무왕에게 소개되고, 무왕의 아름답고 높은 덕풍德風을 알현했으며, 바로 신하가 되어 큰 나라 주周에 귀순했던 것이다. 그 나라의 군자들도 대나무 광주리에 흑색, 황색의 폐백을 가득 채워 가지고 와서 주나라의 군자들을 맞이하고 바쳐 올렸다. 또 그 나라의 평민들은 도시락에 밥을 담고 단지에 국을 담아 가지고 와서, 주나라의 평민들을 환영했다. 무왕이 백성들을 물불 속에서 구제해 주고, 그 나라의 잔혹한 임금을 주멸誅滅했던 것이다.

有攸不爲臣이어늘 東征하샤 綏厥士女하신대 篚厥玄黃하야 紹我周王見休하야
유 유 불 위 신   동 정   수 궐 사 녀   비 궐 현 황   소 아 주 왕 견 휴

惟臣附于大邑周하니 其君子는 實玄黃于篚하야 以迎其君子하고
유 신 부 우 대 읍 주   기 군 자   실 현 황 우 비   이 영 기 군 자

其小人은 簞食壺漿으로 以迎其小人하니 救民於水火之中하야 取其殘而已矣니라.
기 소 인   단 사 호 장   이 영 기 소 인   구 민 어 수 화 지 중   취 기 잔 이 이 의

『서경書經』 주서周書 태서편太誓篇에 있다. 우리나라 무왕의 무위武威
가 높이 떨치고, 복종하지 않는 나라 경내로 진격했노라. 그래가지고
잔악한 자들을 적발하고, 주하고 또 토벌하여, 그 공용功用을 천하에
넓혔노라. 이에 탕왕湯王보다 더욱 빛이 높이 났노라.”

해설

유소불위신有訴不爲臣은 주紂를 도와서 악을 행하고 주周나라의 신하가 되지 않는 사
람을 말한다. 즉 그 나라의 남녀가 광주리에 폐백을 가득 담아 가지고 와서 무왕을
환영하고 계속해서 무왕을 섬긴다는 뜻을 말한 것이다.
신부臣附는 '귀순하고 복종한다'는 뜻이다. 군자君子는 '벼슬자리에 있는 사람', 소인
小人은 '세민細民'을 말한다.

太誓에 曰 我武를 惟揚하야 侵于之疆하야 則取于殘하야 殺伐用張하야
태서   왈 아무 유양   침우지강   즉취우잔   살벌용장
于湯에 有光이라하니라.
우탕   유광

왕정을 펼쳐야 한다

"왕정을 펴지 않으니깐 그렇게 말하는 것이다. 일단 왕정을 행하면 사해 안에 있는 모든 나라 사람들 모두가 머리를 높이 치켜들고 바라보고 송나라 임금이 천하의 임금이 되기를 원할 것이다. 제齊와 초楚가 비록 크다고 해도 무엇이 두렵겠는가?"

不行王政云爾언정 苟行王政이면 四海之內가 皆擧首而望之하야 欲以爲君하리니
불 행 왕 정 운 이   구 행 왕 정   사 해 지 내   개 거 수 이 망 지   욕 이 위 군

齊楚가 雖大나 何畏焉하리오.
제 초   수 대   하 외 언

그 나라의 말을 잘 배우려면 그 나라에 가서 살아라

맹자가 송나라의 신하 대불승에게 말했다. "당신은 당신 나라의 임금이 좋게 되기를 바라겠지요? 그에 관해 내가 잘 알게 말하겠소. 가령 여기 초나라의 대부가 있다고 가정하고, 그가 자기 아들이 제나라 말을 잘하기를 바란다고 했을 때, 제나라 사람으로 하여금 아들을 가르치게 하겠습니까? 아니면 초나라 사람으로 하여금 가르치게 하겠습니까?"

대불승이 대답했다. "제나라 사람으로 하여금 가르치게 해야 합니다."

맹자가 다시 말했다. "제나라 사람 한 사람이 그에게 말을 가르친다고 해도 많은 초나라 사람과 어울려 하루 종일 초나라 말을 시끄럽게 떠든다면 어떻게 되겠소. 비록 매일 그에게 매질을 하고 제나라 말을 잘하기를 구해도 안 될 것입니다. 그러므로 차라리 그를 제나라의 장莊이나 악嶽 같은 번화한 도시에 데리고 가서, 수년 간 살게 해야 합니다. 그러면 비록 날로 매질을 하고 초나라 말을 잘하기를 구해도 역시 안 될 것입니다."

孟子가 謂戴不勝曰 子欲子之王之善與아 我는 明告子호리라 有楚大夫於此하니
맹자 위대불승왈 자욕자지왕지선여 아 명고자 유초대부어차

欲其子之齊語也 則使齊人傳諸이야 使楚人傳諸이야 曰 使齊人傳之니라
욕기자지제어야 즉사제인부제 사초인부제 왈 사제인부지

曰 一齊人이 傳之어든 衆楚人이 咻之면 雖日撻而求其齊也라도 不可得矣어니와
왈 일제인 부지 중초인 휴지 수일달이구기제야 불가득의

引而置之 莊嶽之間數年이면 雖日撻而求其楚라도 亦不可得矣리라.
인이치지 장악지간수년 수일달이구기초 역불가득의

한 사람의 충신으로 임금을 옳게 보필하기는 어렵다

"그대는 설거주가 착한 선비라 생각하고 왕의 곁에 있게 했소이다. 임금 곁에 있는 사람들, 장유비존長幼卑尊 모든 사람이 다 설거주 같이 착한 사람이면, 임금이 누구와 어울려 나쁜 일을 하겠소. 한편 임금 곁에 있는 사람들, 장유비존 모든 사람이 다 설거주같이 착한 사람이 아니면, 왕이 누구와 어울려 착한 일을 하겠소? 한 사람 설거주만으로는 송왕宋王을 어떻게 하겠는가?"

해설

설거주薛居州도 역시 송나라 신하다. 혼자만으로는 왕을 착하게 할 수 없다는 뜻을 암시한 것이다. 즉 소인이 많은데, 군자가 하나만 있어도, 임금을 바르게 할 공을 세울 수 없다는 뜻을 말한 것이다.

子는 謂薛居州를 善士也이라하니 使之居於王所하나니 在於王所者가 長幼卑尊이
자 위 설 거 주 선 사 야   사 지 거 어 왕 소   재 어 왕 소 자   장 유 비 존

皆薛居州也이면 王誰與爲不善이며 在王所者 長幼卑尊이 皆非薛居州也이면
개 설 거 주 야   왕 수 여 위 불 선   재 왕 소 자 장 유 비 존   개 비 설 거 주 야

王誰與爲善이리오 一薛居州가 獨如宋王何이리오.
왕 수 여 위 선   일 설 거 주   독 여 송 왕 하

제7장 불견장 不見章

신하가 아니면 임금을 찾아가 보지 않는다

공손추가 물었다.

"선생님은 제후를 찾아보지 않으시는데 무슨 뜻이 있습니까?"

맹자가 말했다.

"옛날에는 신하가 아니면 찾아가 보지 않았다. 진晉나라의 현인 단간목은 위魏나라 문공文公이 찾아오자 담을 넘어 몸을 피했다. 노魯나라의 현인 설류는 노나라 목공繆公이 찾아왔으나 문을 닫고 집안에 들이지 않았다. 허나 이들은 너무 심했으며, 어쩔 수 없는 경우에는 만나보아도 무방하다."

해설

불위신不爲臣은 '그 나라에 출사하지 않는다'는 뜻이다. 이는 제후, 곧 임금을 찾아가서 보지 않는다는 뜻이다. 단간목段干木은 위魏나라 문후文侯 때의 사람이다. 설류泄柳는 노魯나라 목공繆公 때의 사람이다. 문후와 목공이 그들 두 사람을 만나고자 했으나, 두 사람이 만나지 않았다. 아마 벼슬하지 않았기 때문이다. 이심已甚은 '너무 심하다'는 뜻이다. 박迫은 '절실하게 만나고자 한다'는 뜻이다.

公孫丑가 問曰 不見諸侯는 何義이꼬 孟子가 曰 古者에 不爲臣하야 不見하더니라.
공손추　　문왈 불견제후　　하의　　　　맹자　왈 고자　　불위신　　　불견

段干木은 踰垣而辟之하고 泄柳는 閉門而不內하니 是皆已甚하니
단간목　유원이피지　　　설류　폐문이불납　시개이심

迫이어든 斯可以見矣니라.
박　　　사가이견의

양화가 공자에게 형식적인 예를 하다

"노魯나라 대부大夫 양화가 공자로 하여금 찾아오게 하려고 했다. 그러나 무례하다고 비난받을 것이 두려워서 대부가 사士에게 예물을 하사하는 경우, 사가 자기 집에서 직접 받지 못한 때에는 사가 나중에라도 대부의 문전에 가서 양화는 공자가 집에 없을 때를 엿보았다가 공자에게 삶은 돼지를 보내주었다. 그러면 공자가 찾아올 거라고 생각했던 것이다. 공자도 역시 양화가 없을 때를 엿보아서 답례로 양화의 문전에 가서 인사를 차렸다. 당시는 양화가 먼저 수를 썼으니, 공자도 어찌 형식적 예를 안 차릴 수 있었겠느냐?"

해설

양화陽貨는 노魯나라에서 대부大夫이고, 공자孔子는 사士였다. 그러므로 물건을 공자 부재중에 보내고, 공자가 와서 절하고 보게 하려고 했던 것이다. 선先은 곧 양화가 먼저 형식적인 예를 수단으로 썼음을 말한다.

陽貨가 欲見孔子而惡無禮하야 大夫가 有賜於士이어든
양 화 욕 견 공 자 이 오 무 례   대 부 유 사 어 사

不得受於其家이면 則往拜其門일세 陽貨가 矙孔子之亡也 而饋孔子蒸豚한대
부 득 수 어 기 가   즉 왕 배 기 문 양 화 감 공 자 지 무 야 이 궤 공 자 증 돈

孔子가 亦矙其亡也 而往拜之하시니 當是時하야
공 자 역 감 기 무 야 이 왕 배 지   당 시 시

陽貨가 先이면 豈得不見이시리오.
양 화 선   기 득 불 견

군자의 수양방법

증자가 말했다.

"양쪽 어깨를 추켜올리고 아첨하는 웃음을 짓기는 여름에 밭 갈기보다 더 고통스럽다."

자로도 말했다.

"생각이 같지 않으면서, '네'하는 자의 얼굴을 보면 부끄러워 붉어지더라. 나는 그렇게 할 수 없다."

이상으로 군자가 어떻게 수양해야 할지 알만하다.

___
해설

협견脅肩은 '몸을 움츠리고 송구한 체한다'는 뜻이다. 첨소諂笑는 '억지로 웃는 품'이다. 이 모두가 소인들이 한쪽에 기울고, 아첨하는 태도이다. 병病은 '힘이 든다'는 뜻이다. 하휴夏畦는 '여름에 밭이랑을 다스린다'는 뜻이다. 아첨하는 자의 고생이 여름에 밭을 가는 사람보다 더 고생스럽다는 뜻을 말한 것이다. 미동이언未同而言은 '남과 생각이나 뜻이 맞지 않는데도, 억지로 찬성하는 말을 한다'는 뜻이다. 난난赧赧은 '부끄러워 얼굴이 붉어지는 모양'이다. 유由는 자로子路의 이름이다.

___
曾子가 日 脅肩諂笑가 病于夏畦이라하며
증자　 왈 협견첨소　 병우하휴

子路가 日 未同而言을 觀其色컨대 赧赧然이라
자로　 왈 미동이언　 관기색　　 난난연

非由之所知也이라하니 由是觀之 則君子之所養을 可知已矣니라.
비유지소지야　　　　　유시관지　즉군자지소양　　가지이의

옳지 않은 일은 즉시 그만두어야 한다

송宋나라 대부 대영지戴盈之가 맹자에게 말했다.

"10분의 1을 거두는 농지세農地稅와 관문關門이나 시장에서 징수하는 세금을 철폐하는 것을 지금 당장 그만둘 수 없습니다. 대신 모든 세금을 가볍게 하고 내년까지 기다렸다가, 다음에 철폐하겠습니다. 그러면 어떻겠습니까?"

맹자가 말했다.

"지금 어떤 사람이 매일 한 마리씩 이웃집의 닭을 훔쳤다. 그래서 다른 사람이 그에게 말했다. '그런 짓은 군자의 도리로 할 일이 아닙니다.' '죄송합니다. 앞으로는 훔치는 양을 줄이겠습니다. 매월 한 마리만 훔치겠습니다. 그리고 내년이 되면 그만두겠습니다.'라고 했다고 하오. 만약 옳지 않다는 것을 알았으면, 그 즉시 그만두어야 한다. 왜 내년까지 기다리오."

戴盈之曰 什一과 去關市之征을 今玆未能이호대 請輕之하야 以待來年 然後에 已호대
대 영 지 왈 십 일   거 관 시 지 정   금 자 미 능   청 경 지   이 대 내 년 연 후   이

何如니이꼬. 孟子가 曰 今有人이 曰攘其鄰之雞者이어든
하 여   맹 자 왈 금 유 인   일 양 기 린 지 계 자

或이 告之曰 是非君子之道이라한데 曰 請損之하야 月攘一雞하야
혹   고 지 왈 시 비 군 자 지 도   왈 청 손 지   월 양 일 계

以待來年 然後에 已로다 如知其非義인댄 斯速已矣니 何待來年이리오.
이 대 내 년 연 후   이   여 지 기 비 의   사 속 이 의   하 대 내 년

태고 때의 일차적 혼란

맹자의 제자 공도자가 말했다.

"밖의 모든 사람들은 선생님께서 변론하시기를 좋아하신다고 말합니다. 왜 그러한지 묻고자 합니다."

맹자가 말했다.

"내가 어찌 변론이나 논쟁하기를 좋아하겠느냐? 나는 어쩔 수 없이 말하는 것이다. 천하가 생긴 지 오래되었거늘, 그 간에 치治와 난亂이 교체했다.""요임금 때에는 강물이 역류하고 넘쳐, 중국에 물이 범람했다. 사방에 뱀이나 용같은 파충류가 득실댔으며, 사람들은 편하게 살 곳이 없었다. 낮은 지대 사람들은 나무 위에 집을 짓고 살았으며, 높은 지대 사람들은 굴을 파고 살았다. 『서경書經』 대우모大禹謨에 있다. '쏟아져 내리는 물이 우리를 놀라고, 경계토록 했다.' 강수는 바로 홍수다."

公都子가 曰 外人이 皆稱夫子好辯하니 敢問何也이꼬 孟子가 曰 予豈好辯哉리오
공도자 왈 외인 개칭부자호변   감문하야   맹자   왈 여기호변재

予不得已也로다 天下之生이 久矣라 一治一亂이니라. 當堯之時하야 水逆行하니
여부득이야   천하지생 구의 일치일란   당요지시   수역행

氾濫於中國하야 蛇龍이 居之하니 民無所定하야 下者는 爲巢하고 上者는 爲營窟하니
범람어중국   사룡 거지   민무소정   하자 위소   상자 위영굴

書에 曰 洚水가 警余이라하니 洚水者 洪水也이니라.
서 왈 강수 경여   강수자 홍수야

자연의 난을 사람의 힘으로 다스리다

"요堯 임금이 우禹로 하여금 홍수를 다스리게 했다. 우는 땅을 파서 넘치는 물을 바다로 흘러들게 했고, 또 용이나 뱀 같은 파충류를 늪 지대로 쫓아 버렸다. 그리고 물이 강줄기를 따라 흘러가게 했으니, 그 강이 바로 장강長江, 회수淮水, 황하黃河, 한수漢水 등이다. 우가 치수를 해서 위험하고 방해가 되었던 홍수나 금수를 멀리하고, 또 새나 짐승이 사람을 해치는 일을 제거했다. 연후에 비로소 사람들이 평지에 살 수 있게 되었다."

해설

굴지掘地는 '막힌 것을 파서 제거한다'는 뜻이다. 저菹는 풀이 자라는 택지澤地다. 지중地中은 '양쪽 강 언덕 사이'라는 뜻이다. 험조險阻는 '범람하는 홍수'를 말한다. 원遠은 '멀리한다'는 뜻이다. 소消는 '제거했다'는 뜻이다. 이것은 바로 자연의 난亂을 사람의 힘으로 다스린 것이다.

使禹治之어시늘 禹가 掘地而注之海하시고 驅蛇龍而放之菹하신대 水由地中行하니
사 우 치 지   우   굴 지 이 주 지 해   구 사 룡 이 방 지 저   수 유 지 중 행

江淮河漢이 是也라 險阻가 旣遠하며 鳥獸之害人者가 消 然後에
강 회 하 한 이 시 야   험 조 가 기 원   조 수 지 해 인 자 가 소 연 후

人得平土而居之하니라.
인 득 평 토 이 거 지

요순시대가 가고 천하가 혼란이 빠지다

"요·순임금이 돌아가시니 성인의 길이 쇠퇴하게 되었다. 그러자 폭군들이 뒤이어 대대로 나타났으며 그들은 선량한 백성의 집을 헐고 궁전을 짓고 연못을 팠다. 그래서 백성들은 안식할 곳이 없게 되었다. 또 농민들의 전답을 강제로 몰수하고 원유苑囿를 만들었다. 그래서 백성들로 하여금 살 수 없게 만들었던 것이다. 폭군과 더불어 사악한 학설이나 주장과, 또 포악하고 난잡한 수작들이 마구 나타났다. 그래서 폭군을 위한 원유나 깊은 못이나 소택지沼澤地를 더욱 많이 만들었으며 그곳에는 백성들이 접근할 수 없고 금수만이 와서 살았다. 마침내 주紂의 대代에 이르러 천하가 다시 크게 혼란하게 되었다."

해설

폭군暴君은 하夏나라의 태강太康, 공갑孔甲, 이규履揆 및 은殷나라의 무을武乙 등을 말한다. 궁실宮室은 '백성들의 집'을 말한다. 패沛는 초목이 자라는 곳이다. 택澤은 물이 고여 있는 곳이다. 요순堯舜이 죽은 다음, 그때까지도, 치란治亂이 여러 차례 교차했었다. 그러나 주紂에 이르러 다시 크게 난세가 된 것이다.

堯舜이 旣沒하시니 聖人之道가 衰하야 暴君이 代作하야 壞宮室 以爲汚池하야
요순 기몰 성인지도 쇠 폭군 대작 괴궁실 이위오지

民無所安息하며 棄田以爲園囿하야 使民不得衣食하고 邪說暴行이 又作하야
민무소안식 기전이위원유 사민부득의식 사설폭행 우작

園囿汚池沛澤이 多而禽獸가 至하니 及紂之身하야 天下가 又大亂하니라.
원유오지패택 다이금수 지 급주지신 천하 우대란

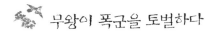

무왕이 폭군을 토벌하다

"주공周公은 무왕武王을 도왔다. 무왕은 폭군 주紂를 토벌하고 다시 주에 가담한 엄奄나라를 정벌했으며, 3년 만에 그 나라 임금을 죽였다. 또 비렴飛廉을 바다 끝으로 쫓아 몰고, 마침내 살육했다. 무왕은 50여 개의 나라를 토벌했다. 또 호랑이, 표범, 외뿔소, 꼬끼리 등을 멀리 쫓아내서 천하 만민이 좋아했다. 『서경書經』 주서周書 군아편君牙篇에 있다. '문왕文王의 창업創業 계략이 크게 빛났노라. 웅대하게 계승한 무왕의 무위武威도 크게 빛났노라. 후세 사람들을 계발하고 도와주어 우리 모두가 바르고, 무너지지 않게 되었노라.'"

해설

엄奄은 동방의 나라로, 폭군 주紂를 도와 포학한 짓을 한 나라다. 비렴飛廉은 주紂의 사랑하는 신하다. 50국國은 모두 주에 붙어 백성을 학대한 나라들이다. 비조는 '크다'는 뜻이다. 현顯은 '빛나다'는 뜻이다. 승承은 '계승繼承한다'는 뜻이다. 열烈은 '빛난다'는 뜻이다. 우佑는 '도와준다'는 뜻이다. 계啓는 '연다'는 뜻이다. 결缺은 '무너진다'는 뜻이다.

周公이 相武王하샤 誅紂하시고 伐奄三年에 討其君하시고 驅飛廉於海隅而戮之하시니
주공 상무왕 주주 벌엄삼년 토기군 구비렴어해우이륙지

滅國者가 五十이오 驅虎豹犀象而遠之하신대 天下가 大悅하니 書에 曰 丕顯哉라
멸국자 오십 구호표서상이원지 천하 대열 서 왈 비현재

文王謨이여 丕承哉라 武王烈이여 佑啓我後人하샤대 咸以正無缺이라하니라.
문왕모 비승재 무왕렬 우계아후인 함이정무결

천자만이 쓸 수 있는 기술방법

"주나라의 세력이 약해지고 위세가 시들었으며 이에 따라 천하의 기
풍과 도덕 윤리가 쇠미하게 되었다. 그러자 사악한 사상을 주장하는
자, 혹은 포악한 무력이나 간교한 술책을 행하는 자들이 나타났다. 신
하로서 자기 임금을 죽이는 자가 있는가 하면, 또 자식이면서 자기
아버지를 죽이는 자도 있었다."

"공자가 이러한 사태를 두려워하고 춘추를 지었다. 춘추의 필법筆法
은 천명을 받고 천하를 다스리는 천자만이 쓸 수 있는 기술방법이었
다. 그러므로 공자가 말했다. '나를 알고 칭찬할 사람도 춘추를 바탕
으로 할 것이다. 나를 배척하고 죄 줄 사람도 춘추를 바탕으로 할 것
이다.'"

世衰道微하야 邪說暴行이 有作하야 臣弑其君者가 有之하며 子弑其父者가 有之하니라.
세 쇠 도 미   사 설 폭 행   유 작   신 시 기 군 자   유 지   자 시 기 부 자   유 지

孔子가 懼하샤 作春秋하시니 春秋는 天子之事也이라
공 자 구   작 춘 추   춘 추   천 자 지 사 야

是故로 孔子가 曰 知我者는 其惟春秋乎이며 罪我者는 其惟春秋乎인저하시니라.
시 고   공 자 왈 지 아 자   기 유 춘 추 호   죄 아 자   기 유 춘 추 호

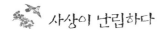 **사상이 난립하다**

"공자 이후에도 성왕이 나타나지 않고, 성왕의 도가 진작되지 않자, 제후들이 저마다 방자하게 되었다. 또 포의布衣 처사處士들이 제멋대로 사악한 주장을 내세웠다."

"그래서 양주와 묵자의 사설邪說이 천하에 넘쳤다. 천하의 사상은 양주에 기울지 않으면, 묵자에 귀속했던 것이다."

"양주는 나만을 위주로 했으니 이는 임금을 부정하는 사상이다. 묵자의 겸애사상은 부친의 존재를 부정하는 사상이다. 부친도 무시하고, 임금도 무시하는 사상은 바로 금수의 사상이다."

해설

양주楊朱는 자기 한 몸을 사랑할 줄 알지만, 자기 몸을 나라에 바쳐야 한다는 깊은 뜻을 알지 못했다. 그러므로 임금이 없는 사상이다. 묵자墨子는 사랑에 차등이 없으며, 지극히 친근한 부모를 일반 대중과 같이 보고자 했다. 그래서 부친이 없는 사상이다. 아비가 없고 임금이 없는 사상은 인륜도덕이 송두리째 단절되고 죽어버린 사상이며, 이 또한 금수의 사상일 뿐이다.

聖王이 不作하야 諸侯가 放恣하며 處士가 橫議하야 楊朱墨翟之言이 盈天下하야
성 왕   부 작   제 후   방 자   처 사   횡 의   양주묵적지언   영천하

天下之言이 不歸楊 則歸墨하니 楊氏는 爲我하니 是는 無君也이오 墨氏는 兼愛하니
천 하 지 언   불 귀 양 즉 귀 묵   양 씨   위 아   시   무 군 야   묵 씨   겸 애

是는 無父也이니 無父無君이 是는 禽獸也이니라
시   무 부 야   무 부 무 군   시   금 수 야

"노나라의 현인 공명의公明儀가 말했다. '임금이나 통치자들의 푸줏간에는 기름진 고기가 가득 쌓여 있고, 임금이나 귀족들의 마구간에는 살찐 말들이 있다. 반대로 백성들 얼굴에는 굶주리고 허기진 기색이 떠돌고, 들판에는 굶어 죽은 사람의 시체가 버려져 있다. 이러한 현상은 임금이나 위정자가 백성을 돌보지 않고 짐승을 끌어다가 사람을 먹게 한 짓이라 하겠다.' 양주나 묵자가 주장하는 금수의 도리가 종식되지 않으면, 공자의 주장이나 도리가 나타나지 못하고, 따라서 사설邪說이 백성들을 무망誣罔하고 인의仁義의 길을 저해하고 가로막는다. 인의의 길과 도리가 막히면, 즉 임금이나 위정자들이 인의의 정치를 행하지 못하고 짐승들을 끌어다가 사람을 먹게 하게 된다. 뿐만 아니다 장차는 사람이 서로 사람을 잡아먹게 될 것이다."

해설

공명의公明儀의 말은 등문공장구 상 제1장에도 보인다. 충색인의充塞仁義는 곧 사설邪說이 세상에 넘치고, 인의에 방해가 된다는 뜻을 말한 것이다.

公明儀가 曰 庖有肥肉하며 廐有肥馬이어든 民有飢色하며 野有餓莩이면
공명의 왈 포유비육   구유비마   민유기색   야유아표

此는 率獸而食人也이라하니 楊墨之道가 不息하면 孔子之道가 不著하리니
차   솔수이사인야   양묵지도   불식   공자지도   부저

是는 邪說이 誣民하야 充塞仁義也이니 仁義充塞 則率獸食人하다가 人將相食하리라.
시   사설 무민   충색인의야   인의충색 즉솔수사인   인장상식

사설이 작용하면 정치를 해친다

"나는 이러한 사태를 두려워하므로 선성先聖들의 도를 지키고, 양주
나 묵자를 막고, 기타의 허무맹랑한 사설을 추방하고, 이단사설이 다
시는 나타나지 못하게 하고자 한다. 사설이 마음속에 일어나면 일을
해치게 된다. 모든 일에 사설이 작용하면 마지막에는 정치를 해치게
된다. 앞으로 다른 성인이 나타난다 해도 나의 생각이나 주장을 고치
지 않고 옳다고 인정해 줄 것이다."

"옛날의 우왕禹王이 홍수를 다스리고 국토를 개발하여 천하가 평탄
하게 되고, 만민이 편하게 살게 되었다. 주공周公 단旦이 오랑캐와 아
울러 맹수들을 쫓아냈다. 그래서 백성들이 편안하게 살게 되었다. 공
자가 천명을 받은 천자의 위치에서 춘추春秋를 저술하고 대의명분大
義名分을 밝혔다. 그래서 난신적자亂臣賊子들이 겁을 먹고 떨었던 것
이다."

吾는 爲此懼하여 閑先聖之道하야 距楊墨하며 放淫辭하여 邪說者가 不得作케하노니
오   위차구   한선성지도   거양묵   방음사   사설자   부득작

作於其心하야 害於其事하며 作於其事하여 害於其政하나니 聖人이 復起하샤도
작어기심   해어기사   작어기사   해어기정   성인   부기

不易吾言矣시리라. 昔者에 禹가 抑洪水而天下는 平하고
불역오언의   석자 우   억홍수이천하   평

周公은 兼夷狄 驅猛獸 而百姓이 寧하고 孔子가 成春秋 而亂臣賊子가 懼하니라.
주공   겸이적 구맹수 이백성   영   공자   성춘추 이란신적자   구

사설을 물리치는 것은 성인의 학도이다

맹자가 시경을 인용하고 말했다.

"『시경詩經』 노송魯頌 비궁편閟宮篇에 있다. '미개한 서북쪽의 오랑캐 융적戎狄을 응징하노라. 남쪽 오랑캐 형서荊舒도 응징하노라. 그러니 아무도 감히 나를 막지 못하노라.' 이와 같이 아버지도 모르고, 임금 도 모르는 금수 같은 자를 주공이 응징했던 것이다."

"나도 역시 사람들의 마음을 바르게 잡아주고, 이단사설을 종식하고, 그릇되고 빗나간 행동을 막고, 방자하고 망발된 말을 추방하고, 앞의 세 성인들의 뒤를 이으려고 원한다. 내가 어찌 변론하기를 좋아하겠 느냐? 내가 말을 많이 하는 것은 어쩔 수 없이 말을 하는 것이다."

"양주나 묵자를 막고 물리칠 사람은 성인의 학도이다."라고 말할 수 있다.

詩云 戎狄是膺하니 荊舒是懲하야 則莫我敢承이라하니
시운 융적시응   형서시징   즉막아감승

無父無君은 是周 公所膺也이니라.
무부무군   시주 공소응야

我는 亦欲正人心하야 息邪說하며 距詖行하며 放淫辭하야 以承三聖者로니
아   역욕정인심   식사설   거피행   방음사   이승삼성자

豈好辯哉리오 予는 不得已也이니라. 能言距楊墨者는 聖人之徒也이니라.
기호변재   여   부득이야   능언거양묵자   성인지도야

제10장 광장장 匡章章

진중자는 청렴결백하다

제齊나라 사람 광장匡章이 말했다.

"진중자는 참으로 청렴결백한 선비가 아닙니까? 그는 오릉於陵에 살 았으며, 사흘이나 먹지를 못하여 귀도 안 들리고, 눈도 안 보였습니 다. 마침 우물가 자두나무에 열매가 달렸는데, 벌레가 파먹은 것이 태 반 이상이나 되었습니다. 진중자가 기어가서 열매를 집어먹으며, 세 번을 목에 넘기자 비로소 귀가 들리고, 눈이 보이게 되었다고 합니 다."

해설

광장匡章과 진중자陳仲子는 다 제齊나라 사람이다. 염廉은 '분별이 있고 재물을 함부 로 취하지 않는다'는 뜻이다. 오릉於陵은 지명이다. 조蠐는 굼벵이 벌레다. 포복匍匐 은 '기력이 없어 걸어갈 수 없다'는 뜻을 말한 것이다. 인咽을 연嚥으로 읽는다. 연嚥 은 '삼킨다(呑)'는 뜻이다.

匡章이 曰 陳仲子는 豈不誠廉士哉리오 居於陵할새 三日不食하야 耳無聞하며
광장   왈 진중자   기불성렴사재   거오릉   삼일불식   이무문

目無見也이러니 井上有李가 蠐食實者는 過半矣어늘 匍匐往 將食之하야
목무견야   정상유리 조식실자   과반의   포복왕 장식지

三咽 然後에야 耳有聞하며 目有見하니라.
삼연 연후   이유문   목유견

정상적인 청렴이 아니다

맹자가 말했다.

"제나라 선비로서는 진중자를 나도 반드시 거물급으로 치겠다. 그러
나 진중자의 태도를 어찌 정상적인 의미로 청렴하다고 말할 수 있겠
느냐? 진중자와 같은 태도를 취하려면, 곧 지렁이같이 살아야 가능할
것이다."

해설

거벽巨擘은 엄지손가락이다. 즉 제나라 사람 중에서 진중자 같은 사람이 있는 것은,
여러 작은 손가락 중, 엄지손가락이 있는 것과 같다는 뜻이다. 충充은 '미루어 채운
다'는 뜻이다. 조操는 '굳게 지킨다'는 뜻이다. 인蚓은 지렁이이다. 즉 다음 같은 뜻을
말한 것이다. 진중자의 태도는 청렴이라 할 수 없다. 만약 반드시 그가 뜻하는 바 생
활 태도를 채우려면, 오직 지렁이처럼 인간 세상에서 살기를 구하지 않아야 비로소
그와 같은 청렴을 지키게 될 것이다.

孟子가 曰 於齊國之士에 吾必以仲子로 爲巨擘焉이어니와
맹 자   왈 어 제 국 지 사   오 필 이 중 자   위 거 벽 언

雖然이나 仲子는 惡能廉이리오 充仲子之操이면 則蚓而後可者也니라.
수 연   중 자   오 능 렴   충 중 자 지 조   즉 인 이 후 가 자 야

진중자는 사람이니, 사람답게 살아야 한다

"원래 지렁이는 땅 위에서는 마른 흙을 먹고, 땅 밑에서는 흙탕물을 마시고 산다. 진중자가 살고 있는 집이 과연 백이伯夷 같은 의로운 사람이 지은 집인지, 혹은 도척盜跖 같은 악인이 지은 집인지, 또 그가 먹는 곡식이 백이 같은 의로운 사람이 심고 키운 것인지, 혹은 도척 같은 악인이 심고 키운 것인지 엄밀하게 알지 못하고, 살고, 또 먹고 있지 않느냐. 진중자가 결백하다면, 그런 것까지 철저히 밝혀야 하지 않겠느냐?"

광장이 말했다.

"그 점은 하등의 흠이 없습니다. 그 자신이 신을 삼고, 그의 처가 무명실을 만들어 그것들과 집이나 곡식을 교역하여 살고 있습니다."

夫蚓은 上食槁壤하고 下飮黃泉하나니
부인   상식고양   하음황천

仲子所居之室은 伯夷之所築與아 抑亦盜跖之所築與아
중자소거지실   백이지소축여   억역도척지소축여

所食之粟은 伯夷之所樹與아 抑亦盜跖之所樹與아 是未可知也라.
소식지속   백이지소수여   억역도척지소수여   시미가지야

曰 是何傷哉리오 彼身織屨하고 妻辟纑하여 以易之也니이다.
왈 시하상재   피신직구   처벽로   이역지야

가족을 멀리하고, 가난하게 사는 것이 곧 청렴결백은 아니다

맹자가 말했다.

"진중자는 제나라에서 대대로 세록世祿을 받는 세가世家의 출신이다. 형 진대陳戴는 개읍蓋邑에서 녹祿을 만종萬種이나 받고 있다. 그런데 진중자는 형이 받는 녹을 불의의 녹이라 하여 먹지 않고, 또 형의 집을 불의의 집이라 하여 살지 않으며, 형을 피하고 모친과 떨어져 혼자 오릉에서 살고 있다. 어느 날 진중자가 자기 집에 돌아갔을 때, 어떤 사람이 형에게 산 거위를 선사했다. 진중자는 혼자 상을 찡그리고 말했다. '어찌 꽥꽥 소리를 내며 우는 산 오리를 선물로 보냈나.'하고 미워했다. 어느 날 모친이 그 오리를 잡아 요리를 만들어 먹게 했다. 마침 그때 그의 형이 밖에서 돌아와 말했다. '그것이 꽥꽥 소리를 내는 오리고기다.' 형의 말을 듣자, 진중자는 밖에 나가서 토해버렸다."

曰 仲子는 齊之世家也이라 兄戴가 蓋祿은 萬鍾이러니 以兄之祿으로 爲不義之祿
왈 중자 제지세가야 형대 개록 만종 이형지록 위불의지록

而不食也하며 以兄之室로 爲不義之室 而不居也하고 辟兄離母하여 處於於陵이러니
이불식야 이형지실 위불의지실 이불거야 피형리모 처어오릉

他日에 歸 則有饋其兄生鵝者이어늘 己頻顣曰 惡用是鶃鶃者爲哉리오
타일 귀 즉유궤기형생아자 기빈축왈 오용시역역자위재

他日에 其母殺是鵝也하야 與之食之러니 其兄이 自外至曰 是鶃鶃之肉也이라한대
타일 기모살시아야 여지식지 기형 자외지왈 시역역지육야

出而哇之하니라.
출이와지

"자기 어머니가 만든 음식을 먹지 않고, 자기 처의 것은 먹었다. 형의 집에는 살지 않고, 오릉에는 살았으니 그런 태도로 자기가 생각하는 괴벽한 종류의 청렴을 능히 채울 수 있겠는가. 진중자가 지키는 청렴 같은 괴벽한 짓은 사람이 아니고 오직 지렁이라야 지키고 채울 수 있는 것이다."

해설

세가世家는 세경世卿의 집안이다. 형의 이름은 대戴다. 녹祿을 개읍蓋邑에서 받아먹으며 세록世祿이 만종萬種이나 되었다. 귀歸는 '오릉於陵에서 형의 집으로 돌아왔다'는 뜻이다. 기己는 진중자陳仲子 자신이다. 역역鶃鶃은 '거위 우는 소리'이다. 빈축이언頻顣而言은 자기 형이 선물 받은 것을 불의라고 여긴 것이다. 와哇는 '토한다'는 뜻이다.

以母則不食하고 以妻則食之하며 以兄之室則弗居하고 以於陵則居之하니
이 모 즉 불 식   이 처 즉 식 지   이 형 지 실 즉 불 거   이 오 롱 즉 거 지

是尙爲能充其類也乎아 若仲子者는 蚓而後 充其操者也니라.
시 상 위 능 충 기 류 야 호   약 중 자 자   인 이 후 충 기 조 자 야

※ 청렴淸廉과 윤리도덕倫理道德

맹자의 제자 광장匡章이 진중자陳仲子를 청렴결백淸廉潔白한 사람의 대표자라고 칭찬하자 맹자가 그를 반박했다.

진중자의 집안은 세가世家로 형이 만종萬鍾의 녹을 받고 있었다. 그런데 진중자는 무조건 형의 집이나 녹을 불의不義의 집이며 불의의 재물이라 배척하고, 또 어머니하고도 떨어져 살았다. 말하자면 진중자는 청렴결백에 대한 잘못된 생각으로 가정윤리를 파괴하고, 육친들마저 버리고 홀로 가난하게 살면서, 굶주렸던 것이다.

그래서 맹자는 말했다.

"가족을 멀리하고 혼자 살며, 무조건 가난하게 사는 것은 청렴결백이 아니다. 그런 짓은 지렁이의 생태生態다."

이루장구 상 離婁章句上

離婁章句上

제1장 이루장 離婁章
천하가 화평하려면 인정을 펴야 한다

맹자가 말했다.

"이루離婁같이 눈이 밝고, 공수자公輸子같이 기술이 뛰어나도 그림쇠나 곡척(曲尺:ㄱ자 모양으로 만든 자, 곱자)을 쓰지 않으면 사각형과 원형을 만들 수 없다. 또 사광師曠같이 귀가 밝아도 육률六律을 쓰지 않으면 오음五音을 바로잡지 못한다. 그와 마찬가지로 아무리 요堯임금과 순舜임금의 도를 높인다 해도 실제로 인정仁政을 펴지 않으면, 천하를 화평하게 다스릴 수 없다."

"오늘의 임금들 중에는 인심仁心이 있으며, 또 어질다는 소문이 난 사람도 있다. 그러나 백성들이 실제로 혜택을 받지 못하고, 또 그들 임금을 후세의 법도로 삼을 수 없으니, 그 이유는 다름이 아니다. 그들이 선왕의 왕도덕치王道德治를 실천하지 않기 때문이다."

"그러므로 오직 착한 마음만으로는 인정을 하기에 부족하고, 좋은 법도만으로는 인정을 할 수 없다고 하는 것이다."

孟子曰 離婁之明과 公輸子之巧로도 不以規矩이면 不能成方員이요 師曠之聰으로도
맹자왈 이루지명　공수자지교　불이규구　불능성방원　사광지총

不以六律이면 不能正五音이요 堯舜之道로도 不以仁政이면 不能平治天下이니라.
불이육률　불능정오음　요순지도　불이인정　불능평치천하

今有仁心仁聞 而民不被其澤하야 不可法於後世者는 不行先王之道也일새니라.
금유인심인문 이민불피기택　불가법어후세자　불행선왕지도야

故로 曰 徒善이 不足以爲政이오 徒法이 不能以自行이라나니라.
고　왈 도선　부족이위정　도법　불능이자행

선왕의 법도를 따라 인정을 베풀라

"『시경詩經』 대아大雅 가락편假樂篇에 있다. '잘못하지 않고 잊지도 않는 것은, 오직 옛날의 법도를 따르기 때문이니라.' 선왕의 법도를 준수하면 잘못하는 예가 아직 없었다.""성인들이 과거에 밝은 시력을 발휘하여, 사물을 바르게 보았고 또 계속해서 원규圓規나 곡척이나 수평이나 목줄을 사용해서 사각형이나 원형, 또는 평면이나 직선을 바르게 잡으셨으므로 오늘 우리는 다 쓸 수 없을 만큼 덕을 보고 있다. 성인들이 과거에 밝은 청력을 발휘하여, 소리를 바로잡았으며 또 계속해서 육률六律을 가지고, 오음五音을 바로잡았으므로 오늘 우리는 다 쓸 수 없을 만큼 덕을 보고 있다. 성인들이 과거에 마음과 생각을 다하고, 또 불인인지정不忍人之政을 펴고 온 천하를 인仁으로 덮으셨다."

詩云 不愆不忘은 率由舊章이라하니 遵先王之法 而過者는 未之有也이니라.
시운 불건불망   솔유구장   준선왕지법 이과자   미지유야

聖人이 旣竭目力焉하시고 繼之以規矩準繩하시니 以爲方員平直에 不可勝用也이며
성인   기갈목력언   계지이규구준승   이위방원평직   불가승용야

旣竭耳力焉하시고 繼之以六律하시니 正五音에 不可勝用也이며
기갈이력언   계지이육률   정오음   불가승용야

旣竭心思焉하시고 繼之以不忍人之政하시니 而仁覆天下矣시니라.
기갈심사언   계지이불인인지정   이인부천하의

"옛날에 말했다 '높이 오르려면 산이나 언덕을 따라가야 하고, 낮은 데로 가려면 개천이나 못을 따라가야 한다.' 정치를 하되 선왕의 도를 따르지 않는 것을 지혜롭다 하겠는가?"

해설

시詩는 대아大雅 가락편假樂篇이다. 건愆은 '허물, 잘못'이다. 솔率은 '따른다'는 뜻이다. 장章은 '전법典法'이다. 행하는 바에 허물이나 차질이 없고, 망각하지 않는 것은 옛날의 전법典法을 따르기 때문이다. 준準은 '수평을 바르게 잡는 도구'다. 승繩은 '직선을 바르게 잡는 도구, 먹줄'이다. 복覆은 '온통 덮는다'는 뜻이다. 구릉丘陵은 본래 높고, 천택川澤은 본래 낮다. 그러므로 높이가 '높거나 낮은 데로 가려는 사람이 따라 가면 힘을 적게 들이고 크게 성공한다. 추씨鄒氏가 말했다. "첫 장에서 여기까지는 인심仁心과 어질다는 명성만으로 선왕의 도를 행하는 임금을 논한 것이다."

故로 曰 爲高하되 必因丘陵하며 爲下하되 必因川澤이라하니
고 왈 위고 필인구릉 위하 필인천택

爲政하되 不因先王之道면 可謂智乎아.
위정 불인선왕지도 가위지호

어질지 않은 사람이 위에 있을 때는 화禍가 미친다

"그러므로 오직 인자仁者만이 의당히 높은 자리에 있어야 하고, 어질지 않은 사람이 높은 자리에 있으면 백성에게 악을 전파하게 된다."

"위의 임금이 도로써 모든 일을 헤아리지 않으면, 아래에 있는 신하가 법도를 지키지 않을 것이다. 또 조정의 백관百官이 도를 지키지 않으면, 아래의 백공百工들이 법도를 안 지킬 것이다. 위에 있는 군자가 도의를 어기면, 아래의 소인들이 형법에 저촉되는 범죄를 할 것이다. 그러고도 나라가 존속한다면, 그것은 요행이다."

"그러므로 말한다. 성곽이 완전하지 못한 것이나, 무기나 갑주甲胄가 많지 않은 것은 나라의 재화가 아니다. 전답을 개간하지 않아서 재물이 많이 쌓이지 않는 것도 국가의 해가 아니다. 위가 무례하고 아래가 배우지 못하여 바르지 못하면 백성을 해치는 도둑들이 흥성하니 나라가 망할 날이 가까운 것이다."

是以惟仁者이아 宜在高位니 不仁而在高位면 是는 播其惡於衆也이니라.
시 이 유 인 자　　의 재 고 위　　불 인 이 재 고 위　　시　　파 기 악 어 중 야

上無道揆也하며 下無法守也하야 朝不信道하며 工不信度하야 君子가 犯義하고
상 무 도 규 야　　하 무 법 수 야　　조 불 신 도　　공 불 신 도　　군 자　　범 의

小人이 犯刑이면 國之所存者는 幸也이니라. 故로 曰 城郭不完하며
소 인　　범 형　　국 지 소 존 자　　행 야　　고　　왈 성 곽 불 완

兵甲不多가 非國之災也이며 田野不辟하며 貨財不聚가 非國之害也이라
병 갑 부 다　　비 국 지 재 야　　전 야 불 벽　　화 재 불 취　　비 국 지 해 야

上無禮하며 下無學이면 賊民이 興하여 喪無日矣이라하니라.
상 무 례　　하 무 학　　적 민　　흥　　상 무 일 의

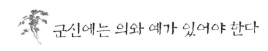

군신에는 의와 예가 있어야 한다

"『시경詩經』 대아大雅 판편板篇에 있다. '하늘이 바야흐로 주周나라를 뒤엎으려고 하니 그대들 군신들은 그렇게 '예예'하고 맹목적으로 좋아하고 따르지 마라.' '예예'는 '답답(沓沓)'과 같다."

"오늘의 선비들은 임금을 섬기는 데도 의義가 없고, 진퇴進退에도 예禮가 없다. 입을 열고 말하면 바로 선왕의 도를 비난한다. 이러한 모양이 '답답'과 같은 것이다."

"그러므로 나는 다음과 같이 말하겠다. 신하가 임금에게 선왕의 도와 인정仁政을 피게 하는 일을 강요하는 것이 공손恭遜이다. 신하가 임금에게 선善을 진술하고 악惡을 막는 것이 공경恭敬이다. 신하가 우리 임금은 인정을 할 수 없다고 하는 자를 역적逆賊이라 하겠다."

詩日 天之方蹶시니 無然泄泄라하니 泄泄는 猶沓沓也니라. 事君無義하며
시왈 천 지 방 궐   무 연 예 예   예 예   유 답 답 야   사 군 무 의

進退無禮하고 言則非先王之道者가 猶沓沓也이니라. 故로 日 責難於君을
진 퇴 무 례   언 즉 비 선 왕 지 도 자   유 답 답 야   고   왈 책 난 어 군

謂之恭이오 陳善閉邪를 謂之敬이요 吾君不能을 謂之賊이라하니라.
위 지 공   진 선 폐 사   위 지 경   오 군 불 능   위 지 적

제2장 규구장 規矩章

임금과 신하는 서로의 도리를 다해야 한다

맹자가 말했다.

"원규圓規와 곡척曲尺은 사각형과 원형을 만드는 지극한 기준이 되는 도구이고, 성인은 인륜 도덕을 가르치고 깨우치는 최고의 인물이다."

"임금이 되고자 하면 임금의 도리를 다해야 한다. 신하가 되고자 하면 신하의 도리를 다해야 한다. 임금이나 신하나 둘 다 요순堯舜을 법도로 삼으면 된다. 순舜이 요堯를 섬긴 신하의 도리가 아닌 다른 도리로서 임금을 섬기면 그것은 자기 임금을 불경不敬하는 짓이다. 요堯가 백성을 다스리던 성왕의 도리가 아닌 다른 도리로 백성을 다스리면 그것은 백성을 해치는 짓이다."

"공자가 말했다. '도는 둘이다.' 즉 인仁, 혹은 불인不仁이 있을 뿐이다."

孟子가 曰 規矩는 方員之至也이요 聖人은 人倫之至也이니라. 欲爲君인댄 盡君道이요
맹 자   왈 규 구   방 원 지 지 야   성 인   인 륜 지 지 야   욕 위 군   진 군 도

欲爲臣인댄 盡臣道이니 二者를 皆法堯舜而已矣니 不以舜之所以事堯로
욕 위 신   진 신 도   이 자   개 법 요 순 이 이 의   불 이 순 지 소 이 사 요

事君이면 不敬其君者也이요 不以堯之所以治民으로 治民이면 賊其民者也이니라.
사 군   불 경 기 군 자 야   불 이 요 지 소 이 치 민   치 민   적 기 민 자 야

孔子가 曰 道는 二니 仁與不仁而已矣라하시니라.
공 자   왈 도 이   인 여 불 인 이 이 의

286

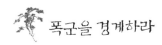

폭군을 경계하라

"인仁을 베풀지 않고 백성을 포악하게 다스리고, 그 정도가 심하면 몸도 죽고 나라가 망하게 된다. 심하지 않으면 몸이 위태롭게 되고, 나라가 약하고 위태롭게 된다. 그리고 죽은 다음에 유幽 혹은 여厲 같은 나쁜 시호諡號가 붙는다. 그렇게 되면 비록 효성하고 자비로운 자손이 있어도 그 악명을 백세를 두고도 고칠 수 없게 된다."

"『시경詩經』 대아大雅 탕편蕩篇에 있다. '은殷의 거울이 멀지 않다. 바로 하夏의 걸桀때에 있었다.' 이것이 바로 후세의 임금이 전세의 폭군을 경계하라는 뜻을 말하는 것이다."

해설

유幽는 '어둡다'는 뜻이다. 여厲는 '포학하다'는 뜻이다. 모두 나쁜 시호이다. 만일 그 사실을 안다면 비록 그 선조를 매우 사랑하는 효자孝慈 자손子孫이 있어도 역시 공론을 폐지하고 고칠 수 없다. 불인의 재앙이 반드시 이렇게 후세에도 미치니, 매우 두려워해야 하느니라. 시詩는 시경詩經 대아大雅 탕편蕩篇이다. 은殷나라 주紂가 마땅히 거울로 삼아야 할 자가, 바로 가까이 있는 하夏나라 걸桀의 세상이 다르는 뜻을 말한 것이다. 아울러 맹자가 인용하고 다시 후인들이 유왕과 여왕을 거울로 삼기를 바랐던 것이다.

暴其民이 甚 則身弑國亡하고 不甚則身危國削하나니 名之曰 幽厲이면
포 기 민   심   즉 신 시 국 망   불 심 즉 신 위 국 삭   명 지 왈 유 려

雖孝子慈孫이라도 百世에 不能改也이니라.
수 효 자 자 손   백 세   불 능 개 야

詩云 殷鑒不遠이라 在夏后之世라하니 此之謂也이니라.
시 운 은 감 불 원   재 하 후 지 세   차 지 위 야

나라의 흥망성쇠는 인과 불인에 있다

맹자가 말했다.

"하夏, 은殷, 주周, 세 왕조가 천하를 얻은 것은 인정仁政을 폈기 때문이다. 반대로 걸왕桀王, 주왕紂王, 유왕幽王, 여왕厲王이 나라를 잃은 것은 불인不仁했기 때문이다. 나라가 흥망성쇠興亡盛衰하는 이유도 역시 그와 같다."

"천자가 어질지 못하면 사해를 보전하지 못하고, 제후가 어질지 못하면 사직을 보전하지 못하고, 경이나 대부가 어질지 못하면 종묘를 보전하지 못하고, 사나 서만이 어질지 못하면 자기의 몸도 보전하지 못한다."

"지금 사람들은 죽고 망하는 것을 싫어한다. 그러면서 불인한 짓을 즐겨 하고 있으니, 이는 흡사 술 취하는 것을 싫어하면서, 억지로 술을 마시게 하는 것과 같다."

孟子가 曰 三代之得天下也는 以仁이요 其失天下也는 以不仁이니라.
맹자   왈 삼대지득천하야   이인   기실천하야   이불인

國之所以廢興存亡者가 亦然하니라. 天子가 不仁이면 不保四海하고
국지소이폐흥존망자   역연   천자   불인   불보사해

諸侯가 不仁이면 不保社稷하고 卿大夫가 不仁이면 不保宗廟하고
제후   불인   불보사직   경대부   불인   불보종묘

士庶人이 不仁이면 不保四體니라. 今에 惡死亡 而樂不仁하나니
사서인   불인   불보사체   금   오사망 이락불인

是猶惡醉 而强酒이니라.
시 유오취 이강주

제4장 애인장 愛人章
내가 바르게 해야 천하도 바르게 된다

맹자가 말했다.

"내가 남을 사랑하는데도 남이 나를 친애하지 않으면, 나의 사랑이 부족하지 않았나를 반성해 보아야 한다. 내가 남을 다스렸는데도 잘 다스려지지 않으면, 나의 지혜가 부족하지 않았나를 스스로 반성해 보아야 한다. 내가 남에게 예의를 다했는데도 남이 나에게 예의로써 답하지 않으면, 나의 공경이 부족하지 않았나를 반성해 보아야 한다."

"일을 행하고 좋은 성과를 얻지 못했을 때, 모든 이유나 원인 등 모든 것을 자신에게서 찾아야 한다. 자신이 바르면, 천하도 바르게 돌아간다."

"『시경詩經』 대아大雅 문왕편文王篇에 있다. '언제나 천명에 맞게 하는 것이, 스스로 복을 구함이다.'"

孟子가 曰 愛人不親이어든 反其仁하고 治人不治어든 反其智하고 禮人不答이어든
맹자 왈 애인불친   반기인   치인불치   반기지   예인부답

反其敬이니라. 行有不得者이어든 皆反求諸己니 其身이 正而天下가 歸之니라.
반기경   행유부득자   개반구제기 기신 정이천하   귀지

詩云 永言配命이 自求多福이라하니라.
시운 영언배명   자구다복

천하의 근본은 개개인의 몸가짐에 있다

맹자가 말했다.

"사람들이 항상 말한다. 모든 사람이 천하 국가를 논하고 말한다. 그러나 천하의 근본은 나라에 있고, 나라의 근본은 집안에 있고, 집안의 근본은 개개인의 몸가짐에 있다."

해설

항恒은 '항상'의 뜻이다. 사람들은 비록 항상 천하 국가에 대한 말을 하면서도 순서가 있음을 모른다. 그러므로 그 단계를 추려 말한 것이다. 아울러 집안의 근본이 개개인의 몸가짐에 있다는 것도 말했다. 이 장도 역시 앞장을 이어받은 말이다. 대학大學에서 이른바 '천자로부터 서민에 이르기까지 한결 같이 수신을 근본으로 삼는다.'고 한것도 이 때문이다.

※ 대학에서 말한 수신修身, 제가齊家, 치국治國, 평천하平天下는 맹자가 말한 것이다.

孟子가 曰 人有恒言호대 皆曰 天下國家라하나니
맹자 　 왈　인유항언　　 개왈　천하국가

天下之本은 在國하고 國之本은 在家하고 家之本은 在身하니라.
천하지본은　재국　 국지본은　재가　 가지본은　재신

제6장 위정장 爲政章
세신대가가 경모하면 천하에 도덕교화가 퍼진다

맹자가 말했다.

"나라 다스리기는 어렵지 않다. 대대로 벼슬을 지낸 세신대가世臣大家
를 거슬리지 않으면 된다. 그들 세신대가가 경모敬慕하면, 온 나라가
경모하고, 온 나라가 경모하면 천하가 경모하게 된다. 그렇게 되면 도
덕교화가 넓게 퍼져 사해四海에 넘치게 될 것이다."

해설

거실巨室은 세신의 큰 집안이다. 득죄得罪는 '자신이 바르지 못하여 원망과 노여움
을 받는다'는 뜻이다. 맥구읍麥丘邑의 사람이 제齊나라 환공桓公에게 축원祝願할 때에
'임금님께 원합니다. 군신이나 백성에게 죄를 짓지 마십시오.'라고 했다. 대개 같은
뜻이다. 모慕는 '마음이 향한다'는 뜻이다. 즉 마음으로 기뻐하고 진실로 복종한다는
뜻이다. 패연沛然은 성대하게 퍼져나가는 모양이다. 일溢은 '차고 넘친다'는 뜻이다.

孟子가 曰 爲政이 不難하니 不得罪於巨室이니 巨室之所慕를 一國慕之하고
맹 자   왈 위 정 불 난   부 득 죄 어 거 실   거 실 지 소 모   일 국 모 지

一國之所慕를 天下慕之하나니 故로 沛然德教가 溢乎四海하나니라.
일 국 지 소 모   천 하 모 지   고   패 연 덕 교   일 호 사 해

제7장 천하장 天下章
천하에 도가 없으면 무력이 위주가 된다

맹자가 말했다.

"천하에 도가 있으면 도덕을 기준으로 하므로 덕이 적은 사람이 덕이 많은 사람들을 받들고 섬기고, 지능이 적은 사람이 지능이 많은 사람을 받들고 섬긴다. 천하에 도가 없으면 무력을 위주로 하므로 작은 나라는 큰 나라에 예속되고, 힘이 약한 사람은 강한 사람에게 예속되게 마련이다. 이 두 가지는 하늘의 당연한 이치이다. 옛말에 있다. '천도를 따르고 행하는 자는 살아 흥성하고, 하늘의 도리를 어기는 자는 죽고 망한다.'"

해설

도가 행해지는 세상에서는 모든 사람이 덕을 닦고, 지위도 반드시 덕德의 대소에 어울리게 한다. 천하에 도가 없으면 사람들이 덕을 닦지 않고, 오직 힘을 바탕으로 남을 부리고 쓴다. 천天은 '당연한 도리와 추세'라는 뜻이다.

孟子가 曰 天下는 有道엔 小德이 役大德하며 小賢이 役大賢하고
맹자　왈 천하　유도　소덕　역대덕　소현　역대현

天下는 無道엔 小役大하며 弱役强하나니 斯二者는 天也이니
천하　무도　소역대　약역강　사이자　천야

順天者는 存하고 逆天者는 亡하나니라.
순천자　존　역천자　망

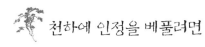

천하에 인정을 베풀려면

"제齊나라 경공景公이 말했다. '우리가 오吳나라를 지배할 수 없는데, 그들의 명령을 듣지 않는다면, 그때는 국교가 단절된다.' 이렇게 말하고 눈물을 흘리며, 딸을 오나라에 시집보냈다. 지금 약소국은 강대국을 본받고 있다. 그러면서 강대국의 명령받기를 창피하게 여기고 있다. 이는 마치 제자가 선생의 명령받기를 창피하게 여기는 것과 같은 것이다. 강대국의 명령을 받고 예속되기를 창피하게 여긴다면 차라리 주周나라 문왕文王을 스승으로 따라야 한다. 문왕을 스승으로 삼으면 대국은 5년, 소국은 7년이면, 천하에 인정仁政을 펼 수 있게 될 것이다."

해설

문왕의 인정仁政은 고대의 기록에 적혀 있다. 그대로 받들고 행하는 것이 곧 문왕을 스승으로 삼는 것(師文王)이다. 대국은 5년 소국은 7년이라고 차이가 나는 것은 저마다의 시대와 형세에 따라서 같지 않고 차이가 나기 때문이다. 비록 천하가 무도해도 임금이 덕을 지극하게 닦으면 인도仁道가 임금으로부터 행해진다. 그래서 부국강병을 따르던 대국이 도리어 그 나라를 받들고 섬기게 된다.

齊景公이 日 旣不能令하고 又不受命아면 是는 絶物也이라하고 涕出而女於吳하니라.
제 경 공   왈 기 불 능 령   우 불 수 명   시   절 물 야   체 출 이 녀 어 오

今也에 小國이 師大國 而恥受命焉하나니 是猶弟子 而恥受命於先師也이니라.
금 야   소 국   사 대 국 이 치 수 명 언   시 유 제 자 이 치 수 명 어 선 사 야

如恥之인댄 莫若師文王이니 師文王이면
여 치 지   막 약 사 문 왕   사 문 왕

大國은 五年이오 小國은 七年에 必爲政於天下矣하리라.
대 국   오 년   소 국   칠 년 에 필 위 정 어 천 하 의

모든 사람은 어진 사람을 따른다

"『시경詩經』대아大雅 문왕편文王篇에 있다. '은나라의 자손은 그 수가 10만뿐만이 아니라 그 이상으로 많았다. 그러나 상제上帝가 이미 천명을 주周나라에 내리셨으므로 주나라를 받들고 복종했도다. 이와 같이 은나라 자손이 주나라를 받들고 복종한 까닭은, 천명이 한결같지 않고 덕 있는 임금에게 옮아가기 때문이다. 그래서 은나라 선비들이 아름다운 예복을 입고, 민첩하게 주나라 왕경王京에 와서 관주灌酒하고, 주나라 제사를 받들었도다.' 또 공자가 말했다. '인자仁者에게 모든 사람이 어쩔 수 없이 따르게 마련이다. 그러므로 나라를 다스리는 임금이 인仁을 좋아하면 천하에 맞설 자가 없게 된다.'"

"지금 천하에 대적할 자가 없기를 바라면서 인정仁政을 행하지 않으니, 이는 뜨거운 물건을 잡으려고 하면서 미리 손을 찬물에 담그지 않는 것과 같다. 『시경詩經』대아大雅 상유편桑柔篇에 있다. '누가 능히 뜨거운 것을 잡고자 하면, 우선 찬물에 손을 담그지 않겠는가?'"

詩云 商之孫子는 其麗不億이언마는 上帝旣命이라 侯于周服이로다 侯服于周하니
시운 상지손자   기려불억   상제기명   후우주복   후복우주

天命靡常이라 殷士膚敏이 祼將于京이라하야늘 孔子가 曰 仁不可爲衆也이나
천명미상   은사부민   관장우경   공자   왈 인불가위중야

夫國君이 好仁이면 天下無敵이라하니라.
부국군   호인   천하무적

今也에 欲無敵於天下 而不以仁하니 是猶執熱 而不以濯也이니 詩云 誰能執熱하야
금야   욕무적어천하 이불이인   시유집열 이불이탁야   시운 수능집열

逝不以濯이리오하니라.
서불이탁

제8장 불인장 不仁章
불인자도 설득하면 패망하지 않을 수 있다

맹자가 말했다.

"인도仁道를 따르지 않는 사람과는 함께 논할 수 없다. 그들은 위험을 안정이라 하고, 재난을 이利라고 한다. 그들은 멸망의 바탕이 되는 패도霸道를 즐겁게 따르고 있다. 그러나 불인자不仁者라도 함께 말하고 설득하면 어찌 나라와 집안이 패망하겠느냐?"

해설

위험을 안전이라 생각하고, 또 재난을 이득이라고 생각하는 자는, 곧 불인不仁의 패도霸道가 위험하고 재난이 되는 것을 모르고 도리어 안전하고 이롭다고 생각한다. 소이망자所以亡者란 황음포학荒淫暴虐을 말하며, 그것이 바로 멸망의 길이 된다. 불인不仁한 자는 사욕에 굳게 덮이고 본심本心을 상실했다. 그러므로 전도착란顚倒錯亂하여 그와 같이 착각하게 된다. 그래서 충언을 해서 알게 할 수 없고, 결국 패망에 이르는 것이다.

孟子가 日 不仁者는 可與言哉아 安其危而利其菑하야 樂其所以亡者하나니
맹 자   왈 불 인 자   가 여 언 재   안 기 위 이 리 기 치   낙 기 소 이 망 자

不仁而可與言이면 則何亡國敗家之有리오.
불 인 이 가 여 언   즉 하 망 국 패 가 지 유

내가 스스로 만든 화는 피할 수 없다

"옛 아이가 부른 노래가 있다. '창랑滄浪의 물이 맑으면 나의 갓끈을 씻고, 창랑의 물이 탁하면 나의 발을 씻으리라.' 공자께서 말하셨다. '그대들아, 잘 들어라. 물이 맑으면 갓끈을 씻고, 탁하면 발을 씻는다고 했으니, 결국 자신이 취하는 것이다.' 나 자신이 맑으면 갓끈을 씻게 하고, 나 자신이 탁하면 발을 씻게 한다."

"무릇 사람의 경우, 반드시 나 자신이 나를 업신여긴 후, 남들도 나를 업신여기게 된다. 집안의 경우도 반드시 나 자신이 내 집안을 훼손한 후, 남들이 내 집안을 훼손한다. 나라의 경우도 반드시 나 자신이 내 나라를 파괴한 후에 남들이 내 나라를 파괴하기 마련이다."

"『서경書經』 상서商書 태갑편太甲篇에 있다. '하늘이 내리는 재화는 피할 수 있지만 나 스스로 만든 재화로부터는 살아남을 수 없다.' 이 말이 바로 이것을 말한 것이다."

有孺子가 歌曰 滄浪之水는 淸兮어든 可以濯我纓이요 滄浪之水는 濁兮어든
유유자 가왈 창랑지수 청혜   가이탁아영   창랑지수   탁혜

可以濯我足이라하야늘 孔子가 曰 小子는 聽之하라 淸斯濯纓이오 濁斯濯足矣로소니
가이탁아족   공자 왈 소자 청지   청사탁영   탁사탁족의

自取之也라하시니라. 夫人必自侮 然後에 人이 侮之하며 家必自毁 而後엔
자취지야   부인필자모 연후   인 모지하며 가필자훼 이후

人이 毁之하며 國必自伐 而後에 人이 伐之하나니라.
인 훼지하며 국필자벌 이후   인 벌지하나니라.

太甲에 曰 天作孼은 猶可違어니와 自作孼은 不可活이라하니 此之謂也이니라.
태갑 왈 천작얼 유가위   자작얼 불가활이라하니 차지위야

제9장 걸주장 桀紂章
백성의 마음을 얻는 도

맹자가 말했다.

"하夏나라의 걸왕桀王이나, 은殷나라의 주왕紂王이 천하를 잃은 까닭은, 그들이 백성을 잃었기 때문이다. 그들이 백성을 잃었다 함은 곧 백성의 마음을 잃은 것이다. 천하를 얻는데 도道가 있으니, 백성을 얻으면 천하를 얻게 된다. 백성을 얻는데 도가 있으니, 그들 백성의 마음을 얻으면 백성을 얻게 된다. 백성의 마음을 얻는데 도가 있으니 그들이 원하는 바를 모두 다 모아주고 반대로 원하지 않는 바를 행하거나 강요하지 않아야 한다."

해설

한漢나라의 조착鼂錯이 말한 바 있다. 인정은 수를 바라지 않음이 없다. 세 임금은 백성들을 잘살게 하고, 상하지 않게 했다. 인정은 부를 바라지 않음이 없다. 그래서 세 임금은 백성들을 후하게 해주고, 궁핍하지 않게 해주었다. 인정은 안정을 바라지 않음이 없다. 그래서 세 임금은 백성을 도와주고 위태하지 않게 해주었다. 인정은 안일하기를 바라지 않음이 없다. 그래서 세 임금은 백성의 부역을 조절하고, 백성들이 지치지 않게 해주었다. 이와 같은 일들을 말한 것이다.

孟子가 曰 桀紂之失天下也는 失其民也이니 失其民者는 失其心也이라
맹자　왈　걸주지실천하야　실기민야　　실기민자　　실기심야

得天下는 有道하니 得其民이면 斯得天下矣리라
득천하　유도　득기민　　사득천하의

得其民이 有道하니 得其心이면 斯得民矣리라
득기민　유도　득기심　　사득민의

得其心이 有道하니 所欲을 與之聚之오 所惡를 勿施爾也니라.
득기심　유도　　소욕　여지취지　소오　　물시이야

인정을 좋아하는 임금이 백성이 좋아하는 임금이다

"백성들이 인정을 펴는 임금에게 귀순歸順하는 것은 흡사 물이 아래로 흐르고, 동물이 넓은 들판으로 달려가는 것과 같다. 고로 물고기를 깊은 못으로 쫓겨 가게 하는 것이 수달이고, 새들을 숲으로 몰아 쫓는 것이 새매다. 그렇듯 백성을 탕왕湯王이나 무왕武王에게로 몰고 가게 한 자가, 바로 걸桀과 주紂 같은 임금이었다. 지금 천하에 인정仁政을 좋아하는 임금이 나타난다면 백성들이 어질지 못한 임금을 버리고 어진 임금에게 올 것이니, 결국 제후들이 백성들을 어진 임금에게 몰아다 준 것이 된다. 그러므로 비록 임금이 되고자 하지 않아도 어쩔 수 없이 되게 마련이다."

해설

광曠은 넓은 들이다. 이 구절은 곧 백성들이 인정仁政으로 돌아가는 까닭은 그들이 원하는 바가 인정에 있기 때문임을 말한 것이다. 연淵은 깊은 물이다. 달獺은 물고기를 잡아먹는 짐승이다. 총叢은 무성한 숲이다. 전鸇은 참새를 잡아먹는 새다. 이 구절은 곧 백성들이 포학한 이곳을 떠나는 까닭은 자기들이 바라는 바가 저쪽, 즉 인정仁政에 있고, 두려워하는 바가 여기 있기 때문임을 말한 것이다.

民之歸仁也는 猶水之就下이며 獸之走壙也이니라.
민 지 귀 인 야   유 수 지 취 하   수 지 주 광 야

故로 爲淵毆魚者는 獺也이오 爲叢毆爵者는 鸇也이오 爲湯武毆民者는 桀與紂也이니라.
고   위 연 구 어 자   달 야   위 총 구 작 자   전 야   위 탕 무 구 민 자   걸 여 주 야

今天下之君이 有好仁者이면 則諸侯는 皆爲之毆矣리니 雖欲無王이나 不可得已니라.
금 천 하 지 군   유 호 인 자   즉 제 후   개 위 지 구 의   수 욕 무 왕   불 가 득 이

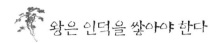
왕은 인덕을 쌓아야 한다

"오늘 왕이 되고자 하는 사람은 흡사 7년 간 병을 앓는 사람이, 3년 동안 바싹 말린 쑥을 구해서 뜸을 뜨고 병을 고치려고 하는 사람과 같으니라. 즉 평소에 인정仁政을 행하지 않고, 불인不仁한 짓을 한 자가, 영약靈藥을 얻어먹고, 하루아침에 왕자가 되려고 하는 것과 같다. 임금이면서 만약에 인덕仁德을 쌓지 않는다면, 평생토록 왕이 될 수 없다. 또 인에 뜻을 두지 않으면, 평생토록 걱정스럽고 욕을 볼 것이며, 마침내는 사망 속에 빠지고 말 것이다."

"『시경詩經』 대아大雅 상유편桑柔篇에 있다. '그들이 어찌 잘 될 수가 있겠나. 다 같이 환난에 빠지리라.' 이 시가 바로 이와 같은 뜻을 말한 것이다."

今之欲王者는 猶七年之病에 求三年之艾也이니 苟爲不畜이면 終身不得하리니
금 지 욕 왕 자   유 칠 년 지 병   구 삼 년 지 애 야   구 위 불 축   종 신 부 득

苟不志於仁이면 終身憂辱하야 以陷於死亡하리라.
구 부 지 어 인   종 신 우 욕   이 함 어 사 망

詩云 其何能淑이리오 載胥及溺이라하니 此之謂也이니라.
시 운 기 하 능 숙   재 서 급 닉   차 지 위 야

모든 사람은 인의를 따라야 한다

맹자가 말했다.

"스스로 자신을 해치는 사람과는 함께 인의 도덕을 말할 수 없다. 스스로 자신을 포기하는 사람과는 함께 왕도 인정을 행할 수 없다. 예의를 비난하고 부정하는 것을 자포自暴라 한다. 자신이 인도仁道에 깃들지 않고, 또 도의道義를 따르지 않는 자를 자기自棄라 한다."

"인仁은 모든 사람이 편하게 살 수 있는 집이고, 의義는 모든 사람이 따라가야 할 바른길이다."

"편안하고 안락한 집을 비워놓고 살지 않으며, 바른길을 버리고 따라가지 않으니, 참으로 슬프고 딱한 노릇이다."

해설

포暴는 '해친다'는 뜻과 같다. 비非는 '훼손한다'는 뜻과 같다. 스스로 자신을 해치는 사람은 아름다운 줄 모르고 예의를 훼손하는 사람이다. 그러므로 비록 이런 사람과 함께 예의를 논하고 말을 해도 그자는 반드시 실천하지 않을 것이다. 스스로 자신의 인심仁心을 버리고 인덕을 훼손하는 사람은 인의가 좋고 아름다운 줄은 알지만, 태만하고 타락한 습성에 빠져 자신은 행할 수 없다고 말하는 자이다. 그러므로 그런 자와 함께 일을 해도 그는 반드시 애를 쓰고 노력하지 않을 것이다.

孟子가 曰 自暴者는 不可與有言也이오 自棄者는 不可與有爲也이니 言非禮義를
맹자 왈 자포자 불가여유언야   자기자 불가여유위야   언비례의

謂之自暴也이오 吾身不能居仁由義를 謂之自棄也이니라. 仁은 人之安宅也이오
위지자포야   오신불능거인유의   위지자기야   인 인지안택야

義는 人之正路也이라. 曠安宅而弗居하며 舍正路而不由하나니 哀哉라.
의   인지정로야   광안택이불거   사정로이불유   애재

부모를 친애하고 연장자를 공경하라

맹자가 말했다.

"인仁의 길은 가까이 있거늘, 먼 데서 찾으려고 한다. 의義를 따라 일을 바르게 하기는 용이하거늘, 어렵게 구하려고 한다. 모든 사람이 저마다 부모를 친애하고, 형이나 연장자를 공경하면 천하가 태평하게 된다."

해설

부모를 친애하고 연장자를 공경하는 일은 사람이 하는 일이며, 가까이 있는 일이다. 부모를 친애하고 연장자를 공경하는 일도 사람이 하는 일이며, 쉬운 일이다. 인仁의 도는 처음부터 나 밖에 있는 것이 아니다. 그런데 나 자신을 제쳐놓고 다른 데서 구하려고 한다. 고로 인이 멀리 있고, 행하기 어렵다고 생각하고 따라서 도리어 인을 잃게 된다. 오직 모든 사람이 저마다 부모를 친애하고, 연장자를 공경하면, 천하가 스스로 태평하게 될 것이다.

孟子가 曰 道在爾 而求諸遠하며 事在易 而求之難하나니
맹자　왈　도재이　이구제원　　사재이　이구지난

人人이 親其親하며 長其長이면 而天下平하리라.
인인　친기친　장기장　이천하평

제12장 거하장 居下章
자신을 성실하게 하는 도리

맹자가 말했다.

"아래 자리에 있는 사람이 윗사람에게 신임을 얻지 못하면, 백성을 다스릴 수 없다. 윗사람에게 신임을 얻는 도리가 있다. 친구나 동료에게 신임을 받지 못하면, 윗사람에게 신임을 얻지 못한다. 친구나 동료에게 신임을 받는 도리가 있다. 자기 부모에게 효도하고 기쁘게 해드리지 못하면, 친구나 동료에게 신임을 못 받는다. 부모를 기쁘게 해드리는 도리가 있다. 자신을 반성해보고 성실하지 못하면, 부모를 기쁘게 해드리지 못한다. 자신을 성실하게 하는데 도리가 있다. 선善을 밝혀내지 못하면, 자신에게 성실하지 못한 것이다."

孟子가 曰 居下位 而不獲於上이며 民不可得 而治也리라
맹자   왈 거하위 이불획어상   민불가득 이치야

獲於上이 有道하니 不信於友이면 弗獲於上矣리라
획어상   유도   불신어우   불획어상의

信於友가 有道하니 事親弗悅이면 弗信於友矣리라
신어우   유도   사친불열   불신어우의

悅親이 有道하니 反身不誠이면 不悅於親矣리라
열친   유도   반신불성   불열어친의

誠身이 有道하니 不明乎善이면 不誠其身矣리라.
성신   유도   불명호선   불성기신의

"그러므로 성誠은 하늘의 도리이다. 성실하게 하고자 생각하는 것이 사람의 도리이다."

"지극한 정성에 감동하지 않는 사람은 아직까지 없다. 반대로 성실하지 않으면 아무도 감동케 하지 못한다."

해설

※ 중용中庸의 성誠

일반적으로는, 성誠을 마음으로만 성실誠實하다는 뜻으로 푼다. 그러나 중용中庸의 나타난 사상은 깊다. 즉 하늘이 자연 만물을 실질적으로 생육生育하는 것을 성誠이라 한 것이다. 그러므로 이 구절도 다음과 같이 풀어야 한다. 성실하게 천지 만물을 낳고 자라게 하는 것이 하늘의 도리이다.(誠者 天地道也) 그와 같은 하늘의 도리를 따라 천하 만민이나 만물을 인애仁愛하고 생육 번성케 하는 것이 사람의 도리이다.(誠之者 人之道也)

是故로 誠者는 天之道也이오 思誠者는 人之道也이니라.
시 고　　성 자　　천 지 도 야　　　　사 성 자　　인 지 도 야

至誠 而不動者는 未之有也이니 不誠이면 未有能動者也이니라.
지 성　이 부 동 자　　미 지 유 야　　　불 성　　미 유 능 동 자 야

제13장 백이장 伯夷章

백이와 강태공이 문왕의 보양을 받고자 한다

맹자가 말했다.

"백이가 은殷나라의 포학무도한 주왕紂王을 피해 북해 해변에서 살았으며, 주周나라 문왕文王이 인정仁政을 높였다는 말을 듣고 말했다. '왜 문왕에게 가지 않으랴. 나는 서백西伯이 노인들을 잘 보양한다고 들었다.' 한편 강태공姜太公 여상呂尙도 주왕을 피해 동해 해변에 살았다. 주나라 문왕이 인정을 높였다는 말을 듣고 말했다. '왜 문왕에게 가지 않으랴. 나는 서백이 노인들을 잘 보양한다고 들었다.'"

해설

작作, 흥興은 '일으키고 진작한다'는 뜻이다. 합盍은 하불何不이다. 서백西伯은 문왕文王이다. 주紂가 문왕을 서방 제후들의 장長으로 임명했다. 그들이 잘못하면 무력으로 칠 수도 있었다. 그래서 서백西伯이라고 칭했다. 태공太公의 성은 강姜, 여呂는 씨氏, 이름은 상尙이다. 문왕이 인정仁政을 펼침에 있어, 반드시 먼저 홀아비, 과부, 고아, 자식 없는 노인 및 서민층의 노인들을 돌보고 얼거나 굶주리지 않게 해주었다. 그래서 백이와 강태공이 문왕께 와서 보양을 받으려고 했다. 그들은 벼슬을 구한 것이 아니다.

孟子가 曰 伯夷는 辟紂하야 居北海之濱이러니 聞文王作興하고 曰 盍歸乎來리오
맹 자   왈 백 이   피 주   거 북 해 지 빈   문 문 왕 작 흥   왈 합 귀 호 래

吾聞西伯은 善養老者이라하며 太公이 辟紂하야 居東海之濱이러니 聞文王作興하고
오 문 서 백   선 양 로 자   태 공   피 주   거 동 해 지 빈   문 문 왕 작 흥

曰 盍歸乎來리오 吾聞西伯은 善養老者라하니라.
왈 합 귀 호 래   오 문 서 백   선 양 로 자

천하 만민의 마음을 덕으로 얻는 왕도인정王道仁政

"두 노인, 즉 백이와 강태공은 천하에서 가장 위대하다고 높이는 노인이다. 그런데 그들이 문왕에게 귀순했으니, 이는 곧 천하의 모든 부로父老들이 귀순한 것이다. 천하의 부로가 다 문왕에게 귀순했으니 그들의 자제들은 어디로 가겠는가? 제후 중에, 문왕과 같은 인정을 행하는 자가 있다면, 그는 7년 안에 반드시 천하를 얻어 바르게 다스리게 될 것이다."

해설

※ 부귀지 기자언왕父歸之 其子焉往

천하의 부로가 다 문왕에게 귀순했으니, 그들의 제자들은 어디로 가겠는가.(天下之父 歸之 其子焉往) 백이伯夷와 태공太公은 대로大老다. 즉 평범한 노인이 아니고, 연령과 덕망이 높은 대중의 아버지다. 문왕이 인정으로 그들의 마음을 얻었으므로 천하 모든 사람들의 마음도 귀순했던 것이다. 천하 만민의 마음을 덕으로 얻는 것이 왕도인정王道仁政이다.

二老者는 天下之大老也니 而歸之하니 是는 天下之父가 歸之也이라
이 로 자   천 하 지 대 로 야   이 귀 지   시   천 하 지 부   귀 지 야

天下之父가 歸之어니 其子焉往이리오.
천 하 지 부   귀 지   기 자 언 왕

諸侯가 有行文王之政者이면 七年之內에 必爲政於天下矣리라.
제 후   유 행 문 왕 지 정 자   칠 년 지 내   필 위 정 어 천 하 의

임금은 인정을 펴야 한다

맹자가 말했다.

"공자의 제자 염구冉求가 노魯나라의 대부大夫 계강자季康子의 가신
家臣이 되었다. 그런데 염구는 계강자의 덕德을 고쳐주지 않고, 도리
어 백성으로부터 징수하는 곡물세를 전보다 배로 늘렸다. 이에 공자
가 말했다. '염구는 우리 학파의 문도가 아니다. 그대들은 진격의 북
을 울리고 그를 공격해서 치거라.'"

"이렇게 볼 때 임금이 인정仁政을 행하지 않고, 자기 혼자 부강富强하
게 되려고 하는 그런 자는 다 공자로부터 버림을 받았던 것이다. 하
물며, 부강富强을 위해 억지로 전쟁을 하거나, 토지를 쟁탈하기 위해
전쟁을 하고, 들판 가득히 사람을 죽게 하거나, 또 남의 도성都城을
탈취하기 위해서 전쟁을 하고, 도성 가득히 사람을 죽게 하는 그런
악덕한 짓은 이른 바 토지를 탈취하기 위해서, 사람을 죽이고 그 살
을 먹는 짓이라 하겠으니, 그 죄는 죽어도 용서받지 못할 것이다."

孟子가 曰 求也는 爲季氏宰하야 無能改於其德이오 而賦粟이 倍他日한대
맹자   왈 구야   위계씨재   무능개어기덕   이부속   배타일

孔子가 曰 求는 非我徒로소니 小子아 鳴鼓而攻之가 可也이라하시니라.
공자   왈 구   비아도야   소자   명고이공지   가야

由此觀之컨대 君不行仁政 而富之면 皆棄於孔子者也이니
유차관지   군불행인정 이부지   개기어공자자야

況於爲之强戰하야 爭地以戰에 殺人盈野하며 爭城以戰에 殺人盈城이라
황어위지강전   쟁지이전   살인영야   쟁성이전   살인영성

此는 所謂率土地 而食人肉이라 罪不容於死이니라.
차   소위솔토지 이식인육   죄불용어사

"고로 전쟁을 좋아하는 자는 상형, 즉 사형에 처한다. 제후를 연결해서 서로 싸우게 한 자는 다음가는 형벌에 처한다. 풀밭이나 황무지를 개간케 하고 백성들에게 토지를 경작하게 하고, 무거운 세금으로 곡물을 탈취하는 자는 그 다음가는 형벌에 처한다."

해설

임씨林氏가 말했다.

"자기 군주를 부하게 만드는 것은 곧 백성들의 재물을 탈취하는 것이다. 그래서 공자가 증오했던 것이다. 하물며 토지를 탈취하기 위하여 사람을 죽게 하고, 사람의 간과 뇌를 흙에 더럽히게 한다. 이는 곧 토지를 탈취하기 위해서, 사람의 고기를 먹는 것이라 하겠으며, 그 죄의 큼은 비록 죽어도, 족히 용서받지 못할 것이다."

구求는 공자의 제자 염구冉求다. 계씨季氏는 노魯나라 경卿이다. 재宰는 가신家臣이다. 부賦는 취取와 같다. 백성들로부터 거두는 곡물세가 전보다 두 배나 되었다. 소자小子는 제자弟子의 뜻이다. 명고이공지鳴鼓而攻之는 '그의 죄를 성토하고 그를 책하라'는 뜻이다. 선전善戰은 손빈孫臏이나 오기吳起 같은 무리다. 연결제후連結諸侯는 소진蘇秦이나 장의張儀 같은 무리다. 벽辟은 개간開墾이다. 임토지任土地는 땅을 나누어 백성들에게 주고 경작하고 농사짓는 책임을 지게 하는 것이다.

故로 善戰者는 服上刑하고 連諸侯者는 次之하고 辟草萊任土地者는 次之니라.
고 　선전자 　복상형 　　연제후자 　차지 　　벽초래임토지자 　차지

제15장 존호장 存乎章
사람의 속마음은 눈동자에 나타난다

맹자가 말했다.

"사람이 속마음을 살펴볼 수 있는 것으로는 눈동자보다 더 좋은 것이 없다. 눈동자는 속에 품은 악惡을 감추지 못한다. 가슴속의 생각이나 마음이 바르면, 눈동자도 바르고 밝게 빛이 난다. 가슴속의 생각이나 마음이 바르지 않으면, 눈동자도 흐리고 어둡게 보인다. 그의 말을 듣고, 또 그의 눈동자를 살펴보면 속마음이나 생각을 알 수 있다. 그러니 사람이 어찌 속에 품은 부정한 마음을 숨길 수 있겠느냐?"

해설

양良은 선善의 뜻이다. 모자眸子는 눈동자다. 요瞭는 명明의 뜻이다. 모眊는 어둡고 흐리고(蒙蒙), 눈이 밝지 않은 모양(目不明之貌)이다. 원칙적으로 사람이 사물을 대할 때에는 정신이 눈에 집중된다. 그러므로 가슴속이 바르면 정신이 밝게 빛난다. 반대로 바르지 못하면 정신이 흩어지고 어둡게 된다. 수廋는 '숨긴다'는 뜻이다. 말도 역시 마음을 바탕으로 하고 나오는 것이다. 그러므로 말까지 함께 살펴보면, 사람의 마음속에 품은 사邪와 정正을 숨길 수가 없다. 그러나 말은 역시 거짓으로 할 수 있다. 그러나 눈동자는 거짓을 용납하지 않는다.

孟子가 曰 存乎人者는 莫良於眸子라하니 眸子不能掩其惡하나니
맹자 왈 존호인자 막량어모자   모자불능엄기악

胸中이 正 則眸子가 瞭焉하고 胸中이 不正 則眸子가 眊焉이니라.
흉중 정 즉모자 요언   흉중 부정 즉모자 모언

聽其言也이오 觀其眸子이면 人焉廋哉리오.
청기언야   관기모자   인언수재

제16장 공자장 恭者章

임금은 백성을 두려워하고, 공손하며 절검해야 한다

맹자가 말했다.

"공손한 임금은 남을 업신여기거나 모욕하지 않는다. 절검하는 임금
은 백성의 재물을 탈취하지 않는다. 백성이나 남을 모욕하고 재물을
탈취하려는 임금은 항상 백성이나 남이 순종하지 않을 것을 겁낸다.
그러니 어찌 공손하고 절검할 수 있겠는가. 포학무도하기 마련이다.
공손이나 절검을 어찌 말이나 웃는 얼굴로 행할 수 있겠느냐. 인정仁
政을 펴서 실지로 공손하고 절검해야 한다."

해설

유공불순惟恐不順은 곧 '백성이나 남이 자기에게 순종하지 않을까 두려워한다'는 뜻
이다. 성음소모聲音笑貌는 '겉으로 거짓을 꾸민다'는 뜻이다.

孟子가 曰 恭者는 不侮人하고 儉者는 不奪人하나니 侮奪人之君은 惟恐不順焉이오니
맹자 왈 공자 불모인 검자 불탈인 모탈인지군 유공불순언

惡得爲恭儉이리오 恭儉을 豈可以聲音笑貌爲哉리오.
오 득 위 공 검 공 검 기 가 이 성 음 소 모 위 재

상황에 맞게 하는 것이 예이다

제齊나라 사람 순우곤이 물었다.

"남자와 여자가 직접 손으로 물건을 주고받지 않는 것이 예禮입니까?"

맹자가 대답했다.

"그것이 예다."

그러자 순우곤이 또 물었다.

"형수가 물에 빠졌을 때는 즉시 손으로 구원해야 합니까?"

맹자가 말했다.

"형수가 물에 빠졌는데도 구원하지 않으면 사람이 아니라 승냥이(시: 豺)나 이리(랑: 狼)라 하겠다. 남녀가 서로 손으로 물건을 주고받지 않는 것은 예다. 그러나 형수가 물에 빠졌을 때, 손으로 구원하는 것은 응변의 조치이다."

淳于髡이 曰 男女는 授受不親이 禮與이까 孟子가 曰 禮也이니라
순 우 곤   왈 남 녀   수 수 불 친   예 여   맹 자   왈 예 야

曰 嫂溺 則援之以手乎이까 曰 嫂溺不援이면 是는 豺狼也이니
왈 수 익 즉원지 이 수 호   왈 수 익 불 원   시   시 랑 야

男女授受不親은 禮也이오 嫂溺이어든 援之以手者는 權也이니라.
남 녀 수 수 불 친   예 야   수 익   원 지 이 수 자   권 야

천하는 도로 구원한다

순우곤이 물었다.

"오늘날 천하가 물에 빠져 있는데, 선생님께서 구원하지 않으심은 어째서입니까?"

맹자가 대답해서 말했다.

"천하가 물에 빠지면 도로써 구원해 주고, 형수가 물에 빠지면 손으로 구원해 준다. 그대는 천하를 손으로 구원하고자 하는가?"

해설

이는 곧 다음과 같은 뜻을 말한 것이다. '지금 천하가 크게 흐트러지고 백성들이 난세를 만나 도탄에 깊이 빠져 있으니, 역시 마땅히 권도權道로 구원해 주어야 할 것이다. 고집스럽게 선왕의 도를 지키고 있기만 해서는 안 된다. 곧 천하가 도탄에 빠졌을 때에는 오직 도道로서 구제할 수 있다. 형수가 물에 빠졌을 때는 손으로 구제할 수 있는 것과 다르다. 그런데 지금 그대는 천하를 구제하고자 하면서, 나로 하여금 도를 굽혀, 무도한 임금에게 영합하라고 하니, 이는 곧 천하를 구원하는 도를 먼저 잃게 하는 짓이다. 그래서 나로 하여금 손으로 천하를 구제하기를 바라는 것이리라. 이 장은 자신을 곧게 하고 도를 지키는 것이 세상을 구제하는 것이며, 도를 굽히고 남을 따르는 것이 공연히 자기를 상실하는 것이다.'라는 뜻을 말한 것이다.

曰 今天下가 溺矣어늘 夫子之不援은 何也이꼬.
왈 금천하 익의 부자지불원 하야

曰 天下가 溺이어든 援之以道이오 嫂溺이어든 援之以手이니 子欲手援天下乎아.
왈 천하 익 원지이도 수익 원지이수 자욕수원천하호

군자는 자식을 직접 가르치지 않는다

맹자의 제자 공손추가 물었다.

"군자가 자기의 친자식을 직접 가르치지 않는 이유가 무엇입니까?"

맹자가 대답해서 말했다.

"정리情理상의 추세로 아버지가 자기 자식을 직접 가르치지 않는다. 가르치는 사람은 반드시 바른 도리를 가르쳐 준다. 그런데 가르침을 받은 자식이 바르게 행하지 않으면 아버지가 뒤에 화를 낸다. 가르치고 나서 화를 내는 것은 도리어 부자간의 정리를 상하게 한다. 한편 아들도 속으로 생각한다. '선생이신 아버지는 나에게 바르게 하라고 가르치시면서, 아버지 자신은 바르게 행하지 못하는구나.' 그러므로 즉 부자간에 서로 정리를 상하게 된다. 부자가 서로 정리를 상하면 좋지 않고 나쁘다."

"그래서 옛날에는 자식을 바꾸어서 가르쳤던 것이다.""부자간에는 선善에 대한 책망을 하지 않는다. 선을 놓고 서로 책망하면, 부자의 정情이 멀어진다. 부자의 정이 멀어지면 곧 그보다 더 큰 불행은 없다."

公孫丑가 曰 君子之不教子는 何也이꼬 孟子가 曰 勢不行也이니라 教者는 必以正이니
공손추 왈 군자지불교자 하야 맹자 왈 세불행야 교자 필이정

以正不行이어든 繼之以怒하고 繼之以怒 則反夷矣니 夫子는 教我以正하시되
이정불행 계지이노 계지이노 즉반이의 부자 교아이정

夫子도 未出於正也이라하면 則是父子相夷也이니 父子相夷 則惡矣니라
부자 미출어정야 즉시부자상이야 부자상이 즉악의

古者에 易子 而教之하니라 父子之間은 不責善이니 責善 則離하나니
고자 역자 이교지 부자지간 불책선 책선 즉리

離則不祥이 莫大焉이니라.
이 즉불상 막 대 언

자신의 도리를 잘 지켜라

맹자가 말했다.

"누구를 섬기는 것이 가장 중대한가. 친부모를 섬기는 일이 가장 중대하다. 무엇을 지키는 것이 가장 중대한가. 자신을 바르게 지키는 것이 가장 중대하다. 자기가 지킬 도리를 잃지 않고, 자기 부모를 잘 섬긴다는 말을 나는 들었다. 그러나 자기의 도리를 잃고서 자기 부모를 잘 섬겼다는 말을 나는 듣지 못했다."

"위의 사람치고 누군들 잘 섬기지 않을 수 있겠는가? 친부모를 잘 섬기고 효도하는 것이 섬기는 일의 근본이다. 무엇인들 잘 지키지 않겠나? 나 자신을 도리에 맞게 잘 지키는 것이 지킴의 근본이다."

해설

수신守身은 '자식 된 도리와 인간의 절조節操를 잘 지키고, 불의에 빠지지 않게 한다'는 뜻이다. 도리와 절조를 잃으면 자신의 몸가짐을 훼손하고 부모를 욕되게 한다. 비록 매일 소(牛), 양(羊), 돼지(豚) 등 삼생三牲으로 봉양해도 효를 다하기는 부족할 것이다. 부모에게 효도하면 곧 그 효를 옮겨 임금에게 충성할 수 있다. 순종을 어른에게 옮겨 잘 받들 수 있고, 몸을 바르게 간직하면, 제가齊家, 치국治國, 평천하平天下하게 된다.

孟子가 曰 事孰爲大오 事親이 爲大하니라 守孰爲大오 守身이 爲大하니라
맹자 왈 사숙위대 사친 우대   수숙위대 수신   위대

不失其身 而能事其親者를 吾聞之矣오 失其身 而能事其親者를 吾未之聞也이노라.
부실기신 이능사기친자 오문지의 실기신 이능사기친자 오미지문야

孰不爲事리오 事親이 事之本也이오 孰不爲守리오 守身이 守之本也이니라.
숙불위사   사친 사지본야   숙불위수   수신 수지본야

부모 섬김은 증자같이 하라

"옛날에 증자曾子가 자기 아버지 증석曾晳을 봉양할 때에는 다음과 같이 했다. 상에는 언제나 술과 고기반찬을 올렸다. 상을 물릴 때에는 반드시 '나머지 음식을 누구에게 줄까요?'하고 물었다. 부친이 입에 맞는 음식을 지적하고 '더 있느냐?'고 물으면 아들 증자는 반드시 '더 있습니다.'하고 대답했다. 증석이 죽고 증자를 증원曾元이 봉양하게 되었다. 그때에도 상에는 반드시 술과 고기반찬이 올랐다. 그러나 상을 물릴 때에 '나머지 음식을 누구에게 줄까요?'하고 묻지 않았다. 또 아버지 증자가 '이 반찬이 더 있느냐?'하고 물으면 아들 증원은 '없습니다.'라고 대답하고 나중에 아버지 입에 맞는 음식을 다시 만들어 올렸다. 이러한 태도는 이른바 외형적으로 공양하는 효도이다. 증자가 아버지 증석을 봉양하는 것같이 해야 비로소 뜻을 받드는 효도라 할 수 있다."

"부모 섬김은 증자같이 해야 가하니라."

曾子가 養曾皙호대 必有酒肉이리시니 將徹할새 必請所與하시며 問有餘이어든
증자   양증석   필유주육   장철   필청소여   문유여

必曰 有이라하시다 曾皙이 死커늘 曾元이 養曾子호대 必有酒肉하더니 將徹할새
필왈 유   증석 사   증원 양증자   필유주육   장철

不請所與하며 問有餘曰이어시든 亡矣라하니 將以復進也이라
불청소여   문유여왈   무의   장이부진야

此所謂養口體者也이니 若曾子 則可謂養志也이니라. 事親을 若曾子者가 可也이니라.
차소위양구체자야   약증자 즉가위양지야   사친 약증자자   가야

제20장 부족장 不足章
대인이 임금을 바르게 보필할 수 있다

맹자가 말했다.

"임금이 아닌 신하나 다른 사람을 견책하고 탓할 필요가 없다. 정사에 대해서도 비난할 필요가 없다. 오직 대인大人이라야 임금의 마음이나 생각의 잘못을 바로잡을 수 있다. 임금이 어질면 밑에 있는 신하도 의롭지 않을 수 없다. 임금이 바르면 밑에 있는 신하도 바르지 않을 수 없다. 오직 임금을 바르게 보필해야 한다. 그러면 나라가 안정된다."

해설

전에 맹자가 세 번이나 제나라 임금을 만났으나, 정사를 말하지 않자, 문인들이 의아하게 여겼다. 그러자 맹자가 말했다. "나는 먼저 임금의 사악한 마음을 고쳐주려고 한다. 마음이 바르게 잡힌 다음에야, 비로소 천하의 일을 천리天理를 따라 다스릴 수 있게 된다." 허기는 정치의 실책은 인물 등용의 잘못이다. 그러므로 지혜로운 자는 임금으로 하여금 능히 고치게 하고, 충직한 자는 능히 충간忠諫한다. 그러나 임금의 그릇된 마음이 그대로 있으면, 여러 가지 일들을 고쳐도, 뒤에 다시 그런 일이 있게 되므로 일일이 다 고칠 수 없게 될 것이다.

孟子가 曰 人不足與適也이며 政不足間也이라 惟大人이야 爲能格君心之非이니
맹 자   왈 인부족여적야   정부족간야   유대인   위능격군심지비

君仁이면 莫不仁이요 君義면 莫不義이요 君正이면 莫不正이니
군 인   막불인   군 의   막불의   군 정   막부정

一正君 而國이 定矣니라.
일정군 이국   정 의

제21장 불우장 不虞章

예측하지 못한 칭찬이나 욕

맹자가 말했다.

"뜻밖으로 예측하지 못했던 칭찬을 받는 수도 있고, 반대로 자기는 완전하기를 구했으나 남에게 욕을 먹는 경우도 있다."

제22장 이언장 易言章

경솔한 말은 책망이 따른다

맹자가 말했다.

"사람이 말을 쉽게 하는 것은 책임이 없기 때문이다."

해설

우虞는 '헤아리다(度)'의 뜻이다. 여씨呂氏가 말했다. '한 일이 칭찬을 받을 만하지 못한데도 뜻밖에 칭찬을 받는 것을 바로 불우지예(不虞之譽)라고 한다. 비방을 면하고자 했으나 도리어 비방을 받는 것을 구전지훼(求全之毁)라고 한다.' 이는 남을 비방하거나 칭찬하는 말은 반드시 진실한 것이 아니다.

사람이 말을 경솔하게 하는 이유는 자신의 실언에 대한 책망을 들어보지 않았기 때문이다. 군자로서 학문을 지니지 않은 사람은 반드시 책망을 받고 나야 비로소 감히 말을 경솔하게 하지 않는다.

孟子가 曰 有不虞之譽하며 有求全之毁하니라.
맹자　왈 유불우지예　유구전지훼

孟子가 曰 人之易其言也는 無責耳矣니라.
맹자　왈 인지이기언야　무책이의

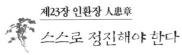

제23장 인환장 人患章
스스로 정진해야 한다

맹자가 말했다.

"사람의 걱정거리는 남의 스승이 되기를 좋아함에 있다."

해설

왕면王勉이 말했다.

"자기의 학문이 넘치면, 남이 자기를 바탕으로 배우려고 하는 경우에는 부득이 응하는 것은 가하고 좋다. 그러나 자기의 학문이나 덕행은 헤아리지 않고 무작정 남의 스승이 되기를 좋아한다면 스스로 만족하고 정진하지 못하므로 바로 이것이 모든 사람의 큰 걱정거리이다."

孟子가 曰 人之患이 在好爲人師이니라.
맹자   왈 인지환   재호위인사

제24장 악정장 樂正章
어른을 먼저 찾아뵙는 게 도리다

노魯나라 사람으로 맹자의 제자인 악정자樂正子가 자오子敖를 따라 제齊나라에 왔다. 악정자가 맹자를 찾아보자, 맹자가 말했다.

"그대도 역시 나를 보려고 하는가?"

"며칠 전에 왔습니다."

"며칠 전에 왔는데, 이제야 찾아보니 그래서 내가 그렇게 말한 것일 세. 그래도 되지 않겠나?"

"숙소를 미처 정하지 못해서. 늦게 찾아뵈었습니다."

"숙소를 정한 다음에 어른을 찾아보라고 그렇게 배우고 듣고 있는 가?"

"제가 죄를 지었습니다."

해설

진씨陳氏는 이렇게 말했다.

'악정자는 당연히 무죄일 수 없다. 그러나 그가 맹자의 문책을 잘 받아들였으니, 선을 좋아하고 실천하겠다는 사람이 아니면 그렇게 할 수 없는 것이다.'

樂正子는 從於子敖하야 之齊러니 樂正子가 見孟子한대 孟子가 曰 子亦來見我乎아
악정자 종어자오 지제 악정자 견맹자 맹자 왈 자역래견아호

曰 先生은 何爲出此言也이시니이꼬 曰 子來幾日矣오 曰 昔者이니이다
왈 선생 하위출차언야 왈 자래기일의 왈 석자

曰 昔者 則我出此言也가 不亦宜乎아 曰 舍館을 未定이니이다
왈 석자 즉아출차언야 불역의호 왈 사관 미정

曰 子는 聞之也아 舍館을 定 然後에 求見長者乎아 曰 克이 有罪호이다.
왈 자 문지야 사관 정 연후 구견장자호 왈 극 유죄

제25장 자지장 子之章
먹고 놀기 위해 온 악정자를 꾸짖음

맹자가 악정자에게 말했다.

"그대가 자오를 따라서 제나라에 온 것은 공연히 먹고 마시기 위해 온 꼴이 되었다. 나는 그대가 옛날의 도리를 배웠거늘, 공연히 먹고 마시고 하기를 바라지 않는다."

해설

악정자가 따라올 사람을 택하지 않고 제나라에 온 것은 결국 먹을 것을 얻고자 함이 다라고 책망한 것이다. 이는 곧 그의 잘못을 바로잡고, 또 자르듯이 책망한 것이다.

孟子가 謂樂正子 曰 子之從於子敖來는 徒餔啜也로다
맹자   위악정자 왈 자지종어자오래   도포철야

我不意 子가 學古之道 而以餔啜也호라.
아불의 자   학고지도 이이포철야

가장 큰 불효는 무자식이다

맹자가 말했다.

"불효에 셋이 있다. 그 중에도 뒤를 이을 자손이 없는 것이 가장 큰 불효다."

"순이 완고한 아버지 고수瞽瞍에게 말하지 않고, 요임금의 두 딸을 아내로 취한 것은, 뒤를 이을 자손이 없을까 걱정해서이다. 그러므로 후세의 군자들은 고告한 것과 같다고 생각했다."

孟子가 曰 不孝有三하니 無後爲大하니라
맹자   왈 불효유삼   무후위대

舜이 不告而娶는 爲無後也이시니 君子는 以爲猶告也이라하니라.
순   불고이취   위무후야   군자   이위유고야

제27장 인지장 仁之章
인의효제의 실천

맹자가 말했다.

"인仁의 실천사항은 바로 부모를 사랑으로 섬기는 일, 즉 효孝다. 의義의 실천사항은 바로 형을 공경하고 따르는 일, 즉 제悌이다." "지智의 알찬 실천은 곧 이 두 가지, 즉 인과 의의 도리를 바르게 알고 행하고 이탈하지 않는 것이다. 예禮의 알찬 실천은 곧 인과 의 두 가지를 절도에 따르고, 또 문화적으로 실천하고 행하는 것이다. 음악의 알찬 실천은 곧 즐겁고 온화한 마음으로 인과 의를 실천하게 함이다. 즐거우면 인의효제仁義孝悌를 실천하려는 마음이 더욱 생생하게 살아난다. 생생하게 살아나니, 어찌 그만둘 수 있겠는가. 그만둘 수 없으니 자기도 모르게 손발을 놀리면서 춤을 추게 된다."

해설

사친事親과 종형從兄을 양심적이고 참되고 간절하게 행한다. 천하의 도리가 바로 효제孝悌에 근원을 둔다. 그러나 반드시 알고, 밝게 나타나고, 또 굳게 지켜야 한다. 그런 연후에 품절이 정밀하고 즐거움도 깊게 된다.

孟子가 曰 仁之實은 事親이 是也이오 義之實은 從兄이 是也이니라.
맹자 왈 인지실 사친 시야 의지실 종형 시야

智之實은 知斯二者하야 弗去가 是也이오
지지실 지사이자 불거 시야

禮之實은 節文斯二者가 是也이오 樂之實은 樂斯二者이니
예지실 절문사이자 시야 악지실 낙사이자

樂則生矣니 生則惡可已也이리오 惡可已면 則不知 足之蹈之 手之舞之니라.
낙즉생의 생즉오가이야 오가이 즉부지 족지도지 수지무지

제28장 천하장 天下章
부모를 섬기는 도리

맹자가 말했다.

"천하의 모든 사람들이 기뻐하면서 자기에게 귀순하려고 했다. 그러나 순임금은 천하가 기뻐하면서 자기에게 귀순하는 것을 보고도 마치 초개草芥같이 대수롭지 않게 여겼다. 그 이유는 어버이에게 인정을 받지 못하면 사람이라 할 수 없고, 또 부모에게 효순孝順을 못했으니, 자식이라 할 수 없었기 때문이다."

"온갖 핍박을 받고도 순임금은 부모를 섬기는 도리를 정성과 전력을 기울여 다했다. 그래서 마침내 완고하던 아버지 고수瞽瞍가 기뻐하게 되었다. 고수가 기뻐하자 천하가 더욱 감화되었으며, 고수가 기뻐하자, 또 천하의 모든 아버지와 아들이 저마다 부자의 도리를 따라 안정되었다. 그러므로 순임금을 천하의 대효大孝라고 말한다."

孟子가 曰 天下는 大悅而將歸己어든 視天下悅而歸己하되
맹자　　왈　천하　　대열이장귀기　　　　시천하열이귀기

猶草芥也는 惟舜이 爲然하시니 不得乎親이면 不可以爲人이요
유초개야　　유순　위연　　　　부득호친　　　부가이위인

不順乎親이면 不可以爲子이러시다.
불순호친　　　불가이위자

舜이 盡事親之道 而瞽瞍가 厎豫하니 瞽瞍는 厎豫而天下化하며
순　　진사친지도　이고수　지예　　　고수　　지예이천하화

瞽瞍가 厎豫而天下之爲父子者는 定하니 此之謂大孝이니라.
고수　　지예이천하지위부자자　정　　　차지위대효

이루장구 하 離婁章句下

離婁章句下

제1장 순생장 舜生章
하늘의 도리인 천도를 따라 인정을 베푼 임금

맹자가 말했다.

"순舜임금은 제풍에서 출생하시고 부하에 옮겨 사셨고, 명조에서 생을 마치셨다. 그러므로 동방의 미개지방 사람이시다." "문왕文王은 기주에서 태어나시고, 필영에서 생을 마치셨다. 그러므로 서쪽 미개지방 사람이다."

"순과 문왕, 두 분은 지리상으로는 그 거리가 천 리 이상이 된다. 한편 세대적, 시대적 차이가 천 년 이상이나 된다. 그러나 두 분이 다 같이 뜻을 이루고 도를 따라 인정仁政을 중국에서 행했으니 이는 흡사 부절을 맞춘 듯하다."

"먼저 나온 성인聖人 순이나 뒤에 나온 성인 문왕이나 그들이 좋다고 생각하고 헤아린 법도法度는 하나인 천도다."

孟子가 曰 舜은 生於諸馮하사 遷於負夏하사 卒於鳴條하시니 東夷之人也이시니라.
맹 자 왈 순 생 어 제 풍   천 어 부 하   졸 어 명 조   동 이 지 인 야

文王은 生於岐周하사 卒於畢郢하시니 西夷之人也이시니라.
문 왕 생 어 기 주   졸 어 필 영   서 이 지 인 야

地之相去也가 千有餘里며 世之相後也가 千有餘歲로되
지 지 상 거 야   천 유 여 리   세 지 상 후 야   천 유 여 세

得志行乎中國하사 若合符節하니라.
득 지 행 오 중 국   약 합 부 절

先聖後聖이 其揆一也이니라.
선 성 후 성   기 규 일 야

세상은 큰 덕으로 다스린다

자산子産이 정鄭나라의 정치를 맡아보았을 때, 자기의 수레에 사람을
태워 진수溱水, 혹은 유수洧水를 건너게 해 준 일이 있었다.

맹자가 자산을 평하고 말했다.

"은혜를 베푸는 것이다. 그것은 정치를 잘 모르는 처사이다."

"매년 11월에 작은 다리를 만들고, 12월에는 큰 다리를 만들면 백성
들이 강을 건너는 데 고생하지 않는다."

"군자가 공평무사한 덕치를 행한다면, 행차할 때에 벽제辟除를 해도
좋다. 어찌 개개인을 수레에 태워 강을 건너게 하겠는가?"

"그러므로 위정자가 개개인을 다 즐겁게 해주려면 날이나 시간도 모
자랄 것이다."

子産이 聽鄭國之政할새 以其乘輿로 濟人於溱洧한대 孟子가 曰 惠而不知爲政이로다.
자산　　청정국지정　　　이기승여　　제인어진유　　　맹자　　왈 혜이부지위정

歲十一月에 徒杠이 成하며 十二月에 輿梁이 成하면 民未病涉也이니라.
세 십일월　도강　성　　십이월　여량　성　　　　민미병섭야

君子가 平其政이면 行辟人이 可也이니 焉得人人而濟之리오.
군자　　평기정　　행벽인　가야　　　연득인인이제지

故로 爲政者는 每人而悅之면 日亦不足矣리라.
고　위정자　매인이열지　　일역부족의

제3장 시신장 視臣章

임금은 신하를 존중해야 한다

맹자가 제齊나라 선왕宣王에게 말했다.

"임금이 신하 보기를 자기의 손발같이 하고, 귀중하게 여기면 즉 신하도 임금 보기를 자기의 배나 마음같이 귀중하게 보고 존중합니다. 임금이 신하 보기를 개나 말같이 보고, 부려 쓰기만 하면 즉 신하도 임금 보기를 백성의 한 사람같이 봅니다. 남같이 보고 높이거나 존중하지 않는다. 임금이 신하 보기를 흙이나 먼지같이 보고, 무시하면 즉 신하도 임금 보기를 적이나 원수같이 여깁니다."

해설

수족手足과 복심腹心은 '임금과 신하가 서로 한 몸으로 대한다'는 뜻이며, 은의恩義가 지극한 경지이다. 견마犬馬 같음은 곧 가볍고 천시한다는 뜻이다. 그러나 아직도 먹이고 양육해 주는 은혜는 있다.

국인國人은 '길가는 사람 같다'는 뜻이며, 원한도 은덕도 없는 타인이라는 뜻이다. 토개土芥는 곧 발로 밟거나, 혹은 베어버릴 뿐이다. 천시하고 미워함이 더욱 심하다. 그러니 신하가 임금을 적이나 원수로서 보복하는 것도 당연하지 않겠는가?

孟子가 告齊宣王 日
맹자　고제선왕　왈

君之視臣이 如手足 則臣視君을 如腹心하고
군지시신　여수족　즉신시군　여복심

君之視臣이 如犬馬 則臣視君을 如國人하고
군지시신　여견마　즉신시군　여국인

君之視臣이 如土芥 則臣視君을 如寇讎니이다.
군지시신　여토개　즉신시군　여구수

임금과 신하는 도의를 바탕으로 한다

선왕이 맹자에게 물었다.

"옛날 예법에 신하가 옛 임금을 위해 상복을 입는다고 했는데, 어떻게 하면 그렇게 할 수 있습니까?"

맹자가 대답해서 말했다.

"임금이 충신의 간언諫言을 듣고 행해서 덕치의 기름진 은혜가 백성에게 미치게 해야 합니다. 충신이 연고가 있어 임금 곁을 떠나 다른 나라로 가게 되면 임금은 사람을 시켜서 충신을 안내하고 국경 밖으로 잘 나가게 인도해 주고, 또 그 충신이 가려는 나라에 먼저 사람을 보내 그를 칭찬해 주어야 합니다. 그가 떠난 다음 3년이 되어도 돌아오지 않으면, 그때 비로소 그에게 주었던 영토나 집을 회수해야 합니다. 이렇게 하는 것을 '세 가지 예禮'를 베푼다고 합니다. 임금이 먼저 이렇게 예양禮讓하면 임금 사망 시에 그 충신이 상복을 입을 것입니다."

王이 曰 禮에 爲舊君有服하니 何如이라야 斯可爲服矣니꼬. 曰 諫行言聽하야
왕   왈 예   위 구 군 유 복   하 여   사 가 위 복 의   왈 간 행 언 청

膏澤이 下於民이오 有故而去 則君이 使人導之出疆하고 又先於其所往하며
고 택   하 어 민   유 고 이 거 즉 군   사 인 도 지 출 강   우 선 어 기 소 왕

去三年不反 然後에 收其田里하나니 此之謂三有禮焉이니 如此 則爲之服矣니이다.
거 삼 년 불 반 연 후   수 기 전 리   차 지 위 삼 유 례 언   여 차 즉 위 지 복 의

"오늘에는 신하가 되어 임금에게 간언을 올려도 임금이 행하지 않고, 말을 올려도 들어주지 않으므로 따라서 기름진 은혜가 백성에게 미치지 않습니다. 한편 신하가 인연이 있어서 다른 나라에 가려고 하면 임금이 그를 잡아 묶어놓거나, 그가 나라를 떠나는 날, 즉시 그의 전답이나 집을 회수하니 이러한 임금은 바로 원수나 적이라 하겠습니다. 원수나 적을 위해서 어떻게 상복을 입겠습니까?"

해설

양씨楊氏가 말했다.

'임금과 신하는 도의道義를 바탕으로 합해야 한다. 그러므로 맹자는 제나라 선왕에게 임금이 신하에게 보답하고 은혜를 베푸는 도리를 깊이 말하고, 임금으로 하여금 반드시 신하를 예우禮遇하지 않으면 안 된다는 것을 알게 해 주었다.' '만약 군자가 스스로 일을 처리하는 경우에는 대우를 박하게 한다고 해서 일 처리를 박하게 하겠는가? 신하는 충성을 다해야 한다.'

맹자는, "임금님이 고치시기를 저는 날마다 바랍니다."라고 말했다.

今也엔 爲臣이라 諫則不行하며 言則不聽하여 膏澤이 不下於民이오
금 야   위 신   간 즉 불 행   언 즉 불 청   고 택   불 하 어 민

有故而去 則君이 搏執之하고 又極之於其所往하며
유 고 이 거 즉 군   박 집 지   우 극 지 어 기 소 왕

去之日에 遂收其田里하나니 此之謂寇讎이니 寇讎에 何服之有리이꼬.
거 지 일   수 수 기 전 리   차 지 위 구 수   구 수   하 복 지 유

제4장 무죄장 無罪章

군자는 행동할 때를 알아야 한다

맹자가 말했다.

"임금이 죄 없는 선비를 죽인다면, 대부는 즉시 떠나야 한다. 임금이 죄 없는 백성을 죽게 한다면, 즉시 선비는 그런 임금으로부터 떠나야 합니다."

해설

이 말은, 군자는 기미幾微를 살펴보고 즉시 떠나가는 행동을 취해야 한다. 재앙이 시작된 후에는 떠나기가 어려움을 말한 것이다.

※군자는 기미를 살펴야 한다. 공자는 위방불입 난방불거(危邦不入 亂邦不居)라고 했다. ⇒ 論語 泰伯

제5장 군인장 君仁章

임금은 인과 의를 따라야 한다

맹자가 말했다.

"임금이 어질면 어질지 않은 것이 없게 된다. 임금이 의로우면 의롭지 않은 것이 없게 된다."

孟子가 曰 無罪而殺士 則大夫可以去이오 無罪而戮民 則士可以徙이니라.
맹자   왈 무죄이살사 즉대부가이거   무죄이륙민 즉사가이사

孟子가 曰 君仁이면 莫不仁이오 君義이면 莫不義니라.
맹자   왈 군인   막불인   군의   막불의

제6장 비례장 非禮章
대인은 예와 의를 행한다

맹자가 말했다.

"예禮가 아닌 예와, 의義가 아닌 의를 대인은 행하지 않는다."

해설

천리天理를 정밀하게 살피지 못함으로써 두 가지 폐단이 있게 된다. 대인大人은 모든 일을 천리에 따라 하고, 또 때에 맞게 처리한다. 그러니 어찌 '예에 맞지 않는 인의'를 행하겠느냐?

※비례지인의非禮之仁義

공자와 맹자가 높이는 인의仁義는 천도天道를 바탕으로 한 덕행德行이다. 천도는 광명정대光明正大하고, 공평무사公平無私하고, 영구불변永久不變하는 진리이다. 인仁은 서로 사랑하고 협동하여 함께 잘사는 공동체를 꾸미는 덕행이다. 의義는 도의道義와 정의正義를 굳게 지키고 실천하는 덕행이다. 인의 바탕은 효孝이고, 의의 바탕은 제悌이다. 효는 종적縱的, 역사적歷史的 사랑의 협동이고, 제는 횡적橫的, 사회적社會的 사랑의 협동이다. 그러므로 '효제孝悌 인의'는 곧 우주적 사랑의 협동이다. 대인大人은 천도天道와 하나가 된 사람이다. 그러므로 대인은 참다운 인의를 실천한다. 한편 우매愚昧한 임금이나 소인小人은 천도를 모르고, 사리사욕을 채우려고 온갖 악덕惡德을 자행恣行한다. 그러므로 거짓되고 형식적인 효도孝道나 충성忠誠을 강요하는 것이다. 이것을 맹자가 '비례지인非禮之仁, 비례지의非禮之義'라고 말한 것이다.

孟子가 曰 非禮之禮와 非義之義를 大人은 弗爲니라.
맹자 왈 비례지례 비의지의 대인 불위

제7장 중야장 中也章

현명한 사람은 어리석은 사람을 교육해야 한다

맹자가 말했다.

"중정中正의 도道를 터득한 사람이 도를 터득하지 못한 사람을 교육하고 배양한다. 또 재능 있는 사람이 재능 없는 사람을 교육하고 배양한다. 고로 사람은 현명한 지혜나 재능이 있는 부형父兄에게 배우기를 좋아한다. 만약에 중정의 도를 터득한 사람이 도를 터득하지 못한 사람을 버리고, 교육하지 않거나 재능 있는 사람이 재능 없는 사람을 버리고 교육하지 않는다면, 현인賢人과 불초不肖의 거리나, 양자 간의 거리가 한 치도 못될 것이다."

해설

지나치지도 않고 또 모자라지도 않게 도에 맞게 하는 사람을 중中이라 한다. 족히 일할 수 있는 능력을 재才라고 한다. 양養은 '함육훈도涵育薰陶하고, 스스로 교화敎化되기를 기다린다'는 뜻이다. 현賢은 '중정中正의 도를 행하고, 또 일을 할 재능이 있는 사람'의 뜻이다. 현명한 부형이 있어 즐겁다고 하는 이유는, 현명한 부형의 훈육을 받아 결국 자기도 훌륭한 사람이 될 수 있으므로 즐겁게 여긴다는 뜻이다.

孟子가 曰 中也는 養不中하며 才也는 養不才라 故로 人樂有賢父兄也이니
맹자 왈 중야 양부중   재야 양부재   고   인락유현부형야

如中也가 棄不中하며 才也가 棄不才면 則賢不肖之相去 其間이 不能以寸이니라.
여중야 기부중   재야 기부재 즉현불초지상거 기간 불능이촌

332

제8장 불위장 不爲章

사람은 인의에 맞는 일을 해야 한다

맹자가 말했다.

"사람은 인의仁義에 어긋나는 일을 하지 않을 수 있어야 비로소 인의에 맞는 일을 할 수 있다."

해설

정자程子가 말하기를, '하지 않은 바가 있음은 곧 택하는 바를 바르게 알기 때문이다. 오직 악惡을 하지 않을 수 있으므로 선善을 행할 수 있다. 모든 악을 다 행하는 자가 어찌 선을 할 수 있겠는가?'

제9장 언인장 言人章

나쁜 짓을 하면 안 된다

맹자가 말했다.

"남의 잘못을 말하면 후환을 어떻게 감당하겠느냐?"

해설

나쁜 짓을 서슴없이 행함을 탓하는 말이다.

孟子가 曰 人有不爲也 而後에 可以有爲니라.
맹 자   왈 인유불위야 이후   가 이 유 위

孟子가 曰 言人之不善하다가 當如後患에 何오.
맹 자   왈 언인지불선   당 여 후 환   하

제10장 중니장 仲尼章
성인은 일의 근본인 도만 따라야 한다

맹자가 말했다.

"공자는 지나치게 심한 일, 극단적인 일을 하지 않으셨다."

해설

중니仲尼는 공자의 자字. 이르는 태太와 같은 뜻이다. 양씨楊氏가 말했다. "성인은 일을 할 때, 근본이 되는 도道만을 따랐고, 그 외의 말단은 털끝만큼도 가하지 않았다. 만약 맹자가 참으로 공자를 알지 못했다면 이렇게 칭찬하지 못했을 것이다."

제11장 유위장 惟義章
군자는 의에 맞게 행동한다

맹자가 말했다.

"대인大人은 신실信實하지 않은 말을 안 했고, 반드시 열매를 맺지 않는 행동은 하지 않았다. 어디까지나 의에 맞게 했다."

孟子가 曰 仲尼는 不爲已 甚者이러시다.
맹 자   왈 중 니   불 위 이 심 자

孟子가 曰 大人者는 言不必信이며 行不必果요 惟義所在니라.
맹 자   왈 대 인 자   언 불 필 신   행 불 필 과   유 의 소 재

제12장 적자장 赤子章
대인은 마음이 순수해야 한다

맹자가 말했다.

"대인은 어린아이의 순수한 마음을 잃지 않은 사람이다."

해설

대인의 마음은 만물의 도리와 변화에 통달한다. 대인이 될 근본 바탕은 물욕에 미혹되지 않고 순진무구純眞無垢한 어린이와 같은 본연의 선본성善本性을 온전하게 지니고 있음에 있다. 그런 선본성을 넓히고 만사를 충실하게 하므로 무소부지無所不知, 무소불능無所不能하며 지극지대至極至大하게 된다.

제13장 양생장 養生章
상례는 가장 큰 중대사이다

맹자가 말했다.

"부모님 생존 시에 잘 봉양해 올리는 것을 중대하게 여기는 것만으로는 부족하다. 특히 돌아가신 부모님 장례를 잘 모시는 것을 중대사로 여기고 잘 감당해야 한다."

孟子가 日 大人者는 不失其赤子之心者也이니라.
맹자 왈 대인자 부실기적자지심자야

孟子가 日 養生者는 不足以當大事이오 惟送死라야 可以當大事이니라.
맹자 왈 양생자 부족이당대사 유송사 가이당대사

제14장 심조장 深造章
군자는 스스로 도를 터득한다

맹자가 말했다.

"군자는 도로써 깊어져야 한다. 스스로 도를 터득하기 위해서다. 스스로 도를 터득하면 편안하다. 편안하면 도를 깊이 활용할 수 있다. 도를 깊이 활용하면 좌우左右에서 도를 취하고 나아가서는 도의 근원을 만나게 된다. 고로 군자는 스스로 도를 터득하기를 바란다."

제15장 박학장 博學章
군자는 넓게 배우되, 예로써 몸을 단속해야 한다

맹자가 말했다.

"군자가 넓게 많은 것을 배우고, 또 자세하게 논하는 것은, 장차 되돌려 요약해서 말하기 위해서다."

孟子가 曰 君子는 深造之以道요 欲其自得之也이니 自得之 則居之安하고
맹자 왈 군자 심조지이도 욕기자득지야 자득지 즉거지안

居之安 則資之深하고 資之深 則取之左右에 逢其原이니
거지안 즉자지심 자지심 즉취지좌우 봉기원

故로 君子는 欲其自得之也이니라.
고 군자 욕기자득지야

孟子가 曰 博學 而詳說之는 將以反說約也이니라.
맹자 왈 박학 이상설지 장이반설약야

사람은 선善으로 교육해야 한다

맹자가 말했다.

"선만으로 사람을 따르게 하려고 해도 능히 사람을 따르게 할 수 없다. 선으로써 사람을 교육 감화해야 한다. 그래야 비로소 천하를 따르게 할 수 있다. 천하가 마음으로 복종하지 않는데 임금이 된 예가 없다."

해설

복인자服人者는 '다른 사람을 눌러 이기고자 한다.'는 뜻이다. 양인자養人者는 '남과 더불어서 함께 선도에 돌아간다.'는 뜻이다. 사람이 공적 마음을 갖느냐, 사적인 마음을 갖느냐에 따라, 사람의 향배向背가 크게 달라진다. 그러므로 학자는 이 점을 잘 살펴야 할 것이다.

孟子가 曰 以善服人者는 未有能服人者也이니 以善養人然後에 能服天下하나니
맹자　왈　이선복인자　미유능복인자야　　이선양인연후　능복천하

天下가 不心服 而王者는 未之有也이니라.
천하　불심복　이왕자　미지유야

진실성 있는 말

맹자가 말했다.

"말에 진실성이 없는 것이 가장 상서롭지 않고 나쁘다. 상서롭지 않은 말의 실재적 해독은 현명한 사람을 덮고 가로막는 것이다."

해설

혹자는 말한다.

'천하의 말은 많고 다양하다. 그중에서도 진실성이 있으면서 상스럽지 않은 말은 없다. 다만 어진 사람을 가려 덮는 말이 상스럽지 않은 나쁜 말이다.' 혹자는 말한다.

'말에 진실성이 없는 것이 상스럽지 않고 나쁘다. 고로 현자를 가려 덮는 것이 좋지 않은 열매이다.'

'이 두 가설이 같지는 않으나 어느 것이 옳은지는 알지 못한다. 아마도 앞뒤에 빠진 글이 있을 것이다.'

孟子가 曰 言無實不祥하니 不祥之實은 蔽賢者當之니라.
맹 자 왈 언 무 실 불 상 불 상 지 실 폐 현 자 당 지

제18장 서자장 徐子章

천도를 뿌리 삼은 인덕은 천하에 퍼져나간다

맹자의 제자 서자가 물었다.

"공자께서 여러 차례 물을 칭찬하시고 '물이여! 물이여!'하고 감탄하셨는데, 물에서 어떤 점을 취하시고, 그렇게 칭찬을 했습니까?"

맹자가 대답해서 말했다.

"근본 뿌리가 깊은 샘물이 세차게 솟아 흐르고 낮과 밤에도 쉬지 않고 계속해서 흐른다. 그 물은 움푹 파인 곳을 채우고 다시 또 흐른다. 그리고 사해로 퍼져 나간다. 뿌리가 있는 것은 이와 같다. 즉 뿌리 깊은 샘물이 웅덩이를 메우고 다시 흘러 바다에 들어가듯이, 하늘이나 하늘의 도리를 뿌리로 삼고 있는 성인聖人의 인덕仁德은 천하 사방으로 퍼져 나간다. 이와 같은 덕성德性을 취해서 칭찬을 한 것이다."

"만약에 뿌리가 없으면 7,8월에 내리는 소나기 같게 된다. 비가 일시에 집중적으로 쏟아져 내리자, 금방 도랑이나 개천에 물이 넘친다. 그러나 쏟아져 내린 빗물이 마르는 것도 서서 기다릴 수 있다. 즉 즉시 물이 마른다. 고로 허망하게 사실 이상으로 난 명성을 군자는 부끄럽게 여긴다."

―――――――――――――

徐子가 曰 仲尼는 亟稱於水 曰 水哉水哉여하시니 何取於水也이시니이꼬.
서 자   왈 중 니   기 칭 어 수 왈 수 재 수 재   하 취 어 수 야

孟子가 曰 原泉이 混混하야 不舍晝夜하야 盈科而後에 進하야 放乎四海하나니
맹 자   왈 원 천   혼 혼   불 사 주 야   영 과 이 후   진   방 호 사 해

有本者가 如是라 是之取爾시니라. 苟爲無本이면 七八月之間에 雨集하야
유 본 자   여 시   시 지 취 이   구 위 무 본   칠 팔 월 지 간   우 집

溝澮가 皆盈이나 其涸也는 可立而待也이니 故로 聲聞過情을 君子가 恥之니라.
구 회   개 영   기 후 야   가 립 이 대 야   고   성 문 과 정   군 자   치 지

제19장 인지장 人之章

군자는 인의의 도리를 바탕으로 행하다

맹자가 말했다.

"사람과 금수가 다른 점은 지극히 미소하다. 그 미소한 점을 일반 서민은 버리고 따르지 않는다. 군자만이 간직하고 행한다." "옛날의 성제聖帝 순舜은 모든 사물의 도리를 밝게 알고, 또 도리에 맞게 처리했다. 또 인간의 윤리를 살피고 모든 사람으로 하여금 지키게 했다. 이처럼 순임금은 인의仁義의 도리를 바탕으로 행한 것이지, 인의를 행한 것은 아니다."

해설

인간과 동물의 차이

인간도 동물도 다 하늘에 의해서 태어나 살고 있다. 인간의 본성이나 형상도 하늘이 내려준 것이다. 동물의 본성이나 형상도 하늘이 내려준 것이다. 이렇게 보면 기본적으로 인간이나 동물이나 다 같은 것으로 본다. 그러나 인간은 하늘과 하늘의 도리를 깨달아 알고 있다. 그러나 동물은 그렇지 못하다. 같은 인간이라도 극소수의 군자君子는 인식하지만 대부분의 서민은 그렇지 못하다. 그래서 맹자는 '인간과 동물의 차이가 극히 적다'라고 말한 것이다.

孟子가 曰 人之所以 異於禽獸者는 幾希하니 庶民은 去之하고 君子는 存之니라.
맹자　 왈　인지소이　이어금수자　기희　　서민　거지　　군자　존지

舜은 明於庶物하시며 察於人倫하시니 由仁義行이라 非行仁義也니라.
순　 명어서물　　　찰어인륜　　　유인의행　　비행인의야

선왕의 덕에 맞는 천도를 따르다

맹자가 말했다.

"하夏나라의 우왕禹王은 술을 싫어했으며 좋은 말을 좋아했다."

"은殷나라의 탕왕湯王은 중정中正의 도道를 굳게 지켰으며, 또 현명한 사람을 등용하고 신분상의 차별을 하지 않았다."

"주周나라의 문왕文王은 백성 돌보기를 다친 사람 돌보듯 했다. 또 실지로 인도仁道를 따르고 행하면서도 멀리 앞을 바라보면서 아직도 인도를 보지 못한 것처럼 더욱 노력했다."

"주나라 무왕武王은 친근한 신하나 제후들에게도 무례하게 하지 않았으며, 또 먼 나라의 제후들도 잊지 않고 돌보았다."

"주공 단(周公 旦)은 생각이나 사상이 세 임금을 겸했다. 즉 하 우왕, 은 탕왕, 주 문왕과 무왕, 3대의 임금의 덕德을 겸했다. 그리고 또 네 임금의 좋은 사업을 계승해서 행했다. 혹 주공 자신이 한 일이 선왕들의 덕업德業에 맞지 않으면 하늘을 우러러 반성하고, 밤을 낮에 이어 생각하고 요행히 좋은 생각이나 좋은 방도를 터득하면 잠을 안 자고 앉아서 새벽이 되기를 기다렸다."

孟子가 曰 禹는 惡旨酒 而好善言이러시다. 湯은 執中하시되 立賢無方이러시다.

文王은 視民如傷하시며 望道而未之見이러시다. 武王은 不泄邇하시며 不忘遠이러시다.

周公은 思兼三王하샤 以施四事하샤되 其有不合者이어든 仰而思之하샤 夜以繼日하샤

幸而得之어시든 坐以待旦이러시다.

역사기록으로 대의명분을 밝히다

맹자가 말했다.

"평왕平王의 동천東遷으로 서주西周가 끝났으며, 아울러 주周나라의 참다운 임금의 업적도 종식되었다. 따라서 시교詩敎도 없어졌다. 시교가 자취를 감추고 천하가 문란해지자, 공자가 춘추에 붓을 대고 대의명분을 바로잡고자 했다."

"진晉나라에서는 승乘이라 했고, 초楚나라에서는 도올檮杌이라 했고, 노魯나라에서는 춘추春秋라 했다. 그러나 다 같은 역사기록이다."

"춘추시대 여러 나라의 역사 기록의 중요한 내용은 곧 제齊나라 환공桓公, 진晉나라 문공文公 같은 패자霸者에 관한 일들이다. 그 기록은 주로 사관들이 쓴 것이다."

공자가 말했다.

"여러 나라의 사관들이 쓴 역사 기록을 놓고 도의道義와 명분名分을 밝힌 것은 바로 공자가 외람되게 한 것이다."

즉 공자가 하늘을 기준으로 한 것이다.

孟子가 曰 王者之迹이 熄 而詩亡하니 詩亡然後에 春秋는 作하니라.
맹자 왈 왕자지적 식 이시망 시망연후 춘추 작

晉之乘과 楚之檮杌과 魯之春秋는 一也이니라.
진지승 초지도올 노지춘추 일야

其事 則齊桓晉文이오 其文 則史이니 孔子가 曰 其義 則丘는 竊取之矣로라하시니라.
기사 즉제환진문 기문 즉사 공자 왈 기의 즉구 절취지의

제22장 사숙장 私淑章

공자를 높이고 존경하다

맹자가 말했다.

"군자의 은택恩澤이나 유풍遺風도 5세면 단절된다. 소인, 즉 평민의 영향이나 유풍도 5세면 단절된다."

"나는 시대가 달라서 공자의 제자가 되지 못했다. 그래서 나는 사숙私 淑했다. 즉 여러 사람을 통해서 스스로 잘 배우고 따를 수 있었다."

해설

"내가 비록 전에 직접 공자의 문하에서 친히 수업할 수 없었지만, 그러나 성인의 은택이 여전히 남아 있으므로 능히 공자의 학문을 전수하는 사람이 있었다. 그러므로 나는 사람을 통해 공자의 도를 듣고 배웠으며, 외람되게 스스로 몸을 수양할 수 있었다."

孟子가 曰 君子之澤도 五世而斬이오 小人之澤도 五世而斬이니라.
맹 자 왈 군 자 지 택   오 세 이 참   소 인 지 택   오 세 이 참

予는 未得爲孔子徒也이나 予는 私淑諸人也이로다.
여   미 득 위 공 자 도 아   여   사 숙 제 인 아

지나침도 못 미침과 같다

맹자가 말했다.

"취해도 좋고, 안 취해도 좋은 경우에 무턱대고 취하면 청렴淸廉과 결백潔白의 미덕을 해치게 된다. 내가 남에게 줘도 되고, 안 줘도 되는 경우에 무턱대고 주면 은혜를 베푼다는 미덕을 해치게 된다. 내가 죽을 수도 있고, 안 죽을 수도 있는 경우에 무턱대고 죽으면 용맹을 해치게 된다."

해설

앞에서 할 수 있다고 한 말은 '대략 보고 스스로 허락한다는 말의 뜻'이고 뒤에서 할 수 없다고 한 말은 '깊이 통찰하고 스스로 의아하게 여겼다는 말'이다. 지나치게 취하는 것은 청렴을 해친다. 그러나 지나치게 주는 것도 역시 베푸는 덕에 해가 된다. 잘못되게 죽는 것도 역시 용기를 해친다. 지나침도 곧 못 미침과 같다는 뜻이다. 임씨가 말하기를, '논어에 있듯이 공서화가 5병의 곡식을 받은 것은 청렴을 손상한 짓이고, 염자가 준 것은 은혜를 손상한 짓이고, 또 자로가 위나라에서 죽은 것은 참다운 용기를 손상한 짓이다.'라고 말했다.

孟子가 曰 可以取이며 可以無取에 取면 傷廉이오
맹 자 왈 가 이 취   가 이 무 취 취   상 렴

可以與이며 可以無與에 與이면 傷惠이오
가 이 여   가 이 무 여 여   상 혜

可以死이며 可以無死에 死이면 傷勇이니라.
가 이 사   가 이 무 사 사   상 용

제24장 방몽장 逢蒙章
스승은 제자를 잘 가르쳐야 한다

활을 잘 쏘는 방몽逢蒙은 후예后羿에게 활 쏘는 기술을 배웠다. 방몽은 후예의 궁도弓道를 다 배운 다음에 생각했다. '천하에는 오직 후예만이 자기를 이길 수 있다.' 그래서 방몽은 자기의 스승인 후예를 죽였다. 이에 대해서 맹자가 말했다.

"그와 같은 잘못에는 후예 역시 죄가 있다."

그러나 노魯나라의 공명의公明儀는, "후예는 마땅히 죄가 없다."고 말했다.

맹자는 "죄가 가볍다고 말할 수는 있어도 어찌 죄가 없겠는가?"라고 말했다.

해설

예羿는 유궁국有窮國의 임금이다. 방몽은 후예의 가신이다. 예는 활을 잘 쏘았으며, 하夏나라를 찬탈하고 임금이 되었으나, 뒤에 가신에게 피살되었다. 유愈는 승勝과 같은 뜻이고 박薄은 죄가 가벼울 뿐이라는 뜻이다.

逢蒙이 學射於羿하야 盡羿之道하고 思天下에 惟羿爲愈己라하야 於是에 殺羿한대
방몽   학사어예   진예지도   사천하   유예위기기   어시   살예

孟子가 曰 是亦羿가 有罪焉이니라 公明儀曰 宜若無罪焉이라하나
맹자   왈 시역예   유죄언   공명의왈 의약무죄언

曰 薄乎云爾언정 惡得無罪리오.
왈 박호운이   오득무죄

인품이 바른 제자를 가르쳐라

"정鄭나라 사람들이 자탁子濯으로 하여금 위衛나라를 침공케 했다. 그러자 위나라는 유공사庾公斯로 하여금 반격하고 쫓아내게 했다." 자탁이 말했다. "오늘 나는 질병이 발작해서 활을 잡고 싸울 수 없다. 잘 못하다가는 죽을지도 모른다." 그리고 부하 마부에게 물었다. "우리를 추격하는 위나라의 장군은 누구냐?" 부하 마부가 "위나라의 유공사입니다."하고 대답했다. 그러자 자탁이 "나는 살겠구나."하고 말했다. 부하 마부가 되물으며 말했다. "유공사는 위나라에서 가장 활을 잘 쏘는 무장입니다. 장군님께서 어째서 '나는 산다.'고 하십니까?" 자탁이 물었다. "유공사는 활 쏘는 것을 윤공타에게서 배웠고, 윤공타는 활 쏘는 것을 나에게 배웠다. 본래 윤공타는 인품이 단정한 사람이다. 그러므로 벗으로 취하고 짝한 사람도 반드시 단정한 사람일 것이다."

鄭人이 使子濯孺子로 侵衛어늘 衛使庾公之斯로 追之러니
정인   사자탁유자   침위   위사유공지사   추지

子濯孺子가 曰 今日에 我疾作이라 不可以執弓이로소니
자탁유자   왈 금일   아질작   불가이집궁

吾는 死矣로다인저하고 問其僕 曰 追我者는 誰也이오 其僕이 曰 庾公之斯也로소이다
오   사의부   문기복 왈 추아자   수야   기복   왈 유공지사야

曰 吾는 生矣로다 其僕이 曰 庾公之斯는 衛之善射者也이어늘
왈 오   생의   기복   왈 유공지사   위지선사자야

夫子가 曰 吾生은 何謂也이꼬 曰 庾公之斯는 學射於尹公之他하고
부자   왈 오생   하위야   왈 유공지사   학사어윤공지타

尹公之他는 學射於我하니 夫尹公之他는 端人也이라 其取友必端矣리라.
윤공지타   학사어아   부윤공지타   단인야   기취우필단의

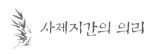

위나라의 유공사가 와서 자탁에게 말했다.

"선생님은 왜 활을 잡고 싸우지 않으십니까?"

이에 자탁이 말했다.

"오늘 나의 질병이 발작해서 활을 잡지 못하오."

그러자 유공사가 말했다.

"소인은 윤공타에게 활 쏘는 것을 배웠으며, 윤공타는 선생님에게 배웠습니다. 저는 선생님의 궁도를 가지고 도리어 선생님을 해치게 할 수 없습니다. 그러나 오늘의 싸움은 우리나라 임금의 명을 받고 하는 일이므로 제가 독단으로 감히 폐할 수 없습니다."

이렇게 말하고 화살을 뽑아 전차의 수레에 두들겨 화살촉을 뽑아버리고, 네 개의 화살을 사방으로 쏘아 날리고 돌아갔다.

庾公之斯는 至 曰夫子가 何爲不執弓이꼬 曰 今日에 我는 疾作이라
유공지사 지 왈부자   하위부집궁   왈 금일에 아   질작

不可以執弓이로다 曰 小人은 學射於尹公之他하고 尹公之他는 學射於夫子하니
불가이집궁   왈 소인은 학사어윤공지타   윤공지타   학사어부자

我不忍 以夫子之道로 反害夫子하노라 雖然이나 今日之事는 君事也이라
아불인 이부자지도로 반해부자   수연   금일지사   군사야

我는 不敢廢라하고 抽矢扣輪하야 去其金하고 發乘矢 而後反하니라.
아   불감폐   추시구륜   거기금   발승시 이후반

제25장 서자장 西子章
심신을 수양하라

맹자가 말했다.

"오吳나라의 절세미인 서시西施라도 몸에 불결한 오물을 뒤집어쓰고 나타나면, 즉 사람들이 코를 막고 지나가 버릴 것이다."

"비록 용모가 못난 사람이라도 목욕재계하면, 즉 상제의 제사에 참여할 수 있다. 심신心身을 수양하고 아름답게 가꾸면 제사에 참여할 수 있다."

해설

윤씨尹氏가 말하기를, '이 장에서는 사람에게 내면적 선善을 잃지 않게 훈계하고, 아울러 항상 자신自新하기를 권면勸勉한 말이다.'라고 했다.

孟子가 曰 西子는 蒙不潔이면 則人皆掩鼻 而過之니라.
맹 자   왈 서 자   몽 불 결   즉 인 개 엄 비 이 과 지

雖有惡人이라도 齊戒沐浴 則可以祀上帝니라.
수 유 악 인   제 계 목 욕 즉 가 이 사 상 제

자연의 도리를 따른다

맹자가 말했다.

"천하에서 말하는 성性이란 칙고則故일 뿐이다. 고故는 이利를 근본으로 하고 있다."

"사람들의 간교한 지략智略이나 얕은꾀를 미워하는 이유는, 인간적차원에서 얕은 지략으로 지나치게 천착하기 때문이다. 만약에 지혜를 쓰는 사람이 우禹가 물을 다스리듯이 물줄기를 따라 강물을 흐르게 치수했다면, 지혜를 미워하지 않을 것이다. 우가 물을 다스린 치수 방법은 인간적인 꾀를 부리지 않고 자연의 도리를 따라 물을 다스렸다. 그와 같이 지혜를 쓰는 사람이 인간적 차원의 꾀를 부리지 않고 자연의 도리를 따르면 그 지혜가 크게 될 것이다. 즉 하늘의 도리와하나가 될 것이다."

"하늘은 끝없이 높고 별들은 멀리까지 깔려 있다. 일단 도리와 현상을 궁구窮究하면, 천 년 후의 하지夏至나 동지冬至도 앉아서 알 수 있다."

孟子가 曰 天下之言性也는 則故而已矣니 故者는 以利爲本이니라.
맹자   왈 천하지언성야   칙고이이의   고자   이리위본

所惡於智者는 爲其鑿也니 如智者가 若禹之行水也이면 則無惡於智矣니라
소오어지자   위기착야   여지자   약우지행수야   즉무오어지의

禹之行水也는 行其所無事也이시니 如智者는 亦行其所無事이면 則智亦大矣니라.
우지행수야   행기소무사야   여지자   역행기소무사   즉지역대의

天之高也와 星辰之遠也이나 苟求其故이면 千歲之日至를 可坐而致也이니라.
천지고야   성신지원야   구구기고   천세지일지   가좌이치야

조문의 예를 지키다

전국시대 제齊나라의 대부 공행자가 사망한 자기 아들의 상례를 지
냈다. 이에 제나라의 우사右師를 지냈던 왕환王驩이 가서 조문했다.
우사 왕환이 초상집 대문에 들어서자 어떤 사람은 가서 우사 왕환에
게 말을 걸었고, 또 어떤 사람은 우사 왕환의 자리로 가서 함께 말을
하는 자도 있었다. 맹자만은 우사 왕환에게 아무 말도 하지 않았다.
그러자 우사 왕환이 불쾌하게 여기고 말했다.

"다른 모든 군자들은 나 왕환에게 말을 나누었는데 오직 맹자만은 나
왕환과 말을 하지 않았으니, 이는 곧 나 왕환을 무시한 것이다."

公行子가 有子之喪이어늘 右師가 往弔할새 入門커늘 有進 而與右師言者하며
공 행 자   유 자 지 상   우 사   왕 조   입 문   유 진 이 여 우 사 언 자

有就右師之位 而與右師言者이러니 孟子가 不與右師言하신대
유 취 우 사 지 위 이 여 우 사 언 자   맹 자   불 여 우 사 언

右師는 不悅 曰 諸君子가 皆與驩言이어늘 孟子가 獨不與驩言하시니
우 사   불 열 왈 제 군 자   개 여 환 언   맹 자   독 불 여 환 언

是는 簡驩也이로다.
시   간 환 야

맹자가 왕환의 말을 듣고 말했다.

"예법에 있다. 조정에서는 서로 위계를 넘어서 말하지 않고, 또 자리나 계단을 넘어가서 읍례를 하지 않는 법이다. 나는 예절을 지키려 했거늘 왕환이 내가 자기를 무시했다고 하는 것은 또한 이상하지 않은가?"

___

해설

공행자公行子는 제齊나라 대부다. 우사右師는 왕환王驩이다. 그때에 제나라의 경대부들이 임금의 명을 받고 조문을 갔으므로 상가에서 저마다 지위와 서열의 예를 지켜야 했다. 주례周禮에 의하면 "관작이 있는 자가 상례에 가면 직상職喪을 따라 금령을 지키고, 또 질서를 지킨다."라고 했다. 고로 조정朝廷이라고 말한 것이다.

우사가 미처 자리를 잡기 전에 함께 말을 했다면, 그것은 우사가 자기의 위치를 이탈한 것이고. 우사가 이미 자리를 잡았는데 가서 말을 하면, 그것은 내가 우사의 자리로 간 것이 된다. 맹자와 우사의 자리와 계단은 같지 않다. 그래서 맹자는 감히 예를 잃을 수가 없어서 우사와 말을 하지 않은 것이다.

___

孟子가 聞之하고 曰 禮에 朝廷에 不歷位 而相與言하며 不踰階 而相揖也하나니
맹 자 문 지 왈 예 조 정 불 역 위 이 상 여 언 불 유 계 이 상 읍 야
我欲行禮어늘 子敎以我爲簡하니 不亦異乎아.
아 욕 행 례 자 오 이 아 위 간 불 역 이 호

군자는 인과 예를 마음속에 간직하고 있다

맹자가 말했다.

"군자가 보통사람과 다른 까닭은 그가 도덕성을 마음속에 지니고 있기 때문이다. 군자는 인仁을 마음속에 간직하고 있으며, 또 예禮를 마음속에 간직하고 있다."

"인덕仁德을 간직하고 행하는 인자仁者는 남을 사랑한다. 예를 지키고 행하는 사람은 남을 공경恭敬한다."

"남을 사랑하는 인자는 항상 남으로부터 사랑을 받고, 또 예를 지키고 남을 공경하는 사람은 항상 남으로부터 공경을 받게 마련이다."

"가령 여기 어떤 사람이 있는데, 그가 나에게 포악하고 무도한 태도로 대하면, 곧 군자는 반드시 스스로 반성해야 한다. '내가 그에게 반드시 어질지 않게 했겠지, 혹은 내가 그에게 반드시 무례하게 했겠지. 그렇지 않고서야 이 자가 어찌 나에게 이같이 대할 수 있겠나?'"

孟子가 曰 君子所以異於人者는 以其存心也이니 君子는 以仁存心하며 以禮存心이니라.
맹 자 왈 군 자 소 이 이 어 인 자 이 기 존 심 야 군 자 이 인 존 심 이 예 존 심

仁者는 愛人하고 有禮者는 敬人하나니 愛人者는 人恒愛之하고
인 자 애 인 유 례 자 경 인 애 인 자 인 항 애 지

敬人者는 人恒敬之니라. 有人於此하니 其待我以橫逆이어든
경 인 자 인 항 경 지 유 인 어 차 기 대 아 이 횡 역

則君子는 必自反也하야 我必不仁也이며 必無禮也이로다 此物이 奚宜至哉오하나니라.
즉 군 자 필 자 반 야 아 필 불 인 야 필 무 례 야 차 물 해 의 지 재

군자는 스스로 반성한다

"스스로 반성해 보고, 자기는 어질게 했으며, 또 스스로 반성해 보고, 자기는 예를 지켰는데도, 그 자가 여전히 포악무도하게 한다면 군자는 그래도 다시 스스로를 반성해 본다. 즉 '아마 내가 충실하지 못했겠지.'하고 또 반성한다."

"스스로 반성해 보고 나는 충실했는데 그 자가 여전히 나에게 포악무도하게 대들면 군자가 말한다. '결국 이 자도 역시 허망한 자다. 이와 같은 자는 금수와 다를 바가 없는 자로다, 그러니 금수에게 어찌 상관하겠느냐?' 왜 어렵게 여기느냐?"

해설

충忠은 '자기의 최선을 다한다'는 뜻이다. 아필불충我必不忠은 '아마 내가 남을 사랑하고 공경함에 있어 마음으로 최선을 다하지 못함이 있지나 않았나 하고 두려워한다'는 뜻이다. 해택奚擇은 '무엇이 다르냐'의 뜻이다. 우하난언又何難焉은 '그런 자는 계교計較할 가치조차 없다'는 뜻을 말한 것이다. 계교는 '헤아리고 저울질한다'는 뜻이다.

其自反而仁矣며 自反而有禮矣로되 其橫逆이 由是也이어든 君子는 必自反也하며
기 자 반 이 인 의   자 반 이 유 례 의   기 횡 역 유 시 야   군 자   필 자 반 야

我必不忠이로다. 自反而忠矣로되 其橫逆이 由是也이어든
아 필 불 충   자 반 이 충 의   기 횡 역 유 시 야

君子는 曰 此亦妄人也已矣로다하나니 如此 則與禽獸奚擇哉리오
군 자   왈 차 역 망 인 야 이 의   여 차 즉 여 금 수 해 택 재

於禽獸에 又何難焉이리오.
어 금 수   우 하 난 언

군자는 환난도 걱정하지 않는다

"그러므로 군자에게는 평생을 두고 걱정할 일은 있어도 하루아침에 닥쳐오는 환난 같은 것은 없다. 평생을 두고 걱정해야 할 바 일들 중에는 다음과 같은 것이 있다. 순임금도 사람이고, 나도 사람이다. 순임금은 천하의 법도가 되어 후세에 이름을 전하거늘, 나는 아직도 촌사람을 면하지 못했으니 그야말로 걱정할 만하다. 걱정하면 어떻게 해야 하나. 스스로 노력해서 순 같은 훌륭한 사람이 되어야 한다. 만약에 그렇게 하면 군자로서 걱정할 바가 없어질 것이다. 인仁이 아닌 것은 행하지 말며, 예가 아닌 것은 행하지 말아야 한다. 만약에 일시적인 환난患難이 닥쳐와도, 군자는 걱정하지 않는다."

해설

향인鄕人은 '향리에 묻혀 사는 평범한 사람'이다. 군자君子는 마음속에 도덕성을 간직하고 소홀하지 않는다. 그러므로 나중의 걱정이 없다.

是故로 君子 有終身之憂이오 無一朝之患也이니 乃若所憂則有之이니 舜도 人也이며
시 고   군자 유종신지우   무일조지환야   내약소우즉유지   순 인야

我亦人也이로대 舜은 爲法於天下하샤 可傳於後世시어늘 我는 由未免爲鄕人也하니
아 역인야   순 위법어천하   가전어후세   아 유미면위향인야

是則可憂也이라 憂之如何오 如舜而已矣니라 若夫君子所患則亡矣니라
시 즉 가우야   우지여하   여순이이의   약부군자소환즉무의

非仁無爲也이며 非禮無行也이라 如有一朝之患이라도 則君子不患矣니라.
비 인무위야   비례무행야   여유일조지환   즉군자불환의

제29장 우직장 禹稷章
부지런히 살자

하夏나라의 시조 우왕禹王이나 주周나라의 시조 후직后稷은 저마다 태평성세太平盛世를 맞이했으면서도, 저마다 바쁘게 일하고 자기 집 대문을 세 번이나 지나면서도 집에 들어가지 않았다. 공자가 현명하다고 칭찬했다.

안자는 난세를 만나서 어렵게 살았으며 누추한 마을에 살면서, 대나무로 만든 도시락밥을 먹고, 표주박에 담은 물을 마시면서 가난하게 살았다. 다른 사람들 같으면 그러한 고생을 감당하지 못하겠거늘, 안자는 안빈낙도安貧樂道의 즐거움을 변치 않고 즐겁게 살았다. 공자는 그 점을 현명하게 여겼다.

해설

禹稷우직은 하夏나라의 시조 우왕禹王이나 주周나라의 시조 후직后稷을 말한다. 일단사一簞食는 '대나무로 만든 도시락에 담은 밥을 먹는다'는 뜻이며, 이표음一瓢飮은 '표주박에 담은 물이나 마실 것을 마시면서 가난하게 살았다.'는 뜻이다.

禹稷이 當平世하샤 三過其門 而不入하신대 孔子는 賢之하시니라.
우직 당평세 삼과기문 이불입 공자 현지

顔子는 當亂世하야 居於陋巷하샤 一簞食와 一瓢飮을 人不堪其憂어늘
안자 당란세 거어누항 일단사 일표음 인불감기우

顔子는 不改其樂하신대 孔子는 賢之하시니라.
안자 불개기락 공자 현지

우왕과 후직, 안회는 같은 도를 따랐다

맹자가 말했다.

"우왕이나 후직이나 안회가 취한 태도는 같은 도를 따르고 행한 것이다."

"우왕은 천하에서 홍수에 빠져 허덕이는 사람이 있으면 마치 자기가 그를 물에 빠지게 한 것같이 생각했다. 한편 농업에 탁월한 후직은 천하에서 굶주리는 사람이 있으면 자기가 굶주리게 한 것같이 생각했다. 그래서 그와 같이 다급하게 부지런히 했던 것이다."

"우왕, 후직, 안자는 입장이나 처지가 바뀌면 다 같았을 것이다."

해설

우왕禹王과 후직后稷은 저마다 직책을 맡고 있었다. 그러므로 백성의 구제를 자기의 직책으로 여겨 다급하게 일했던 것이다.

성현의 마음은 하늘의 도리를 지키므로 치우치고 기울지 않고, 어느 경우에도 저마다의 사물에 적절하게 대응하고, 저마다의 도리를 가한다. 그러므로 우왕이나 후직이 안자의 처지에 있었다면 역시 안자같이 물러나서 안빈낙도했을 것이다. 만약 안자가 우왕과 후직 같은 직책을 맡았다면, 역시 능히 우왕과 후직 같이 백성들을 걱정하고 부지런히 일했을 것이다.

孟子가 曰 禹稷顔回가 同道이러라. 禹는 思天下有溺者어든 由己溺之也하시며
맹 자 왈 우 직 안 회 동 도   우   사 천 하 유 닉 자   유 기 닉 지 야

稷은 思天下有飢者어든 由己飢之也하시니 是以로 如是其急也시니라.
직   사 천 하 유 기 자   유 기 기 지 야   시 이   여 시 기 급 야

禹稷顔子는 易地 則皆然이리라.
우 직 안 자 역 지 즉 개 연

친구와의 싸움은 적극적으로 말린다

"만약에 한 방에서 같이 지내는 친구가 서로 싸우면, 그 싸움을 말려야 하며, 그때에는 다급하여 비록 흐트러진 머리에 그냥 갓끈을 매고 가서 싸움을 말릴 수도 있을 것이다."

"마을에 있는 이웃집에서 남들이 싸우는데 내가 흐트러진 머리에 갓을 올려 쓰고 건성으로 갓끈을 매고 달려가서 싸움을 말리는 것은, 어리석고 잘못된 짓이다. 그런 경우에는 비록 문을 닫고 모른 척하고 상관하지 않는 편이 더 좋다."

해설

윤씨尹氏가 말했다.

'도리에 맡고 합당한 것을 시時라고 한다. 옛날의 성인이나 후세의 성인이나 그 마음 속에 도를 간직하고 있으므로 동일하다. 고로 어떠한 경우에도 최선을 다하는 것이다'.(시時는 중용中庸에서 말하는 시중時中의 뜻이다.)

今有同室之人이 鬪者이어든 救之호대 雖被髮纓冠而救之라도 可也이니라.
금 유 동 실 지 인   투 자   구 지   수 피 발 영 관 이 구 지   가 야

鄕鄰에 有鬪者이어든 被髮纓冠 而往救之 則惑也이니 雖閉戶라도 可也이니라.
향 린   유 투 자   피 발 영 관 이 왕 구 지 즉 혹 야   수 폐 호   가 야

제30장 광장장 匡章章

세상의 다섯 가지 불효

맹자의 제자 공도자가 물었다.

"제齊나라의 대부 광장匡章은 전국의 사람들이 불효不孝라고 말하는 사람입니다. 그런데 선생님은 그와 사귀시고, 또 교유하실 때에는 예의를 갖추시니 어째서인지 감히 묻고자 합니다."

"세상에서 말하는 불효에 다섯 가지가 있다. 사지를 놀리고 일하는데 게을러 부모에 대한 공양을 돌보지 않는 것이 첫째 불효이다. 노름을 하고 음주를 좋아해서 부모에 대한 공양을 돌보지 않는 것이 둘째 불효이다. 돈이나 재물을 지나치게 좋아하고 자기 처자만을 사랑하고, 부모에 대한 공양을 돌보지 않는 것이 셋째 불효이다.

公都子가 曰 匡章을 通國이 皆稱不孝焉이어늘 夫子가 與之遊하시고
공도자 왈 광장 통국 개칭불효언 부자 여지유

又從而禮貌之하시니 敢問何也이꼬. 孟子가 曰 世俗所謂不孝者는 五이니
우종이례모지 감문하야 맹자 왈 세속소위불효자 오

惰其四支하야 不顧父母之養이 一不孝也이오
타기사지 불고부모지양 일불효야

博弈好飮酒하야 不顧父母之養이 二不孝也이오
박혁호음주 불고부모지양 이불효야

好貨財하며 私妻子하야 不顧父母之養이 三不孝也이오
호화재 사처자 불고부모지양 삼불효야

귀나 눈의 욕구, 즉 관능적 쾌락을 마냥 누리고 향락만을 일삼고 부모를 욕되게 하는 것이 넷째 불효이다. 만용蠻勇을 좋아하고 싸움을 심하게 하여 부모를 위태롭게 하는 것이 다섯째 불효이다. 광장은 그 다섯 가지 중 어느 한 가지가 있느냐? 해당되는 것이 하나도 없다."

해설

공도자公都子는 맹자의 제자이며, 광장匡章은 전국시대 제齊나라의 대부였다. 통국通國은 나라 사람 모두라는 뜻이다. 예모禮貌는 예의를 갖춘 모양으로 공경한다는 뜻이다. 육戮은 부끄럽고 욕되게 한다는 뜻이다. 한狠은 개 싸우는 소리, 성을 내고 마구 대든다는 뜻이다.

從耳目之欲하야 以爲父母戮이 四不孝也이오
종 이 목 지 욕   이 위 부 모 륙   사 불 효 야

好勇鬪狠하야 以危父母가 五不孝也이니 章子가 有一於是乎아.
호 용 투 한   이 위 부 모   오 불 효 야   장 자   유 일 어 시 호

광장의 불효

"허기는 광장匡章의 경우는, 아버지와 자식 사이에서 지나치게 선하게 하라고 책하다가 도리어 서로 맞지 않은 것이다.""책선(責善: 서로 옳은 일을 하도록 권고함)은 붕우 사이에서나 할 도리이다. 즉 붕우는 서로 허물을 책망하고 잘하라고 독려한다. 그러나 부자 사이에서 각박하게 허물을 탓하고 지나치게 선하기를 강요하면 도리어 은애恩愛를 해치게 된다.""허기는 광장이 어찌 남편과 아내, 자식과 모친이 함께 어울려 단란하게 살기를 바라지 않았겠느냐? 그러나 부친의 노여움을 받고 집에서 쫓겨났으므로 가족을 가까이할 수가 없었다. 그래서 광장도 처를 내보내고 자식을 멀리하고 홀로 고생스럽게 살았으며 그러므로 부친이 돌아갈 때까지, 아들로서 부친을 봉양하지 못하게 되었던 것이다. 부친의 노여움을 받고 쫓겨난 처라 광장은 그와 같이 홀로 살지 않으면 부친을 노엽게 한 죄가 더욱 크다고 생각했던 것이다. 이렇게 한 것이 곧 광장의 전부이며, 사람들이 그를 불효라고 말한 것이다."

夫章子는 子父가 責善而不相遇也이니라. 責善은 朋友之道也이니 父子責善이
부장자   자부   책선이불상우야   책선   붕우지도야   부자책선

賊恩之大者이니라. 夫章子는 豈不欲有夫妻子母之屬哉리오마는 爲得罪於父하야
적은지대자   부장자   기불욕유부처자모지속재   위득죄어부

不得近이라 出妻屛子하야 終身不養焉하니
부득근   출처병자   종신불양언

其設心에 以爲不若是면 是則罪之大者이라하니 是則章子已矣니라.
기설심   이위불약시   시즉죄지대자   시즉장자이의

제31장 증자장 曾子章
스승과 산하는 적의 침공 시 행동이 다르다

증자曾子가 노魯나라 무성武城에 살았으며, 그때 월越나라의 군대가 침공해온 일이 있었다. 이에 어떤 사람이 증자에게 말했다. "적군이 쳐들어오는데, 왜 피신하지 않으십니까?" 그러자 증자가 피신하면서 빈 집을 지킬 하인에게 말했다. "내가 피난 간 동안 아무도 내 집이나 방에 들어가지 못하게 하라. 또 정원의 초목이나 나무들을 훼상毀傷하지 못하게 하라." 한편 침략군이 물러나자 곧 말했다. "우리 집의 담이나 방을 수리해라. 내가 돌아가 살겠다." 그리고 침략군이 퇴각하자, 증자가 다시 돌아와 살았다. 이에 좌우의 제자들이 비판하며 말했다. "무성의 대부大夫가 그렇게나 충성과 공경으로 선생님을 대우했거늘 적이 쳐들어오자 즉시 선생께서 남보다 먼저 피난을 가시고 백성들이 보게 하셨다. 한편 적군이 물러나자 즉시 되돌아오셨으니 그야말로 옳지 못한 일이라 하겠다."

曾子가 居武城하실새 有越寇이러니 或曰 寇至하나니 盍去諸이리오
증자　거무성　　　유월구　　　혹왈 구지　　　합거제

曰 無寓人於我室하야 毁傷其薪木하라 寇退 則曰 修我牆屋하라 我將反하리라
왈 무우인어아실　　훼상기신목　　　구퇴 즉왈 수아장옥　　　아장반

寇退어늘 曾子가 反하신대 左右가 曰 待先生이 如此其忠且敬也이어늘
구퇴　　증자　반　　　좌우　왈 대선생　여차기충차경야

寇至 則先去하야 以爲民望하시고 寇退 則反하시니 殆於不可이로소이다
구지 즉선거　　　이위민망　　　구퇴 즉반　　　태어불가

그러자 증자의 제자 심유행沈猶行이 말했다. "그것은 그대들이 알지 못하고 하는 소리다. 옛날 증자 선생님이 우리집 심유가沈猶家에 계실 때 부추負芻라는 자가 반란하여 화난禍難을 입은 일이 있었다. 그때 증자 선생을 따르는 제자 70명이 있었으나, 증자 선생의 지시를 따라 피신했으므로 아무도 화난에 휩쓸리고 피해를 보지 않았다."

해설

무성武城은 노魯나라의 성읍城邑 이름이다. 합(盍: 어찌~하지 아니하느냐?)은 하何와 불不을 합친 뜻이다. 좌우左右는 증자曾子의 문인들이다. 충경忠敬은 무성의 대부가 증자를 충성忠誠과 공경恭敬으로 섬겼다는 뜻을 말한다. 위민망爲民望은 백성으로 하여금 보고 본받게 했다는 뜻이다. 심유행沈猶行은 제자의 이름이다. 증자가 전에 심유씨沈猶氏 집에 머물러 있었으며, 그때 부추負芻가 난을 일으키고 심유씨의 집을 공격했다. 그러자 증자는 제자들을 데리고 그곳을 떠나 난에 휩싸이지 않게 했다. 즉 사빈師賓과 신하가 같지 않음을 말한 것이다.

沈猶行이 日 是는 非汝所知也이라 昔에 沈猶가 有負芻之禍이어늘
심유행　왈시　비여소지야　　석　심유　유부추지화

從先生者七十人이 未有與焉이라하니라.
종선생자칠십인　미유여언

신하는 적의 침입에 나라를 떠나지 않는다

자사子思가 위衛나라에서 벼슬을 한 일이 있었다. 그때 제齊나라 군대가 침공해 오자 어떤 사람이 "적이 침공해 오는데, 왜 피신하지 않습니까?"하고 말했다. 그러자 자사가 말했다. "만약에 신하인 급(伋: 자사의 이름)이 떠나면 임금이 누구와 함께 나라를 지키느냐?" 이에 대해서 맹자가 말했다. "증자曾子와 자사가 지키고 행한 도리는 같다. 증자는 스승이자 부형의 위치에서 도리를 지키고 행했으며, 자사는 신하이자 미천한 자리에서 도를 지키고 행한 것이다. 만약에 증자와 자사가 서로 처지를 바꾼다면 곧 다 같은 도리를 지키고 행했을 것이다."

해설

윤씨尹氏가 말했다.

"위해危害를 멀리하거나, 혹은 국난國難에 몸을 바치고 죽기도 한다. 그 실천하는 일이 같지 않은 것은 처지가 같지 않기 때문이다. 군자의 마음은 이해관계에 매이지 않고, 오직 그때마다 맞고 옳은 도리를 지킬 뿐이다. 그러므로 처지가 바뀌면 서로가 다 그 처지에 맞게 행할 수 있을 것이다."

子思가 居於衛하실새 有齊寇이러니 或曰 寇至하나니 盍去諸이리오
자사 　거어위 　유제구 　혹왈 구지 　합거제

子思가 曰 如伋이 去이면 君誰與이리오하시니라.
자사 　왈여급 　거 　군수여

孟子가 曰 曾子 子思가 同道하니 曾子는 師也이며 父兄也이오
맹자 　왈증자 자사 　동도 　증자 　사야 　부형야

子思는 臣也이며 微也이니 曾子 子思가 易地 則皆然이리라.
자사 　신야 　미야 　증자 자사 　역지 즉개연

제32장 저자장 儲子章
성인도 사람이다

제齊나라의 대부 저자儲子가 맹자에게 말했다.

"임금이 사람을 시켜 선생을 몰래 엿보게 하시니 선생께서는 과연 보통사람과 다른 점이 있습니까?"

맹자가 말했다.

"무엇이 다른 사람과 다르겠습니까? 요임금, 순임금도 다른 사람과 다르지 않고 같습니다."

___
해설

저자儲子는 제齊나라의 대부로 선왕宣王과 민왕湣王을 섬겼다. 간瞷은 '몰래 살펴본다'는 뜻이다. 성인聖人도 역시 사람이다.

___

儲子가 曰 王이 使人瞷夫子하시나니 果有以異於人乎이까
저자 왈 왕   사인간부자   과유이이어인호

孟子가 曰 何以異於人哉리오 堯舜도 與人同耳시니라.
맹자 왈 하이이어인재   요순   여인동이

제33장 제인장 齊人章

부귀를 구하는 교만한 남편

제齊나라 사람으로 본처와 첩 하나를 거느리고 한 방에서 가난하게 사는 사나이가 있었다. 그런데 남편인 그는 외출하면 반드시 술과 고기를 배불리 먹고 돌아오는 것이었다. 그의 처가 함께 마시고 먹은 사람이 누구냐고 물으면, 언제나 모두가 부귀富貴를 누리는 세도가들이라고 대답하는 것이었다. 그러자 본처가 소실에게 말했다.

"우리 집 영감은 외출하면 반드시 술과 고기를 마냥 들고 돌아오며, 함께 마시고 먹은 사람이 누구냐고 물으면 모두가 부귀를 누리는 사람들이라고 하더라. 그러나 아직까지 우리 집에 고귀한 사람이 온 일이 없으니 이상하오. 내가 몰래 남편 가는 곳을 뒤쫓아 살펴보겠소."

다음날 본처가 일찍 일어나 먼발치서 몰래 남편 가는 곳을 뒤쫓아 살펴보았다. 남편은 성안 거리를 두루 돌아다녔으나 아무하고도 서서 말하는 사람이 없었다.

齊人이 有一妻一妾 而處室者이러니 其良人이 出則必饜酒肉而後에 反이어늘 其妻가
제 인   유일처일첩 이처실자   기량인   출즉필염주육이후   반   기 처

問所與飲食者하니 則盡富貴也이러라 其妻가 告其妾曰 良人이 出則必饜酒肉
문소여음식자   즉진부귀야   기 처   고기첩왈 양인   출즉필염주육

而後反할새 問其與飲食者하니 盡富貴也이로되
이후반   문기여음식자   진부귀야

而未嘗有顯者來하니 吾將瞯良人之所之也하리라하고
이미상유현자래   오장간량인지소지야

蚤起하야 施從良人之所之하니 徧國中하되 無與立談者이러니
조기   시종량인지소지   편국중   무여립담자

결국은 동쪽 성곽 밖에 있는 무덤 사이에서 제사지내는 사람에게 남은 찌꺼기를 구걸하여 얻어먹고 부족하면, 또 사방을 둘러보고 다른 곳으로 가서 얻어먹는 것이었다. 이것이 바로 그가 물리도록 마시고 먹은 방도였다.

본처가 돌아와서 소실에게 말했다. "남편이란 평생을 두고 우러러보고 죽을 때까지 의지해야 할 사람이다. 그런데 지금 알고 보니 저런 꼴이구려." 그리고 소실과 함께 남편을 욕하면서 마당에서 함께 울고 있었다. 그러나 남편은 그런 줄도 모르고 비틀비틀 밖에서 들어오면서 전과 같이 본처와 첩에게 큰소리를 치는 것이었다.

"군자의 처지에서 볼 때, 즉 사람들이 부귀나 이득이나 영달을 구하는 태도가 결국 여기에 나오는 남편과 같으며 따라서 그들의 부인이나 첩들이 부끄럽게 여기지 않고, 또 울지 않을 사람이 거의 없을 것이다."

卒之東郭墦間之祭者하야 乞其餘하고 不足이어든 又顧而之他하니
졸 지 동 곽 번 간 지 제 자   걸 기 여   부 족   우 고 이 지 타

此其爲饜足之道也이러라. 其妻가 歸告其妾하야 曰 良人者는 所仰望 而終身也이어늘
차 기 위 염 족 지 도 야   기 처   귀 고 기 첩 왈 양 인 자   소 앙 망 이 종 신 야

今若此이라하고 與其妾으로 訕其良人 而相泣於中庭이어늘
금 약 차   여 기 첩   산 기 량 인 이 상 읍 어 중 정

而良人이 未之知也하야 施施從外來하야 驕其妻妾하더라.
이 량 인 미 지 지 야   시 시 종 외 래   교 기 처 첩

由君子觀之컨대 則人之所以求富貴利達者가 其妻妾이 不羞也 而不相泣者 幾希矣니라.
유 군 자 관 지   즉 인 지 소 이 구 부 귀 리 달 자   기 처 첩 불 수 야 이 불 상 읍 자 기 희 의

만장장구 상 萬章章句上

萬章章句上

제1장 순왕장 舜王章

부모를 그리워한 순임금

맹자의 제자 만장이 물었다.

"순임금이 밭에 가서 경작할 때 하늘에 대고 울면서 호소했다고 하는데, 어째서 그렇게 호소하고 울었습니까?"

맹자가 대답했다.

"부모를 애달프게 그리워했기 때문이다."

해설

만장萬章은 제齊나라 사람으로 맹자의 제자다. 민천旻天은 '만물을 사랑하고 불쌍하게 여기는 하늘'의 뜻이다.

순임금이 밭에 갔다고 함은 역산歷山에서 경작할 때의 일이다. 인仁으로 덮고 아래를 민망하게 여기므로 민천旻天이라고 했다.

민천에 호읍號泣했다는 것은, 순임금이 하늘을 부르며 운 것으로 이 일은 『서경書經』 우서虞書 대우모편大禹謨篇에서 볼 수 있다. 원모怨慕는 자기가 부모의 사랑을 받지 못하는 것을 애달프게 생각하고, 또 그리워한다는 뜻이다.

萬章이 問曰 舜이 往于田하샤 號泣于旻天하시니 何爲其號泣也이이꼬
만 장   문 왈 순   왕 우 전   호 읍 우 민 천   하 위 기 호 읍 야

孟子가 曰 怨慕也이니라.
맹 자   왈 원 모 야

효자는 부모님을 공양하는 책임을 다한다

만장이 다시 맹자에게 말했다.

"부모가 자식을 사랑하면 자식은 기뻐하고 고마움을 잊지 않습니다. 혹 부모가 미워하셔도 자식은 여전히 부모를 위해 애를 쓸 뿐 원망하지 않는다고 알고 있습니다. 그런데 순임금은 부모를 원망했습니까?"

맹자가 다음과 같은 예를 들어 말했다.

"이전에 장식長息이란 사람이 자기 스승 공명고公明高에게 '순임금이 밭에 나가 경작했다는 말을 들었습니다. 그런데 순임금이 하늘에 대고 호소하며 울었다는 것을 잘 알 수가 없습니다.'하고 물었다. 그러자 스승인 공명고가 말했다. '그와 같은 깊은 경지를 자네는 알지 못할 것이다.'"

萬章이 曰 父母가 愛之어시든 喜而不忘하고 父母가 惡之어시든 勞而不怨이니
만 장   왈 부 모   애 지   희 이 불 망   부 모   오 지   노 이 불 원

然則舜怨乎이이까 曰 長息이 問於公明高曰 舜이 往于田은 則吾가 既得聞命矣어니와
연 즉 순 원 호   왈 장 식   문 어 공 명 고 왈 순   왕 우 전   즉 오   기 득 문 명 의

號泣于旻天과 于父母는 則吾不知也로이다 公明高가 曰 是는 非爾所知也이라하니
호 읍 우 민 천   우 부 모   즉 오 부 지 야   공 명 고   왈 시   비 이 소 지 야

그리고 맹자가 말했다.

"공명고가 말한 깊은 뜻은 이런 것이다. 즉 효자의 마음은 다음과 같이 냉담冷淡한 것이 아니다. '힘들여 밭을 갈고 부모님을 공양供養하는 책임을 다하면 된다. 부모님이 나를 사랑해주지 않아도 나에게는 아무렇지 않다.'고 하는 식으로 냉정하지 않다는 뜻이다."

해설

장식長息은 공명고公明高의 제자이다. 공명고는 증자曾子의 제자이다. 우부모于父母란 말은 서경書經에 있는 글이다. 부모에게 호소하고 울었다는 뜻이다. 괄恝은 걱정하지 않는 품이다. 어아하재於我何哉는 '자기에게 무슨 죄가 있나 하고 자책할 뿐, 부모를 원망한 것은 아니다.'라는 뜻이다.

夫公明高는 以孝子之心이 爲不若是恝라
부 공 명 고   이 효 자 지 심   위 불 약 시 개

我는 竭力耕田하야 共爲子職而已矣니 父母之不我愛는 於我何哉오하니라.
아   갈 력 경 전   공 위 자 직 이 이 의   부 모 지 불 아 애   어 아 하 재

부모의 사랑을 그리워하다

"요임금이 자기의 아들 9명과 딸 2명으로 하여금 순임금을 섬기게
했다. 또 백관百官과 우양牛羊 및 창름倉廩을 다 구비하고, 논밭에서
농사를 짓는 순임금을 섬기게 했다. 그러자 천하의 선비들 중 순임금
을 따른 사람이 많았다. 이에 요임금은 앞날을 내다보고 천하의 대권
을 옮겨주려고 했다. 그러나 순임금은 자신의 효성이 부모에게 순탄
하게 받아들여 지지 않았기 때문에 마치 곤궁한 사람이 돌아갈 집이
없는 것처럼 몸 둘 바를 몰랐으니, 천하를 얻는 것보다 부모의 사랑
을 받는 것이 더 중요하다."

해설

제帝는 요堯임금이다. 『사기史記』에 보면, 요임금이 두 딸을 순에게 시집가게 한 것
은 집안 다스리는 능력을 보고자 한 것이다. 아들 9명으로 하여금 섬기게 한 것은 바
깥일 다스리는 능력을 보고자 한 것이다. 또 순임금이 거처한 지 1년 만에 부락을 이
루었고, 2년에 읍을 이루었으며, 3년에 도시를 이루었다. 이것이 곧 천하의 선비들이
순임금을 따르고 섬겼다는 의미이다.

帝는 使其子九男二女로 百官牛羊倉廩을 備하야 以事舜於畎畝之中하시니
제 사기자구남이녀 백관우양창름 비 이사순어견무지중

天下之士가 多就之者이어늘 帝가 將胥天下 而遷之焉이러시니
천하지사 다취지자 제 장서천하 이천지언

爲不順於父母이라 如窮人無所歸러시다.
위불순어부모 여궁인무소귀

걱정은 해소할 수 있는 것이다

"천하의 모든 선비들이 사람은 자기를 좋아하고 따르기를 바란다. 순임금은 그것으로는 자신의 걱정을 풀기에 부족했다. 즉 부모의 사랑을 못 받는 걱정이 해소되지 않았다. 호색好色은 사람이 원하는 바이다. 그러나 순임금은 요임금의 두 딸을 아내로 삼았으나, 그래도 걱정을 해소하는데 부족했다. 부富는 모든 사람이 욕심내는 것이다. 순임금은 부에 있어 천하를 소유했으나, 그래도 걱정의 해소에는 부족했다. 귀貴는 모든 사람이 욕심내는 것이다. 순임금은 귀에 있어 천자가 되었으나, 그래도 걱정의 해소에는 부족했다. 모든 사람이 좋아하는 것과, 아름다운 아내와, 부귀로서는 순임금의 걱정을 해소할 수 없었고, 오직 부모와 순탄한 사랑을 서로 주고받는 것만이 순임금의 걱정을 해소할 수 있었던 것이다."

天下之士가 悅之는 人之所欲也이어늘 而不足以解憂하시며 好色은 人之所欲이어늘
천하지사 열지 인지소욕야 이부족이해우 호색 인지소욕

妻帝之二女하샤대 而不足以解憂하시며 富는 人之所欲이어늘 富有天下하샤대
처제지이녀 이부족이해우 부 인지소욕 부유천하

而不足以解憂하시니 貴는 人之所欲이어늘 貴爲天子하샤대 而不足以解憂하시니
이부족이해우 귀 인지소욕 귀위천자 이부족이해우

人悅之와 好色과 富貴에 無足以解憂者이오 惟順於父母이라야 可以解憂이러시다.
인열지 호색 부귀 무족이해우자 유순어부모 가이해우

부모를 진심으로 사랑하고 그리워하는 사람

"사람은 어려서 부모를 사랑하고 그리워한다. 여자와의 짝짓기를 알게 되면, 어리고 예쁜 여자를 그리워한다. 장가를 들고 처자식을 갖게되면 곧 자기 처자식을 사랑하고 그리워한다. 출사하면 임금을 사랑하고 그리워하며, 만약에 임금의 총애를 받지 못하면 속을 태우고 열을 낸다. 그러나 크게 효성스러운 아들은 죽을 때까지 부모를 그리워하며 사랑한다. 나이 오십이 되어도 부모를 진심으로 사랑하고 그리워하는 사람은 나는 대효 순임금에게서 보았노라."

해설

애艾는 '아름답고 예쁘다'는 뜻이다. 초사楚辭와 전국책戰國策에 이른바, 유애幼艾라고 한 말과 뜻이 같다. 부득不得은 실의失意의 뜻이다. 열중熱中은 조급躁急하여 가슴속에 열이 난다는 뜻이다. 언오십자言五十者는 순임금이 섭정攝政한 때가 50년이라는 뜻으로 50년간을 부모의 사랑을 얻으려고 그리워했으니, 곧 평생을 두고 사랑하고 그리워했음을 알 수 있다.

人이 少則慕父母하다가 知好色則慕少艾하고 有妻子則慕妻子하고 仕則慕君하고
인   소즉모부모   지호색즉모소애   유처자즉모처자   사즉모군

不得於君則熱中이니 大孝는 終身慕父母하나니 五十而慕者를 予於大舜에 見之矣로다.
부득모군즉열중   대효   종신모부모   오십이모자   여어대순   견지의

제2장 취처장 娶妻章

 인간이 따라야 할 가장 중대한 윤리

맹자의 제자 만장이 물었다.

"『시경詩經』 제풍齊風 남산편南山篇에 '아내를 취하려면 어떻게 하나요? 반드시 부모에게 고해야 한다.'고 했습니다. 이 말을 믿고 따른다면, 의당히 순같이 해서는 안 될 것입니다. 그런데 순임금이 자기 부모에게 고하지 않고 아내를 취한 것은 어째서입니까?"

맹자가 말했다.

"고했다면 장가를 들지 못했을 것이다. 남녀가 결혼하여 부부가 되고, 자식을 낳고 키우는 것은 인간이 따라야 할 가장 중대한 윤리이다. 순이 만약에 부모에게 말했다면, 즉 인간의 대륜을 폐하게 되고, 또 부모를 원망하게 되었을 것이다. 그래서 부모에게 고하지 않고 장가를 든 것이다."

해설

순舜의 부친은 완악頑惡하고, 모친은 간악奸惡했으며, 항상 순을 해치려고 했다. 그러므로 고했다면 순이 장가드는 것을 허락하지 않았을 것이다. 그렇게 되면 인간의 대륜大倫을 폐廢하고, 부모를 원수로 여기고 원망하게 되었을 것이다.

萬章이 問曰 詩云 娶妻如之何오 必告父母이라하니 信斯言也인댄 宜莫如舜이어시니
만장   문왈 시운 취처여지하   필고부모   신사언야   의막여순

舜之不告而娶는 何也이꼬 孟子가 曰 告則不得娶하시리니 男女居室은 人之大倫也이니
순지불고이취   하야   맹자 왈 고즉부득취   남녀거실   인지대륜야

如告則廢人之大倫하야 以懟父母이라 是以不告也이시니라.
여고즉폐인지대륜   이대부모   시이불고야

만장이 또 물었다.

"순임금이 자기 부모에게 고하지 않고 장가를 든 까닭은 지금 선생님의 말씀을 듣고 알았습니다. 허나 요임금이 순에게 자기 딸들을 아내로 삼게 하면서 순의 부모에게 고하지 않은 까닭은 어째서입니까?"

맹자가 말했다.

"요임금 역시 고하면 결혼하지 못할 것을 알았기 때문이다."

해설

자기 딸을 남의 아내가 되게 함을 처妻라고 했다.

정자가 말했다.

"요임금이 순에게 딸을 시집보내면서 그 부모에게 고하지 않은 것은 임금으로서 천리를 따라 인륜을 바르게 다스리고자 한 것이다. 오늘의 관부官府 같은 곳에서는 사사로운 생각으로 다스리는 경우가 많았다."

萬章이 曰 舜之不告而娶는 則吾旣得聞命矣어니와 帝之妻舜而不告는 何也이꼬
만 장   왈 순 지 불 고 이 취   즉 오 기 득 문 명 의   제 지 처 순 이 불 고   하 야

曰 帝亦知告焉이면 則不得妻也이시니라.
왈 제 역 지 고 언   즉 부 득 처 야

🌸 성인의 경지

만장이 말했다.

"부모가 순으로 하여금 창고의 지붕을 수리하게 하고, 순이 지붕에 올라간 다음에 사다리를 치워버렸으며, 고수가 창고에 불을 질러, 순을 태워 죽이려 했습니다. 그러나 순이 공중을 날아서 내려와 무사했습니다. 두 번째는 순으로 하여금 우물을 준설浚渫하게 했으며, 순이 우물에 들어가자, 위에서 흙을 쏟아붓고, 순을 생매장해서 죽이려 했습니다. 그러나 이번에도 순은 다른 길을 타고 우물에서 빠져나왔습니다. 한편 상象은 뒤따라 우물을 틀어막고 형 순임금이 죽은 줄 알고 말했습니다. '계략을 꾸미고 우물에 뚜껑을 덮어 도군都君을 죽게 한 것은 모두가 다 나의 공적이다. 그러므로 순임금의 재산을 처리함에 있어 소나 양 같은 가축은 부모가 가지시오. 곡물창고도 부모가 가지시오. 방패나 창 같은 무기는 내가 갖겠습니다. 거문고도 내가 갖고, 또 요임금이 준 붉은 칠을 한 활도 내가 갖겠습니다. 두 형수는 내가 잠자리 시중을 들게 하겠습니다.'"

萬章이 曰 父母는 使舜으로 完廩捐階하고 瞽瞍는 焚廩하며 使浚井하야 出커시늘
만장   왈 부모   사순   완름연계   고수   분름   사준정   출

從而揜之하고 象이 曰 謨蓋都君은 咸我績이니 牛羊父母이오 倉廩父母이오
종이엄지   상 왈 모개도군 함아적   우양부모   창름부모

干戈朕이오 琴朕이오 弤朕이오 二嫂란 使治朕棲하리라고
간과짐   금짐   저짐 이수   사치짐서

"상은 순이 죽은 줄 굳게 믿고, 형의 집을 접수하려고 순의 대궐 같은 집으로 가서 안에 들어갔습니다. 그런데 죽은 줄 알았던 순이 의연하게 침상에 앉아 거문고를 타고 있었습니다. 이에 교활한 상이 말했습니다. '우울하고 답답하여 형님 생각이 나서 이렇게 왔습니다.' 그리고 부끄럽고 겸연쩍어했습니다. 그러자 순이 말했습니다. '이곳 도읍에 있는 모든 신하들을 네가 나와 함께 다스려라.'"

다시 만장이 맹자에게 물었다.

"저는 알 수가 없습니다. 순임금은 동생 상이 자기를 죽이려고 한 것을 몰랐습니까?"

맹자가 말했다.

"왜 몰랐겠느냐? 다 알고 있었다."

그리고 맹자가 말했다.

"순임금은 동생 상象이 걱정 될 일을 하면, 자기도 걱정했으며, 동생 상이 잠시라도 착한 마음으로 즐겁게 대하면, 역시 즐겁게 대해 주었던 것이다."

象이 往入舜宮한대 舜이 在床琴이어시늘 象이 曰 鬱陶思君爾라하고 忸怩한대
舜이 曰 惟茲臣庶를 汝其于予治라하시니 不識케이다 舜이 不知象之將殺己與이까
曰 奚而不知也시리오 象憂亦憂하시고 象喜亦喜하시니라.

군자는 도리에 맞는 행동에는 기뻐한다

만장萬章이 말했다. "그렇다면 순임금이 거짓으로 기쁜 척 했습니까?"
맹자가 말했다. "아니다." 그리고 다음과 같은 예를 들었다. "옛날 춘
추시대에 한 사람이 정鄭나라의 재상 자산子産에게 살아있는 물고기
를 선물했다. 자산은 그 물고기를 교인校人으로 하여금 연못에 넣어
키우게 했다. 그러나 교인은 그 물고기를 삶아 먹었다. 그리고 돌아
와서 자산에게 거짓으로 복명復命하며 말했다. '처음에 물고기를 연
못에 풀어놓자 어리둥절하고 잘 가지를 못하더니 잠시 있자니 넘실
넘실 헤엄을 치고 유연하게 어디론가 가버렸습니다.' 자산이 말했다.
'물고기가 제자리를 얻었다, 제자리를 얻었다.'
교인이 나와서 말했다. '누가 자산을 현명하다고 하나? 그는 내가 속
여도 모르더라. 내가 이미 물고기를 삶아 먹었거늘 자산은 나에게 속
은 줄도 모르고 물고기가 제자리를 얻었다, 제자리를 얻었다고 말하
더라.'"

曰 然則舜은 僞喜者與이까 曰 否이라 昔者에 有饋生魚於鄭子産이어늘
왈 연즉순 위희자여 왈 부 석자 유궤생어어정자산

子産이 使校人으로 畜之池한대 校人이 烹之하고 反命曰 始舍之하니 圉圉焉이러니
자산 사교인 육지지 교인 팽지 반명왈 시사지 어어언

少則洋洋焉하야 攸然而逝하더이다 子産이 曰 得其所哉인저 得其所哉인저하여늘
소즉양양언 유연이서 자산 왈 득기소재 득기소재

校人이 出 曰 孰謂子産을 智오 予旣烹而食之호니
교인 출 왈 숙위자산 지 여기팽이식지

曰 得其所哉인저 得其所哉인저코라하니
왈 득기소재 득기소재

맹자는 이렇게 자산과 교인의 예를 들고, 종합적으로 말했다. "자산과 교인의 경우에서 알 수 있듯이 군자는 도리에 맞는 방법으로 속일 수는 있다. 그러나 도리가 아닌 방법으로 군자를 속이려 해도 안 된다. 象의 경우도 그가 거짓이나마 형을 사랑한다고 말하며 왔으므로 순임금이 참으로 믿고 기뻐했던 것이다. 어찌 거짓으로 기쁜 척 했겠는가?"

해설

교인校人은 연못을 돌보는 작은 관리이다. 어어圉圉는 '갇힌 듯이 기를 펴지 못한다'는 뜻이다. 양양洋洋은 '풀리고 넘실넘실해진다'는 뜻이다. 유연이서자攸然而逝者는 '자득하여 멀리 간다'는 뜻이다. 방方은 '도에 맞는 방법'의 뜻이다. 망罔은 '덮어쓰고 가린다'는 뜻이다. 기이기방欺以其方은 '도리가 있는 방법으로 속인다'는 뜻이다. 망이비기도罔以非其道는 '도리가 없는 방법으로 속인다'는 뜻이다.

상象이 형을 사랑하는 도리로서 왔으니, 이른바 도리에 맞는 방법으로 기만한 것이다. 순舜은 본래 속이는 것을 알지 못했다. 그러므로 실제로 기뻐한 것이다.

故로 君子는 可欺以其方이어니와 難罔以非其道이니 彼以愛兄之道로 來
고   군자   가 기 이 기 방   난 망 이 비 기 도   피 이 애 형 지 도   래

故로 誠信而喜之시니 奚僞焉이시리오.
고   성 신 이 희 지   해 위 언

어진 이는 타인과 가족을 다르게 대합니까?

만장이 맹자에게 물었다.

"이복동생 상象은 매일같이 순舜을 살해하려고 했거늘 순이 천자의 자리에 오르자 상을 추방한 것은 어째서입니까?"

맹자가 말했다.

"순은 상을 봉封해 주었다. 다른 사람이 추방이라고 말한 것이다."

만장이 항변하듯이 말했다.

"순임금은 공공共工을 유주幽州에 유배하고, 환두驩兜를 숭산崇山으로 추방하고, 삼묘三苗를 삼위三危에서 멸하고, 치수에 실패한 곤鯀을 우산羽山에 가두었습니다. 그와 같이 네 가지의 죄를 벌하자 천하 모든 사람이 다 복종했습니다. 즉 불인不仁한 자들을 다 주멸誅滅한 것입니다. 하기는 상象은 지극히 불인했거늘 그를 유비有庳에 봉했으니, 유비의 백성들이 무슨 죄가 있어 상을 영주領主로 모셔야 합니까? 인인仁人이란 본래 그렇게 하는 것입니까? 타인의 경우는 죽이고, 자기 동생의 경우는 봉합니까?"

萬章이 問曰 象이 日以殺舜爲事이어늘 立爲天子 則放之는 何也이꼬
만장 문왈 상   일이살순위사   입위천자 즉방지   하야

孟子가 曰 封之也이어시늘 或曰放焉이라하니라. 萬章이 曰 舜이 流共工于幽州하시고
맹자 왈 봉지야   혹왈방언   만장 왈 순 유공공우유주

放驩兜于崇山하시고 殺三苗于三危하시고 殛鯀于羽山하사 四罪하신대
방환도우숭산   살삼묘우삼위   극곤우우산   사죄

而天下가 咸服은 誅不仁也이니 象이 至不仁이어늘 封之有庳하시니
이천하 함복 주불인야   상 지불인   봉지유비

有庳之人은 奚罪焉고 仁人도 固如是乎이까 在他人則誅之하고 在弟則封之온여.
유비지인 해죄언 인인 고여시호   재타인즉주지   재제즉봉지

어진 사람은 동생을 오직 친애할 뿐이다

맹자가 말했다.

"인인은 동생에 대하여 노여움을 묻어두지 않고, 원한을 속에 품지도 않으며, 오직 친애할 뿐이다. 친근하게 생각하므로 그를 귀하게 높여주려고 원하고, 친애하니까 그를 부富하게 해주려고 하는 것이다. 순이 동생 상을 유비에 봉한 것은, 동생에게 부귀를 주고자 함이다. 자신은 천자가 되었는데 동생은 필부로 내버려 두면 어찌 친애라 하겠느냐?"

해설

만장萬章은 의아하게 여겼다. 순임금은 마땅히 상을 봉하지 말고, 유비의 백성들로 하여금 죄 없이 상의 난폭한 학대를 받지 않게 했어야 한다. 그런데 상을 봉한 것은 인인仁人의 마음이 아니다. 장노藏怒는 '자신의 노여움을 감춘다'는 뜻이다. 숙원宿怨은 '자기의 원한을 속에 묻어둔다'는 뜻이다.

曰 仁人之於弟也에 不藏怒焉하며 不宿怨焉이오 親愛之而已矣니 親之란 欲其貴也이오
왈 인인지어제야   부장노언   불숙원언   친애지이이의   친지   욕기귀야

愛之란 欲其富也이니 封之有庳는 富貴之也이시니 身爲天子이오
애지   욕기부야   봉지유비   부귀지야   신위천자

弟爲匹夫이면 可謂親愛之乎아.
제위필부   가위친애지호

정사를 돌봄과 형제의 정은 구별한다

만장이 말했다.

"감히 묻겠습니다. 혹 상을 추방했다고 말하는 까닭은 어째서입니까?"

맹자가 대답했다.

"영주로 봉해졌으나 상은 그 나라를 직접 다스리지 못했다. 순임금은 관리로 하여금 그 나라를 다스리게 했으며, 공물이나 세금을 받아들이게 했던 것이다. 결국 상은 명목상으로만 영주로 봉해졌지, 실지로 권력을 행사할 수 없었다. 그러므로 추방이라 말하는 것이다. 그러니 상이 어찌 백성들에게 포악한 짓을 할 수 있었겠는가. 그렇기는 하지만 다음 같은 점에서 추방과 다르다. 순임금은 동생 상을 자주 만나고자 하고 불렀으므로 샘에서 물이 끝없이 나오듯 형제의 정에 넘쳐 상이 자주 와서 순임금을 만났던 것이다. 옛 기록에 '조공을 드릴 때도 아닌데 정사政事로 해서 유비의 영주를 접견했다.'고 적혀 있는 것이 바로 이를 말하는 것이다."

敢問 或曰 放者는 何謂也이이꼬 曰 象이 不得有爲於其國하고
감 문 혹 왈 방 자   하 위 야   왈   상   부 득 유 위 어 기 국

天子使吏로 治其國而納其貢稅焉이라 故로 謂之放이니 豈得暴彼民哉리오
천 자 사 리   치 기 국 이 납 기 공 세 언   고   위 지 방   기 득 포 피 민 재

雖然이나 欲常常而見之 故로 源源而來하니 不及貢하야 以政接于有庳라하니
수 연   욕 상 상 이 견 지 고   원 원 이 래   불 급 공   이 정 접 우 유 비

此之謂也이니라.
차 지 위 야

제4장 함구장 咸丘章
아버지가 자식에게 참배하다

맹자의 제자 함구몽이 물었다.

"다음과 같은 말이 있더군요. '덕이 높은 선비에 대해서는 임금도 그를 신하로 삼을 수 없고, 아버지도 그를 자식으로 취급할 수 없다. 그런데 순임금이 남쪽을 바라보는 임금 자리에 높이 앉자, 요임금이 제후들을 거느리고 북쪽을 바라보며 조근朝覲했으며, 또 고수 역시 북쪽을 바라보며 조근했다. 그때 순임금이 고수를 보고 송구스러운 표정을 지었다. 이에 대해서 공자도 그때 천하가 위태롭고, 불안하다고 말했다.' 저는 잘 모르겠습니다. 이상의 말을 정말 그렇다고 해야 하겠습니까?"

咸丘蒙이 問曰 語에 云 盛德之士는 君不得而臣하며 父不得而子이라
함구몽   문왈 어   운 성덕지사   군부득이신   부부득이자

舜이 南面而立이어시는 堯가 帥諸侯하야 北面而朝之하시고 瞽瞍가 亦北面而朝之어늘
순   남면이립   요 솔제후   북면이조지   고수   역북면이조지

舜이 見瞽瞍하시고 其容이 有蹙이라하야날 孔子가 曰 於斯時也에 天下는
순   견고수   기용   유축   공자 왈 어사시야   천하

殆哉 岌岌乎인저하시니 不識케이다 此語는 誠然乎哉이까.
태재 급급호   불식   차어   성연호재

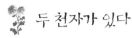 두 천자가 있다

맹자가 말했다.

"아니다. 그렇지 않다. 떠도는 그 말은 군자가 한 말이 아니고 제나라 동쪽에 사는 필부가 한 말이다. 요임금이 노쇠하자 순이 섭정攝政했다.『서경書經』우서虞書 요전堯典에 있다. 순이 섭정한 지 28년이 되자 요임금 방훈放勳이 돌아가셨다. 그러자 백성들이 자기 부모같이 3년 동안 복상服喪했으며, 사해 안의 모든 나라에서는 음악을 금하고 엄숙하게 지냈다. 후일 공자도 '하늘에는 두 개의 태양이 없고, 백성에게는 두 임금이 없다.'고 말했다. 그 후에 순이 천자가 된 다음에 천하의 제후들을 통솔하고 요임금의 삼년상을 지냈다. 이를 두고 '두 천자가 있다.'고 말한 것이다."

해설

요전堯典은『서경書經』우서虞書의 편명篇名이다. 지금 이 글은 순전舜典에 있다. 아마 옛날 서경 책에는 요전과 순전 두 편이 혹 하나로 합쳤을 것이다. 또 맹자는 순이 섭정한 지 28년 만에 요가 죽었다고 말했다.

孟子가 曰 否이라 此非君子之言이라 齊東野人之語也이라
맹 자   왈 부   차비군자지언   제 동 야 인 지 어 야

堯가 老而舜이 攝也이러시니 堯典에 曰 二十有八載에 放勳이 乃徂落커시늘
요   노이순   섭야   요전   왈 이십유팔재   방훈   내조락

百姓은 如喪考妣三年하고 四海는 遏密八音이라하며
백성   여상고비삼년   사해   알밀팔음

孔子가 曰 天無二日이오 民無二王이라하시니 舜이 旣爲天子矣오
공자   왈 천무이일   민무이왕   순   기위천자의

又帥天下諸侯하야 以爲堯三年喪이면 是는 二天子矣니라.
우솔천하제후   이위요삼년상   시   이천자의

임금의 아버지도 임금의 신하인가?

함구몽이 말했다.

"순임금이 요임금을 신하로 다루지 않았다는 것은 선생님의 말씀을 듣고 알게 되었습니다. 그러나 『시경詩經』 소아小雅 북산편北山篇에 '넓은 하늘 아래 임금님의 땅 아닌 것이 없고, 바다 안의 땅에 살고 있는 모든 사람이 임금의 신하가 아닌 자가 없다.'고 했거늘, 순임금이 천자가 되자 부친 고수를 신하가 아니라고 한 말은, 어찌 된 까닭입니까?"

咸丘蒙이 曰 舜之不臣堯는 則吾旣得聞命矣어니와 詩云 普天之下가 莫非王土이며
함구몽   왈 순지불신요   즉오기득문명의   시운 보천지하   막비왕토

率土之濱이 莫非王臣이라하니 而舜이 旣爲天子矣시니 敢問瞽瞍之非臣은 如何이이꼬.
솔토지빈   막비왕신   이순 기위천자의   감문고수지비신   여하

임금은 할 일이 많아 부모님의 공양에 힘쓰기 어렵다

맹자가 말했다.

"그 시는 그런 뜻을 말한 것이 아니다. 대부大夫가 임금의 일에 힘을 쏟아, 자기 부모를 공양하지 못함을 불평한 것이다. 즉 '이 모두가 임금을 위한 일이거늘, 왜 나 혼자만 슬기와 노력을 바쳐야 하느냐.'고로 시를 말하는 자는 문자에 매달려 어구의 뜻을 해치지 말아야 한다. 또 어구에 매달려 전체의 뜻을 해치지 말아야 하며, 또 전체의 뜻에 매달려 시를 지은 사람의 의도에 거슬리면 안 된다. 그렇게 해야 시의 뜻을 바르게 터득할 수 있다. 만약 어구에 매달리면 전체의 뜻을 바르게 알지 못한다. 그 예를 들겠다. 『시경詩經』 대아大雅 운한편雲漢篇의 시에 다음 같은 어구가 있다. 주周나라 여왕厲王의 난을 겪은 다음에 '주나라의 살아남은 백성은 한 사람도 없었다.' 이런 시의 구절을 참말로 믿으면 사실로 주나라에는 유민이 하나도 없어야 할 것이다."

曰 是詩也는 非是之謂也이라 勞於王事 而不得養父母也하야 曰 此莫非王事이어늘
왈 시시야   비시지위야   노어왕사 이부득양부모야   왈 차막비왕사

我獨賢勞也이라하니 故로 說詩者는 不以文害辭하며 不以辭害志오
아독현로야   고 설시자   불이문해사   불이사해지

以意逆志라야 是爲得之니 如以辭而已矣인댄 雲漢之詩에 曰 周餘黎民이
이의역지   시위득지   여이사이이의   운한지시   왈 주여려민

靡有孑遺이라하니 信斯言也인댄 是는 周無遺民也이니라.
미유혈유   신사언야   시   주무유민야

자식이 효도하면, 어버이도 자식을 존경한다

"효자의 극치는 부모를 존경하는 것보다 더 큰 것이 없고, 존친의 극치는 천하의 부富로써 부모를 봉양하는 것보다 더 큰 것이 없다. 순임금은 자기 부친을 천자의 부친이 되게 했으니 존경의 극치니라. 또 순임금이 자기 부친을 천하의 부로서 봉양했으니 봉양의 극치니라. 『시경詩經』 대아大雅 하무편下武篇에 있다. '영원히 효도하려고 생각하니 그 효도 사상이 곧 천하의 법도니라.' 시경의 말이 곧 순의 경우를 말하는 것이다."

"『서경書經』 대우모大禹謨에 있다. '순임금이 부친 고수를 지극히 존경하고 섬기는 태도로 모셨으며 조심하고, 또 단정 근엄하게 부친에게 대했다. 그러자 부친 고수도 역시 착하고 부드럽게 대했다.' 그러므로 아버지이면서 천자가 된 자식을 예사롭게 대하지 못했던 것이다."

孝子之至는 莫大乎尊親이오 尊親之至는 莫大乎以天下養이니
효 자 지 지   막 대 호 존 친   존 친 지 지   막 대 호 이 천 하 양

爲天子父하니 尊之至也이오 以天下養하시니 養之至也이라
위 천 자 부   존 지 지 야   이 천 하 양   양 지 지 야

詩曰 永言孝思이라 孝思維則이라하니 此之謂也이니라.
시 왈 영 언 효 사   효 사 유 칙   차 지 위 야

書에 曰 祇載見瞽瞍하샤대 夔夔齊栗하신대 瞽瞍亦允若이라하니
서   왈 지 재 견 고 수   기 기 제 율   고 수 역 윤 약

是爲父不得而子也이니라.
시 위 부 부 득 이 자 야

제5장 요이장 堯以章
천자는 하늘이 점지한다

맹자의 제자 만장이 물었다.

"요임금이 천하를 순임금에게 물려주었다고 하는데 사실로 그런 일이 있었습니까?"

맹자가 대답해서 말했다.

"아니다. 천자는 천하를 자기 마음대로 다른 사람에게 넘겨주지 못한다."

"그렇다면 순임금이 천하를 지니고 다스렸으니, 그것은 누가 준 것입니까?"

"하늘이 준 것이다."

"하늘이 순에게 천하를 줄 때에 차근차근 말로 명을 내렸습니까?"

"아니다. 하늘은 말을 하지 않는다. 오직 덕행이나 이룬 업적을 가지고 그가 천자가 될 사람이라는 것을 보여 줄 뿐이다."

萬章이 曰 堯는 以天下與舜이라하니 有諸이까 孟子가 曰 否이라
만장 왈 요 이천하여순 유제 맹자 왈 부

天子는 不能以天下與人이니라. 然則舜有天下也는 孰與之이꼬 曰 天이 與之시니라.
천자 불능이천하여인 연즉순유천하야 숙여지 왈 천 여지

天이 與之者는 諄諄然命之乎이이까
천 여지자 순순연명지호

曰 否이라 天이 不言이라 以行與事로 示之而已矣시니라.
왈 부 천 불언 이행여사 시지이이의

하늘은 덕행과 업적을 바탕으로 천자를 낸다

만장이 말했다.

"덕행과 업적을 바탕으로 내보인다고 함은 어떻게 하는 것입니까?"

맹자가 말했다.

"천자는 사람을 하늘에 천거할 수는 있어도, 하늘로 하여금 천하를 그 사람에게 주게 할 수는 없다. 제후도 훌륭한 사람을 천자에게 천거할 수는 있어도, 천자로 하여금 그를 제후가 되게 할 수는 없다. 대부도 훌륭한 사람을 제후에게 천거할 수는 있어도, 제후로 하여금 그를 대부가 되게 할 수는 없다."

"옛날에 요임금이 순을 하늘에 천거하자, 하늘이 받아들이고 그를 백성에게 나타나게 했으며, 백성이 그를 받아들였던 것이다."

"고로 말한다. '하늘은 말을 하지 않는다. 오직 덕행과 업적을 가지고 나타내 보일 뿐이다.'"

曰 以行與事로 示之者는 如之何이이까 曰 天子는 能薦人於天이언정
왈 이 행 여 사   시 지 자   여 지 하   왈 천 자   능 천 인 어 천

不能使天으로 與之天下이며 諸侯는 能薦人於天子이언정 不能使天子로 與之諸侯이며
불 능 사 천   여 지 천 하   제 후   능 천 인 어 천 자   불 능 사 천 자   여 지 제 후

大夫는 能薦人於諸侯이언정 不能使諸侯로 與之大夫이니
대 부   능 천 인 어 제 후   불 능 사 제 후   여 지 대 부

昔者에 堯는 薦舜於天而天이 受之하시고 暴之於民而民이 受之하니
석 자   요   천 순 어 천 이 천   수 지   폭 지 어 민 이 민   수 지

故로 曰 天이 不言이라 以行與事로 示之而已矣라하노라.
고   왈 천   불 언   이 행 여 사   시 지 이 이 의

천자는 하늘이 주고 사람이 준다

만장이 물었다.

"감히 묻겠습니다. 하늘에 천거하자 하늘이 받아들이고, 백성들 앞에 나타나게 하자, 백성들이 받아들였다고 하는 말은 무슨 뜻입니까?"

맹자가 말했다.

"그로 하여금 제사를 주관하게 하면 모든 신들이 그가 지내는 제사를 잘 받아주었다. 이것이 곧 하늘이 받아주었다는 뜻이다. 그로 하여금 일을 주관하게 하면, 모든 일이 잘 다스려져 백성이 편안하게 되었으니, 이것이 곧 백성이 받아들였다는 뜻이다. 그러니 결국 하늘이 주고, 사람이 준 것이다."

日 敢問 薦之於天而天이 受之하시고 暴之於民而民이 受之는 如何이이꼬
왈 감문 천지어천이천 수지 폭지어민이민 수지 여하

日 使之主祭而百神이 享之하니 是는 天이 受之오 使之主事而事治하야
왈 사지주제이백신 향지 시 천 수지 사지주사이사치

百姓이 安之하니 是는 民이 受之也이라 天이 與之하며 人이 與之니라.
백성 안지 시민 수지야 천 여지 인 여지

하늘은 백성을 통해 보고 듣는다

"고로 '천자가 천하를 줄 수 없다'고 말한 것이다. 순임금이 섭정攝政하고 요임금을 도운 지 28년이 되었으니, 그와 같은 일은 인간적 차원에서 할 수 있는 일이 아니고 하늘의 차원으로만 가능한 것이다. 요임금이 붕어하자, 삼년상을 마친 순임금은 요임금의 아들에게 임금 자리를 물려주기 위해서 남하南河의 남쪽으로 가서 몸을 피했다. 그러나 천하의 제후들로서 조근朝覲하는 자는 요의 아들 단주丹朱에게 가지 않고 순에게로 갔으며, 소송을 제기하는 사람도, 요의 아들에게 가지 않고 순에게로 갔으며, 공덕을 노래하고 칭송하는 사람도, 요의 아들을 노래하고 칭송하지 않고, 순을 노래하고 칭송했다."

故로 日 天子는 不能以天下與人이라하노라 舜이 相堯二十有八載하시니
고 왈 천자 불능이천하여인   순 상요이십유팔재

非人之所能爲也이라 天也이라 堯는 崩커시늘 三年之喪을 畢하고
비인지소능위야   천야   요 붕   삼년지상 필

舜이 避堯之子於南河之南이어시늘 天下諸侯朝覲者가 不之堯之子 而之舜하며
순 피요지자어남하지남   천하제후조근자   부지요지자 이지순

訟獄者가 不之堯之子 而之舜하며 謳歌者가 不謳歌堯之子 而謳歌舜하니
송옥자 부지요지자 이지순   구가자 불구가요지자 이구가순

그러므로 "하늘이 시키는구나."하고 말하고, "다음에 국도國都에 가서, 천자의 자리에 올랐던 것이다. 만약에 요임금이 죽자 즉시 순임금이 요임금의 궁전에 들어가 요임금의 아들 단주를 몰아냈다면, 이는 찬탈이지, 하늘이 준 것이 아니다."

"『서경書經』 태서편泰書篇에 있다. '하늘이 보는 것은 우리 백성을 통해서 보고, 하늘이 듣는 것은 우리 백성을 통해서 듣는다.' 태서의 말이 곧 이 뜻을 말한 것이다."

해설

남하南河는 기주冀州의 남쪽이다. 그 남쪽은 즉 예주豫州다. 송옥訟獄은 '옥사를 판결하지 못하고, 소송을 올린다'는 뜻이다. 자自는 '따른다'는 뜻이다. 하늘은 형체가 없다. 하늘의 보고 듣는 것은 모두 백성들의 보고 들음에 따른다. 백성들이 그와 같이 순임금에게 귀의歸依했으므로 곧 하늘이 천하를 주었다는 뜻도 알 수 있다.

故로 曰 天也이라 夫然後에 之中國하샤 踐天子位焉하시니
고   왈 천야   부연후 지중국   천천자위언

而居堯之宮하야 逼堯之子이면 是는 簒也이라 非天與也이니라.
이거요지궁   핍요지자   시   찬야   비천여야

太誓에 曰 天視는 自我民視며 天聽은 自我民聽이라하니 此之謂也이니라.
태서   왈 천시   자아민시   천청   자아민청   차지위야

임금은 하늘이 정한다

만장이 맹자에게 물었다.

"남이 말하더군요. '우임금 때에 이르러, 덕德이 쇠하여, 대권과 자리를 현인에게 선양禪讓하지 않고 아들에게 물려주었다.' 그 말이 사실입니까?"

맹자가 말했다.

"아니다. 그렇지 않다. 하늘이 현자에게 주고자 하면 현자에게 주고, 하늘이 아들에게 주고자 하면, 아들에게 주는 것이다."

해설

이 장의 내용을 알기 위해서는 먼저 다음과 같은 신화神話 고사故事를 알아야 한다. 요堯가 순舜에게 선양禪讓했다. 단 요가 죽은 다음 순은 즉시 자리에 오르지 않고, 요의 아들 단주丹朱를 위해 몸을 숨겼다. 그러나 모든 사람들이 단주를 따르지 않고 순을 따랐다. 그래서 순이 별수 없이 자리에 올랐다. 이를 맹자는 하늘이 명한 것이라한 것이다. 순도 만년에는 우禹에게 선양했다. 그러나 우도 처음에는 순의 아들 상균商均을 위해 몸을 피했다. 그러나 모든 사람들이 상균을 따르지 않고 우를 따랐다. 그래서 우가 자리에 오른 것이다. 그러나 우의 나라 하夏에서는 선양이 사라지고 임금의 자리를 세습世襲하고, 나라를 사유화私有化했다.

萬章 問曰 人 有言호대 至於禹而德衰하야 不傳於賢 而傳於子이라하니 有諸이까
만장 문왈 인 유언   지어우이덕쇠   부전어현 이전어자   유제

孟子 曰 否라 不然也이라 天이 與賢 則與賢하고 天이 與子 則與子이니라.
맹자 왈 부 불연야   천 여현 즉여현   천 여자 즉여자

임금의 자리는 하늘의 뜻이다

"옛날에 순임금은 우를 하늘에 추천했으며, 우는 17년간이나 순임금을 보필하고, 또 치수治水의 공을 세웠다. 순임금이 붕어하자 우는 3년간 복상服喪을 마치고, 순임금의 아들 상균商均에게 자리를 내주려고 양성陽城으로 몸을 피했다. 그러나 천하의 모든 백성들이 우를 따르니 흡사 요임금이 돌아간 후에 모든 사람들이 요임금의 아들을 따르지 않고 순을 따른 것과 같다. 우임금도 익益을 하늘에 천거하고 7년 만에 서거했다. 우임금이 돌아가자 삼년상을 다 마친 백익伯益은 우임금의 아들 계啓를 위해서 기산箕山 뒤쪽으로 몸을 피했다. 그러나 조근朝覲이나 소송訴訟하려는 사람이 익에게 가지 않고, 도리어 계에게로 가서 '우리 임금님의 아드님이시다'라고 말했다. 또 노래하고 칭송하는 사람들도 익을 칭송하지 않고, 계를 칭송하고 '우리 임금님의 아드님이시다.'라고 말했다."

昔者에 舜이 薦禹於天 十有七年에 舜이 崩커시늘 三年之喪을 畢하고
석자 순 천우어천 십유칠년 순 붕 삼년지상 필

禹가 避舜之子於陽城이러시니 天下之民이 從之를 若堯崩之後에 不從堯之子
우 피순지자어양성 천하지민 종지 약요붕지후 부종요지자

而從舜也하니라 禹가 薦益於天 七年에 禹가 崩커시늘 三年之喪을 畢하고
이종순야 우 천익어천 칠년 우 붕 삼년지상 필

益이 避禹之子於箕山之陰이러니 朝覲訟獄者 不之益而之啓 曰 吾君之子也이라하며
익 피우지자어기산지음 조근송옥자 부지익이지계 왈 오군지자야

謳歌者가 不謳歌益 而謳歌啓 曰 吾君之子也이라하니라.
구가자 불구가익 이구가계 왈 오군지자야

임금은 하늘의 명으로 이루어진다

"요임금의 아들 단주丹朱는 불초不肖했다. 순임금의 아들 상균商均도
역시 불초했다. 순임금이 요임금을 도와준 것이나, 우임금이 순임금
을 도와준 것이나, 그 햇수가 오래였고, 또 백성에게 베푼 은택恩澤도
오래였다. 또 우임금의 아들 계啓는 현명했고, 능히 우의 도를 공경하
고 계승할 수 있었다. 그러나 백익伯益이 우임금을 보필한 햇수는 적
었으며, 백성에게 은혜를 베푼 햇수도 오래되지 않았다. 그러므로 순
과 우에 비해 백익은 모든 면에서 차이가 크게 나고, 또 햇수도 적었
다. 한편 임금의 아들들이 현명하거나 현명하지 못한 것은 다 하늘이
명으로 정해지는 것이지, 사람이 자기 마음대로 할 수 있는 바가 아
니다. 인위적으로 하지 않는데, 스스로 이루어지는 것을 천명天命이
라 한다."

丹朱之不肖에 舜之子가 亦不肖하며 舜之相堯와 禹之相舜也는 歷年이 多하야
단 주 지 불 초   순 지 자   역 불 초   순 지 상 요   우 지 상 순 야   역 년   다

施澤於民이 久하고 啓는 賢하야 能敬承繼 禹之道하며 益之相禹也는 歷年이 少하야
시 택 어 민   구   계   현   능 경 승 계 우 지 도   익 지 상 우 야   역 년   소

施澤於民이 未久하니 舜禹益相去久遠과 其子之賢不肖가 皆天也라
시 택 어 민   미 구   순 우 익 상 거 구 원   기 자 지 현 불 초   개 천 야

非人之所能爲也이니 莫之爲 而爲者 天也이오 莫之致 而至者 命也이니라.
야 비 인 지 소 능 위   막 지 위 이 위 자 천 야   막 지 치 이 지 자 명 야

천자의 천거가 없는 현인은 성군을 보필한다

"필부로서 천하를 다스릴 사람은 인덕仁德이 반드시 순임금이나 우임금 같고, 천자가 그를 하늘에 천거해야 한다. 그러나 공자를 천거해줄 천자가 없었다. 고로 공자는 천하를 맡아 다스리지 못했던 것이다."

"선대先代를 계승하여 천하를 물려받고 다스리는 경우에도, 하늘에 의해서 폐기되는 예가 있다. 그 필연적인 예가 바로 하夏나라의 걸왕桀王이나 은殷나라의 주왕紂王 같은 폭군의 경우였다. 즉 포학무도한 자는 하늘이 반드시 폐하고 망하게 한다. 고로 백익伯益, 이윤伊尹 및 주공主公 같은 현인들은 직접 천하를 지니고 다스리지 않고 성군을 보필했던 것이다."

해설

맹자는 우禹임금과 그의 신하 백익伯益의 사례 및 다음의 두 조항을 들어서 천하를 맡아 다스릴 수 있는 심오한 바탕을 밝혔다. 그리고 맹자는 말했다. "공자의 인덕은 비록 순임금이나 우임금에 비해 손색이 없으나 추천해 줄 천자가 없었으므로 천하를 다스리지 못했다."

선대를 계승하고 천하를 지니고 다스린 자손이 임금이 된 이유는 그들의 선조가 다 백성들에게 대공大功과 은덕恩德을 베풀었기 때문이다.

匹夫 而有天下者는 德必若舜禹 而又有天子가 薦之者이라
필부 이유천하자 덕필약순우 이우유천자 천지자

故로 仲尼는 不有天下하시니라. 繼世以有天下에 天之所廢는 必若桀紂者也이니
고 중니 불유천하 계세이유천하 천지소폐 필약걸주자야

故로 益 伊尹 周公이 不有天下하시니라.
고 익 이윤 주공 불유천하

천자의 천거가 없는 현인이 성군을 보필한 예

"이윤伊尹이 탕왕湯王을 도와, 그를 천하의 왕자가 되게 했다. 그리고 탕왕이 붕어했으나, 탕왕의 태자 태정太丁은 자리에 오르지 못하고 죽었으며 태정의 동생 외병外丙은 자리에 올라 2년을 다스리다가 죽었고, 다시 중임仲壬이 4년을 다스렸다. 그리고 뒤에 오른 태정의 아들이며 어린 나이의 태갑太甲이 뒤를 이어 자리에 올랐다. 그러나 탕왕의 전범典範과 형법刑法을 뒤집어엎고 폐기했으므로 이윤이 태갑을 탕왕의 무덤이 있는 동桐으로 추방하고 3년 간 반성하고 자숙하게 했다. 이에 태갑이 자신의 잘못을 뉘우치고 스스로의 잘못을 원망하고 스스로 바르게 되었다. 동桐에서 인仁을 지키고 의義를 따라 개과천선改過遷善했다. 그런지 3년이 되었으며 이윤이 자기를 훈계한 가르침을 잘 듣고 따랐으므로 다시 국도國都 박亳으로 돌아왔던 것이다."

伊尹이 相湯하야 以王於天下이러니 湯이 崩커시늘 太丁은 未立하고 外丙은 二年이오
이윤   상탕   이왕어천하   탕봉   태정 미립   외병 이년

仲壬은 四年이러니 太甲이 顚覆湯之典刑이어늘 伊尹이 放之於桐三年한대
중임   사년   태갑 전복탕지전형   이윤   방지어동삼년

太甲이 悔過하야 自怨自艾하야 於桐에 處仁 遷義 三年하야
태갑 회과   자원자애   어동   처인 천의 삼년

以聽伊尹之訓己也하야 復歸于亳하시니라.
이청이윤지훈기야   복기우박

선양은 천명에 의한다

"주공周公이 천하를 차지하지 않은 것은, 하나라에 대한 백익伯益이나
은나라에 대한 이윤伊尹의 경우와 같다."
"공자가 다음과 같이 말했다. '도당씨陶唐氏 요堯임금이 유우씨有虞氏
순舜임금에게 선양禪讓한 것이나 하夏나라에서 임금을 자식에게 계
승하고, 또 은殷과 주周나라에서 임금을 자손에게 계승한 것은 그 뜻
이 같고 옳다.' 즉 하나인 천명을 따른 것이다."

해설
주공이 천하를 지니지 않은 이유를 말한 것이다. 선禪은 수受이다. 선禪이나 계승繼承
이나, 다 천명天命이다. 성인 사이에 어찌 사사로운 뜻이 있겠는가!
윤씨尹氏가 다음과 같이 말했다. "공자는 '요堯임금과 순舜임금이 선양禪讓한 것이나,
하夏, 은殷, 주周가 계승한 것이 다 같이 옳다.'고 하였다. 맹자는 '하늘이 현자에게 주
면 현자에게 주고 하늘이 자식에게 주면 자식에게 준다.'고 하였다. 옛날의 성인의
마음을 안 사람은 공자 같은 이가 없고, 공자를 계승한 사람은 오직 맹자일 뿐이다."

周公之不有天下는 猶益之於夏와 伊尹之於殷也이니라.
주 공 지 불 유 천 하   유 익 지 어 하   이 윤 지 어 은 야

孔子가 曰 唐虞는 禪하고 夏后殷周는 繼하니 其義一也이라하시니라.
공 자   왈 당 우   선   하 후 은 주   계   기 의 일 야

군자는 바른 의나 도를 따른다

맹자의 제자 만장이 물었다. "사람이 말하더군요. '이윤이 요리 솜씨로써 탕왕의 신임을 얻었다.' 사실입니까?"

맹자가 말했다.

"아니다. 그렇지 않다. 이윤은 유신국有莘國의 들에서 경작하면서 요순堯舜의 도를 즐겼다. 그는 자기가 믿는바 바른 의義나 도道가 아니면, 천하를 녹으로 준다고 해도 돌아보지 않았고, 4천 마리의 말을 묶어놓고 준다고 해도 보지도 않았다. 바른 의나 도가 아니면, 풀 한 포기도 남에게 주지도 않고, 또 남으로부터 취해 갖지도 않았다."

"탕왕이 사람을 시켜 예물을 가지고 와서 이윤을 초빙했다. 덤덤하고 태연한 태도로 말했다. '내가 어찌 탕왕의 예물 때문에 움직이겠느냐? 나는 차라리 논밭에서 경작하고, 그대로 요순堯舜의 도를 즐기고 살겠다.'"

萬章이 問曰 人이 有言호대 伊尹이 以割烹要湯이라하니 有諸이까. 孟子가 曰 否이라
만장 문왈 인 유언 이윤 이할팽요탕 유제 맹자 왈부

不然하니라 伊尹이 耕於有莘之野 而樂堯舜之道焉하야 非其義也이며
불연 이윤 경어유신지야 이락요순지도언 비기의야

非其道也이어든 祿之以天下이라도 弗顧也하며 繫馬千駟이라도 弗視也하고
비기도야 녹지이천하 불고야 계마천사 불시야

非其義也이며 非其道也이어든 一介를 不以與人하며 一介를 不以取諸人하니라.
비기의야 비기도야 일개 불이여인 일개 불이취제인

湯이 使人以幣聘之하신대 囂囂然曰 我何以湯之聘幣爲哉리오
탕 사인이폐빙지 효효연왈 아하이탕지빙폐위재

我豈若處畎畝之中하야 由是以樂堯舜之道哉리오.
아기약처견무지중 유시이락요순지도재

임금을 성군으로 만들 결심을 하다

"탕왕이 세 차례나 사신을 보내 이윤을 초빙했다. 그러자 이윤이 생각을 훌쩍 바꾸고 다음같이 말했다. '내가 논밭에 있으면서 그대로 요순堯舜의 도를 즐기는 것보다, 차라리 내가 탕왕을 도와서 요순 같은 성군聖君이 되게 해주고, 또 내가 백성들을 요순의 백성같이 잘살게 해주고, 내가 몸소 이 세상이 요순의 세상같이 되는 것을 눈으로 보리라.'"

해설

번연幡然은 '변동한다'는 뜻이다. 어오신친견지於吾身親見之는 나 자신이 직접 도가 행해지는 것을 본다. 즉 다만 시서詩書를 외우고 말하고 흠모하는 것만이 아니라는 뜻이다.

湯이 三使往聘之하신대 旣而오 幡然改日 與我는 處畎畝之中하야
탕 삼사왕빙지   기이 번연개왈 여아 처견무지중

由是以樂堯舜之道로는 吾豈若使是君으로 爲堯舜之君哉며
유시이락요순지도   오기약사시군   위요순지군재

吾豈若使是民으로 爲堯舜之民哉며 吾豈若於吾身에 親見之哉리오.
오기약사시민   위요순지민재   오기약어오신   친견지재

임금을 설득하여 백성을 구하다

"하늘이 모든 사람들을 낳고 살게 할 때에는 선지자先知者로 하여금
후지자後知者를 깨닫게 하고, 또 선각자先覺者로 하여금 후각자後覺
者를 깨닫게 하게 마련이다. 내가 바로 천민天民의 선각자이다. 내가
장차 하늘의 바른 도리로서 이들 천민을 깨우쳐야 한다. 내가 그들을
깨우치지 않으면 다른 누가 하겠는가?"
"이윤은 천하의 백성이면서 필부필부들 중에 요순堯舜 때와 같이 인
정仁政의 은택恩澤을 받지 못하는 사람이 있으면, 마치 자기가 그들
을 구덩이나 도랑 속에 빠뜨리고 고생을 시키는 것같이 생각했다. 이
윤이 천하에 대한 책임의 중대함을 이와 같이 스스로 지고자 했던 것
이다. 그러므로 탕왕에게 가서 설득하고, 마침내 하夏나라의 걸왕桀王
을 치고 백성들을 구해 주었던 것이다."

天之生此民也는 使先知로 覺後知하며 使先覺으로 覺後覺也이시니
천 지 생 차 민 야   사 선 지   각 후 지   사 선 각   각 후 각 야

予는 天民之先覺者也이로니 予將以斯道로 覺斯民也이니 非予가 覺之오 而誰也이리오.
여   천 민 지 선 각 자 야   여 장 이 사 도   각 사 민 야   비 여   각 지   이 수 야

思天下之民이 匹夫匹婦가 有不被堯舜之澤者이어든 若己가 推而內之溝中하니
사 천 하 지 민   필 부 필 부   유 불 피 요 순 지 택 자   약 기   추 이 납 지 구 중

其自任以天下之重이 如此이라 故로 就湯而說之하야 以伐夏救民하니라.
기 자 임 이 천 하 지 중   여 차   고   취 탕 이 세 지   이 벌 하 구 민

성인은 자신의 몸가짐을 결백하게 지킨다

"나는 자신을 굽히는 자가, 남을 바르게 다스린다는 말을 듣지 못했다. 하물며 자신을 욕되게 하는 자가 어찌 천하를 바르게 다스리겠는가? 성인의 행동은 때와 경우에 따라 다르게 마련이다. 어떤 때는 임금으로부터 멀리 물러나 은퇴하기도 하고, 어떤 때는 가까이 와서 정치에 참여하기도 한다. 어떤 때는 벼슬을 내놓고 떠나기도 하고, 또 어떤 때는 자리를 지키고 머물러 있기도 한다. 그러나 성인은 자신의 몸가짐을 결백하게 지킨다는 점에 귀일歸一한다."

"내가 듣고 알기로 그는 요순의 도로써 탕왕에게 등용되기를 구한 것이지, 요리 솜씨로 구한 것이 아니다."

"『서경書經』 이훈편伊訓篇에 있다. '하늘이 하夏나라의 걸桀을 주멸誅滅하고 칠 때에, 걸의 궁전 목궁牧宮부터 쳐부수게 한 것은 애당초 내가 즉 이윤이 박亳에서부터 그렇게 하라는 하늘의 뜻이었다.'"

吾는 未聞枉己而正人者也이로니 況辱己以正天下者乎아 聖人之行이 不同也이라
오 미문왕기이정인자야   황욕기이정천하자호   성인지행   부동야

或遠或近하며 或去或不去이나 歸는 潔其身而已矣니라.
혹원혹근   혹거혹불거   귀   결기신이이의

吾는 聞 其以堯舜之道로 要湯이오 未聞以割烹也케라.
오 문 기이요순지도 요탕   미문이할팽야

伊訓에 曰 天誅造攻을 自牧宮은 朕載自亳이라하니라.
이훈   왈 천주조공 자목궁   짐재자박

군자는 예와 의로써 행하고, 명을 따를 뿐이다

맹자의 제자 만장이 물었다.

"어떤 사람이 공자 선생께서 위衛나라에 계실 때는 의사 옹저癰疽를 주인집으로 삼으셨고, 또 제齊나라에서는 내시 척환瘠環의 집을 주인 집으로 삼으셨다고 하던데 사실입니까?"

맹자가 말했다.

"아니다. 그렇지 않다. 호사자가 꾸며서 한 말이다."

"공자께서 위나라에 계실 때에는 위나라의 현명한 대부 안수유顔讎由를 주인으로 정하고 유숙하셨다. 당시에 이런 일이 있었다. 위나라의 총신 미자하彌子瑕의 처와 공자의 제자 자로子路의 처가 자매姉妹 간이었다. 그래서 미자하가 자로에게 말했다. '공자께서 우리집을 주인으로 삼고 유하시면 위나라의 상경上卿 자리도 얻어 드릴 수 있다.' 자로가 미자하의 말을 공자에게 아뢰었다.

萬章이 問曰 或이 謂孔子가 於衛에 主癰疽하시고 於齊에 主侍人瘠環이라하니
만장 문왈 혹 위공자 어위 주옹저 어제 주시인척환

有諸乎이까 孟子가 曰 否라 不然也이라 好事者가 爲之也이니라.
유제호 맹자 왈부 불연야 호사자 위지야

於衛에 主顔讎由이러시니 彌子之妻가 與子路之妻로 兄弟也이라
어위 주안수유 미자지처 여자로지처 형제야

彌子가 謂子路曰 孔子가 主我하시면 衛卿을 可得也이라하야날 子路가 以告한대
미자 위자로왈 공자 주아 위경 가득야 자로 이고

그러자 공자가 말했다. '모든 것이 명命을 따라 이루어진다.' 그리고 공자께서는 예禮로써 나가시고, 의義로써 물러나셨으며 자리나 벼슬을 얻고 못 얻는 것을 명命이라고 말하셨다. 공자가 말한 명은 곧 예와 의라는 뜻이다. 그러하거늘 만약에 공자께서 옹저나 척환을 주인집으로 삼으셨다면, 이는 곧 의도 아니고 명도 아닌 것이다."

해설

주主는 그의 집에 유숙하고 주인집으로 삼았다는 뜻이다. 옹저癰疽는 종기를 고치는 의사이다. 시인侍人은 내시를 말한다. 척瘠은 성이요, 환環은 이름이다. 이들은 당시 임금이 친근하게 한 사람들이다. 호사好事는 터무니없는 말을 꾸며서 퍼뜨리기를 좋아하는 사람을 말한다.

안수유顔讎由는 위나라의 현명한 대부다. 사기에는 안탁주라고 했다. 미자는 위衛나라 영공靈公이 사랑하는 신하 미자하彌子瑕다.

孔子가 曰 有命이라하시니 孔子가 進以禮하시며 退以義하샤 得之不得에 曰
공 자 왈 유 명   공 자 진 이 례   퇴 이 의   득 지 부 득   왈

有命이라하시니 而主癰疽與侍人瘠環이시면 是는 無義無命也이니라.
유 명   이 주 옹 저 여 시 인 척 환   시   무 의 무 명 야

군자와 소인은 그 주인을 보면 알 수 있다

"공자는 노魯나라와 위衛나라에 있기를 좋아하지 않으시고 송宋나라
로 갔으며 그곳에서 송나라의 사마司馬 환퇴桓魋라는 자가 공자의 길
을 가로막고 살해하려는 변을 당하셨다. 그때 공자는 미복으로 변장
하고 무사히 송나라 국경을 넘으셨다. 당시 공자는 그와 같이 간난艱
難을 당하셨기 때문에, 특히 유숙하실 곳을 잘 고르셨으며 진陳나라
의 대부로, 사성司城 벼슬을 가진 정자貞子를 주인으로 삼고 유숙하
셨다. 그는 진나라 임금의 신하였다."

"나는 듣고 또 알고 있다. 근신近臣의 사람됨을 알기 위해서는 그가
어떤 사람을 주인으로 모시는가를 바탕으로 해야 한다. 원신遠臣의
사람됨을 알기 위해서는 그가 어떤 사람을 주인으로 모시는가를 바
탕으로 해야 한다. 그런데 만약 공자가 의사 옹저나, 내시 척환을 주
인집으로 삼았다면 어떻게 성현聖賢 공자라 하겠는가?"

孔子가 不悅於魯衛하샤 遭宋桓司馬가 將要而殺之하야 微服而過宋하시니
공자 불열어노위 조송환사마 장요이살지 미복이과송

是時에 孔子가 當阨하샤대 主司城貞子가 爲陳侯周臣하시니라.
시시 공자 당액 주사성정자 위진후주신

吾聞觀近臣하되 以其所爲主이오 觀遠臣하되 以其所主라하니
오문관근신 이기소위주 관원신 이기소주

若孔子가 主癰疽與侍人瘠環이시면 何以爲孔子이시리오.
약공자 주옹저여시인척환 하이위공자

어리석은 임금을 떠난 백리해

맹자의 제자 만장이 물었다.

"어떤 사람이 백리해는 자신의 몸을 진秦나라 희생犧牲을 양육하는 자에게 다섯 마리 양가죽을 받고 팔았으며, 소를 사육하다가 진나라 목공穆公에게 등용되었다고 하는데, 사실입니까?"

맹자가 말했다.

"아니다 그렇지 않다 호사자가 제멋대로 한 말이다."

"백리해는 원래 우虞나라 사람이다. 진晉나라 사람이 수극垂棘에서 산출된 옥돌(璧)과 굴屈에서 산출한 명마名馬를 우임금에게 바치고 우의 길을 빌려 군대를 보내서 괵虢을 치려고 했다. 이를 궁지기宮之奇는 임금에게 안 된다고 간하고 말렸으나, 백리해는 간하고 말리지도 않았다. 임금이 원래 우둔하여 말려도 소용없다고 알았기 때문이다."

萬章이 問曰 或曰 百里奚가 自鬻於秦養牲者하야 五羊之皮로 食牛하야
만 장   문왈 혹왈 백리해   자육어진양생자   오양지피   사우

以要秦穆公이라하니 信乎이까 孟子가 曰 否라 不然하니라 好事者爲之也이니라.
이 요진목공   신호   맹자 왈 부   불연   호사자위지야

百里奚는 虞人也이니 晉人이 以垂棘之璧과 與屈産之乘으로 假道於虞하여
백 리해 우인야   진인   이수극지벽   여굴산지승   가도어우

以伐虢이어늘 宮之奇는 諫하고 百里奚는 不諫하니라.
이 벌괵   궁지기   간하고 백리해   불간

성현은 때를 못 만나면 비천한 일도 부끄러워하지
않는다

"백리해百里奚는 우공虞公에게 간하고 말릴 수 없음을 알고 우를 뒤
로하고 진秦나라로 갔던 것이며, 그때 이미 나이가 70세였다. 백리해
가 만약에 전에 노예가 되어 소를 키우고 진 목공穆公에 등용된 것을
욕으로 생각하지 않는 그런 사람이라면 그를 지혜롭다 말하겠는가?
우공에게 간해야 소용없음을 안 그가 간언하지 않고 미리 우 나라를
떠났으니 그를 지혜롭지 않다고 말할 수 없는 것이다. 백리해가 때맞
추어 진나라에 등용되고 진 나라 목공을 함께 일할 만함을 알고, 목
공의 재상이 되어 그를 도왔으니 지혜롭지 않다고 말할 수 있겠느냐?
진나라의 재상이 되어 자기 임금을 천하에 빛나게 하고, 후세에도 이
름을 전하게 했으니 현명하지 않고서는 그렇게 할 수 있겠는가? 자신
을 노예로 팔고 자기 임금을 성공하게 하는 일은 시골 마을에 살면서
자기 자신을 아끼는 사람이라도 하지 않을 것이다. 그러하거늘 현명
한 백리해가 그렇게 했겠느냐? 그는 하지 않았다."

知虞公之不可諫 而去之秦하니 年已七十矣라 曾不知 以食牛 干秦穆公之爲汙也이면
지 우 공 지 불 가 간 이 거 지 진   연 이 칠 십 의   증 부 지 이 사 우 간 진 목 공 지 위 오 야

可謂智乎아 不可諫而不諫하니 可謂不智乎아 知虞公之將亡 而先去之하니
가 위 지 호 불 가 간 이 불 간   가 위 부 지 호 지 우 공 지 장 망 이 선 거 지

不可謂不智也이니라 時擧於秦하야 知穆公之可與有行也 而相之하니 可謂不智乎아
불 가 위 부 지 야   시 거 어 진   지 목 공 지 가 여 유 행 야 이 상 지   가 위 부 지 호

相秦 而顯其君於天下하야 可傳於後世하니 不賢而能之乎아
상 진 이 현 기 군 어 천 하   가 전 어 후 세   불 현 이 능 지 호

自鬻以成其君을 鄕黨自好者도 不爲온 而謂賢者爲之乎아.
자 육 이 성 기 군   향 당 자 호 자 불 위   이 위 현 자 위 지 호

408

만장장구 하 萬章章句下

萬章章句下

제1장 백이장 伯夷章

백이는 청렴하고 맑은 성인이다

맹자가 말했다.

"백이는 눈으로 악한 빛을 보지 않고, 귀로 악한 소리를 듣지 않았다. 임금다운 임금이 아니면 섬기지 않았고, 백성다운 백성이 아니면 부려 쓰지 않았다. 잘 다스려지면 나가지만, 혼란하면 물러났다. 포악한 정치를 하는 나라나, 포악한 백성들이 사는 곳에서는 참고 살지 않았다. 촌사람과 함께 있는 것을 흡사 관복官服이나 관모冠帽 차림으로 흙탕물 속에 앉아 있는 것처럼 어색하게 생각했다. 은殷나라 주왕紂王 때에는 북해北海 해변에 숨어살면서 천하가 맑아지기를 기다렸다. 그러므로 백이의 기풍을 들으면, 감화되어 탐욕한 사람도 청렴하게 되고, 나약한 사람도 굳게 뜻을 세우게 되었다."

해설

횡橫은 법도를 따르지 않는다. 완頑은 지각知覺이 없다. 염廉은 분별이 있다. 나儒는 유약하다는 뜻이다.

孟子가 日 伯夷는 目不視惡色하며 耳不聽惡聲하고 非其君 不事하며 非其民 不使하야
治則進하고 亂則退하야 橫政之所出과 橫民之所止에 不忍居也하며 思與鄉人處호대
如以朝衣朝冠으로 坐於塗炭也이러니 當紂之時에 居北海之濱하야 以待天下之淸也니
故로 聞伯夷之風者 頑夫廉하며 懦夫有立志하니라.

제10편 만장장구 하 萬章章句下 411

이윤은 천하의 혼란을 스스로의 책임으로 여긴다

"이윤은 말했다. '왜 잘 섬기면 임금이 아니겠느냐? 왜 잘 부리면 백
성이 아니랴?'"
맹자가 말하기를, "이윤은 다스려질 때에도 나가서 일하고, 혼란할 때
에도 나가서 일했다."
"그리고 또 이윤은 말했다. '하늘이 사람을 낳고 살게 할 때에는 선지
자로 하여금 후지자를 깨우치게 하고, 선각자로 하여금 후각자를 깨
우치게 한다. 나는 하늘이 낳은 백성 중의 선각자이다. 나는 하늘의
바른 도리로서 백성들을 깨우치려고 한다.'"
"또 이윤은 다음과 같이 생각했다. '천하의 백성으로 남자나 여자 중
에, 요순 때와 같은 덕치의 은택을 받지 못하는 사람이 있으면, 자기
가 그들을 구덩이 속에 빠뜨린 것같다.' 이렇게 이윤은 천하에 대한
무거운 짐을 스스로 책임지려고 했던 것이다."

伊尹이 曰 何事非君이며 何使非民이리오하야 治亦進하며 亂亦進하야
이 윤   왈 하 사 비 군   하 사. 비 민   치 역 진   난 역 진

曰 天之生斯民也는 使先知로 覺後知하며 使先覺으로 覺後覺이시니
왈 천 지 생 사 민 야   사 선 지   각 후 지   사 선 각   각 후 각

予는 天民之先覺者也로니 予將以此道로 覺此民也이라하며
여   천 민 지 선 각 자 야   여 장 이 차 도   각 차 민 야

思天下之民이 匹夫匹婦가 有不與被堯舜之澤者이어든
사 천 하 지 민   필 부 필 부   유 불 여 피 요 순 지 택 자

若己가 推而內之溝中하니 其自任以天下之重也이니라.
약 기   추 이 내 지 구 중   기 자 임 이 천 하 지 중 야

412

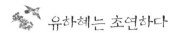 유하혜는 초연하다

"유하혜는 나쁜 임금 섬기는 것을 부끄럽게 여기지 않았고, 또 낮은 벼슬도 마다하지 않았다. 나가면 슬기로움을 숨기지 않았고, 반드시 신하의 도리를 다했다. 버림을 받아도 원망하지 않았고, 또 곤궁해도 비탄하지 않았다. 빈천한 촌사람들과 함께 있어도 즐겁고 느긋하게 처신했고, 몰인정하게 떠나려 하지 않았다. '너는 너고, 나는 나다.' 라는 식으로 초연했으며, 설사 곁에 있는 사람이 웃통을 벗거나 알몸이라 해도 '그대가 어찌 나를 더럽힐 수 있겠느냐?' 하는 태도로 태연했다. 그러므로 유하혜의 풍도風度에 대한 말을 들으면, 비천한 사람도 관대하게 되고, 박정한 사람도 정이 두텁게 되었던 것이다."

해설

비鄙는 '좁고 누추하다'는 뜻이다. 돈敦은 후厚의 뜻이다.

柳下惠는 不羞汙君하며 不辭小官하며 進不隱賢하야 必以其道하며 遺佚而不怨하며
유 하 혜   불 수 오 군   불 사 소 관   진 불 은 현   필 이 기 도   유 일 이 불 원

阨窮而不憫하며 與鄕人處호대 由由然 不忍去也하야 爾爲爾오 我爲我이니
액 궁 이 불 민   여 향 인 처   유 유 연 불 인 거 야   이 위 이 오 아 위 아

雖袒裼裸裎於我側인들 爾焉能浼我哉리오하니
수 단 석 라 정 어 아 측   이 언 능 매 아 재

故로 聞柳下惠之風者는 鄙夫가 寬하며 薄夫가 敦하니라.
고   문 류 하 혜 지 풍 자 비 부   관   박 부 가 돈

공자는 도리에 합당하게 처신했다

"공자가 제나라를 떠날 때에, 물에 담갔던 쌀을 건져 서둘러 떠났다. 그러나 노나라를 떠나실 때에는 '부모의 나라를 떠나는 길이다. 나는 천천히 가겠다.'라고 말씀하셨다. 빨리할 때는 빨리하고, 오래 있을 때는 오래 머물렀다. 살만하면 살고, 출사할 만하면 벼슬했다. 이와 같이 하신 분이 공자이시다."

해설

接접은 承승과 같은 뜻이다. 淅석은 '쌀을 물로 일다'는 뜻이다. 쌀을 일고 밥을 지으려다 급히 떠나야 하므로, 손으로 쌀을 거두어 가지고 가느라 밥을 짓지 못했다는 뜻이다. 이와 같은 작은 예를 들고 공자가 오래 있거나 급히 떠나거나, 도리에 합당하게 했음을 보여주는 것이다.

孔子之去齊에 接淅而行하시고 去魯 曰遲遲라 吾行也라 去父母國之道也라
공 자 지 거 제   접 석 이 행   거 노 왈 지 지   오 행 야   거 부 모 국 지 도 야

可以速而速 可以久而久하며 可以處而處하며 可以仕而仕는 孔子也이시니라.
가 이 속 이 속 가 이 구 이 구   가 이 처 이 처   가 이 사 이 사   공 자 야

백이·이윤·유하혜·공자는 성인이다

맹자가 말했다.

"백이는 성인 중에서도 가장 맑은 분이다. 이윤은 성인 중에서도 가장 천하에 대한 중책을 책임진 분이다. 유하혜는 성인 중에서도 가장 조화를 이룬 분이다. 공자는 성인 중에서도 가장 시중時中한 분이시다."

해설

장자張子가 말했다. '잡스럽게 엉키지 않는 것이 청淸의 극치이고, 유별나게 다르지 않는 것이 화和의 극치이다. 억지로 맑게 하는 것은 성인의 맑음이 아니고, 억지로 어울리는 것은 성인의 어울림이 아니다. 이른바 성(聖)은 애쓰거나 의식하지 않고 자연스럽게 이르는 경지이다.'

공씨孔氏가 말했다. '임任은 천하를 바로잡는 것을 자기의 책임으로 여긴다는 뜻이다.'

주자의 생각이다. '공자만이 사지구속仕止久速을 합당하게 했으며, 다른 세 사람의 성스러운 장점을 다 겸비하고 때에 맞게 발휘했으니, 다른 세 사람이 한 가지 덕으로 이름을 낸 것과 같지 않다.'

孟子가 曰 伯夷는 聖之淸者也이오 伊尹은 聖之任者也이오
맹 자   왈 백 이   성 지 청 자 야   이 윤   성 지 임 자 야
柳下惠는 聖之和者也이오 孔子는 聖之時者也이시니라.
유 하 혜   성 지 화 자 야   공 자   성 지 시 자 야

공자가 세 성인의 덕을 모아 큰 덕으로 집대성하다

"공자는 덕을 집대성한 분이다. 집대성한 뜻은 음악으로 비유하면, 금성金聲과 옥진玉振을 다 갖추었다는 뜻이다. 금성 즉 종소리를 내는 것은 음악의 맥락脈絡을 계발하는 것이고, 옥진 즉 경磬을 울리는 것은 음악의 맥락을 종결하는 것이다. 맥락을 계발한다는 것은 지혜智慧에 속하는 일이고, 맥락을 종결한다는 것은 성덕聖德에 속하는 일이다."

"지혜는 비유하면 기교이고, 성덕聖德은 비유하면 기력氣力이다. 활을 백 보 밖에서 쏘아서 화살이 표적에 도달하는 것을 기력이라 하고, 화살이 과녁에 명중하는 것을 기교에 의한 것이라 한다."

해설

이 구절은 공자가 세 성인의 덕을 모아 하나의 큰 덕을 이루었으며, 음악 연주에 비유하면 개별적 작은 음악 소리를 모아서, 하나의 큰 음악 소리를 내는 것과 같다는 뜻이며, 또한 활쏘기의 기술과 힘을 예로 들어, 지知와 성聖 두 글자를 설명한 것이다.

孔子之謂集大成이니 集大成也者는 金聲而玉振之也라 金聲也者 始條理也이오
공 자 지 위 집 대 성   집 대 성 야 자   금 성 이 옥 진 지 야   금 성 야 자 시 조 리 야

玉振之也者 終條理也이니 始條理者 智之事也이오 終條理者 聖之事也이니라.
옥 진 지 야 자 종 조 리 야   시 조 리 자 지 지 사 야   종 조 리 자 성 지 사 야

智는 譬則巧也이오 聖은 譬則力也이니 由射於百步之外也하니
지   비 즉 교 야   성   비 즉 력 야   유 사 어 백 보 지 외 야

其至는 爾力也어니와 其中은 非爾力也이니라.
기 지   이 력 야   기 중   비 이 력 야

제2장 북궁장 北宮章
주나라의 제도를 싫어한 제후들

위衛나라 사람 북궁기가 맹자에게 물었다.

"주周나라 때의 신분 등급이나 작위, 녹봉 등의 제도가 어떠했습니까?"

맹자가 대답했다.

"자세한 것은 알 수가 없습니다. 모든 나라의 제후들이 주의 제도가 자기에게 해가 되므로 싫어하고 전적을 다 없앴습니다. 그러나 맹자孟子는 전부터 그 대략을 압니다."

해설

북궁北宮은 성, 기錡가 이름으로 위衛나라 사람이다. 반班은 반열班列이나 등급等級을 뜻한다. 전국시대戰國時代의 제후들은 무력병탄武力併呑에 골몰했고, 저마다 왕王을 참칭僭稱했으니 주周의 제도가 자기들에게 해가 되는 것을 싫어했던 것이다.

北宮錡가 問曰 周室班爵祿也는 如之何이꼬. 孟子가 曰 其詳은 不可得聞也이로다
북 궁 기   문 왈   주 실 반 작 록 야   여 지 하   맹 자   왈 기 상   불 가 득 문 야

諸侯가 惡其害己也 而皆去其籍이어니와 然而軻也가 嘗聞其略也이로다.
제 후   오 기 해 기 야 이 개 거 기 적   연 이 가 야   상 문 기 략 야

주나라의 반열班列과 작위爵位 제도

"주의 신분 위계는 천자天子가 한 자리다. 다음이 공작公爵의 자리, 다음이 후작侯爵의 자리, 다음이 백작伯爵의 자리, 다음이 자작子爵과 남작男爵은 같은 자리로 모두 5등급이다."

"제후가 다스리는 제후국의 신분위계는 군주君主가 한 자리다. 다음이 경卿의 자리, 다음이 대부大夫의 자리, 다음으로 상사上士, 중사中士, 하사下士 등으로 모두 6등급이다."

"토지제도는 다음과 같다. 천자는 사방 천리이고, 공후公侯는 사방 백리이고, 백은 70리, 자남은 50리로 모두 4등급이다. 토지가 50리에 미치지 못하는 자는 직접 천자 앞에 나설 수 없으며, 제후를 따라야 한다. 그래서 부용附庸이라 한다."

해설

반열班列과 작위爵位 제도를 말한 것이다. 5등급은 천하에서 통용되고, 6등급은 나라 안에서 시행되는 제도이다. 이하는 녹지綠地의 반열班列 제도다.

天子가 一位오 公이 一位오 侯가 一位오 伯이 一位오 子男이 同一位니 凡五等也이라
천 자　 일위　 공　 일위　 후　 일위　 백　 일위　 자남　 동일위　 범오등야

君이 一位오 卿이 一位오 大夫가 一位오 上士가 一位오 中士가 一位오 下士가 一位니
군　 일위　 경　 일위　 대부　 일위　 상사　 일위　 중사　 일위　 하사　 일위

凡六等이라. 天子之制는 地方千里요 公侯는 皆方百里오
범육등　 천자지제　 지방천리　 공후　 개방백리

伯은 七十里오 子男은 五十里니 凡四等이라
백　 칠십리　 자남　 오십리　 범사등

不能五十里는 不達於天子하여 附於諸侯하나니 曰附庸이니라.
불능오십리　 부달어천자　 부어제후　 왈부용

천자 이하의 녹봉과 대국의 녹봉

"천자에게 직속하는 경상卿相은 후작侯爵에 버금가는 토지를 받고, 대부大夫는 백작伯爵에 버금가는 토지를 받고, 원사元士는 자작子爵이나 남작男爵에 버금가는 토지를 받는다."

"대국大國은 땅이 사방 백리이다. 군주君主는 경卿의 녹祿의 10배이다. 경의 녹은 대부大夫의 4배이다. 대부는 상사上士의 배다. 상사는 중사中士의 배다. 중사는 하사下士의 배다. 하사와 서인으로 벼슬하는 자는 같은 녹을 받으며, 그 녹은 농사짓는 것을 대신할 만하다."

해설

큰 나라에서는 군전君田은 3만2천 무로, 그 수입으로 2,880인을 먹일 수 있다. 경전卿田은 3,200무로 288인을 먹일 수 있다. 대부전大夫田은 8백 무로 72인을 먹일 수 있다. 상사전上士田은 4백 무로 36인을 먹일 수 있다. 중사전中士田은 2백 무로 18인을 먹일 수 있다. 하사下士와 서인으로 관직에 있는 자의 토지는 1백 무로 9인 내지 5인을 먹일 수 있다. 서인재관庶人在官은 부사府史나 서도胥徒 같은 아전이다.

天子之卿은 受地視侯하고 大夫는 受地視伯하고 元士는 受地視子男이니라.
천자지경   수지시후   대부   수지시백   원사   수지시자남

大國은 地方百里니 君은 十卿祿이오 卿祿은 四大夫이오 大夫는 倍上士이오
대국   지방백리   군   십경록   경록   사대부   대부   배상사

上士는 倍中士이오 中士는 倍下士이오 下士與庶人在官者는 同祿하니
상사   배중사   중사   배하사   하사여서인재관자   동록

祿足以代其耕也이니라.
녹 족 이 대 기 경 야

"다음으로 큰 나라의 영토는 사방 70리이다. 군록君錄은 10명의 경록
卿祿에 해당하고, 경록은 세 사람의 대부의 녹에 해당하고, 대부는 상
사의 배이고, 상사는 중사의 배이고, 중사는 하사의 배이고, 하사와
서인으로 벼슬하는 자는 같은 녹을 받으며, 그 녹은 농사짓는 것을
대신할 만하다."

"작은 나라의 영토는 사방 50리이다. 군록은 10명의 경록에 해당하
고, 경록은 2명의 대부의 녹에 해당하고, 대부는 상사의 배이고, 상사
는 중사의 배이고, 중사는 하사의 배이고, 하사와 서인으로 벼슬하는
자는 같은 녹을 받으며, 그 녹은 농사짓는 것을 대신할 만하다."

次國은 地方七十里니 君은 十卿祿이오 卿祿은 三大夫요 大夫는 倍上士이오
차국 지방칠십리 군 십경록 경록 삼대부 대부 배상사

上士는 倍中士이오 中士는 倍下士이오 下士與庶人在官者는 同祿하니
상사 배중사 중사 배하사 하사여서인재관자 동록

祿足以代其耕也이니라. 小國은 地方五十里니 君은 十卿祿이오 卿祿은 二大夫요
녹족이대기경야 소국 지방오십리 군 십경록 경록 이대부

大夫는 倍上士이오 上士는 倍中士이오 中士는 倍下士이오
대부 배상사 상사 배중사 중사 배하사

下士與庶人在官者는 同祿하니 祿足以代其耕也이니라.
하사여서인재관자 동록 녹족이대기경야

"농사짓는 사람의 소득은 성년이 되어 장가를 든 남자는 백무百畝의 논밭을 받고, 그 백 무의 땅을 경작한다. 상농上農은 9명을 먹이고, 그 다음은 8명을 먹이고, 중농中農은 7명을 먹이고, 그 다음은 6명을 먹이고, 하농下農은 5명을 먹인다. 서인으로 관직에 있는 사람도 이와 같이 다섯 등급으로 차등이 있다."

해설

무畝는 약 100㎡이다. 차국次國은 군주의 토지는 2만4천무로, 2,160인을 먹일 수 있다. 경卿의 토지는 2,400무로 216인을 먹일 수 있다.

작은 나라 군주의 영지는 1만6천 무로 1,440인을 먹일 수 있다. 경의 영지는 1,660무로 144인을 먹일 수 있다.

耕者之所獲은 一夫가 百畝이니 百畝之糞에 上農夫는 食九人하고
경 자 지 소 획   일 부   백 무   백 무 지 분   상 농 부   사 구 인

上次는 食八人하고 中은 食七人하고 中次는 食六人하고 下는 食五人이니
상 차   사 팔 인   중   사 칠 인   중 차   사 육 인   하   사 오 인

庶人在官者는 其祿이 以是爲差이니라.
서 인 재 관 자   기 록   이 시 위 차

제3장 문우장 問友章

벗은 순수하게 사귀어라

맹자의 제자 만장이 말했다.

"감히 묻겠습니다. 벗하는 도리에 대해서 듣고자 합니다."

맹자가 말했다.

"나이 많은 것을 끼거나, 신분이 높은 것을 끼거나, 형제의 권위를 끼지 말고, 순수하게 벗과 사귀어야 한다. 벗하는 것은 서로 덕을 벗하는 것이다. 다른 것을 끼게 해서는 안 된다."

"노魯나라의 대부 맹헌자는 백승百乘의 집안이었으나, 그에게는 다섯 명의 벗이 있었다. 악정구樂正裘와 목중牧仲, 그리고 세 사람의 이름은 내가 잊어버렸다. 맹헌자가 그들 다섯 명과 벗하고 사귈 때 자기 집안을 끼고 내세우지 않았다. 다섯 명의 벗들도 만약 맹헌자가 집안을 끼고 내세웠다면, 즉 맹헌자와 벗하지 않았을 것이다."

萬章이 問曰 敢問友하노이다 孟子가 曰 不挾長하며 不挾貴하며 不挾兄弟而友이니
만장   문왈 감문우   맹자 왈 불협장   불협귀   불협형제이우

友也者는 友其德也이니 不可以有挾也이니라. 孟獻子는 百乘之家也이라
우야자   우기덕야   불가이유협야   맹헌자   백승지가야

有友五人焉하더니 樂正裘와 牧仲이오 其三人은 則予가 忘之矣로다
유우오인언   악정구   목중   기삼인   즉여 망지의

獻子之與此五人者로 友也에 無獻子之家者也이니
헌자지여차오인자   우야 무헌자지가자야

此五人者가 亦有獻子之家이면 則不與之友矣니라.
차오인자   역유헌자지가   즉부여지우의

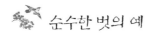

순수한 벗의 예

"비단 백승의 가문에서만 그런 것이 아니다. 작은 나라의 임금도 역시 그와 같이 벗의 도리를 지켰다. 노나라 비읍費邑의 혜공惠公이 말했다. '나는 자사를 스승으로 모시고, 안반을 벗으로 대하고, 왕순과 장식은 나를 섬기는 자로 대한다.'"

"비단 작은 나라의 임금만 그렇게 한 것이 아니다. 큰 나라의 임금도 역시 그렇게 했다. 진晉나라 평공平公이 해당亥唐을 사귈 때에 그렇게 했다. 임금 평공이 해당의 집에 갔을 때 주인 해당이 들어오라고 하면 들어가고, 앉으라고 하면 앉고, 먹으라고 하면 먹었다. 비록 잡곡밥과 채소국이었으나 언제나 배부르게 들었다. 허기는 감히 배부르게 안 들 수가 없었다. 그리고 끝내 그렇게 순수한 벗의 도리로 사귈 뿐이었다.

非惟百乘之家가 爲然也이라 雖小國之君이라도 亦有之하니 費惠公이 曰 吾는
비유백승지가 위연야   수소국지군   역유지   비혜공 왈 오

於子思 則師之矣오 吾는 於顏般 則友之矣오 王順長息 則事我者也이라하니라.
어자사 즉사지의 오 어안반 즉우지의 왕순장식 즉사아자야

非惟小國之君이 爲然也이라 雖大國之君이라도 亦有之하니 晉平公之於亥唐也에
비유소국지군   위연야   수대국지군   역유지   진평공지어해당야

入云則入하며 坐云則坐하며 食云則食하야 雖疏食菜羹이라도 未嘗不飽하니
입운즉입   좌운즉좌   식운즉식   수소식채갱   미상불포

蓋不敢不飽也이라 然이나 終於此而已矣오
개불감불포야   연   종어차이이의

평공이 임금이라고 해서 해당에게 나라의 벼슬자리를 주지 않았고, 함께 나라를 다스리지 않았고, 함께 나라의 녹을 나누어 주지도 않았다. 평공과 해당의 사귐은 선비가 현인을 존경하는 태도로 한 것이다. 임금이 현인을 존경하는 태도로 한 것이 아니었다."

해설

혜공惠公은 비읍費邑의 군주다. 사師는 스승으로 높이는 분이다. 우友는 벗으로 경애하는 사람이다. 사아자事我者는 내가 부리는 사람이다.

해당亥唐은 진晉나라의 현인이다. 평공平公이 그의 집에 올 때, 해당이 들어오라 하면 공이 들어가고, 앉으라고 하면 앉고, 먹으라고 하면 먹었던 것이다. 소식疏食은 잡곡밥을 말한다. 불감불포不敢不飽는 현인의 명하는 바를 높이고 따랐다는 뜻이다.

범씨范氏가 말했다. '나라의 자리를 천위天位, 직책을 천직天職, 녹을 천록天祿)라 한 것은 곧 하늘만이 현인을 내세우고 하늘 백성을 다스리게 하며, 사람인 임금이 멋대로 하는 것이 아님을 말한 뜻으로 천天자를 붙인 것이다.'

弗與共天位也하며 弗與治天職也하며 弗與食天祿也하니 士之尊賢者也이라
불 여 공 천 위 야   불 여 치 천 직 야   불 여 식 천 록 야   사 지 존 현 자 야

非王公之尊賢也니라.
비 왕 공 지 존 현 야

천자와 필부의 벗으로서 사귀는 도리

"순舜의 신분이 높아져, 요제堯帝를 알현하자, 요제는 부마駙馬인 순을 별도의 객관에 머무르게 했다. 그리고 객관에서 순이 베푸는 잔치를 받았다. 이와 같이 서로 손님과 주인의 자리를 바꾸었던 것이다. 이러한 것이 곧 천자와 필부가 사귀는 도리이다."

"낮은 신분으로써 위를 공경하는 것을 귀귀貴貴라고 한다. 즉 귀인貴人을 존귀尊貴하게 대접한다는 뜻이다. 높은 신분으로써 아래를 존중하는 것을 존현尊賢이라고 한다. 즉 현인을 존귀하게 대접한다는 뜻이다. 귀귀나 존현이나 그 도의道義는 하나이다."

해설

상尙은 상上이다. 순이 올라가 요제堯帝를 알현했다. 관館은 사숙다. 옛날의 예법으로 처의 아버지를 외구外舅라 한다. 내가 구舅라고 하는 사람 즉 장인은 사위인 나를 생甥이라 한다. 이아爾雅 석친釋親에 요제가 딸을 순에게 시집보냈으니 순을 생甥이라 한 것이다. 이실貳室은 부궁副宮이다. 요제가 순을 부궁에 머물게 하고, 요제가 그곳으로 가서 순이 베푸는 향연을 받았다.

귀귀貴貴나 존현尊賢은 모두 마땅히 지켜야 할 일이다. 그러나 당시의 사람들은 다만 귀귀만 알고 존현은 몰랐다. 그래서 맹자가 그 뜻이 하나로 같다고 말한 것이다.

舜이 尙見帝어시늘 帝가 館甥于貳室하시고 亦饗舜하샤 迭爲賓主하시니
순 상현제 제 관생우이실 역향순 질위빈주

是는 天子而友匹夫也이니라.
시 천자이우필부야

用下敬上을 謂之貴貴오 用上敬下를 謂之尊賢이니 貴貴尊賢이 其義一也이니라.
용하경상 위지귀귀 용상경하 위지존현 귀귀존현 기의일야

교제는 도리에 맞게, 예를 따르라

만장이 말했다.

"감히 묻겠습니다. 제후들과 교제할 때는 어떠한 마음가짐으로 해야 합니까?"

맹자가 말했다.

"공경하는 마음을 가져야 한다."

만장이 말했다.

"제후의 예물을 굳게 사양하고 물리치는 것을 불공이라고 하는 까닭은 어째서입니까?"

맹자가 말했다.

"존귀한 사람이 예물을 내려주었는데 이쪽에서 속으로 그가 이 물건을 취한 경로가 옳았는가 안 옳았는가를 헤아리고 그리고 나서 받으면 불공한 태도가 된다. 그러므로 제후가 예를 갖추고 예물을 내려주면 물리치지 말고 받아야 한다."

萬章이 問曰 敢問 交際는 何心也이꼬 孟子가 曰 恭也이니라.
만장 문왈 감문 교제 하심야 맹자 왈 공야

曰 卻之卻之 爲不恭은 何哉이꼬 曰 尊者가 賜之어든 曰 其所取之者 義乎아 不義乎아
왈 각지각지 위불공 하재 왈 존자 사지 왈 기소취지자 의호 불의호

而後受之면 以是爲不恭이라 故로 弗卻也이니라.
이후수지 이시위불공 고 불각야

만장이 말했다.

"말을 하고 물리치지 말고, 마음속으로 생각만 하고 물리치면 어떻습니까? 즉 이 물건들은 백성들로부터 불의不義하게 탈취한 것이다. 그리고 다른 핑계를 말로 대고, 예물을 받지 않으면 안 될까요?"

맹자가 말했다.

"그의 교제가 도리에 맞고, 그의 접근이 예에 맞으면, 공자도 받으셨다."

해설

제際는 접接의 뜻이다. 교제交際는 제후가 예의와 폐백을 갖추었으므로 서로 사귀고 접한다는 뜻이다.

각卻은 받지 않고 돌려보낸다는 뜻이다.

만장은 "제후와 교제할 때에 예물을 거절하는 것을 불공不恭이라고 하는 것은 왜일까?"하고 의문을 제기했다.

맹자가 말했다. "존귀한 사람이 예물을 내려주었는데, 내가 마음속으로 그가 이 물건을 취득한 방도나 경위가 의리에 맞는지 안 맞는지를 알 수 없다고 헤아려본다. 그리고 반드시 의리에 맞아야 받아들이고 안 맞으면 물리친다. 그래서 물리치는 것을 불공이라고 한 것이다."

日 請無以辭卻之요 以心卻之 日 其取諸民之不義也 而以他辭無受가 不可乎이까
왈 청무이사각지   이심각지 왈 기취제민지불의야 이이타사무수   불가호

日 其交也가 以道이오 其接也가 以禮면 斯는 孔子도 受之矣시니라.
왈 기교야   이도   기접야   이례면 사   공자 수지의

살인강도와는 벗 할 수 없다

만장이 말했다.

"지금 나라의 대문 밖에서 길을 막고 사람을 죽이고 재물을 탈취한 살인강도가 있는데, 그가 도를 따라 교제하고, 예에 따라 물건을 준다면 그런 것도 받아야 합니까?"

"안 된다. 『서경書經』 주서周書 강고편康誥篇에 있다. '사람을 죽이고 재물을 강탈하고 포악하고 죽음을 겁내지 않는 자를 모든 사람이 원망하고 미워한다.' 살인강도를 주살誅殺하는 형벌은 하夏, 은殷, 주周 3대가 이어오며, 공통으로 지켜오고 폐지하지 않은 형벌이다. 오늘에는 더욱 밝히는 형벌이거늘 어찌 그런 살인강도를 받아주겠느냐?"

해설

어禦는 지止의 뜻이다. 길 가는 사람을 멈추게 하고, 죽이고 재물을 탈취하는 자를 말한다. 국문지외國門之外는 사람이 없는 곳을 말한다. 만장은 물건이 어떻게 온 것인지를 불문에 부치고 오직 교제하는 예만 본다면, 즉 설혹 살인강도가 죄를 짓고 얻은 재물을 예를 갖추어 보내준다면 받아도 좋겠느냐고 생각한 것이다.

萬章이 曰 今有禦人於國門之外者가 其交也는 以道이오
만장 왈 금유어인어국문지외자 기교야 이도

其餽也以禮이면 斯可受禦與이까 曰 不可하니 康誥에 曰 殺越人于貨하야
기궤야이례 사가수어여 왈 불가 강고 왈 살월인우화

閔不畏死를 凡民이 罔不譈라하니 是는 不待教而誅者也이니
민불외사 범민 망부대 시 부대교이주자야

殷受夏하고 周受殷 所不辭也 於今爲烈 如之何其受之리오.
은수하 주수은 소불사야 어금위렬 여지하기수지

군자는 개선이 가능한 사람은 교제할 수 있다

만장이 말했다.

"오늘의 제후들이 백성으로부터 재물을 탈취하는 양상은 흡사 살인 강도와 같습니다. 그런데도 만약에 그들이 예를 갖추고 교제를 하고자 하면, 군자가 이를 수락하라고 하시니, 감히 묻겠습니다. 왜 그래야 합니까?"

맹자가 말했다.

"그대는 어느 쪽이 좋다고 생각하는가. 만약에 참으로 왕자가 나타나면, 장차 오늘의 나쁜 제후들을 모두 죽여야 한다고 생각하는가? 먼저 가르치고 그래도 고치지 않으면, 그 후에 죽여야 한다고 생각하는가? 또 잘 듣게. 자기의 소유가 아닌데 취해 갖는다고 제후들을 통틀어 도둑이라고 몰아붙이는 태도는 유사한 모든 것을 묶어서(充類), 극단적인 정의定義 즉 강도로 몰아붙이는 짓이라 하겠네.

日 今之諸侯가 取之於民也는 猶禦也이어늘 苟善其禮際矣면
왈 금 지 제 후   취 지 어 민 야   유 어 야   구 선 기 예 제 의

斯는 君子도 受之라하시니 敢問 何說也이니이꼬
사 군 자 수 지   감 문 하 설 야

日 子가 以爲有王者作인댄 將比今之諸侯而誅之乎아
왈 자 이 위 유 왕 자 작   장 비 금 지 제 후 이 주 지 호

其敎之不改而後에 誅之乎아 夫謂非其有而取之者를 盜也는 充類至義之盡也이라
기 교 지 불 개 이 후   주 지 호   부 위 비 기 유 이 취 지 자   도 야   충 류 지 의 지 진 야

공자께서 노나라에서 벼슬하실 때 노나라 사람들이 관습에 따라 엽
교獵較를 했으며, 공자께서도 역시 엽교를 하셨네. 관습에 따른 엽교
도 가하다고 하셨으니, 하물며 제후가 예를 갖추고 예물을 내린 것을
받을 수 있지 않겠는가?"

해설

엽교獵較는 사냥할 때 잡은 금수의 수량을 서로 비교해서, 많이 잡은 사람이 적게 잡
은 사람의 금수를 빼앗아 제사를 지내는 것이다.

孔子之仕於魯也에 魯人이 獵較이어늘 孔子가 亦獵較하시니
공 자 지 사 어 노 야   노 인   엽 교   공 자   역 엽 교

獵較도 猶可이온 而況受其賜乎이꼬.
엽 교   유 가   이 황 수 기 사 호

왕도정치를 위한 도를 실현해야 한다

만장이 말했다.

"그렇다면 공자께서 출사하신 목적은 도道를 섬기고 실현하기 위한 것이 아니었습니까?"

맹자가 말했다.

"도를 실현하기 위해서다."

만장이 말했다.

"도를 실현하기 위한다면서, 어째서 엽교獵較를 그냥 두고 따랐습니까?"

맹자가 말했다.

"공자는 먼저 제사의 절차나 규범을 적은 부책簿冊을 제정하시고, 그에 따라 제사를 지내는 절차나 혹은 바치는 제물祭物이나 제기祭器 등을 바르게 하고, 또 제사에는 함부로 사방의 음식을 바치지 못하게 함으로써, 격식을 바르게 잡으려 하셨던 것이다."

日 然則孔子之仕也는 非事道與이까 日 事道也이시니라 事道이시니라 奚獵較也이이꼬
왈 연즉공자지사야   비사도여   왈 사도야   사 도   해 렵 교 야

日 孔子가 先簿正祭器하샤 不以四方之食으로 供 簿正하시니라
왈 공자   선부정제기   불이사방지식   공 부정

만장이 말했다.

"노나라에서 도가 행해지지 않았는데 왜 공자께서 떠나지 않으셨습니까?"

맹자가 말했다.

"왕도덕치의 징조나 단서를 만들기 위해서다. 공자가 만들어 놓은 징조나 단서가 충분하여 왕도덕치를 행할 수 있는데도 임금이 행하지 않으면, 그다음에 공자께서 그 나라를 떠나셨다. 그러므로 공자께서는 어느 나라에서도 3년이 끝날 때까지 그대로 머물러 계시지 않으셨던 것이다."

해설

이 구절은 공자의 사례를 들고 극단적으로 몰아붙이지 말라는 주장을 되풀이한 것이다. 공자가 떠나지 않은 까닭은, 작으나마 도를 행하는 단서를 시험해서 사람에게 보이고, 자기의 도가 결국은 행할 수 있음을 알게 하고자 해서이다. 그와 같이 단서를 행할 수 있는 데도, 사람들이 끝내 행하지 못했다. 그래서 부득이하게 반드시 떠났던 것이다. 원칙적으로 떠나는 것을 가볍게 여기지 않았다. 그러나 항상 결단을 내렸던 것이다. 그러므로 한 나라에서 3년 이상을 머물러 있지 않았던 것이다.

曰 奚不去也이시니이꼬 曰 爲之兆也이시니 兆는 足以行矣 而不行而後에 去하시니
왈 해 불 거 야   왈 위 지 조 야   조 족 이 행 의 이 불 행 이 후   거

是以로 未嘗有所終三年淹也이시니라.
시 이   미 상 유 소 종 삼 년 엄 야

공자가 노나라에 출사한 세 가지 예

"공자는 도를 행할 수 있다고 보았을 때 출사했다. 또 임금이 예를 갖추어 교제를 할 만하다고 생각되면 출사했다. 또 임금이 성의로써 현인을 공양할 때에는 출사했다. 노나라 계환자의 경우는 도를 행할 수 있다고 보았을 때 출사한 예이다. 위 영공의 경우는 교제를 할 만하다고 해서 출사한 예다. 위 효공의 경우는 성의로써 현인을 공양했으므로 출사한 예이다."

해설

견행가見行可는 '도를 행할 수 있음을 본다'는 뜻이다. 제가際可는 '예로써 접하고 만난다'는 뜻이다. 공양公養은 나라의 임금이 현인을 공양하는 예이다. 계환자季桓子는 노魯나라의 경卿, 계손사季孫斯이다. 위령공衛靈公은 위衛나라의 후侯, 원元이다. 효공孝公은 춘추春秋나 사기史記에도 없으며, 혹 출공出公의 첩輒이 아닐까 의심된다. 공자가 노나라에 출사한 것을 바탕으로 하고, 그의 출사에 이와 같이 세 가지 경우가 있음을 말했다.

孔子가 有見行可之 仕하시며 有際可之 仕하시며 有公養之 仕하시니
공자　유견행가지　사　　　유제가지　사　　　유공양지　사

於季桓子엔 見行可之仕也이오 於衛靈公엔 際可之仕也이오
어 계 환 자　견 행 가 지 사 야　　어 위 령 공　제 가 지 사 야

於衛 孝公엔 公養之仕也이니라.
어 위 효 공　공 양 지 사 야

가난을 벗어나기 위한 벼슬은 낮은 자리여야 한다

맹자가 말했다.

"군자가 벼슬하는 것은 가난을 모면하기 위해서가 아니다. 그러나 때로는 불가피하게 가난 때문에 벼슬하는 경우도 있다. 남자가 처를 얻는 것은 부모나 가족을 봉양하기 위해서만이 아니다. 그러나 때로는 불가피하게 가족을 양육하기 위해서 처를 얻는 수도 있다."

"가난을 모면하기 위해서 벼슬하는 사람은 스스로 높은 자리를 사양하고 낮은 자리에 있어야 한다. 많은 녹봉을 사양하고 적은 녹봉을 받는 자리에 있어야 한다."

"높은 자리를 사양하고 낮은 벼슬을 살고, 많은 녹봉을 사양하고 적은 녹봉을 받는 자리에 있기 위해서는 어떻게 하는 것이 옳겠느냐? 즉 관문을 지키는 문지기나 딱딱이를 치는 야경꾼이 되어야 한다."

孟子가 曰 仕는 非爲貧也ㅣ 而有時乎爲貧하며 娶妻는 非爲養也ㅣ 而有時乎爲養이니라.
맹 자   왈 사   비 위 빈 야 이 유 시 호 위 빈   취 처   비 위 양 야 이 유 시 호 위 양

爲貧者는 辭尊居卑하며 辭富居貧이니라. 辭尊居卑하며 辭富居貧은 惡乎宜乎오
위 빈 자   사 존 거 비   사 부 거 빈   사 존 거 비   사 부 거 빈   오 호 의 호

抱關擊柝이니라.
포 관 격 탁

"공자께서 전에 창고를 지키는 위리委吏가 되시자 말씀하셨다. '회계만을 정당하게 할 뿐이다.' 또 공자께서 승전乘田이 되시자 말하셨다. '나는 오직 소나 양을 잘 사육했을 뿐이다.'"

"낮은 자리에 있으면서 함부로 국가 대사를 논하는 것은 죄가 된다. 남의 나라나 조정에서 벼슬하면서, 도를 행하지 않는 것은 창피한 노릇이다."

해설

이씨李氏가 말했다. '도를 행하지 않고 가난을 모면하기 위해서 벼슬하는 자는 그와 같이 하는 것이 율법이다. 그렇게 하지 않으면 지위를 탐하고 녹봉을 욕심내는 것이니라.'

공자는 대성大聖이면서 전에 천한 벼슬을 살았으며 욕되게 생각하지 않았다는 뜻을 말한 것이다. 이른바 가난을 위해 벼슬할 때에는 관직이 천하고 녹봉이 적어야 직책을 감당하기 쉽다는 실례이다.

孔子가 嘗爲委吏矣샤 曰 會計를 當而已矣라하시고 嘗爲乘田矣샤 曰 牛羊을
苗壯長而已矣라하시니라.

位卑而言高가 罪也이오 立乎人之本朝 而道不行이 恥也이니라.

선비는 남의 나라 일을 하지 않는다

만장이 물었다.

"선비가 다른 나라 임금에게 의탁하면 안 되는 것은 어째서입니까?"

맹자가 말했다.

"감히 그렇게 할 수 없다. 임금의 경우는 자기 나라를 잃은 후에, 다른 나라 임금에게 의탁하는 것은 예로 허락한다. 그러나 선비가 다른 나라 임금에게 의지하는 것은 예나 도리에 어긋난다."

해설

탁託은 기탁寄託의 뜻이다. 즉 남의 나라 일을 하지 않고, 녹을 먹는다는 뜻이다. 옛날에는 제후가 다른 나라로 망명하고, 그 나라 창고의 곡식을 먹는 것을 기공寄公이라 했다. 사는 작위나 영지가 없으며, 제후와 비교할 수 없다. 남의 나라에서 일도 하지 않고, 녹을 받아먹는 것은 예가 아니다.

萬章이 曰 士之不託諸侯는 何也이꼬 孟子가 曰 不敢也이니라
만장   왈 사지불탁제후는 하야   맹자   왈 불감야

諸侯가 失國而後에 託於諸侯는 禮也이오 士之託於諸侯는 非禮也이니라.
제후   실국이후   탁어제후   예야   사지탁어제후   비례야

일정한 직업이 없으면 나라의 녹을 받아서는 안 된다

만장이 말했다. "일반 백성들은 임금이 주는 곡식을 받아먹어도 됩니까?"

맹자가 말했다. "받아먹어도 좋다."

만장이 말했다. "받아먹어도 좋다는 말은 무슨 뜻입니까?"

맹자가 말했다. "임금은 모든 백성들을 마땅히 두루 구제해 주어야 하기 때문이다."

만장이 말했다. "구율해 주는 것은 받고, 하사해 주는 것은 받지 못하는 이유가 무엇입니까?"

맹자가 말했다. "감히 받을 수 없기 때문이다."

만장이 말했다. "감히 받을 수 없다는 말은 무슨 뜻입니까?"

맹자가 말했다. "관문을 지키는 문지기나 밤에 딱딱이를 치는 야경꾼은 일정한 직업을 가졌으니, 위로부터 녹을 받을 수 있다. 그러나 일정한 직업이 없는데 윗사람의 녹을 받는 것은 예나 도리에 어긋난다."

萬章이 曰 君은 餽之粟 則受之乎이까 曰 受之니라 受之는 何義也이이꼬
만장   왈 군 궤지속 즉수지호   왈 수지   수지 하의야

曰 君之於氓也에 固周之니라. 曰 周之則受하고 賜之則不受는 何也이이꼬
왈 군지어맹야 고주지   왈 주지즉수   사지즉불수   하야

曰 不敢也이니라 曰 敢問其不敢은 何也이이꼬 曰 抱關擊柝者가
왈 불감야   왈 감문기불감   하야   왈 포관격탁자

皆有常職하야 以食於上하나니 無常職 而賜於上者는 以爲不恭이니라.
개유상직   이식어상   무상직 이사어상자   이위불공야

현인을 알아보지 못하는 임금의 봉양을 받아서는 안
된다

만장이 말했다.

"임금이 주는 것은 받아도 좋다고 하셨으니, 늘 계속해서 받아도 좋
겠습니까?"

맹자가 말했다.

"노魯나라 목공繆公이 사신을 보내서 자사子思에게 자주 문안을 했고,
또 자주 삶은 고기를 보냈다. 그러나 자사는 좋아하지 않았다. 마침내
사신을 손짓하여 대문 밖으로 나가게 하고, 자기는 북면하고 머리를
조아리고 두 번이나 절하고 목공이 내린 고기를 받지 않으면서 말했
다. '이제야 비로소 임금님이 나, 급伋을 개나 말 키우듯이 대하고 있
음을 알았노라.' 그때부터 대관臺官의 사령이 물건을 가지고 오지 않
게 되었다. 한 나라의 임금으로서 현인賢人을 좋아하기만 하고, 그를
등용하지 못하고, 또 녹을 주어 스스로 봉양하게 하지 못했다면 어찌
현인을 좋아한다고 말하겠는가?"

曰 君이 餽之 則受之라하시니 不識케이다 可常繼乎이까
왈 군 궤지 즉수지 불식 가상계호

曰 繆公之於子思也에 亟問하시며 亟餽鼎肉이어시늘 子思가 不悅하사
왈 목공지어자사야 기문 기궤정육 자사 불열

於卒也에 摽使者하야 出諸大門之外하시고 北面稽首再拜 而不受
어졸야 표사자 출제대문지외 북면계수재배 이불수

曰 今而後에 知君之犬馬畜伋이라하시니 蓋自是로 臺無餽也하니 悅賢不能擧이오
왈 금이후 지군지견마휵급 개자시 대무궤야 열현불능거

又不能養也이면 可謂悅賢乎아.
우 불능양야 가위열현호

군자는 임금의 명으로 하는 봉양을 받는다

만장이 말했다.

"감히 묻겠습니다. 임금이 군자를 봉양奉養할 때, 어떻게 해야 참된 봉양이라 할 수 있습니까?"

맹자가 말했다.

"처음에는 임금의 명의로 예물을 보내준다. 그러면 군자가 재배하고 조아리며 받는다. 그러나 그다음부터는 직접 창고지기가 곡물을 계속해서 보내주고, 푸주 관리인이 계속해서 고기를 대주게 하고, 다시는 임금의 명을 내세우고 물건을 보내지 않게 해야 한다. 자사는 솥에 삶은 고기를 보내준 것은 자기로 하여금 성가시게 자주 임금에게 절하게 하는 것이라 생각했으니, 그런 방식으로는 참되게 군자를 봉양하는 도리가 아닌 것이다."

해설

처음에는 임금의 명으로 물건을 보내오면 당연히 절하고 받는다. 그러나 후에는 담당자가 각기 직책에 따라 군자에게 부족한 것을 계속해서 보내준다. 임금의 명으로 보내주는 것이 아니므로 현인으로 하여금 자주 절하는 수고를 면하게 한다. 복복僕僕은 '겁먹은 태도를 짓는다'는 뜻이다. 僕은 종, 자기의 겸칭, 귀찮은 모양이다.

曰 敢問 國君이 欲養君子인댄 如何이라야 斯可謂養矣니이꼬 曰 以君命將之어든
왈 감문 국군 욕양군자 여하 사가위양의 왈 이군명장지

再拜稽首而受하나니 其後에 廩人繼粟하며 庖人繼肉하야 不以君命將之니
재배계수이수 기후 늠인계속 포인계육 불이군명장지

子思가 以爲鼎肉은 使己僕僕爾 亟拜也이라 非養君子之道也이라하시니라.
자사 이위정육 사기복복이 기배야 비양군자지도야

현명한 임금은 군자를 봉양하고 등용한다

"요제堯帝가 순舜을 돌봐줄 때에는, 자기의 아들 9명으로 하여금 순을 섬기게 했고, 또 두 딸을 순의 처로 주었으며, 또 백관百官·우양牛羊·창름倉廩까지 다 갖추어 주고, 논밭에서 농사를 짓는 순이 잘살고 발전하게 했던 것이다. 그런 다음에 순을 등용해서 높은 자리에서 나라를 다스리게 했다. 고로 말한다. '요제의 공양 태도가 바로 임금이 현인을 높이는 태도이다.'"

해설

현명한 사람을 능히 봉양奉養하고, 능히 등용登用할 수 있는 것이 즐거움의 극치이다. 이와 같은 일은 오직 요임금과 순임금만이 할 수 있었다. 그래서 후세에서도 마땅히 전범典範으로 삼아야 한다.

堯之於舜也에 使其子九男으로 事之하며 二女로 女焉하시고 百官牛羊倉廩을 備하야
요 지 어 순 야   사 기 자 구 남   사 지   이 녀   여 언   백 관 우 양 창 름   비

以養舜於畎畝之中이러시니 後에 擧而加諸上位하시니 故로 曰 王公之尊賢者也이니라.
이 양 순 어 견 무 지 중   후   거 이 가 제 상 위   고   왈 왕 공 지 존 현 자 야

군자나 선비는 임금이 부른다고 가지는 않는다

만장이 말했다.

"감히 묻겠습니다. 선생님께서 자진하여 제후를 만나지 않으시는 데는 어떠한 뜻이 있습니까?"

맹자가 대답했다.

"벼슬하지 않은 군자나 현인이 도성 안에 있으면 시정市井의 신이라 하고, 농촌에 있으면 초망草莽의 신이라 하며, 모두 서민이다. 서민은 예를 갖추어 예물을 바치고, 정식으로 신하가 되지 않고서는 감히 제후를 만나보지 않는 것이 예禮이다."

만장이 말했다.

"서민은 제후가 부르면 가서 부역을 하는데, 군자는 임금이 보고자 하여 불러도 곧 가서 만나지 않는 것은 어째서입니까?"

맹자가 대답했다.

"서민이 가서 부역하는 것은 의무이다. 그러나 군자가 가서 보는 것은 의무가 아니다."

萬章이 曰 敢問 不見諸侯는 何義也이꼬 孟子가 曰 在國曰市井之臣이오
만장 왈 감문 불견제후 하의야 맹자 왈 재국왈시정지신

在野曰草莽之臣이라 皆謂庶人이니 庶人이 不傳質爲臣하야
재야왈초망지신 개위서인 서인 부전지위신

不敢見於諸侯가 禮也이니라. 萬章이 曰 庶人은 召之役 則往役하고 君欲見之하야
불감견어제후 예야 만장 왈서인 소지역 즉왕역 군욕견지

召之 則不往見之는 何也이이꼬 曰 往役은 義也이오 往見은 不義也이니라.
소지 즉불왕견지 하야 왈왕역 의야 왕견 불의야

임금이 현인을 불러오라고 할 수는 없다

"또 임금이 나를 보고자 함은 어째서일까?"

만장이 말했다.

"선생님이 다문박식多聞博識하시고, 또 현명하시기 때문이겠지요."

맹자가 말했다.

"다문박식하기 때문이라면 의당 스승으로 높이고 대해야 한다. 천자天子도 스승을 오라고 부르지 않거늘, 하물며 제후가 오라고 부를 수 있겠느냐? 현명하기 때문이라면 의당히 예를 갖추고 등용해야 한다. 그렇게 하지 않고 현인을 보고 싶다고 불러서 오라고 한다는 예를 나는 듣지 못했노라. 한 가지 예를 들겠다. 옛날 노나라의 목공繆公이 자주 자사子思를 만났으며 다음같이 말한 바 있다. '옛날에는 천승千乘의 임금이 선비를 벗으로 삼았다고 하던데, 그대도 나와 벗하면 어떻겠소?' 그러자 자사는 불쾌한 듯이 임금에게 말했다. '옛사람이 현인을 잘 섬겨야 한다고 말했거늘, 어찌 벗하자고 말하십니까?'

且君之欲見之也는 何爲也哉오 曰 爲其多聞也이며 爲其賢也이니이다
차 군 지 욕 견 지 야   하 위 야 재   왈 위 기 다 문 야   위 기 현 야

曰 爲其多聞也 則天子도 不召師이온 而況諸侯乎아
왈 위 기 다 문 야 즉 천 자 도   불 소 사   이 황 제 후 호

爲其賢也 則吾未聞 欲見賢 而召之也케라
위 기 현 야 즉 오 미 문 욕 견 현 이 소 지 야

繆公이 亟見於子思 曰 古에 千乘之國이 以友士하니 何如하니이꼬
목 공   기 견 어 자 사 왈 고   천 승 지 국   이 우 사   하 여

子思가 不悅 曰 古之人은 有言曰 事之云乎이언정 豈曰友之云乎이오하시니
자 사   불 열 왈 고 지 인   유 언 왈 사 지 운 호   기 왈 우 지 운 호

자사가 불쾌하게 여긴 것은 다음과 같은 생각이 아니겠느냐? '지위로 말하면 그대는 임금이고 나는 신하다. 어찌 감히 임금과 벗하겠는가? 한편 현덕賢德으로 말하면, 그대가 즉 나를 섬겨야 하거늘 어찌 나와 벗할 수가 있겠느냐?' 자사의 경우 천승의 임금도 벗할 수 없거늘, 하물며 제후가 나를 오라고 부를 수 있겠느냐?"

해설

맹자가 자사의 말을 인용해서 뜻풀이를 하고 임금이 현명한 사람을 불러오라고 할 수 없음을 밝힌 것이다.

子思之不悅也가 豈不曰 以位則子는 君也이오 我는 臣也이니
자 사 지 불 열 야　기 불 왈 이 위 즉 자　군 야　　아　신 야

何敢與君友也이며 以德則子는 事我者也이니 奚可以與我友리오
하 감 여 군 우 야　　이 덕 즉 자　사 아 자 야　　해 가 이 여 아 우

千乘之君 求與之友 而不可得也 而況可召與아.
천 승 지 군 구 여 지 우 이 불 가 득 야 이 황 가 소 여

현인은 초빙하는 예와 도리를 갖춰야 한다

"옛날 제齊나라 경공景公이 사냥할 때 정기旌旗를 흔들고 원유苑囿지
기를 오라고 불렀으나, 그가 오지 않자, 경공이 그를 죽이려고 했다.
그러나 공자는 그를 칭찬하고 말했다. '지사志士는 항상 의義를 위해
죽어 도랑에 떨어질 각오가 되어 있고, 또 용사는 언제라도 자기의
목을 잃을 각오가 되어 있어야 한다.' 공자께서 어떤 점을 취해서 칭
찬을 했을까? 그가 정당한 방법으로 자기를 부르지 않았으므로 부름
에도 응하지 않은 점을 칭찬한 것이다."

만장이 말했다.

"감히 묻겠습니다. 원유지기는 무엇으로 불러야 합니까?"

맹자가 대답했다.

"원유지기는 피관皮冠을 흔들고, 서인庶人은 자루가 굽은 전旃을 흔들
고, 사士는 용 그림과 방울이 달린 기旂를 흔들고, 대부大夫는 새털이
달린 정旌을 흔들고 불러야 한다."

齊景公이 田할새 招虞人以旌 不至어늘 將殺之러니 志士 不忘在溝壑이오
제 경공   전   초우인이정 부지   장살지   지사 불망재구학

勇士는 不忘喪其元이라하니 孔子가 奚取焉이꼬 取非其招不往也이시니라.
용사   불망상기원   공자 해취언   취비기초불왕야

曰 敢問 招虞人何以니이꼬
왈 감문 초우인하이

曰 以皮冠이니 庶人은 以旃이오 士는 以旂오 大夫는 以旌이니라.
왈 이피관   서인 이전   사 이기 대부   이정

"대부를 부르는 격식으로 우인을 불러도 그 격식이 잘못이므로 우인이 죽음을 각오하고 감히 가지 않은 것이다. 사를 부르는 격식으로 서인을 부르면, 서인이 감히 가겠는가? 하물며, 현인賢人을 초빙하는 예를 갖추지 않고, 현인을 부른다면, 내가 어찌 응하고 가겠는가?"

해설

제후가 보고 싶다고 부르는 것은 현인賢人을 초빙招聘하는 도리가 아니다. 벼슬하는 선비를 부르는 격식으로 일반 서민을 부르면, 서민은 감히 응하고 가지 못하게 마련이다. 현인을 초빙하는 예나 도리를 갖추지 않고, 현인을 부르면 현인이나 군자는 갈 수가 없는 것이다.

以大夫之招로 招虞人이어늘 虞人이 死不敢往하니 以士之招로 招庶人이면
이 대 부 지 초   초 우 인   우 인   사 불 감 왕   이 사 지 초   초 서 인

庶人이 豈敢往哉리오 況乎以不賢人之招로 招賢人乎아.
서 인   기 감 왕 재   황 호 이 불 현 인 지 초   초 현 인 호

군자는 오직 바른길을 따른다

"제후가 현인을 만나보고자 하면서 바른 도리를 갖추지 않는 것은 마치 사람이 들어오기를 바라면서 문을 닫는 것과 같다. 무릇 의義는 길이고, 예禮는 문이다. 군자는 오직 바른길을 따르고 바른 문으로만 출입할 수 있다. 시경詩經에 있다. '주周나라의 길은 숫돌같이 평탄하고, 곧기가 마치 화살 같다. 그 길을 군자가 밟고 다니자, 소인들이 보고 모두 따르니라.'"

해설

시詩는 『시경詩經』 대동편大東篇의 시다. 저底는 지砥와 같으며, 숫돌이다. 평탄하다는 뜻을 말한 것이다. 시矢는 '곧다'는 뜻을 말한 것이다. 시視는 '보고 본으로 삼는다'는 뜻으로, 이 시를 인용하여 앞의 바른길을 따른다는 뜻을 증명한 것이다.

欲見賢人 而不以其道이면 猶欲其入 而閉之門也이니라
욕 견 현 인   이 불 이 기 도   유 욕 기 입   이 폐 지 문 야

夫義는 路也이오 禮는 門也이니 惟君子能由是路하며 出入是門也이니
부 의   노 야   예   문 야   유 군 자 능 유 시 로   출 입 시 문 야

詩云 周道如底하니 其直如矢로다 君子所履요 小人所視라하니라.
시 운 주 도 여 저   기 직 여 시   군 자 소 리   소 인 소 시

임금이 신하를 부르면 바로 가야 한다

만장이 말했다.

"공자께서는 임금이 명을 내려 부르시면, 수레에 말을 맬 틈을 기다리지 않고 즉시 가셨으니, 그렇다면 공자께서는 잘못하신 것입니까?"

맹자가 말했다.

"공자께서는 당시 관직에 계셨으며, 임금도 관직으로써 부르신 것이다."

해설

공자는 그때 벼슬하고 관직을 맡고 있었으며, 임금도 관명으로 부른 것이다. 그러므로 수레에 말 매기를 기다리지 않고 서둘러 간 것이다. 서씨徐氏가 말했다. '공자와 맹자는 처지가 바뀌었어도 같았을 것이다.'

이 장은 맹자가 제후를 자진해서 만나지 않는 뜻을 잘 말한 것이며, 앞에서 진대陳代 공손추公孫丑의 질문에 답한 말과 함께 보면 더욱 충분히 알 수 있을 것이다.

萬章이 曰 孔子가 君이 命召이어시든 不俟駕而行하시니 然則孔子가 非與이까
만 장   왈 공 자   군   명 소   불 사 가 이 행   연 즉 공 자   비 여

曰 孔子는 當仕有官職 而以其官으로 召之也이니라.
왈 공 자   당 사 유 관 직 이 이 기 관   소 지 야

선비는 현재의 벗은 물론이고, 옛 성현과도 벗해야 한다

맹자가 만장에게 말했다.

"한 고을에서 치는 착한 선비라야 비로소 그 고을의 착한 선비들과 벗할 수 있다. 한 나라에서 치는 착한 선비라야 비로소 그 나라의 착한 선비들과 벗할 수 있다. 천하에서 치는 착한 선비라야 비로소 천하의 착한 선비들과 벗할 수 있다."

"오늘 살아있는 천하의 착한 선비만을 벗하고 사귀는 것만으로는 아직 부족하다. 그래서 또 다시 옛날의 착하고 현명한 성현聖賢을 높이고 벗하고 제반사를 논해야 한다. 그러나 옛날의 성현을 높이고 벗하고, 또 논하기 위해서 오늘의 선비는 『시경詩經』이나 『서경書經』 같은 경서經書를 읽는다. 그러나 글만을 읽고 그들 성현의 인품을 몰라서야 되겠는가. 고로 그들 성현이 살고 처했던 세상을 역사적으로 구명究明하고 바르게 알아야 한다. 그렇게 하는 것이 바로 상우尙友이다."

孟子가 謂萬章曰 一鄕之善士이아 斯友一鄕之善士하고 一國之善士이아
맹자   위만장왈 일향지선사   사우일향지선사   일국지선사

斯友一國之善士하고 天下之善士이아 斯友天下之善士이니라.
사우일국지선사   천하지선사   사우천하지선사

以友天下之善士로 爲未足하야 又尙論古之人하나니 頌其詩하며 讀其書호대
이우천하지선사   위미족   우상론고지인   송기시   독기서

不知其人이 可乎아 是以로 論其世也이니 是尙友也이니라.
부지기인   가호   시이   논기세야   시상우야

임금이 잘못하면, 동성의 경은 임금을 바꿀 수도 있다

제齊나라 선왕宣王이 경卿에 대해서 묻자, 맹자가 되물었다.

"임금님께서 물으시는 경은 어느 경이십니까?"

선왕이 말했다.

"경은 다 같지 않소."

맹자가 말했다.

"같지 않습니다. 동성同姓 일가一家의 경도 있고, 이성異姓 타가他家의 경도 있습니다."

선왕이 말했다.

"우선 동성 일가의 경에 대해서 알고 싶소."

맹자가 말했다.

"임금이 크게 잘못하면 간언을 올립니다. 그래도 임금이 잘못을 반복하고 간언을 듣지 않으면, 그때에는 임금을 바꾸려고 할 것입니다."

해설

대과大過는 그 나라를 망칠 만한 큰 잘못을 말한다. 역위易位는 임금 자리를 바꾸고, 일가친척 중에서 현명한 사람을 다시 내세운다는 뜻이다.

齊宣王이 問卿한대 孟子가 曰 王은 何卿之問也이시니이꼬
제 선 왕　문 경　맹 자　왈 왕　하 경 지 문 야

王曰 卿이 不同乎이까 曰 不同하니 有貴戚之卿하며 有異姓之卿하니이다
왕 왈 경　부 동 호　왈 부 동　유 귀 척 지 경　유 이 성 지 경

王曰 請問貴戚之卿하노이다 曰 君이 有大過 則諫하고 反覆之 而不聽 則易位니이다.
왕 왈 청 문 귀 척 지 경　왈 군　유 대 과　즉 간　반 복 지 이 불 청 즉 역 위

임금이 잘못하면, 이성의 경은 떠날 수 있다

선왕宣王이 발끈 화를 내고 안색이 변했다. 맹자가 말했다.
"임금님 저를 탓하지 마십시오. 임금님이 물으시므로 신은 감히 바르
게 대답하지 않을 수 없었습니다."
선왕이 안색을 바로잡은 다음에 물었다.
"이성의 경은 어떻게 합니까?"
맹자가 말했다.
"임금님이 잘못하시면 곧 간언을 올립니다. 그런데도 임금님이 간언
을 안 들으시고 반복해서 잘못하시면, 타성의 경은 즉시 임금님 곁을
떠나고 말 것입니다."

해설

발연勃然은 발끈 화를 내고 안색이 변하는 모양이다. 맹자가 한 말이다. 임금과 신하
는 의義로써 합한다. 의에 있어 합하지 못하면 신하는 떠나야 한다.
이 장은 대신大臣이 지킬 의리를 말한 것이다. 대신이라도 친소親疎가 같지 않으므로
상법常法을 지키거나 권력을 행사할 때에도 저마다 분별이 있게 마련이다.

王이 勃然變乎色하신대 曰 王은 勿異也하소서 王이 問臣하실새
왕   발연변호색   왈 왕   물이야   왕   문신

臣이 不敢不以正對호이다. 王이 色定 然後에 請問 異姓之卿하신대
대   신불감불이정   왕   색정 연후   청문 이성지경

曰 君이 有過則諫하고 反覆之 而不聽이면 則去이니이다.
왈 군   유과즉간   반복지 이불청   즉거

고자장구 상 告子章句上

告子章句上

제1장 기류장 杞柳章

인의 도덕은 인의적으로 꾸밀 수 없다

고자告子가 말했다.

"사람의 본성은 기류杞柳 같으며, 도의는 배권桮棬과 같습니다. 본성을 인의의 도덕성이라고 말하는 것은 흡사 기류를 배권이라고 말하는 것과 같습니다."

맹자가 말했다.

"그대는 기류의 본성을 따라서 배권을 만들 수 있다고 생각하는가? 아니면 기류의 본성을 죽이고 해쳐서 배권을 만든다고 생각하는가? 만약에 기류의 본성을 죽이고 해쳐야 배권을 만든다고 하면 사람도 본성을 죽이거나 해쳐야 비로소 인의 도덕을 행하게 될 것이란 말인가? 그대의 생각이나 말은 잘못이다. 천하의 모든 사람들을 이끌고 인의 도덕을 해치게 하는 것은 다른 것이 아니다. 반드시 그대의 말이나 주장같이 인의는 억지로 하는 것이라고 하는 말이나 생각 때문이다."

해설

고자告子는 성이 고告, 이름은 불해不害이다. 한때는 맹자에게 배우기도 했다.

告子가 曰 性은 猶杞柳也이오 義는 猶桮棬也이니 以人性爲仁義가
고 자 왈 성 유기류야 의 유배권야 이인성위인의

猶以杞柳爲桮棬이니라. 孟子가 曰 子는 能順杞柳之性 而以爲桮棬乎아
유이기류위배권 맹 자 왈 자 능순기류지성 이이위배권호

將戕賊杞柳 而後에 以爲桮棬也이니 如將戕賊杞柳 而以爲桮棬이면
장 장 적 기 류 이 후 이위배권야 여장장적기류 이이위배권

則亦將戕賊人 以爲仁義與아 率天下之人 而禍仁義者는 必子之言夫인저.
즉 역 장 장 적 인 이위인의여 솔천하지인 이화인의자 필자지언부

제2장 단수장 湍水章

사람의 본성은 선악혼합이다

고자가 말했다.

"사람의 본성은 흐르는 물과 같습니다. 동쪽으로 터주면 동쪽으로 흐르고, 서쪽으로 터주면 서쪽으로 흐릅니다. 사람의 본성에 선善과 불선不善의 분별이 없는 것은 마치 물에 동과 서의 분별이 없음과 같습니다."

해설

단湍은 소용돌이치고 빙빙 돌며 흐르는 물의 모양을 말한 것이다. 고자는 앞의 말을 바탕으로 했다. 그러나 약간 다르게 말했으며, 양자(揚子: 揚雄)의 선악혼합설善惡混合說에 가깝다. ⇒ 양자 수신편: 人之性也 善惡混

告子가 曰 性은 猶湍水也이라 決諸東方 則東流하고 袂諸西方 則西流하나니
고 자   왈   성   유단수야   결제동방 즉동류   결제서방 즉서류

人性之無分於善不善也가 猶水之無分於東西也이니라.
인성지무분어선불선야   유수지무분어동서야

사람의 본성은 착하다

맹자가 말했다.

"물을 동서東西로 나눌 수 없다. 그러나 상하上下의 분별도 없겠느냐? 사람의 본성이 착한 것은 마치 물이 아래로 흐르는 것과 같다. 사람의 본성이 선하지 않음이 없는 것은 흡사 물이 아래로 흐르지 않는 것이 없는 것과 같다."

"지금 만약에 물을 쳐서 튀어 오르게 하면, 이마를 지니게도 할 수 있다. 또 흐르는 물을 막았다가 확 터서 흐르게 하면 물을 산 위로도 흐르게 할 수 있다. 그러나 그것이 어찌 물의 본성이겠느냐? 그때의 형세가, 그렇게 되게 하는 것이다. 본성이 착한 사람도 때로는 나쁜 짓을 하게 할 수 있다. 그러나 나쁜 일을 할 때의 그 사람의 성품도 역시 형세가 그와 같이 나쁜 일을 하게 만드는 것이다."

해설

사람의 본성은 본래 착해서 본성을 따르면 착하지 않음이 없게 된다. 또한 사람의 본성은 본래 악함이 없어서 본성을 어겨야 악을 행하게 된다. 고자의 말같이 사람의 본성에 정체가 없어서 좋으나 나쁘나 모든 짓을 하는 것이 아니다.

孟子가 曰 水는 信無分於東西이어니와 無分於上下乎아
맹자   왈 수   신무분어동서   무분어상하호

人性之善也가 猶水之就下也이니 人無有不善하며 水無有不下이니라.
인성지선야   유수지취하야   인무유불선   수무유불하

今夫水를 搏而躍之면 可使過顙이며 激而行之면 可使在山이어니와
금부수   박이약지   가사과상   격이행지   가사재산

是豈水之性哉리오 其勢則然也이니 人之可使爲不善은 其性이 亦猶是也이니라.
시기수지성재   기세즉연야   인지가사위불선   기성   역유시야

제3장 생지장 生之章
사람의 본성과 동물의 본성은 비교 대상이 아니다

고자가 말했다.

"살려는 욕구나 본능을 본성이라 합니다."

맹자가 되물었다.

"사는 것을 본성이라고 한 그대의 말은 바로 흰 것은 희다고 하는 것
과 같으냐?"

고자가 말했다.

"그렇습니다."

맹자가 물었다.

"하얀 깃의 흰 것을 백설白雪의 흰 것과 같다고 하고, 또 백설의 흰 것
을 백옥白玉의 흰 것과 같다는 뜻이냐?"

고자가 말했다.

"그렇습니다."

"그렇다면 곧 개의 본성이 소의 본성과 같고, 소의 본성이 사람의 본
성과 같다는 말이냐?"

告子가 曰 生之謂性이니라. 孟子가 曰 生之謂性也는 猶白之謂白與아 曰 然하다
고 자　 왈 생지위성　　 맹자　 왈 생지위성야　 유백지위백여　 왈 연

白羽之白也는 猶白雪之白이며 白雪之白은 猶白玉之白與아 曰 然하다.
백우지백야　 유백설지백　　 백설지백은 유백옥지백여　 왈 연

然則犬之性은 猶牛之性이며 牛之性은 猶人之性與아.
연즉견지성　 유우지성　　 우지성은 유인지성여

제4장 식색장 食色章

겉만 보고 판단해서는 안 된다

고자가 말했다.

"음식을 먹고, 또 남녀가 짝짓기를 하는 것이 사람의 본성입니다. 인 仁은 내적인 것이지, 외적인 것이 아닙니다. 의義는 외적인 것이지 내적인 것이 아닙니다."

맹자가 말했다.

"어찌해서 인은 내적이고, 의는 외적이라 하는가?"

고자가 말했다.

"상대방이 연장자인 경우, 내가 그를 연장자로 공경하는 것은 내 마음속에 공경하려는 마음이 있는 것이 아닙니다. 흡사 어떤 물건이 희기 때문에 내가 희다고 하는 것은 곧 외적으로 그것이 희기 때문에 따라서 내가 희다고 하는 것과 같습니다. 고로 외적이라 하는 것입니다."

告子가 曰 食色이 性也이니 仁은 內也이라 非外也이오 義는 外也이라 非內也이니라.
고 자 왈 식색 성야 인 내야 비외야 의 외야 비내야

孟子가 曰 何以謂仁內義外也오 曰 彼長而我長之라 非有長於我也이니
맹자 왈 하이위인내의외야 왈 피장이아장지 비유장어아야

猶彼白而我白之라 從其白於外也이라 故로 謂之外也이라하노라.
유 피 백 이 아 백 지 종 기 백 어 외 야 고 위 지 외 야

맹자가 말했다.

"다르다. 백마白馬의 흰빛은 백인白人의 흰빛과 다르지 않다. 그대는 알지도 못하고 겉만 보고 '늙은 말을 늙었다고 생각하는 것과 나이 많은 사람을 공경하는 것을 다르지 않다고 말하는구나.' 또 '늙음을 의라고 생각하느냐? 노인 공경을 의로 생각하느냐?'"

해설

고자는 사람의 지각과 운동만으로 성性이라 했다. 고로 사람이 먹기를 좋아하고, 또 색을 좋아하는 것을 본성이라 말했다. 그러므로 인애仁愛의 마음은 속에서 나오고, 사물을 잘 다루는 것은 외적인 것이라 했다. 고로 배움은 오직 인仁에만 힘을 쓰고, 외적으로 의義에 맞게 할 필요가 없다고 말한 것이다.

아장지我長之는 내가 상대를 연장자라고 인정한다는 뜻이다. 아백지我白之는 내가 그것을 희다고 인정한다는 뜻이다.

曰 異於 白馬之白也는 無以異於白人之白也이어니와 不識케라
왈 이어 백마지백야   무이이어백인지백야   불식

長馬之長也는 無以異於長人之長與아 且謂長者가 義乎아 長之者가 義乎아.
장마지장야   무이이어장인지장여   차위장자   의호   장지자   의호

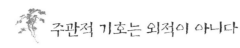

주관적 기호는 외적이 아니다

고자가 말했다.

"나의 동생은 사랑하지만, 진秦나라 사람의 동생은 사랑하지 않는 것은 나의 마음을 즐겁게 하기 때문입니다. 고로 인仁을 내적이라고 합니다. 초楚나라의 연장자도 공경하고, 또 자기 나라의 연장자도 공경하는 것은 바로 공경을 기쁘게 여기기 때문입니다. 고로 의義를 외적이라 하는 것입니다."

맹자가 반박하고 말했다.

"진나라 사람이 만든 불고기를 좋아하여 먹는 것이나, 내가 만든 불고기를 즐겨 먹는 것이나 다를 게 없다. 외적 물건도 그와 같다. 그런데 불고기를 즐겨 먹는 주관적 기호嗜好마저 외적이라고 하느냐?"

해설

사랑은 나를 주체로 하므로 인仁은 내적이다. 공경은 연장자를 주체로 하므로 의義는 외적이다. 다음과 같은 뜻이다. 연장자를 공경하는 것과 불고기를 좋아하여 먹는 것이 다 마음속에서 나온다. 임씨林氏가 말했다. '고자는 식색을 성이라 생각했다. 그래서 고자가 안다고 생각하는 바를 바탕으로 하고 그를 통하게 한 것이다.'

曰 吾弟則愛之하고 秦人之弟則不愛也하나니 是는 以我爲悅者也이라. 故로 謂之內오
왈 오 제 즉 애 지   진 인 지 제 즉 불 애 야   시   이 아 위 열 자 야   고   위 지 내

長楚人之長하며 亦長吾之長하나니 是는 以長爲悅者也이라 故로 謂之外也이라하노라.
장 초 인 지 장   역 장 오 지 장   시   이 장 위 열 자 야   고   위 지 외 야

曰 耆秦人之炙가 無以異於耆吾炙하니 夫物이 則亦有然者也이니
왈 기 진 인 지 자   무 이 이 어 기 오 자 자   부 물   즉 역 유 연 자 야

然則耆炙도 亦有外與아.
연 즉 기 자   역 유 외 여

의義가 내적인 것인가? 외적인 것인가?

맹계자孟季子가 맹자의 제자인 공도자公都子에게 물었다. "어째서 의義를 내적內的이라고 합니까?"

공도자가 대답했다. "나의 마음속에 있는 본성적인 공경심恭敬心을 행하므로 의義를 내적이라고 합니다."

"만약에 마을 사람의 나이가 그대의 큰형보다 한 살 더 많다면, 그대는 누구를 더 공경하겠습니까?"

공도자가 대답해다. "제 형을 더 공경합니다."

맹계자가 물었다. "마을 사람이 함께 술을 마실 때는, 누구에게 술잔을 먼저 따라 올립니까?"

공도자가 대답했다. "나이 많은 마을 사람에게 먼저 잔을 올립니다."

맹계자가 물었다. "마음속으로 공경하는 분은 그대의 형이지만, 연장자로서 높이는 분은 마을 사람이니, 결국 의는 외적인 것이고, 내적인 것이 아니지 않습니까?"

孟季子가 問 公都子 曰 何以謂義內也이오. 曰 行吾敬 故로 謂之內也이니
맹계자　　문 공도자 왈 하이위의내야　　　　왈 행오경 고로　위지내야

鄕人이 長於伯兄一歲 則誰敬고 曰 敬兄이니라 酌則誰先고 曰 先酌鄕人이니라
향인　　장어백형일세 즉수경　왈 경형이니라　작즉수선고 왈 선작향인이니라

所敬은 在此하고 所長은 在彼하니 果在外라 非由內也이로다.
소경　 재차　　소장　 재피　　 과재외　 비유내야

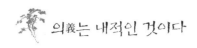

의義는 내적인 것이다

공도자가 대답을 못하고 맹자에게 말하자, 맹자가 다음과 같이 대응하는 방법을 가르쳐 주었다.

"그대가 맹계자에게 '숙부를 공경하느냐? 동생을 공경하느냐?'하고 물어라. 그러면 그는 반드시 '숙부를 공경한다.'고 대답할 것이다. 그러면 다시 '만약에 동생을 시동尸童으로 삼으면, 그때는 누구를 공경하느냐?'하고 물어라. 그는 반드시 '시동으로 앉은 동생을 공경한다.'고 대답할 것이다. 그러면 그대는 '어째서 아까는 숙부를 공경한다고 말했느냐?'고 반문해라. 그는 반드시 '시동으로 앉은 동생을 공경하는 것은 자리 때문이다.'라고 말할 것이다. 그러면 다시 그자에게 말해라. '내가 향음례鄕飮禮에서 마을 어른에게 먼저 잔을 올린 것도 위치 때문이다. 평상시에는 형님을 공경하지만, 경우에 따라 잠시 마을 어른을 공경한 것이다.'라고 말해라." 이상은 다 맹자가 공도자에게 대응하는 방법을 일러준 것이다.

公都子가 不能答하야 以告孟子한대 孟子가 曰 敬叔父乎아 敬弟乎아하면
공도자 불능답   이고맹자   맹자   왈 경숙부호   경제호

彼將曰敬叔父이라하리라 曰弟爲尸則誰敬고하면 彼將曰敬弟라하리라
피장왈경숙부   왈제위시즉수경   피장왈경제

子曰 惡在其敬叔父也오하면 彼將曰在位故也이라하리니
자왈 오재기경숙부야   피장왈재위고야

子는 亦曰在位故也이라하며 庸敬은 在兄하고 斯須之敬은 在鄕人하니라.
자   역왈재위고야   용경   재형   사수지경   재향인

맹계자가 듣고 말했다.

"숙부를 공경할 때는 숙부를 공경하고, 동생을 공경할 때는 동생을 공경한다면, 결국 의는 밖에 있는 것이지, 안에서 나오는 것이 아니다."

공도자가 반박했다.

"겨울에는 더운물을 마시고, 여름에는 찬물을 마신다고, 음식을 먹고 마시는 욕구나 본성을 밖에 있다고 하겠습니까?"

해설

본성이 내적임을 말한 것이다. 범씨范氏가 말했다. '두 문답은 취지가 같다. 거듭 비유로써 당시의 사람들을 깨우쳐, 인의仁義가 속에 있는 것을 분명히 알게 하고, 또 사람의 본성이 착하므로 누구나 다 요순堯舜 같은 사람이 될 수 있음을 알게 한 것이다.'

季子聞之하고 曰 敬叔父則敬하고 敬弟則敬하니 果在外라 非由內也이로다
계자문지   왈 경숙부즉경   경제즉경   과재외   비유내야

公都子가 曰 冬日則飮湯하고 夏日則飮水하나니 然則飮食도 亦在外也이로다.
공도자   왈 동일즉음탕   하일즉음수   연즉음식   역재외야

제6장 공도장 公都章
성性은 선善할 수도 불선不善할 수도 있다

공도자가 말했다.

"고자는 '성은 선善도 없고, 불선不善도 없다'고 말합니다. 어떤 사람은 말합니다. '사람의 본성本性은 선善해질 수도 있고, 불선不善해질 수도 있다. 그래서 문왕文王, 무왕武王의 덕치德治가 흥하면 백성들도 선을 좋아하고, 반대로 여왕厲王이나 유왕幽王의 폭정暴政이 흥하면 백성들도 포악暴惡을 좋아했다.'"

"또 어떤 사람이 다음과 같이 말합니다. '사람의 성품은 착할 수도 있고, 착하지 않을 수도 있다. 그러므로 요堯임금같이 착한 임금 밑에 반대로 상象같이 나쁜 사람이 있었다. 또 우매하고 완고한 아버지 고수瞽瞍에게 순舜같이 착한 아들이 있었다. 또 주紂가 형의 아들이라고 하여 임금이 되었으나, 미자微子 계啓나 왕자 비간比干같은 착한 사람도 있었다.'"

公都子가 曰 告子는 曰 性은 無善無不善也이라하고 或曰 性은 可以爲善이며
공도자   왈 고자   왈 성   무선무불선야   혹왈 성   가이위선

可以爲不善이니 是故로 文武가 興하면 則民이 好善하고 幽厲가 興하면
가이위불선   시고   문무   흥   즉민   호선   유려   흥

則民이 好暴이라하고 或曰 有性善하며 有性不善하니
즉민   호포   혹왈 유성선   유성불선

是故로 以堯爲君 而有象하며 以瞽瞍爲父 而有舜하며 以紂爲兄之子이오
시고   이요위군 이유상   이고수위부 이유순   이주위형지자

且以爲君 而有微子啓 王子比干이라하나니.
차이위군 이유미자계 왕자비간

불선을 행하는 것은 재능 자체의 죄가 아니다

공도자가 말했다.

"지금 선생님께서 '성은 선하다'고 말씀하시니 그러면 그들의 설이 다 잘못된 것입니까?"

맹자가 말했다.

"하기는 성性을 따르면 선善할 수 있다. 그래서 내가 '본성은 선하다.'고 말하는 것이다."

"허나 어쩌다가 불선不善을 행하는 수도 있다. 그것은 재능의 죄가 아니다."

해설

내약乃若은 발어사發語辭다. 정情은 본성의 움직임이다.(性之動) 인간의 감정이나 정서도 본성대로 나타나면 선할 수 있으며 악할 수 없다. 그러므로 성이 본래 선하다는 것을 알 수 있다.

재才는 재질材質이나 사람의 재능과 같은 뜻이다. 사람은 본성이 있다. 따라서 재질이나 재능도 있으며, 본성이 착하므로 재질이나 재능도 역시 착하다. 사람이 불선不善을 행하는 이유는 물욕物慾에 빠져서 그렇게 되는 것이다. 재질이나 재능 자체의 죄가 아니다.

今日 性善이라하시니 然則彼皆非與이까 孟子가 日 乃若其情 則可以爲善矣니
금 왈 성 선   연 즉 피 개 비 여   맹 자 왈 내 약 기 정 즉 가 이 위 선 의

乃所謂善也이니라. 若夫 爲不善은 非才之罪也니라.
내 소 위 선 야   약 부 위 불 선   비 재 지 죄 야

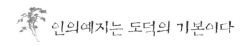# 인의예지는 도덕의 기본이다

"모든 사람에게는 측은하게 여기는 마음이 있다. 모든 사람에게는 창 피하게 여기는 마음이 있다. 모든 사람에게는 공경하는 마음이 있다. 모든 사람에게는 시비를 가리는 마음이 있다." "측은하게 여기는 마음이 곧 인仁이다. 창피하게 여기는 마음이 곧 의義다. 공경하는 마음이 곧 예禮이다. 시비를 가리는 마음이 곧 지智이다." "인의예지仁義禮智는 나를 외적으로 구속하고 장식한 덕德이 아니다. 인의예지는 나의 본성 속에 굳게 있는 덕德이다. 그것이 내재하고 있음을 생각하지 못하고 알지 못한다."

"그러므로 스스로 생각하고 구하면 얻고, 반대로 생각하지 않고 내버려두면 잃고 만다. 얻은 사람과 잃은 사람의 차이는 두 배, 혹은 다섯 배로 벌어지고 더 심한 경우에는 헤아릴 수 없을 만큼 크게 차등이 난다. 그와 같은 차이는 결국 본성적으로 주어진 재질이나 재능을 내가 다 발휘하지 못했기 때문이다."

惻隱之心을 人皆有之하며 羞惡之心을 人皆有之하며 恭敬之心을 人皆有之하며
측 은 지 심   인 개 유 지   수 오 지 심   인 개 유 지   공 경 지 심   인 개 유 지

是非之心을 人皆有之하니 惻隱之心은 仁也이오 羞惡之心은 義也이오
시 비 지 심   인 개 유 지   측 은 지 심   인 야   수 오 지 심   의 야

恭敬之心은 禮也이오 是非之心은 智也이니
공 경 지 심   예 야   시 비 지 심   지 야

仁義禮智는 非由外鑠我也라 我固有之也이언마는 弗思耳矣니
인 의 예 지   비 유 외 삭 아 야   아 고 유 지 야   불 사 이 의

故로 曰 求則得之하고 舍則失之라하니 或相倍蓰 而無算者는 不能盡其才者也이니라.
고   왈 구 즉 득 지   사 즉 실 지   혹 상 배 사 이 무 산 자   불 능 진 기 재 자 야

사람은 하늘의 불변의 도덕성을 따른다

"『시경詩經』 대아大雅 증민편蒸民篇에 있다. '하늘이 백성을 낳으시고, 또 만물과 모든 법칙을 있게 하셨다. 이에 백성들은 하늘의 변치 않는 도를 따르고 지켰으며, 착하고 아름다운 덕을 좋아했노라.' 이 시를 공자께서 '이 시를 지은 사람은 참으로 도를 아는 사람이다.'라고 평하셨다. 그런고로 모든 사물에는 반드시 법칙이 있고, 또 모든 사람은 하늘의 변치 않는 도를 따르고 지키며 착하고 아름다운 덕을 좋아하는 것이다."

해설

증蒸을 시경에서는 증烝으로 썼으며, 많다는 뜻이다. 물物은 사물事物의 뜻이다. 칙則은 법칙法則의 뜻이다. 이夷를 시경에는 이彛로 썼으며, 상常의 뜻이다. 의懿는 '아름답다'는 뜻이다.

사람의 바탕(情)이 착하고 아름다운 덕을 좋아하지 않음이 없다. 이렇게 보면 즉 사람의 본성이 착하다는 것을 알 수 있으며, 공도자가 질문한 세 가지 의문에 대한 변론을 하지 않아도 스스로 알게 될 것이다.

詩曰 天生蒸民하시니 有物有則이로다 民之秉夷라 好是懿德이라하야늘
시 왈 천 생 증 민   유 물 유 칙   민 지 병 이   호 시 의 덕

孔子가 曰 爲此詩者이여 其知道乎인저
공 자   왈 위 차 시 자   기 지 도 호

故로 有物이면 必有則이니 民之秉夷也 故로 好是懿德이라하시니라.
고   유 물   필 유 칙   민 지 병 이 야 고   호 시 의 덕

제7장 부세장 富歲章
사람은 성인이건 보통사람이건 본성이 선善하다

맹자가 말했다.

"풍년에는 젊은이들이 대체로 착하지만, 흉년에는 젊은이들이 대체로 포악하게 된다. 그것은 하늘이 내려준 재능이 그와 같이 다르기 때문이 아니다. 그렇게 되는 이유는 그들의 마음이 흉년과 결핍에 빠져들기 때문이다." "지금 보리를 예로 들고 말하겠다. 씨를 뿌리고 흙을 덮고 자라게 하면, 땅도 같고 심은 때도 같으므로, 보리가 불쑥불쑥 자라서 하지夏至가 될 무렵에는 다 익을 것이다. 그래도 수확량은 다 같지 않을 것이다. 그 이유는 곧 밭이 비옥하거나 혹은 척박한 차이가 있고, 또 하늘에서 내리는 비나 이슬의 혜택이 다르고, 또는 사람의 보살핌이 같지 않기 때문이다." "그러므로 대략 같은 종류의 사물들은 거의가 서로 비슷하게 마련이다. 어찌 오직 사람만 그렇지 않다고 의심하겠느냐. 성인이나 나는 동류의 사람이다."

孟子가 曰 富歲엔 子弟는 多賴하고 凶歲엔 子弟는 多暴하나니
맹자   왈 부세   자제   다뢰   흉세   자제   다포

非天之降才는 爾殊也라 其所以陷溺其心者는 然也이니라.
비천지강재   이수야   기소이함닉기심자   연야

今夫麰麥을 播種而耰之호대 其地는 同하며
금부모맥   파종이우지   기지   동

樹之時는 又同하면 浡然而生하야 至於日至之時하야 皆熟矣나니 雖有不同이나
수지시   우동   발연이생   지어일지지시   개숙의   수유부동

則地有肥磽하며 雨露之養과 人事之不齊也이니라.
즉지유비교   우로지양   인사지부제야

故로 凡同類者는 擧相似也이니 何獨至於人而疑之리오 聖人도 與我同類者이시니라.
고   범동류자   거상사야   하독지어인이의지   성인   여아동류자

천하의 모든 사람은 동류라는 예

"그러므로 용자龍子가 말했다. '미리 발의 크기를 알고 신을 만드는
것은 아니지만, 삼태기 같은 신을 만들지 않을 것을 나는 안다.' 즉 신
발이 서로 비슷한 것은 천하 모든 사람들의 발이 같기 때문이다."

"입으로 맛을 가릴 때에도 사람들의 기호는 동일하다. 옛날의 뛰어난
조리사 역아易牙는 일찍이 우리 사람들이 입으로 좋아하는 공통된 기
호를 터득한 사람이다. 만약에 입이 맛을 가리는 성향性向에 있어 사
람마다 다른 정도가 개나 말과 우리 인간이 유類를 달리하듯이 크게
차이가 난다면 천하에서 어느 기호를 기준으로 하고 음식을 만들어
야 역아의 맛있는 음식같이 모든 사람을 따르게 하겠는가?

故로 龍子는 曰 不知足而爲屨아라도 我는 知其不爲蕢也이라하니
고   용자   왈 부지족이위구   아   지기불위궤야

屨之相似는 天下之足이 同也일새니라.
구지상사   천하지족이 동야

口之於味에 有同耆也하야 易牙는 先得我口之所耆者也이라 如使口之於味也에
구지어미   유동기야   역아   선득아구지소기자야   여사구지어미야

其性은 與人殊가 若犬馬之與我不同類也이면
기성   여인수   약견마지여아부동유야

則天下는 何耆로 皆從易牙之於味也이리오
즉천하   하기   개종역아지어미야

468

맛에 있어 천하의 모든 사람들이 역아의 요리를 좋다고 인정하는 것도 바로 천하 모든 사람의 입맛이 서로 비슷하기 때문이다."

"허기는 사람의 귀도 역시 같다. 음악에 있어 천하의 모든 사람이 사광師曠을 최고로 친다. 그것은 바로 천하 모든 사람의 귀가 같기 때문이다."

해설

궤蕢는 짚으로 만든 삼태기. 다른 사람의 발의 크기를 알고 신을 만드는 것이 아니다. 그러므로 비록 딱 맞지는 않아도 반드시 발 모양과 비슷하게 만들지, 삼태기같이 터무니없이 크게 만들지는 않는다.

역아易牙는 옛날의 음식 맛을 잘 아는 사람이다. 이 구절은 역아가 만든 맛있는 요리를 천하 모든 사람이 좋게 여겼다는 뜻을 말한 것이다. 미美는 여기에선 입에 맞고 맛이 좋다는 뜻이다.

사광師曠은 소리를 잘 살피는 사람이다. 즉 사광이 고르게 맞춘 음악을 천하 모든 사람들이 아름답게 여긴다는 뜻을 말한 것이다.

至於味하야늘 天下期於易牙하나니 是는 天下之口가 相似也일시니라.
지 어 미   천 하 기 어 역 아   시   천 하 지 구   상 사 야

惟耳도 亦然하니 至於聲하야는 天下가 期於師曠하나니
유 이   역 연   지 어 성   천 하   기 어 사 광

是는 天下之耳가 相似也일시니라.
시   천 하 지 이   상 사 야

사람의 마음은 천리와 도의를 다 좋아한다

"또 눈도 역시 같다. 옛날 미인 자도子都를 대하면, 천하의 모든 사람들이 그녀의 아름다움을 알지 못하는 자가 없었다. 자도의 아름다움을 모르면 그는 눈이 없는 자라 하겠다." "그래서 말한다. 모든 사람은 입과 맛이 있어 미각적 기호가 같으며, 또 귀와 소리에 있어도 청각적 기호가 같으며, 또 눈과 미색에 있어도 시각적 기호가 같다. 그러하거늘 유독 마음에 있어서만 같은 바가 없겠는가?" 모든 사람은 마음에 있어서도 그 기호나 성향이 같다. "마음에 있어 같다고 함은 무엇을 말하는가. 마음으로 깨닫고 아는 바 천리天理와 도의道義를 말한다." "성인은 일찍이 우리 모든 사람 마음속에 한결같이 있는 천리와 도의를 터득한 사람이다. 그러므로 우리가 마음으로 천리와 도의를 좋아하는 것은, 마치 입으로 고기요리를 좋아함과 같으니라."

惟目도 亦然하니 至於子都하야는 天下가 莫不知其姣也하나니 不知子都之姣者는
유목   역연   지어자도   천하   막부지기교야   부지자도지교자

無目者也이니라. 故로 曰 口之於味也에 有同耆焉하며 耳之於聲也에 有同聽焉하며
무목자야   고   왈 구지어미야에   유동기언   이지어성야에   유동청언

目之於色也에 有同美焉하니 至於心하야 獨無所同然乎아 心之所同然者는 何也오
목지어색야   유동미언   지어심   독무소동연호   심지소동연자   하야

謂理也義也이니 聖人은 先得我心之所同然耳시니 故로 理義之悅我心은
위리야의야   성인   선득아심지소동연이   고   이의지열아심

猶芻豢之悅我口이니라.
유추환지열아구

제8장 우산장 牛山章

우산의 본모습은 아름다웠다

맹자가 말했다.

"우산牛山의 수목은 원래 울창하게 우거져 아름다웠다. 그러나 제齊나라의 큰 국도國都 교외에 있었기 때문에 도끼로 마구 벌목했다. 그러니 어찌 아름다울 수 있었겠느냐? 그러나 밤낮으로 숨을 쉬고, 또비나 이슬이 적셔 주었으므로 새싹이 돋아나지 않은 것도 아니다. 그러나 다시 소나 양들이 와서 뜯어먹었다. 그래서 그와 같이 뻔질뻔질하게 된 것이다. 사람들은 그 뻔질뻔질하게 헐벗은 모양만 보고 전부터 나무가 없었다고 생각하지만, 어찌 그렇게 헐벗은 모양이 그 산의본모습이겠느냐?"

해설

우산牛山은 제齊나라 동남쪽에 있는 산이다. 읍邑 밖을 교郊라고 한다. 즉 우산의 산림은 전에는 울창하고 아름다웠다. 지금은 큰 도성都城 교외로 많은 사람이 남벌濫伐하여 아름다움을 잃었다고 말한 것이다. 식息은 '살아 자란다'는 뜻이다. 일야지소식日夜之所息은 기氣의 변화 유행은 잠시도 쉬지 않는다. 고로 낮과 밤에도 만물은 다살아 자라가는 것이다. 맹맹은 '싹'을 말한다. 얼蘖은 '그루터기 곁으로 나온 싹'을 말한다. 탁탁濯濯은 씻어 빛나고 깨끗한 모양이다. 재材는 재목材木을 말한다.

孟子가 曰 牛山之木이 嘗美矣러니 以其郊於大國也이라 斧斤이 伐之어니 可以爲美乎아
맹 자   왈 우 산 지 목   상 미 의   이 기 교 어 대 국 야   부 근   벌 지   가 이 위 미 호

是其日夜之所息과 雨露之所潤에 非無萌蘖之生焉이언마는 牛羊이 又從而牧之라
시 기 일 야 지 소 식   우 로 지 소 윤   비 무 맹 얼 지 생 언   우 양   우 종 이 목 지

是以로 若彼濯濯也하니 人見其濯濯也하고 以爲未嘗有材焉이라하나니
시 이   약 피 탁 탁 야   인 견 기 탁 탁 야   이 위 미 상 유 재 언

此豈山之性也哉리오.
차 기 산 지 성 야 재

양심은 본연의 착한 마음, 즉 인의의 마음이다

"사람에게 있는 본성에 어찌 인의의 마음이 없겠는가? 본성 속에 인의의 마음이 다 있다. 사람들이 본성 속에 있는 착한 마음을 내버리는 것은 마치 도끼로 나무를 잘라버리는 것과 같다. 매일 자르고 버리니 어찌 아름다울 수가 있겠느냐? 하지만 사람의 착한 마음도 낮과 밤으로 더욱 자라나고자 하며, 새벽녘 청명한 기를 받고 새싹이 돋아나게 마련이다. 그런데도 좋아하는 바와 싫어하는 바가 사람의 본성과 가까운 점이 거의 없으니, 그렇게 되는 까닭은 즉 낮에 하는 세속적인 일 때문에 밤에 자라나고, 또 새벽에 돋아난 새싹이 구속되고 스러지기 때문이다. 양심의 싹이 구속되고 스러지는 일이 반복되면, 결국에 가서는 양심의 싹을 키워주는 야기夜가 부족해지고 양심의 싹을 살아나게 하지 못하게 된다.

雖存乎人者인들 豈無仁義之心哉리오마는 其所以放其良心者가 亦猶斧斤之於木也에
수 존 호 인 자   기 무 인 의 지 심 재   기 소 이 방 기 량 심 자   역 유 부 근 지 어 목 야

旦旦而伐之어니 可以爲美乎아 其日夜之所息과 平旦之氣에 其好惡아 與人相近也者가
단 단 이 벌 지   가 이 위 미 호 아   기 일 야 지 소 식   평 단 지 기   기 호 오   여 인 상 근 야 자

幾希어늘 則其旦晝之所爲는 有梏亡之矣나니 梏之反覆이면 則其夜氣가 不足以存이오
기 희   즉 기 단 주 지 소 위   유 곡 망 지 의   곡 지 반 복   즉 기 야 기   부 족 이 존

472

야기가 부족하여 양심의 싹이 더 살아나지 못하게 되면, 금수와의 거리가 멀지 않게 된다. 그와 같이 동물적 존재로 떨어진 다음에 사람들은 그를 금수로만 보고 본래부터 인간적인 재질才質이 없다고 생각하겠지만 어찌 그것이 인간의 실상이라 하겠는가?"

해설

양심良心은 본연의 착한 마음이며, 이른바 인의仁義의 마음이다. 평단지기平旦之氣는 새벽에 미처 사물과 접하지 않았을 때의 청명한 기를 말한다. 호오好惡를 남과 서로 비슷하게 한다는 것은 곧 모든 사람이 마음으로 한결같이 여기는 바를 얻었음을 말한다. 기희機希는 '많지 않다'는 뜻이다. 곡桔은 '틀에 매인다'는 뜻이다. 반복反覆은 '거듭 굴러간다'는 뜻이다.

사람이 양심을 이미 놓치고 잃어도 낮과 밤 사이에 우주의 기를 받아 반드시 다시 살리고 자라게 한다. 그러므로 새벽에 아직 사물과 접하지 않고 청명할 때 양심이 반드시 발현될 수 있다. 그러나 양심의 발현이 지극히 미미함으로 낮에 행하는 바 불선不善에 따라 다시 양심이 구속을 받고 상실하게 된다. 마치 나무를 자른 다음에 움트는 새싹을 소나 양들이 뜯어먹는 것과 같다. 낮의 세속적 행위가 야기夜氣로 살려준 양심을 해치고, 또 야기로 살려준 힘이 낮의 행한 바를 이기지 못할 수 있다. 그래서 돌려가면서 서로 해치게 하고, 마침내는 야기의 새 힘이 날로 시들고 약해지고, 결국은 인의의 양심을 간직할 수 없게 되면 새벽녘의 기氣도 맑지 못하게 된다. 그래서 선을 좋아하고 악을 미워하는 양심도 마비되고 본연의 착한 사람과 멀어지게 되는 것이다.

夜氣가 不足以存이면 則其違禽獸가 不遠矣니
야기   부족이존   즉기위금수   불원의

人이 見其禽獸也 而以爲未嘗有才焉者라하나니 是豈人之情也哉리오.
인   견기금수야 이이위미상유재언자   시기인지정야재

잠시도 마음의 수양을 잊어서는 안 된다

"그러므로 잘 맞게 배양하면 자라지 않는 사물이 없다. 만약에 배양
하지 못하면 소멸하지 않는 것이 없다."
"공자께서도 말씀하셨다. '잡으면 있고, 버리면 없다. 들어오거나 나
가거나 때가 없고, 그 향방을 알지 못하는 것이 바로 마음임을 말하
노라.'"

해설

맹자는 공자의 말을 인용하고 다음 같은 뜻을 밝혔다. 마음은 신명불측神明不測하다.
얻기도 쉽고 잃기도 쉬우나, 지니고 간직하기도 어렵다. 그러므로 잠시도 마음의 수
양을 잊어서는 안 된다. 학자는 한때도 힘을 쓰지 않으면 안 된다. 항상 새벽녘과 같
이 정신을 맑게 하고 심기를 안정되게 해야 한다. 그러면 곧 본연의 착한 마음이 항
상 있으므로 어느 곳에서 무슨 일을 해도 인의仁義가 아닌 게 없게 된다.

故로 苟得其養이면 無物不長이오 苟失其養이면 無物不消이니라.
고   구득기양   무물부장   구실기양   무물불소

孔子가 曰 操則存하고 舍則亡하야 出入無時하며 莫知其鄉은 惟心之謂與인저하시니라.
공자   왈 조즉존   사즉무   출입무시   막지기향   유심지위여

제9장 무혹장 無或章

지혜롭지 못한 임금은 왕도덕치의 싹을 틔우기 힘들다

맹자가 말했다.

"제齊나라 임금의 지혜롭지 못함을 의아하게 여기지 마라."

"비록 천하에서 가장 쉽게 잘 살고 자라는 식물일지라도, 하루만 햇볕을 쏘이고 열흘을 차게 얼린다면 절대로 살고 자랄 수 없다. 그와 마찬가지로 내가 제나라 임금을 만나는 것은 극히 드물거늘, 내가 물러나면 임금을 차게 만드는 자들이 많이 달려든다. 그러니 설사 내가 만나서 왕도덕치의 싹을 돋아나게 한들 무슨 소용이 있겠는가?"

해설

혹或은 혹惑과 같은 의심하고 이상하게 여긴다는 뜻이다. 왕王은 아마 제왕齊王일 것이다. 폭暴은 햇볕을 쏘이고 따뜻하게 한다는 뜻이다. 내가 임금을 만나고 설득하는 시간이 적으며, 마치 식물에 하루만 햇볕을 쏘이게 하는 것과 같고, 내가 물러나면 아첨하는 자들이 잡스럽게 진언하는 날이 많으니, 이는 곧 열흘 동안 차게 얼리는 것이라 하겠다. 내가 설득하여 임금의 마음속에 왕도덕치에 대한 싹을 돋아나게 한들, 잡인들 때문에 시들어 버리니 내가 어찌할 수 있겠는가?

孟子가 曰 無或乎 王之不智也이로다.
맹자 왈 무혹호 왕지부지야

雖有天下易生之物也이나 一日暴之오 十日寒之면 未有能生者也이니
수유천하이생지물야 일일폭지 십일한지 미유능생자야

吾見이 亦罕矣오 吾退 而寒之者가 至矣니 吾如有萌焉에 何哉리오.
오견 역한의 오퇴 이한지자 지의 오여유맹언 하재

제11편 고자장구 상 告子章句上 475

어진 임금도 마음을 배양해야 한다

"예를 들어 말하겠다. 바둑은 그 술수가 작은 것이다. 그러나 그것도 전심치지專心致志하고 배우지 않으면 터득할 수 없다. 혁추弈秋는 전국에 알려진 바둑의 명수다. 혁추로 하여금 두 사람에게 바둑을 가르치게 했다. 한 사람은 전심치지하고 오직 혁추의 말을 열심히 듣고 배웠다. 다른 한 사람은 듣기는 들었으나, 마음 한 구석으로는 홍곡鴻鵠이 날아오면 활에 주살의 줄을 매어 잡아야지 하고 생각했다. 그러니 같이 배우기는 해도 바둑의 수가 같지 않으니 그 이유는 지혜가 같지 않아서이겠는가?" "나는 '아니라'고 말하리라."

해설

정자程子가 강관講官이 되었을 때 임금에게 말했다. 인주人主가 하루에 어진 사대부들을 접하는 시간이 많고, 환관이나 궁녀나 빈첩을 친근하게 하는 시간이 적어야, 임금님께서 기질을 함양하시고 덕성도 훈도하실 수 있습니다. 그러나 당시의 임금이 그 말을 채용하지 못했으며, 식자들이 한스럽게 여겼다.

今夫 弈之爲數가 小數也이나 不專心致志 則不得也이니 弈秋는 通國之善弈者也이라
금부 혁지위수   소수야   부전심치지 즉부득야   혁추   통국지선혁자야

使弈秋로 誨二人弈이어든 其一人은 專心致志하야 惟弈秋之爲聽하고 一人은 雖聽之나
사 혁추 회이인혁   기일인   전심치지   유혁추지위청   일인   수청지

一心에 以爲有鴻鵠이 將至어든 思援弓繳而射之하면 雖與之俱學이라도 弗若之矣나니
일심   이위유홍곡 장지   사원궁격이사지   수여지구학   불약지의

爲是其智가 弗若與아 曰非然也이니라.
위시기지   불약여   왈비연야

제10장 웅장장 熊掌章
삶을 버리고 의를 취하다

맹자가 말했다.

"물고기도 내가 원하는 바이고, 웅장熊掌도 내가 원하는 바이다. 그러나 둘을 다 얻을 수 없다면 물고기를 버리고, 웅장을 취하겠다. 생生도 내가 원하는 바이고, 의義도 내가 원하는 바이다. 그러나 둘을 다 겸할 수 없다면 생을 버리고 의를 취하겠다."

해설

어魚는 물고기로 만든 요리이고, 웅장熊掌은 곰 발바닥으로 만든 요리이다. 물고기와 곰 발바닥 요리는 다 맛이 좋다. 그 중에도 곰 발바닥 요리가 특히 맛이 좋다.

孟子가 曰 魚도 我所欲也이며 熊掌도 亦我所欲也이언마는 二者를 不可得兼인댄
맹 자   왈 어   아 소 욕 야   웅 장   역 아 소 욕 야   이 자   불 가 득 겸

舍魚而取熊掌者也이로다 生亦我所欲也이며 義亦我所欲也이언마는
사 어 이 취 웅 장 자 야   생 역 아 소 욕 야   의 역 아 소 욕 야

二者를 不可得兼인댄 舍生而取義者也이로다.
이 자   불 가 득 겸   사 생 이 취 의 자 야

삶보다 더 심한 것이 도덕의리의 양심이다

"삶도 내가 원하는 바이다. 그러나 원하는 바 삶보다 더 심한 게 있다.
즉 의義다. 그래서 삶을 구차하게 얻고자 하지 않는다. 죽음도 내가
싫어하는 바이다. 그러나 싫어하는 바 죽음보다 더 심한 게 있다. 즉
불의다. 고로 환난이 있어도 기피하지 않고 의를 지키고 행한다."
"만약 사람이 원하는 바가 삶보다 더 심한 것이 없다면, 곧 삶을 얻을
수 있는 어떠한 일인들 안 하겠느냐. 만약 사람이 싫어하는 바가 죽
음보다 더 심한 것이 없다면, 곧 죽음의 환난을 피할 수 있는 무슨 짓
인들 안 하겠느냐?"
"그러나 사람들은 실제로는 이렇게 하면 산다고 해도, 그렇게 하지
않는 경우도 있다. 또 이렇게 하면 죽음에 대한 걱정을 피할 수 있다
고 해도, 그렇게 하지 않는 경우도 있다."

生亦我所欲이언마는 所欲이 有甚於生者라 故로 不爲苟得也하며 死亦我所惡이언마는
생 역 아 소 욕   소 욕 유 심 어 생 자   고   불 위 구 득 야   사 역 아 소 오

所惡는 有甚於死者라 故로 患有所不辟也이니라. 如使人之所欲이 莫甚於生이면
소 오 유 심 어 사 자   고   환 유 소 불 피 야   여 사 인 지 소 욕 막 심 어 생

則凡可以得生者를 何不用也이며 使人之所惡이 莫甚於死者이면 則凡可以辟患者를
즉 범 가 이 득 생 자 하 불 용 야   사 인 지 소 오 막 심 어 사 자   즉 범 가 이 피 환 자

何不爲也이리오. 由是라 則生而有不用也하며 由是라 則可以辟患而有不爲也니라.
하 불 위 야   유 시   즉 생 이 유 불 용 야   유 시   즉 가 이 피 환 이 유 불 위 야

"그러므로 다음과 같이 말할 수 있다. 원하는 바가 생生보다 더 심한 것이 있고, 싫어하는 바가 사死보다 더 심한 것이 있다. 오직 현자賢者만이 그런 마음을 지니고 있는 것이 아니다. 모든 사람도 다 가지고 있다. 현자는 능히 그런 마음을 잃지 않는 것이다."

"한 도시락의 밥과, 한 그릇의 국을 얻어먹으면 살고, 얻지 못하면 죽는다. 그러나 '예라, 먹어라.'하고 던져주면 길 가는 사람도 받아먹지 않을 것이다. 또 발로 걷어차듯이 주면 걸인도 좋아하지 않을 것이다."

해설

사생취의捨生取義하는 이유를 풀이한 것이다. 삶을 원하되 구차하게 살려 하지 않고, 또 죽음을 싫어하되 피하지 않는 바가 있다.

또한 다급하게 먹고 싶어도, 무례함을 싫어한다. 그래서 차라리 죽을지언정 먹지 않는다. 이것이 곧 수오羞惡하는 본마음이다. 이와 같이 무례를 싫어하는 마음은 생사生死보다 더 심하다. 그런 마음을 모든 사람이 다 가지고 있다.

是故로 所欲이 有甚於生者하며 所惡가 有甚於死者하니 非獨賢者가 有是心也이라
시 고   소 욕   유 심 어 생 자   소 오   유 심 어 사 자   비 독 현 자   유 시 심 야

人皆有之언마는 賢者는 能勿喪耳니라.
인 개 유 지   현 자   능 물 상 이

一簞食와 一豆羹을 得之則生하고 弗得則死이라도
일 단 사   일 두 갱   득 지 즉 생   불 득 즉 사

嘑爾而與之면 行道之人도 弗受하며 蹴爾而與之면 乞人도 不屑也이니라.
호 이 이 여 지   행 도 지 인   불 수   축 이 이 여 지   걸 인   불 설 야

군자는 본심을 깊이 성찰해야 한다

"만종萬鍾의 녹이라면, 예의를 가리지 않고 덮어놓고 받는다. 만종이
나에게 무슨 도움이 되겠는가? 고작해야 집이나 방을 아름답게 꾸미
고, 아내나 첩들의 대접을 받고, 지식인으로서 궁핍한 사람들이 나에
게 도움을 받는 정도일 것이다."

"전에는 비록 몸이 죽어도 양심을 지키기 위해, 예의에 어긋나는 재
물을 받지 않았거늘, 지금은 집이나 방을 아름답게 꾸미기 위해 재물
을 받았으며, 또 전에는 몸은 죽어도 받지 않았거늘 지금은 처첩妻妾
을 거느리기 위해 재물을 받았으며, 또 전에는 몸은 죽어도 받지 않
았거늘 지금은 궁핍한 지식인에게 베풀기 위해 재물을 받았으니, 그
것이 불가피한 일인가? 아니다. 겉치레를 위한 일이다. 이를 가리켜
본심을 잃었다고 말하는 것이다."

萬鍾 則不辨禮義 而受之하나니 萬鍾이 於我何加焉이리오 爲宮室之美와 妻妾之奉과
만종 즉불변례의 이수지 만종 어아하가언 위궁실지미 처첩지봉

所識窮乏者得我인저. 鄕爲身엔 死而不受이라가 今爲宮室之美하야 爲之하며
소식궁핍자득아여 향위신 사이불수 금위궁실지미 위지

鄕爲身엔 死而不受이라가 今爲妻妾之奉하야 爲之하며 鄕爲身엔 死而不受이라가
향위신 사이불수 금위처첩지봉 위지 향위신 사이불수

今爲所識窮乏者得我而爲之하니 是亦不可以已乎아 此之謂失其本心이라.
금위소식궁핍자득아이위지 시역불가이이호 차지위실기본심

480

제11장 방심장 放心章
학문의 길은 착한 마음을 되찾는 것이다

맹자가 말했다.

"인仁은 사람의 마음이고, 의義는 사람의 길이다."

"바른길을 버리고 따라가지 않고, 본연의 마음을 놓치고 찾을 줄 모르니, 참으로 딱하고 슬픈 노릇이다."

"사람은 닭이나 개를 놓치고 잃으면 찾을 줄 안다. 그런데 자기 본연의 착한 마음을 놓치고 잃어도 되찾을 줄 모른다."

"학문의 길은 다른 것이 아니다. 놓치고 잃은 착한 마음을 되찾는 것일 뿐이다."

해설

인仁은 마음의 덕이다. 마음의 덕이란 곧 정자程子가 말한 바 마음은 곡식의 씨와 같고, 인은 그 씨가 살아서 열매를 맺는 씨의 성능이다. 의義는 사물을 바르고 적절하게 처리함이다.

정자程子가 말했다. '마음은 지극히 소중하고, 닭과 개는 극히 경미한 것이다. 그런데 닭이나 개를 잃으면 찾을 줄 알지만 자신의 소중한 착한 마음을 잃고도 찾을 줄 모르니, 어찌 가벼운 것을 사랑하면서 지극히 소중한 것을 잊을 수 있겠는가?'

孟子가 曰 仁은 人心也이오 義는 人路也이니라.
맹 자 왈 인 인 심 야 의 인 로 야

舍其路而弗由하며 放其心而不知求하나니 哀哉라.
사 기 로 이 불 유 방 기 심 이 부 지 구 애 재

人은 有雞犬이 放이면 則知求之호되 有放心而不知求하나니
인 유 계 견 방 즉 지 구 지 유 방 심 이 부 지 구

學問之道는 無他이라 求其放心而已矣니라.
학 문 지 도 무 타 구 기 방 심 이 이 의

경중의 차등을 모르다

맹자가 말했다.

"지금 만약에 무명지 손가락이 구부러진 채, 곧게 펴지지 않는다. 아
프지도 않고, 일하는데 지장이 있는 것도 아니다. 그러나 만약에 능히
펼 수 있다면, 진秦나라나 초楚나라같이 먼 길이라도, 멀다 하지 않고
갈 것이다. 즉 자기 손가락이 남과 같지 않기 때문이다."

"손가락이 남 같지 않으면 곧 걱정할 줄 알면서, 마음이 남 같지 않아
도, 걱정할 줄 모른다. 이를 유추할 줄 모른다고 말한다."

해설
무명지는 넷째 손가락이다. 부지류不知類는 경중輕重의 차등差等을 모른다는 뜻이다.

孟子가 曰 今有無名之指는 屈而不信이 非疾痛害事也이언마는 如有能信之者이면
맹 자   왈 금 유 무 명 지 지   굴 이 불 신   비 질 통 해 사 야   여 유 능 신 지 자

則不遠秦楚之路하나니 爲指之不若人也이니라. 指不若人 則知惡之호대
즉 불 원 진 초 지 로   위 지 지 불 약 인 야   지 불 약 인   즉 지 오 지

心不若人 則不知惡하나니 此之謂不知類也이니라.
심 불 약 인   즉 부 지 오   차 지 위 부 지 류 야

자신을 사랑하라

맹자가 말했다.

"두 손이나 혹은 한 손으로 잡을 만한 크기의 오동나무나 가래나무를 심고 키우고자 할 때에는 누구나 나무 키우는 방법을 알게 마련이다. 그러나 자기의 몸에 대해서는 바르게 키우는 법을 모른다. 어찌 자신을 사랑함이 오동나무나 가래나무만 못하겠는가. 아닐 것이다. 자신을 나무보다 덜 사랑하는 것이 아니라 생각하지 않기 때문이다."

해설

공拱은 두 손으로 잡는 것이다. 파把는 한 손으로 잡는 것이다. 동재桐梓는 둘 다 나무 이름으로 오동나무와 가래나무를 말한다.

孟子가 曰 拱把之桐梓를 人苟欲生之인댄 皆知所以養之者이로대 至於身하야난
맹 자   왈 공 파 지 동 재   인 구 욕 생 지   개 지 소 이 양 지 자   지 어 신

而不知所以養之者하나니 豈愛身이 不若桐梓哉리오 弗思가 甚也일새니라.
이 부 지 소 이 양 지 자   기 애 신   불 약 동 재 재   불 사   심 야

제14장 인지장 人之章

사람은 자신의 몸을 고르게 보양한다

맹자가 말했다.

"사람은 자기 몸의 모든 부위를 다같이 아끼고 사랑한다. 다 같이 아끼고 사랑하므로 몸 전체를 보양하게 된다. 어느 한 구석의 피부도 아끼고 사랑하지 않는 곳이 없으므로 온몸의 피부를 보양하지 않는 곳이 없게 마련이다. 그러므로 자기 몸을 보양함에 있어 잘하느냐, 못하느냐를 고찰하는 기준이 어찌 다른 데 있겠느냐? 바로 나 자신을 가지고 보아야 한다."

해설

사람은 자기 한 몸을 다 고르게 보양해야 한다. 그러나 보양을 잘하느냐, 못하느냐의 기준은 오직 자신의 몸을 가지고, 경중輕重을 잘 살필 뿐이다.

孟子가 日 人之於身也에 兼所愛니 兼所愛 則兼所養也이라 無尺寸之膚를
맹 자   왈 인 지 어 신 야   겸 소 애   겸 소 애 즉 겸 소 양 야   무 척 촌 지 부

不愛焉 則無尺寸之膚를 不養也이니 所以考其善不善者는 豈有他哉리오
불 애 언 즉 무 척 촌 지 부   불 양 야   소 이 고 기 선 불 선 자   기 유 타 재

於己에 取之而已矣니라.
어 기   취 지 이 이 의

입과 배를 바탕으로 마음의 배양도 힘써야 한다

"사람의 몸에는 귀중한 부위와 천시해도 될 부위가 있다. 또 작은 것과 큰 것이 있다. 작은 것 때문에 큰 것을 해치면 안 된다. 또 천한 것때문에 귀한 것을 해치면 안 된다. 작은 것을 키우는 자는 소인小人이되고 큰 것을 키우는 사람은 대인大人이 된다."

"만약에 정원사가 오동나무나 가래나무를 버리고 대추나무나 가시나무를 심고 키운다면, 그를 천박한 정원사라고 여길 것이다."

"만약에 손가락 하나만을 키우고 어깨나 등을 보양할 줄 모르면 그런자를 이리같이 뒤 돌아볼 줄 모르는 사람이라고 한다." "먹고 마시기만 하는 자를 모든 사람이 천하게 여긴다. 작은 것만을 양육하고 큰것에 대한 양육을 잊기 때문이다." "먹고 마시는 사람이라도 큰 것을잃지 않는다면, 즉 입과 배가 어찌 한 구석 피부만을 양육하겠느냐? 입과 배는 바로 정신과 인격 배양을 위해 있는 것이다."

體는 有貴賤하며 有小大하니 無以小害大하며 無以賤害貴니 養其小者가 爲小人이오
체   유귀천   유소대   무이소해대   무이천해귀   양기소자   위소인

養其大者가 爲大人이니라. 今有場師가 舍其梧檟하고 養其樲棘하면
양기대자   위대인   금유장사   사기오가   양기이극

則爲賤場師焉이니라. 養其一指하고 而失其肩背 而不知也이면 則爲狼疾人也이니라.
즉위천장사언   양기일지   이실기견배 이부지야   즉위랑질인야

飮食之人을 則人賤之矣하니 爲其養小以失大也이니라.
음식지인   즉위천지의   위기양소이실대야

飮食之人이 無有失也이면 則口腹이 豈適爲尺寸之膚哉리오.
음식지인   무유실야   즉구복   기적위척촌지부재

마음을 바르게 세울 수 있으면, 대인이 될 수 있다

공도자가 물었다.

"다 같은 사람인데, 어떤 사람은 대인이 되고, 어떤 사람은 소인이 되는 이유가 무엇입니까?"

맹자가 말했다.

"큰 몸을 따르면 대인이 되고, 작은 몸을 따르면 소인이 된다."

공도자가 물었다.

"다 같은 사람인데 어떤 사람은 대체를 따르고, 어떤 사람은 소체를 따른다는 것은 무슨 뜻입니까?"

맹자가 대답했다.

"귀와 눈 같은 감각기관은 생각할 힘이 없고, 외부의 물질에 덮이게 마련이다. 그리고 물질과 물질이 서로 엉키면 귀와 눈 같은 감각기관이 더욱 끌리고 엉키게 마련이다.

公都子가 問曰 鈞是人也이로되 或爲大人하며 或爲小人은 何也이꼬 孟子 曰 從其大體가
공 도 자   문 왈 균 시 인 야   혹 위 대 인   혹 위 소 인   하 야   맹 자 왈 종 기 대 체

爲大人이오 從其小體가 小人이라. 曰 鈞是人也이로대 或從其大體하며 或從其小體
위 대 인   종 기 소 체 위 소 인   왈 균 시 인 야   혹 종 기 대 체   혹 종 기 소 체

何也이꼬 曰 耳目之官은 不思而蔽於物하니 物이 交物 則引之而已矣오
하 야   왈 이 목 지 관   불 사 이 폐 어 물   물   교 물 즉 인 지 이 이 의

한편 마음이라는 기관은 생각하는 힘이 있다. 생각하면 바르게 터득하지만, 생각하지 못하면 도리를 바르게 터득하지 못한다. 이와 같은 마음은 하늘이 우리 모든 사람에게 내려준 것이다. 그러므로 그와 같이 큰마음을 앞세우고 도리를 터득하고 행하면 작은 감각기관은 자리를 빼앗지 못한다. 그러므로 대인이 될 수 있다."

해설

균鈞은 '고르게 같다'는 뜻이다. 종從은 '따른다'는 뜻이다. 대체大體는 마음이다. 소체小體는 눈이나 귀 같은 감각기관 등을 말한다. 관官은 '맡아서 다스린다'는 뜻이다. 귀는 듣는 일을 하고, 눈은 보는 일을 한다. 저마다 맡은 바 기능이 있다. 그러나 생각하는 힘은 없다. 그러므로 외부의 물건에 덮이게 마련이다. 원래 생각하는 힘은 없고, 또 외부의 물건에 뒤덮이게 되므로 귀와 눈 같은 감각기관은 하나의 물체에 지나지 않는다. 또 외재하는 사물과 감각기관인 귀와 눈이 서로 엉키므로 외재하는 사물에 더욱 쉽게 끌려간다. 마음은 생각하는 힘이 있으니 이를 마음의 직능으로 삼고 있다. 모든 사물이 도래하면 마음이 생각하는 직능을 발휘하여, 바른 도리를 터득한다. 따라서 물건이 마음을 덮고 가리지 못한다. 만약 마음이 직능을 잃는다면 바른 도리를 터득하지 못한다. 따라서 물질이 오면, 마음이 가려지게 마련이다. 마음과 귀와 눈, 이 셋은 다 하늘이 우리에게 부여한 것이며, 그중에서도 마음이 가장 크다. 만약 능히 마음을 바르게 세울 수 있으면 모든 사물에 대하여 생각하지 못 하는 일이 없을 것이다. 따라서 귀와 눈 같은 감각기관의 욕구가 마음이나 바른 도리를 뺏을 수 없다. 그러므로 대인이 되는 것이다.

心之官 則思이라 思 則得之하고 不思 則不得也이니 此는 天之所與我者이라
심 지 관 즉 사   사 즉 득 지   불 사 즉 부 득 야   차   천 지 소 여 아 자

先立乎其大者이면 則其小者가 弗能奪也이니 此는 爲大人而已矣니라.
선 립 호 기 대 자   즉 기 소 자   불 능 탈 야   차   위 대 인 이 이 의

제16장 천작장 天爵章
천작을 버리면 인작도 잃게 된다

맹자가 말했다.

"하늘이 내려준 작위, 즉 천작天爵이 있고 한편으로는 임금이 내려준 작위, 즉 인작人爵이 있다. 인의충신仁義忠信이나 선善을 즐기고 물리지 않는 덕성德性이 곧 하늘이 내려준 작위이고, 공경대부公卿大夫 같은 벼슬이 임금이 내려준 작위이다."

"옛사람은 먼저 천작, 즉 덕성德性을 아름답게 가꾸고 다음에 인작人爵, 즉 벼슬을 뒤따르게 했다."

"오늘의 사람들은 천작을 닦는 것이 곧 인작을 위해서다. 그리고 인작을 얻으면 천작을 버린다. 심히 미혹된 짓이다. 결국에는 다 잃고 망하게 된다."

해설

천작을 닦고, 인작을 얻고자 하는 사람은, 그 마음이 이미 미혹된 것이다. 더욱이 인작을 얻은 다음에 천작을 버린다면, 그 미혹이 한층 더 심한 것이며, 따라서 결국은 얻었던 인작도 반드시 잃고 말 것이다.

孟子가 曰 有天爵者하며 有人爵者하니 仁義忠信 樂善不倦은 此가 天爵也이오
맹자　왈 유천작자　　유인작자　　인의충신 낙선불권은 차　천작야

公卿大夫는 此가 人爵也이니라. 古之人은 修其天爵 而人爵從之러니라.
공경대부　차　인작야　　　고지인　수기천작 이인작종지

今之人은 修其天爵하야 以要人爵하고 旣得人爵 而棄其天爵하나니
금지인　수기천작　　이요인작　　기득인작 이기기천작

則惑之甚者也이라 終亦必亡而已矣니라.
즉혹지심자야　　종역필망이이의

488

사람마다 자신에게 존귀한 천작이 있다

맹자가 말했다.

"존귀尊貴하게 되려고 하는 것은 모든 사람에게 있는 공통된 마음이다. 그러나 사람마다 자신에게 존귀한 천작天爵이 있다는 것을 생각하지 않을 뿐이다."

"사람인 임금이 내려주는 존귀는 참다운 존귀가 아니다. 예를 들어 진晉나라의 권신 조맹趙孟이 주는 높은 자리는, 조맹이 도로 거두어 천하게 만들 수도 있다."

해설

자신에게 있는 존귀한 것은 바로 천작을 말한다. 인지소귀人之所貴는 남이 나에게 작위를 더해 줌으로써, 내가 귀하게 되었다는 뜻이다. 양자良者는 본연의 선을 말한다. 조맹趙孟은 진晉나라의 경卿이다. 능히 작록爵祿을 남에게 주어, 남을 귀하게 만들 수도 있고, 반대로 능히 작록을 빼앗아 천하게 만들 수도 있다. 만약에 내가 지닌 존귀한 것이 본연의 귀한 것이라면, 남이 어찌 빼앗고 천하게 만들 수 있겠느냐?

孟子가 曰 欲貴者는 人之同心也이니 人人이 有貴於己者이언마는 弗思耳矣니라.
맹 자   왈 욕귀자   인지동심야   인 인   유기어기자   불 사 이 의

人之所貴者는 非良貴也이니 趙孟之所貴를 趙孟이 能賤之니라.
인지소귀자   비량귀야   조맹지소귀   조 맹   능천지

천작이 중하고, 인작은 가벼운 것이다

"시경에 '이미 술에 취했고, 또 은덕에 마냥 배도 불렀다.'는 말이 있다. 이것은 나에게는 천성으로 주어진 인의仁義가 넘치도록 있으니, 남들에게 만들어 주는 기름지고 맛있는 요리를 원치 않는다. 또 나에게는 덕이 높다는 소문과 명예가 넓게 퍼져 있으므로, 남이 꾸며 주는 수놓은 비단옷을 바라지 않는다는 뜻이다."

해설

시詩는 『시경詩經』 대아大雅 기취편旣醉篇의 시다. 포飽는 '충족하다'는 뜻이다. 원願은 '바란다'는 뜻이다. 고膏는 '기름진 고기'의 뜻이다. 량粱은 좋은 곡식이다. 영令은 선善과 같다. 문聞은 명예名譽의 뜻이다. 문수文繡는 '아름다운 옷'의 뜻이다. 인의仁義가 충족하면 자연히 알려지고 명예가 높이 나타난다. 이것이 다 본래 하늘에 의해서 주어진 선량하고 존귀한 것이다.

윤씨尹氏가 말했다. '나에게 있는 본연의 착한 본성이나 천작天爵이 중하고, 밖으로 주어지는 인작人爵은 가벼운 것이다.'

詩云 旣醉以酒이오 旣飽以德이라하니 言飽乎仁義也이라
시 운 기 취 이 주   기 포 이 덕   언 포 호 인 의 야

所以不願人之膏粱之味也이며 令聞廣譽가 施於身이라 所以不願人之文繡也이니라.
소 이 불 원 인 지 고 량 지 미 야   영 문 광 예   시 어 신   소 이 불 원 인 지 문 수 야

제18장 인지장 仁之章

힘들여 인을 행하지 않으면, 불인을 이길 수 없다

맹자가 말했다.

"인仁이 불인不仁을 이기는 것은, 흡사 물이 불을 이기는 것과 같다. 그러나 오늘 인도仁道를 행하는 사람은 한 잔의 물을 가지고 한 수레 에 가득 실은 땔나무의 불을 끄려는 것과 같다. 그래서 불을 못 끄면 서, 물은 불을 끌 수 없다고 말한다. 그런 태도는 도리어 불인에 크게 편드는 자라 하겠다."

"또 그러다가는 작은 인도 반드시 망하고 말 것이다."

해설

여與는 '편들고 도와준다'는 뜻이다. 인仁이 불인不仁을 이기는 것은 필연의 도리이 다. 단 인을 행하되 충분히 힘을 들이지 않으면, 불인을 이길 수 없다. 그러고는 사람 들이 참으로 이길 수 없다고 생각한다. 그와 같은 태도는 결국 불인을 크게 도와주는 꼴이 된다. 이는 곧 다음 같은 뜻을 말한 것이다. 그런 사람의 마음은 역시 스스로 인 을 실천하는 데 태만하니, 결국은 자기의 작은 인마저 반드시 망하고 없어질 것이다. 조씨趙氏가 말했다. '인을 지극하게 행하지 않으면서, 자기 자신을 돌아보고 반성하 지 않음을 지적한 말이다.'

孟子가 曰 仁之勝不仁也가 猶水勝火하니 今之爲仁者는 猶以一杯水로
맹자   왈 인지승불인야   유수승화   금지위인자   유이일배수

救一車薪之火也이라 不熄 則謂之 水不勝火이라하나니
구일거신지화야   불식 즉위지 수불승화

此는 又與於不仁之甚者也이니라. 亦終必亡而已矣니라.
차   우여어불인지심자야   역종필망이이의

제19장 오곡장 五穀章
인의 실천은 반드시 성숙하게 해야 한다

맹자가 말했다.

"오곡은 종자 중에서 가장 좋은 것이다. 그러나 여물지 않으면, 비름
이나 피만도 못하다. 그렇듯이 인仁도 충분히 성숙하게 해야 한다."

제20장 예지장 羿之章
모든 일에는 반드시 법도가 있다

맹자가 말했다.

"후예后羿가 남에게 활쏘기를 가르칠 때에는 반드시 활을 힘껏 당기
고, 화살을 쏘는 순간에 뜻을 집중하라고 했다. 인도仁道를 배우는 사
람도 반드시 뜻을 인仁에 집중하고 전력을 기울여 인을 행해야 한다."

"큰 목수는 남에게 목공일을 가르칠 때에 반드시 규구規矩에 맞게 한
다. 학자도 역시 반드시 규율에 맞게 해야 한다."

孟子가 曰 五穀者는 種之美者也이나 苟爲不熟이면 不如荑稗이니
맹 자 왈 오 곡 자 종 지 미 자 야 구 위 불 숙 불 여 제 패

夫仁 亦在乎熟之而已矣니라.
부 인 역 재 호 숙 지 이 이 의

孟子가 曰 羿之敎人射에 必志於彀하나니 學者도 亦必志於彀이니라.
맹 자 왈 예 교 인 사 필 지 어 구 학 자 역 필 지 어 구

大匠이 誨人에 必以規矩하나니 學者도 亦必以規矩이니라.
대 장 회 인 필 이 규 구 학 자 역 필 이 규 구

고자장구 하 告子章句下

告子章句下

제1장 임인장 任人章
예가 더 중하다

임任나라의 어떤 사람이 맹자의 제자인 옥려자屋廬子에게 물었다.

"예禮와 식食 중 어느 것이 더 중합니까?"

옥려자가 말했다.

"예가 더 중합니다."

"색色과 예 중 어느 것이 더 중합니까?"

"예가 더 중합니다."

"만약에 예를 지키면 굶어 죽고, 예를 안 지키면 음식을 먹을 수 있는
경우에도 반드시 예를 지켜야 합니까? 또 만약에 친영親迎의 예를 지
키면 처를 맞이할 수 없고, 예를 안 지키면 처를 얻을 수 있는 경우에
도 반드시 예를 지켜야 합니까?"

옥려자가 답하지 못하고 이튿날 추鄒나라에 가서 맹자에게 고하자
맹자가 말했다.

"그런 말에 대답하는 것은 아무것도 아니다."

任人이 有問屋廬子曰 禮與食이 孰重고 曰 禮重이니라. 色與禮 孰重고 曰 禮重이니라.
임인   유문옥려자왈 예여식   숙중   왈 예중   색여례 숙중   왈 예중

曰 以禮食 則飢而死하고 不以禮食 則得食이라도 必以禮乎아 親迎 則不得妻하고
왈 이례식 즉기이사   불이례식 즉득식   필이례호   친영 즉부득처

不親迎 則得妻이라도 必親迎乎아 屋廬子가 不能對하야 明日에 之鄒하야
불친영 즉득처   필친영호 옥려자   불능대   명일   지추

以告孟子한대 孟子가 曰 於答是 也에 何有리오.
이 고 맹자   맹자   왈 어답시 야   하유

식색의 기본적인 뜻과 예절의 형식적인 뜻은 다르다

"근본이나 원칙을 비교하거나 헤아리지 않고, 말단을 같은 위치에 놓고 비교한다면, 즉 한 치 크기의 토막나무를 높이 솟은 누각보다 더 높다고 말할 수 있다."

"금이나 쇠가 새털보다 무겁다고 하는 것은, 어찌 한 고리에 달린 금이나 쇠의 무게가 한 수레 가득히 실은 새털의 무게보다 더 무겁다는 뜻을 말한 것이겠느냐?"

"음식을 취해야 산다는 귀중한 뜻을 예절의 가벼운 뜻과 비교한다면, 어찌 다만 식食이 중하기만 하겠느냐? 즉 생사에 관한 중대한 뜻이 있다. 장가를 들고 아내를 얻는 중대한 뜻을 예절의 가벼운 뜻에 비교한다면, 어찌 다만 색色이 중하기만 하겠느냐? 즉 가문과 후손의 계승과 발전에 관한 중대한 뜻이 있다."

해설

예禮와 식색食色을 비교할 때, 기준을 대등하게 맞추지 않고, 식색의 경우는 극단적인 경우를 내세웠던 것이다.

不揣其本 而齊其末이면 方寸之木을 可使高於岑樓이니라.
불 췌 기 본   이 제 기 말   방 촌 지 목   가 사 고 어 잠 루

金重於羽者는 豈謂一鉤金 與一輿羽之謂哉리오. 取食之重者와 與禮之輕者 而比之면
금 중 어 우 자   기 위 일 구 금   여 일 여 우 지 위 재   취 식 지 중 자   여 례 지 경 자 이 비 지

奚翅食重이며 取色之重者와 與禮之輕者 而比之면 奚翅色重이리오.
해 시 식 중   취 색 지 중 자   여 례 지 경 자 이 비 지   해 시 색 중

서로 비교하면, 예절이 더 중하다

맹자가 옥려자에게 일러주고 끝으로 말했다.

"자네 가서 그자에게 말하여라. 형의 팔을 비틀고 강제로 음식을 빼앗아야 먹을 수 있고, 안 비틀면 먹을 수 없는 경우에, 그대는 형의 팔을 비틀고 뺏어 먹겠는가? 또 동쪽에 붙은 이웃집에 담을 넘어 들어가서 그 집 처자를 강제로 납치해야 장가를 들 수 있고, 그렇지 못하면 그 처자를 처로 삼을 수 없다면, 그대는 담 넘어 들어가 강제로 납치하겠는가? 이와 같이 그 사람에게 물어보아라."

해설

진紾은 '비튼다'는 뜻이다. 누摟는 '강제로 데려온다'는 뜻이다. 처자處子는 '처녀'의 뜻이다. 이 두 가지 행동은 예절상으로나 식색食色상으로나 다 중요하게 여기는 바다. 이런 때에 서로 비교하면, 즉 예절을 더 중요하게 여기게 된다.

往應之 曰 紾兄之臂 而奪之食 則得食하고 不紾 則不得食이라도 則將紾之乎아
왕 응 지 왈 진 형 지 비 이 탈 지 식 즉 득 식   부 진 즉 부 득 식   즉 장 진 지 호

踰東家牆 而摟其處子 則得妻하고 不摟 則不得妻이라도 則將摟之乎아하라.
유 동 가 장 이 루 기 처 자 즉 득 처   불 루 즉 부 득 처   즉 장 루 지 호

제2장 조교장 曹交章

자신이 스스로 하지 않는 것을 걱정해야 한다

조曹나라 임금의 동생 조교曹交가 맹자에게 물었다.

"모든 사람은 다 요堯임금, 순舜임금같이 될 수 있다고 하니, 사실 그 렇습니까?"

맹자가 말했다.

"그렇습니다."

"제가 듣기에는 주周나라 문왕文王의 키가 10척이고, 은殷나라 탕왕 湯王의 키는 9척이라 했습니다. 지금 저 교交는 키가 9척 4촌이나 되 거늘 곡식만 먹고 있을 뿐이니, 어찌하면 좋겠습니까?"

맹자가 말했다.

"그런 것과 무슨 상관이 있습니까? 다만 요순의 도道를 따르고 행하 면 됩니다. 여기 한 사람이 있다고 합시다. 그의 힘이 한 마리의 병아 리를 들지 못하면, 힘없는 사람입니다.

曹交가 問曰 人皆可以爲堯舜이라하니 有諸이까 孟子가 曰 然하다. 交는 聞 文王이
조교   문왈 인개가이위요순   유제   맹자 왈연   교 문문왕

十尺이오 湯은 九尺이라호니 今交는 九尺四寸以長이로대
십척   탕 구척   금교   구척사촌이장

食粟而已로니 如何則可이이꼬. 曰 奚有於是리오 亦爲之而已矣니라
식속이이   여하즉가   왈 해유어시   역위지이이의

有人於此하니 力不能勝一匹雛면 則爲無力人矣오
유인어차   역불능승일필추   즉위무력인의

498

만약에 백 균鈞의 무게를 든다면, 힘 있는 사람입니다. 그러나 옛날의 장사 오획烏獲이 들어 올린 만큼의 무거운 짐을 들어 올린다면, 그도 역시 오획 같은 장사가 될 것입니다. 그러므로 사람은 남보다 더 잘하지 못한다고 걱정하지 말고 자신이 스스로 하지 않는 것을 걱정해야 합니다."

해설

조씨가 말했다. '조교는 조나라 임금의 동생이다. 사람은 누구나 요임금, 순임금같이 될 수 있다는 말은 옛날부터 전하는 고어일 것이다.' 혹은 맹자도 전에 말했을 것이다. 조교가 말, 곡식만 축내고 있다는 것은 다른 재능이 없음을 말한 것이다. 필匹은 원래 필(鴄: 집오리 필)로 써서 오리를 뜻했으나 한쪽을 생략하여 필匹로 쓴 것이다. 예기禮記에서 필匹을 집오리(鶩: 목)라고 한 것이 이것이다. 오획烏獲은 고대의 힘이 센 장사이다. 능히 천균千鈞을 들어 옮길 수 있었다.

今日擧百鈞이면 則爲有力人矣니 然則擧烏獲之任이면 是亦爲烏獲而已矣니라
금 왈 거 백 균   즉 위 유 력 인 의   연 즉 거 오 획 지 임   시 역 위 오 획 이 이 의

夫人은 豈以不勝爲患哉리오 弗爲耳니라.
부 인   기 이 불 승 위 환 재   불 위 이

착하거나 악하거나 다 나 자신에게 달렸다

"천천히 연장자의 뒤를 따라가는 것을 제弟라 하고, 빠른 걸음으로 연장자를 앞질러 가는 것을 부제不弟라 합니다. 헌데 천천히 걷는 것은 누군들 못하겠습니까. 그런데도 사람들이 하지 않습니다. 요순지도堯舜之道는 바로 효제孝弟입니다."

"그대가 요堯와 같은 법도를 따르고, 요와 같은 말을 하고, 요와 같은 덕행을 행하면, 그대는 바로 요와 같이 될 것입니다. 그대가 걸桀과 같은 법도를 따르고, 걸과 같은 말을 하고, 걸과 같은 무모한 짓을 행하면, 그대는 바로 걸桀같이 될 것입니다."

해설

착하게 하거나 악하게 하거나 다 나 자신에게 달렸음을 말한 것이다. 조교曹交가 맹자에게 한 질문을 자세히 보면, 천박하고 고루하고 거칠고 경솔했으며, 또 맹자와 만났을 때의 예나 의관이나 언행에 도리를 따르지 않는 것이 많았다. 그래서 맹자가 다음 두 구절같이 그에게 홀대를 한 것이다.

徐行後長者를 謂之弟오 疾行先長者를 謂之不弟니 夫徐行者는 豈人所不能哉리오
서 행 후 장 자   위 지 제   질 행 선 장 자   위 지 부 제   부 서 행 자   기 인 소 불 능 재

所不爲也니 堯舜之道는 孝弟而已矣니라.
소 불 위 야   요 순 지 도   효 제 이 이 의

子가 服堯之服하며 誦堯之言하며 行堯之行이면 是堯而已矣오
자   복 요 지 복   송 요 지 언   행 요 지 행   시 요 이 이 의

子가 服桀之服하며 誦桀之言하며 行桀之行이면 是桀而已矣니라.
자   복 걸 지 복   송 걸 지 언   행 걸 지 행   시 걸 이 이 의

어버이에게 돌아가 효도하고 연장자를 공경하라

조교曹交가 말했다.

"저는 추鄒나라 임금을 만나보고 객관을 얻을 수도 있습니다. 그러니 그곳에 머물면서 선생님에게 가르침을 받고 싶습니다."

맹자가 말했다.

"요순堯舜의 도道는 큰길과 같습니다. 어찌 알기 어렵겠습니까. 사람들이 스스로 구하지 않는 것이 병일 뿐입니다. 그대도 집에 돌아가 스스로 구하면 스승이 남아돌게 될 것입니다."

해설

도는 알기 어렵지 않다. 그대도 집에 돌아가 어버이에게 효도하고 연장자에게 공경하거라. 그러는 사이에 도를 구하면, 곧 본성 안에 주어진 모든 도리가 그때마다 나타나 보일 것이다. 일상생활의 모든 것이 스승이 아닌 것이 없게 되므로 굳이 이곳에 남아서 배울 것이 없다. 조교曹交는 어른을 섬기는 예가 이미 지극하지 못했고, 또 도를 구하려는 마음이 독실하지 못했다. 그래서 맹자는 효제孝弟를 행하라고 가르치고, 배우겠다는 청을 받아들이지 않았다. 이는 곧 공자公子가 말한 바, 행하고도 여력이 있으면 글을 배우라는 뜻이다.

曰 交가 得見於鄒君이면 可以假館이니 願留而受業於門하노이다.
왈 교   득 견 어 추 군   가 이 가 관   원 류 이 수 업 어 문

曰 夫道가 若大路然하니 豈難知哉리오 人病不求耳이니 子가 歸而求之면
왈 부 도   약 대 로 연   기 난 지 재   인 병 불 구 이   자   귀 이 구 지

有餘師이리라.
유 여 사

부모를 친애하는 마음이 곧 인仁의 발현이다

제자 공손추가 물으며 말했다.

"고자高子가 『시경詩經』 소아小雅 소반小弁의 시는 소인의 시라고 하더군요."

맹자가 말했다.

"왜 그렇다고 하더냐?"

공손추가 말했다.

"원망하는 시라 합니다."

맹자가 말했다.

"고자 노인의 시 해석은 고루하다. 예를 들어 여기 한 사람이 있다고 하자. 그리고 만약에 월越나라 사람이 활을 당겨 그를 쐈다 하더라도, 그는 담소하면서 그런 일이 있었다고 말할 것이다. 그 이유는 다른 것이 아니다. 자기와는 무관한 사람들의 일이기 때문이다.

公孫丑가 問曰 高子는 曰 小弁이 小人之詩也이라하더이다 孟子가 曰 何以言之오
공손추   문왈 고자   왈 소반   소인지시야   맹자   왈 하이언지

曰 怨이니이다. 曰 固哉라 高叟之爲詩也이여 有人於此하니 越人이 關弓而射之어든
왈 원   왈 고재   고수지위시야   유인어차   월인   관궁이사지

則己는 談笑而道之가 無他라 疏之也이오
즉기   담소이도지   무타   소지야

그러나 만약에 자기 친형이 활을 당겨 그를 쐈다고 하면, 그는 눈물을 흘리며 말할 것이다. 그것은 딴 이유가 아니다. 자기 형에 대한 측은한 생각이 있기 때문이다. 소반 시에 나타난 원망은 자기 아버지를 사랑하는 나머지, 나타난 원망의 정이다. 그리고 그렇게 아버지를 사랑하는 것이 바로 인仁이다. 그러나 고자 노인의 시를 보는 태도는 참으로 고집불통이라 하겠다."

해설

고자高子는 제齊나라 사람이다. 소반小弁은 『시경詩經』 소아小雅의 소반 시다. 주周나라 유왕幽王이 신후申后를 취하고 태자 의구宜臼를 낳았다. 그 후 포사褒姒를 얻어 백복伯服을 낳고, 신후를 축출하고 태자 의구를 폐했다. 그래서 의구의 시부가 이 시를 지어, 애통하고 절박한 심정을 서술한 것이다. 고固는 '고집불통'이란 뜻이다. 위爲는 시를 다스린다. 즉 '해석한다'는 뜻이다. 월越은 남쪽지방 만이蠻夷의 나라이다. 도道는 '말한다'는 뜻이다. 부모를 친애하는 마음(親親之心)이 곧 인仁의 발현이다.

其兄이 關弓而射之어든 則己는 垂涕泣而道之가 無他라 戚之也이니
기 형   관 궁 이 사 지   즉 기   수 체 읍 이 도 지   무 타   척 지 야

小弁之怨은 親親也이라 親親은 仁也이니 固矣夫라 高叟之爲詩也이여.
소 반 지 원   친 친 야   친 친   인 야   고 의 부   고 수 지 위 시 야

효성이 부족함을 반성하라

공손추가 말했다.

"개풍凱風의 시에는 왜 원망하는 정이 없습니까?"

맹자가 말했다.

"개풍의 경우는 부모의 허물이 적고, 소반의 경우는 부모의 허물이 크다. 부모의 허물이 큰데도 모른 척하고 원망하지 않으면 부모와 자식 간의 사이가 더욱 소원해진다. 부모의 허물이 적은데도 지나치게 원망하면 이는 곧 해서는 안 되는 과격한 일이다. 더욱 소원하게 되는 것도 불효지만, 해서는 안 되는 과격한 일도 역시 불효이다."

"공자는 말씀하셨다. '순임금은 참으로 지극한 효자이시다. 나이 50 세에도 부모를 그리워하셨다.'"

해설

기磯는 '물이 돌에 부딪친다'는 뜻이다. 불가기不可磯는 '자식이 조금만 부딪쳐도 부모가 즉시 노한다'는 뜻을 말한 것이다. 순임금이 나이 50에도 부모를 원모(怨慕: 원망하면서도 오히려 사모함)했으니 소반小弁의 원정怨情을 불효라고 말할 수 없다.

曰 凱風은 何以不怨이니이꼬. 曰 凱風은 親之過小者也이오 小弁은 親之過大者也이니
왈 개풍   하 이 불 원   왈 개 풍   친 지 과 소 자 야   소 반 친 지 과 대 자 야

親之過가 大 而不怨이면 是는 愈疏也이오 親之過가 小 而怨이면 是는 不可磯也이니
친 지 과   대 이 불 원   시   유 소 야   친 지 과   소 이 원   시   불 가 기 야

愈疏도 不孝也이오 不可磯도 亦不孝也이니라.
유 소 불 효 야   불 가 기   역 불 효 야

孔子가 曰 舜은 其至孝矣신저 五十而慕이라하시니라.
공 자 왈 순   기 지 효 의   오 십 이 모

이익을 명분으로 삼는 것은 옳지 못하다

송경宋牼이 초楚나라로 가려 했다. 마침 맹자가 석구石丘라는 곳에서
그를 만났다.

맹자가 물었다.

"선생은 장차 어디로 가십니까?"

송경이 말했다.

"제가 들은 바로는 진秦나라와 초楚나라가 전쟁을 일으키려고 하므
로, 내가 초왕을 보고 설득하여 싸움을 그만두게 하고자 합니다. 초왕
이 좋아하지 않는다면 저는 진왕을 만나 설득하여 싸움을 그만두게
하고자 합니다. 어찌했건 두 임금을 만날까 합니다."

宋牼이 將之楚이러니 孟子가 遇於石丘하시다. 日 先生은 將何之오. 日 吾聞秦楚가
송경 장지초 맹자 우어석구 왈선생 장하지 왈 오문진초

構兵호니 我는 將見楚王하야 說而罷之호대 楚王이 不悅이어든 我는 將見秦王하야
구병 아 장견초왕 세이파지 초왕 불열 아 장견진왕

說而罷之호리니 二王에 我는 將有所遇焉이리라.
세이파지 이왕 아 장유소우언

맹자가 말했다.

"저는 자세한 것을 묻고자 하는 것은 아닙니다. 요지라도 듣고 싶습니다. 선생님은 어떻게 설득하시렵니까?"

송경이 말했다.

"저는 서로 싸우는 것이 불리하다는 말을 하려고 합니다."

맹자가 말했다.

"선생님의 뜻은 훌륭하지만, 구호는 좋지 못합니다."

해설

송경宋牼의 송宋은 성이고, 이름은 경牼이다. 석구石丘는 지명이다. 조씨趙氏가 말했다. '학문을 하는 선비로 연장자였다.' 그래서 맹자가 그를 선생이라고 높인 것이다. 그때 송경宋牼은 먼저 초왕楚王을 만나려고 했다. 그러나 초왕이 좋아하지 않으면 진왕秦王을 만나려고 한 것이다. 우遇는 '서로 만나 본다'는 뜻이다. 장자의 글에도 있는데, 송견宋鈃이라는 사람이 모든 나라 임금에게 남의 나라에 대한 침공을 금하고, 무력싸움을 잠재우고, 세상을 싸움으로부터 구하고자 위로 달래고 아래로 가르쳐서 그의 강력한 주장을 멈추지 않았다 라고 했다. 소疏에는 제齊나라 선왕宣王때 사람이라고 했다. 이런 것을 고찰해보면 송경이 바로 송견일 것이다. 서씨徐氏가 말했다. '서로 흩어져 어지럽게 싸우는 전국의 와중에서, 전쟁을 멈추고 백성을 쉬게 하라고 설득하는 그 뜻은 가히 위대하다. 그러나 이利를 명분으로 삼는 것은 옳지 못하다.'

曰 軻也는 請無問其詳이오 願聞其指하노니 說之將如何오
왈 가야   청무문기상   원문기지   세지장여하

曰 我는 將言其不利也호리라 曰 先生之志則大矣어니와 先生之號則不可하다.
왈 아   장언기불리야   왈 선생지지즉대의   선생지호즉불가

모든 사람이 오직 자기 이익만을 생각한다

"선생께서 이利를 내세워 진나라·초나라의 임금을 설득하시면, 진나라·초나라의 임금이 아주 좋아하고 삼군의 군사행동을 멈추게 할 것입니다. 그렇게 되면 삼군의 병사들도 싸움을 그만두고 이利만을 좋아하게 될 것입니다. 신하된 사람들도 이利만을 생각하고 자기 임금을 섬길 것이며, 자식된 자들도 이利만을 생각하고 자기 부모를 섬길 것이며, 동생도 이利만을 생각하고 형을 섬길 것입니다. 그렇게 되면, 군신君臣·부자父子·형제兄弟간의 인륜人倫에 있어 인의仁義를 배제하고 오로지 이利만을 생각하고 서로 접할 것입니다. 그렇게 국가, 가정에서 사람들이 오직 이利만을 구한다면 그렇게 하고도 망하지 않을 자가 없습니다."

해설

이리세以利說는 이利를 가지고 설득한다. 이때의 이는 외형적, 물질적, 이기적, 현재적, 개인적 이익, 이득이란 뜻이다. 삼군三軍은 주변 큰 나라의 군대를 말한다.

先生이 以利로 說秦楚之王이면 秦楚之王이 悅於利하야 以罷三軍之師하리니 是는
선 생   이 리   세 진 초 지 왕   진 초 지 왕   열 어 리   이 파 삼 군 지 사   시

三軍之士가 樂罷而悅於利也라 爲人臣者가 懷利以事其君하며 爲人子者가
삼 군 지 사   낙 파 이 열 어 리 야   위 인 신 자   회 리 이 사 기 군   위 인 자 자

懷利以事其父하며 爲人弟者가 懷利以事其兄이면 是는 君臣父子兄弟가 終去仁義하고
회 리 이 사 기 부   위 인 제 자   회 리 이 사 기 형   시   군 신 부 자 형 제   종 거 인 의

懷利以相接이니 然而不亡者는 未之有也이니라.
회 리 이 상 접   연 이 불 망 자   미 지 유 야

인륜 실천에 있어 인의를 바탕으로 해야 한다

"선생께서 인의仁義의 도리로서 진나라·초나라 임금을 설득하시면, 진나라·초나라 임금이 인의를 좋아하고, 삼군의 군사행동을 멈추게 할 것입니다. 그렇게 되면 삼군의 군사들도 전쟁 폐기를 즐겁게 여기고 마음으로부터 인의를 좋아하게 될 것입니다. 신하들도 인의의 도리를 속에 품고 자기 나라 임금을 섬기고 받들 것입니다. 자식들도 인의의 도리를 속에 품고 자기 부모를 섬길 것입니다. 어린 사람들도 인의의 도리를 속에 품고 연장자를 섬길 것입니다. 그렇게 되면, 군신君臣·부자父子·형제兄弟 간의 인륜 실천에 있어 이利를 배제하고 인의를 바탕으로 서로 접하게 될 것입니다. 이렇게 되면 천하를 다스릴 참다운 임금이 아니 될 수 없습니다. 왜 군이 이利를 주장하십니까?"

해설

이 장은 다음과 같은 뜻을 말한 것이다. 전쟁을 막고 백성을 쉬게 하는 일은 같다. 그러나 전쟁 폐지를 주장하는 심리心理면에서 의義와 이利의 차이가 있다. 특히 효과면에서 흥興과 망亡의 차이가 있다. 그러므로 학자가 마땅히 깊이 살피고 밝게 분별해야 한다.

先生이 以仁義로 說秦楚之王이면 秦楚之王이 悅於仁義하야 而罷三軍之師하리니
선생 이인의 세진초지왕 진초지왕 열어인의 이파삼군지사

是는 三軍之士가 樂罷而悅於仁義也이라 爲人臣者가 懷仁義以事其君하며 爲人子者가
시 삼군지사 낙파이열어인의야 위인신자 회인의이사기군 위인자자

懷仁義以事其父하며 爲人弟者가 懷仁義以事其兄이면 是는 君臣父子兄弟가 去利하고
회인의이사기부 위인제자 회인의이사기형 시 군신부자형제 거리

懷仁義以相接也이니 然而不王者가 未之有也이니 何必曰利리오.
회인의이상접야 연이불왕자 미지유야 하필왈리

제5장 거추장 居鄒章

군자는 예를 갖추면, 답례를 한다

맹자가 추鄒나라에 있을 때, 계임季任이 임任나라의 유수留守로서, 예물을 보내고 사귀고자 했다. 맹자는 예물은 받았으나, 가서 답례는 하지 않았다. 맹자가 평륙平陸에 있을 때, 저자儲子가 재상으로 있으면서, 예물을 보내고 사귀고자 했다. 맹자는 예물은 받았으나, 가서 답례하지 않았다.

해설

조씨趙氏가 말했다. '계임季任은 임任나라 임금의 동생이다. 임나라 임금이 이웃 나라로 조회하러 갔을 때, 계임이 임금 대신 나라를 지켰다. 저자儲子는 제齊나라 재상이다. 불보자不報者는 본인이 와서 맹자를 만나고 예를 갖추었으면, 당연히 답례를 했을 것이다. 그러나 예물만 보내고 사귀고자 했으므로 맹자가 굳이 답례를 하지 않은 것이다.'

孟子가 居鄒하실새 季任이 爲任處守이러니 以幣交한대
맹자　　거추　　　계임　　위임처수　　　　이폐교

受之而不報하시고 處於平陸하실새
수지이불보　　　　처어평륙

儲子가 爲相이러니 以幣交한대 受之而不報하시다.
저자　위상　　　　이폐교　　수지이불보

예의를 갖출 수 있다면, 반드시 갖춰야 한다

후일 맹자는 추鄒나라에서 임任나라로 가서 계임季任을 만나보았다.
그러나 평륙平陸에서 제齊나라에 갔을 때는 저자儲子를 만나지 않았
다. 이에 맹자의 제자 옥려자屋廬子가 기쁜 듯이 말했다. "나는 이제
질문할 좋은 기회를 얻었다."

옥려자가 물었다.

"선생께서 임나라에 가시어, 계자季子는 만나보셨으나, 제나라에 가
셔서는 저자를 안 만나셨으니, 그가 재상이었기 때문입니까?"

맹자가 말했다.

"아니다. 『서경書經』에 이르기를 '예물을 보낼 때는 예의를 다각적으
로 갖추어야 한다. 예의가 예물에 미치지 못하면 예물을 보내지 않음
과 같다. 그것은 정성을 기울여 예물을 보내지 않은 것이기 때문이
다.'라고 하였다."

"내가 저자를 안 만난 것은 예의를 갖추고 예물을 올리지 않았기 때
문이다."

他日에 由鄒之任하샤 見季子하시고 由平陸之齊하샤 不見儲子하신대 屋廬子가 喜曰
타 일   유추지임   견계자   유평륙지제   불견저자   옥려자 희왈

連이 得間矣외다. 問曰 夫子가 之任하샤 見季子하시고 之齊하샤 不見儲子하시니
연   득간의   문왈 부자 지임   견계자   지제   불견저자

爲其爲相與이까. 曰 非也이라 書에 曰 享은 多儀하니
위기위상여   왈 비야   서   왈 향 다의

儀不及物이면 曰 不享이니 惟不役志于享이라하니 爲其不成享也이니라.
의불급물   왈 불향   유불역지우향   위기불성향야

맹자의 말을 듣고 옥려자는 좋아했으며, 어떤 사람이 질문하자, 옥려자가 대답했다.

"계자는 추를 떠날 수 없었다. 그러나 저자는 평륙으로 갈 수 있었다. 그런데 안 갔으니 예를 다하지 못한 것이다."

해설

비록 예물을 올리기는 해도 예절을 지키려는 성의誠意가 예물에 미치지 못하니, 이는 곧 봉상이 아니다. 예물을 바쳐 올리는 데, 정성을 다하지 않았기 때문이다. 맹자가 서경의 뜻을 이와 같이 해석한 것이다.

서씨徐氏가 말했다. '계자는 임금을 대신해서 나라를 지키므로 다른 곳에 가서 맹자를 볼 수 없었다. 그래서 예물을 보낸 것으로 예의 뜻을 다 갖춘 것이다. 저자는 제나라 재상이므로 제나라 경내에 갈 수 있었다. 그런데도 가서 보지 않았다. 비록 예물을 보내도 예의 뜻이 예물에 미치지 못했던 것이다.'

屋廬子가 悅이어늘 或 問之호대 屋廬子가 曰 季子는 不得之鄒이오
옥 려 자　　열　　혹 문 지　　　옥 려 자　　왈 계 자　　부 득 지 추

儲子는 得之平陸일새니라.
저 자　　득 지 평 륙

군자는 인仁만 위할 뿐이다

순우곤이 맹자에게 물었다.

"명분과 실적을 앞세우는 사람은 백성을 위하고, 명분과 실적을 뒤로 돌리는 사람은 자신을 위한다고 했습니다. 선생께서는 삼경三卿의 자리에 계시면서, 명분이나 실적을 위에도 아래에도 더하지 않고 이 나라를 떠나려고 하시니, 인자仁者는 원래 그렇습니까?"

맹자가 대답해서 말했다.

"낮은 자리에 있을지언정, 현명한 지혜를 가지고, 어리석은 임금을 섬기려 하지 않은 사람이 바로 백이伯夷입니다. 다섯 번 탕왕湯王에게 갔다가, 다섯 번 걸왕桀王에게 갔다가 하면서 천하를 바로잡으려고 한 사람이 바로 이윤伊尹입니다.

淳于髡 日 先名實者는 爲人也이오 後名實者는 自爲也이니 夫子가 在三卿之中하샤
순우곤 왈 선명실자 위인야 후명실자 자위야 부자 재삼경지중

名實이 未加於上下 而去之하시니 仁者도 固如此乎이까. 孟子가 日 居下位하야
명실 미가어상하 이거지 인자 고여차호 맹자 왈 거하위

不以賢 事不肖者는 伯夷也이오 五就湯하며 五就桀者는 伊尹也이오
불이현 사불초자 백이야 오취탕 오취걸자 이윤야

우매한 임금도 싫어하지 않고, 낮은 벼슬도 사퇴하지 않은 사람이, 바로 유하혜流下惠였습니다. 세 사람의 태도는 같지는 않으나 뜻하고 나가려는 방향은 하나였습니다. 그 하나가 무엇이냐 하면, 곧 인仁입니다. 군자는 역시 인만을 위할 뿐입니다. 그 방법이나 태도가 반드시 같을 필요가 없습니다."

해설

명名은 '명성과 명예'를 뜻하는 말이다. 실實은 '실적과 공적'을 뜻한다. 즉 다음과 같은 뜻을 말한 것이다. 명실名實을 앞세우고 참여하는 사람은 백성을 구제해 주려는 뜻이 있다. 한편 명실을 뒤로 하고 참여하지 않는 사람은 독선기신獨善其身하려고 한다. 명실미가어상하名實未加於上下는 위로는 임금을 바르게 모시지 못하고, 아래로는 백성을 구제하지 못했다는 뜻을 말한 것이다.

인仁은 '사사로운 욕심 없이, 오직 하늘의 도리에 맞게 한다'는 뜻이다.

不惡汚君하며 不辭小官者는 柳下惠也이니 三子者가 不同道하나 其趣는 一也이니
불 오 오 군　　불 사 소 관 자　　유 하 혜 야　　삼 자 자　부 동 도　　기 추　　일 야

一者는 何也오 曰 仁也이라 君子는 亦仁而已矣니 何必同이리오.
일 자　　하 야　　왈 인 야　　군 자　　역 인 이 이 의　　하 필 동

현인을 기용해야 나라가 화평하다

순우곤이 말했다.

"노나라 목공繆公 때에는 공의자公儀子가 국정을 다스렸고, 자류子柳와 자사子思가 신하로 있었는데, 노나라의 국토가 더욱 심하게 다른 나라에게 빼앗기고 깎이었으니, 그와 같이 현인들은 나라에 무익한 존재입니까?"

맹자가 말했다.

"우虞나라는 백리해百里奚를 등용하지 않아서 망했고, 진秦나라의 목공繆公은 그를 등용해서 패자覇者가 되었습니다. 현인을 쓰지 않으면 나라가 망합니다. 어디 땅을 깎이는 것으로 끝나겠습니까?"

해설

노목공魯繆公은 BC 409~BC 377년 재위했다. 공의자公儀子는 성은 공의公儀, 이름은 휴休이다. 노나라의 박사博士로 목공 밑에서 재상을 지냈으며 백성들을 잘 교화했다. 삭削은 토지를 침략당하고 빼앗긴다는 뜻이다. 순우곤淳于髡이 맹자를 보고 당신이 안 간다 해도 별로 좋은 일을 못할 것이라고 조롱하는 말이다.

日 魯繆公之時에 公儀子가 爲政하고 子柳 子思가 爲臣이로대 魯之削也는 滋甚하니
왈 노 목 공 지 시   공 의 자   위 정   자 류 자 사   위 신   노 지 삭 야   자 심

若是乎 賢者之無益於國也이여. 日 虞는 不用百里奚 而亡하고 秦穆公이 用之而霸하니
약 시 호 현 자 지 무 익 어 국 야   왈 우   불 용 백 리 해 이 망   진 목 공   용 지 이 패

不用賢則亡이니 削을 何可得與리오.
불 용 현 즉 망   삭   하 가 득 여

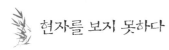 현자를 보지 못하다

순우곤이 말했다.

"옛날에 왕표王豹가 기수淇水 가에 살자, 하서河西 사람들이 노래를 잘 불렀고, 면구綿駒가 고당高唐에 살자, 제나라 서쪽 사람들이 노래를 잘했으며, 제나라 대부인 화주華周와 기량杞梁의 두 부인이 자기들의 남편이 죽자, 애통하게 곡을 잘했으므로, 나라의 기풍을 변하게 했다고 합니다. 속에 차 있으면, 반드시 밖으로 나타나게 마련입니다. 또 일을 잘했는데, 그 공이 없다는 예를 나 곤髡은 보지 못했습니다. 그러므로 현자가 없으므로 내가 아무것도 보지 못하는 것입니다. 있다면 나 곤이 반드시 알 것입니다."

해설

왕표王豹는 위衛나라 사람으로 노래를 잘하는 사람이다. 기淇는 강의 이름이다. 면구綿駒는 제齊나라 사람으로 노래를 잘했다. 고당高唐은 제나라 서쪽의 읍邑이다. 화주華周와 기량杞梁은 두 사람 모두 제나라의 신하로, 거莒에서 전사했다. 이에 그의 부인들이 애통하게 울었으므로 나라의 기풍이 변하고, 곡을 잘하게 되었다. 순우곤淳于髡이 이렇게 말하고 맹자가 제나라에 출사했으면서 공이 없으니, 아직 현인賢人에 부족하다고 비난한 것이다.

曰 昔者가 王豹가 處於淇 而河西善謳하고 綿駒가 處於高唐 而齊右는 善歌하고
왈 석자 왕표 처 어기 이하서선구 면구 처어고당 이제우 선가

華周杞梁之妻는 善哭其夫 而變國俗하니 有諸內면 必形諸外하나니
화주기량지처 선곡기부 이변국속 유제내 필형제외

爲其事 而無其功者를 髡이 未嘗見之也로니
위기사 이무기공자 곤 미상도지야

是故로 無賢者也이니 有則髡必識之니이다.
시고 무현자야 유즉곤필식지

군자의 행동은 일반인이 알기 힘들다

맹자가 말했다.

"공자께서 노나라의 사구司寇로 계셨으나, 임금이 공자의 뜻과 도를 쓰지 않았습니다. 그래서 공자는 떠나려고 했던 것입니다. 마침 노나라 제사가 있어 참여했으나, 임금이 번육(燔肉: 제사에 바친 고기)을 내려 주지 않았으므로, 공자는 면관冕冠조차 벗지 않고, 노나라를 뒤로하고 떠나셨던 것입니다. 알지 못하는 사람은 번육 때문이라 생각하고, 아는 사람은 임금이 무례無禮해서라고 생각했습니다. 허나 사실은 공자께서 전부터 작은 잘못을 핑계로 삼고 떠나려 하셨으며, 이유 없이 떠났다는 오해받기를 원치 않으셨던 것입니다. 이렇듯이 군자의 행동은 일반 사람들이 알 수 없는 것입니다."

해설

고기 때문이라고 생각한 사람은 말할 것도 없고, 무례했기 때문이라고 생각한 사람도 역시 공자의 깊은 뜻을 모른다. 대개 성인은 부모의 나라에서는 임금이나 재상의 실수를 드러내지 않고자 한다. 또 이유 없이 함부로 떠나려고도 하지 않는 법이다. 윤씨尹氏는 말했다. 순우곤은 처음부터 인仁을 모르고, 또 현인을 알지 못했다. 그러므로 그렇게 말했던 것이다.

曰 孔子가 爲魯司寇이러시니 不用하고 從而祭에 燔肉이 不至어늘 不稅冕而行하시니
왈 공자 위노사구 불용 종이제 번육 부지 불탈면이행

不知者는 以爲爲肉也이라하고 其知者는 以爲爲無禮也이라하니
부지자 이위위육야 기지자 이위위무례야

乃孔子則欲以微罪行하샤 不欲爲苟去하시니 君子之所爲를 衆人이 固不識也이니라.
내공자즉욕이미죄행 불욕위구거 군자지소위 중인 고불식야

제7장 오패장 五霸章

오패자는 삼왕의 죄인이다

맹자가 말했다.

"오패자五霸者는 삼왕三王의 죄인이고, 지금의 제후諸侯들은 오패의 죄인이고, 지금의 대부大夫들은 지금의 제후들의 죄인이다."

해설

· 오패五霸: 춘추시대 5명의 패자로 제 환공齊桓公, 진 문공晉文公, 진 목공秦穆公, 송 양공宋襄公, 초 장왕楚莊王

· 삼왕三王: 하夏 우왕禹王, 은殷 탕왕湯王, 주周 문왕文王과 무왕武王

孟子가 曰 五霸者는 三王之罪人也이오 今之諸侯는 五霸之罪人也이오
맹 자   왈 오 패 자   삼 왕 지 죄 인 야   금 지 제 후   오 패 지 죄 인 야

今之大夫는 今之諸侯之罪人也이니라.
금 지 대 부   금 지 제 후 지 죄 인 야

오패자가 삼왕의 죄인인 이유

"천자가 제후의 나라에 가서 순시하는 것을 순수巡狩라 하고, 제후가
천자에게 와서 알현하는 것을 술직述職이라 한다. 천자나 제후는 전
국을 두루 돌아, 봄에는 백성들의 경작을 살펴서 그들이 모자라는 것
을 보충해 주고, 가을에는 추수를 살펴서, 부족한 양곡을 급여해 준
다. 천자가 제후의 나라에 들어가 시찰하고 그 나라의 토지가 잘 개
간되고, 논밭이 잘 가꾸어졌고, 노인들을 잘 보양하고, 현인들을 존중
하고, 재능이 뛰어난 사람을 벼슬자리에 있게 했으면, 천자는 상으로
봉지封地를 더 늘려준다. 천자가 제후의 나라에 들어가 시찰하고 그
나라의 토지가 황폐했고, 노인들을 내버려 두고, 현인을 등용하지 못
하고, 재물을 거두어들이거나 오만한 자를 벼슬자리에 있게 했으면,
천자는 제후에게 벌을 내리고 토지를 삭감한다. 제후가 한 번 입조入
朝하지 않으면 그의 작위를 강등하고, 두 번 입조하지 않으면 봉지를
깎아 줄이고, 세 번 입조하지 않으면 천자가 육군六軍을 동원하여 그
를 제거한다.

天子가 適諸侯 曰巡狩이오 諸侯朝於天子 曰述職이니 春省耕 而補不足하며 秋省斂
천자   적제후 왈순수   제후조어천자 왈술직   춘성경 이보부족   추성렴

而助不給하나니 入其疆하니 土地辟하야 田野治하며 養老尊賢하며
이조불급   입기강   토지벽   전야치   양로존현

俊傑이 在位 則有慶하니 慶以地하고 入其疆하니 土地荒蕪하며 遺老失賢하며
준걸 재위 즉유경   경이지   입기강   토지황무   유로실현

掊克이 在位 則有讓이니 一不朝 則貶其爵하고
부극 재위 즉유양   일부조 즉폄기작

再不朝 則削其地하고 三不朝 則六師로 移之하나니
재부조 즉삭기지   삼부조 즉륙사 이지

그러므로 천자는 오직 죄지은 자를 토벌하라는 명령만 내릴 뿐, 자신이 토벌에 나서지 않으며, 제후도 오직 황제의 명을 받고 토벌할 뿐, 스스로 남을 치지 않았다. 그러나 오패자五覇者는 황제의 명도 받지 않고 다른 제후와 결탁하여 다른 제후를 쳤으므로, 그래서 오패자가 삼왕의 죄인이 되는 것이다."

해설

경慶은 상賞이다. 토지를 더해서 상을 준다. 부극掊克은 '세금을 많이 거둔다'는 뜻이다. 양讓은 '견책한다'는 뜻이다. 이지移之는 그 사람을 벌주고 다른 사람으로 대치한다는 뜻이다. 토討는 명령을 내려 그의 죄를 치게 한다. 방백方伯과 연수連帥로 하여금 제후를 거느리고 그를 토벌한다. 벌伐은 천자의 명을 받고 그의 죄를 성토하고 정벌함이다. 누搜는 끌어모은다는 뜻이다. 오패五覇는 제후들과 결탁하고, 다른 제후를 쳤으며, 천자의 명령을 받지 않은 것이다. 입기강入其疆에서 즉유양則有讓까지는 순수(巡狩)에 관한 일을 말한 것이다. 일부조一不朝에서 육사이지六師移之까지는 술직(述職: 제후가 입조하여 천자를 알현하는 것)에 관한 일을 말한 것이다.

是故로 天子는 討而不伐하고 諸侯는 伐而不討하나니 五覇者는 摟諸侯하야
시 고   천자   토이불벌   제후   벌이불토   오패자   누제후

以伐諸侯者也이라 故로 曰 五覇者는 三王之罪人也이니라.
이 벌 제 후 자 야   고   왈 오패자   삼 왕 지 죄 인 야

지금의 제후가 오패의 죄인인 이유

"오패 중에서도 제나라 환공이 가장 위세가 컸었다. 규구葵丘에서 회맹會盟했을 때에, 여러 제후들은 다만 희생으로 바치는 소를 묶어놓고, 그 위에 맹서하는 글을 올려놓았을 뿐, 소를 죽이고 피를 핥아먹는 일은 없었다. 그리고 다음과 같이 맹약盟約했다. 제1조 불효한 자를 죽인다. 세자를 바꾸지 않고, 첩을 정실로 삼지 않는다. 제2조 현인을 존중하고, 재능 있는 자를 육성하고, 덕을 발휘하고 빛나게 한다. 제3조 노인을 공경하고 아이를 자애하고, 객지에서 온 빈객이나 여행자를 소홀하게 하지 않는다. 제4조 사士의 벼슬은 세습할 수 없으며, 관직을 겸유할 수 없다. 사를 취할 때는 반드시 인재를 등용할 것이며, 대부를 함부로 죽일 수 없다.

五霸에 桓公이 爲盛하더니 葵丘之會에 諸侯가 束牲載書而不歃血하고
오 패   환 공 위 성   규 구 지 회   제 후   속 생 재 서 이 불 삽 혈

初命曰 誅不孝하며 無易樹子하며 無以妾爲妻이라하고
초 명 왈 주 불 효   무 역 수 자   무 이 첩 위 처

再命曰 尊賢育才하야 以彰有德이라하고   三命曰 敬老慈幼하며 無忘賓旅이라하고
재 명 왈 존 현 육 재   이 창 유 덕   삼 명 왈 경 로 자 유   무 망 빈 려

四命曰 士無世官하며 官事無攝하며 取士必得하며 無專殺大夫이라하고
사 명 왈 사 무 세 관   관 사 무 섭   취 사 필 득   무 전 살 대 부

제5조 제방은 굽게 쌓지 말고, 이웃 나라의 재황災荒을 구제하기 위해 양곡을 파는 것을 막지 말고, 또 토지를 봉상封賞하면 반드시 보고해야 한다. 그리고 다시 부대조건으로 모든 동맹 국가는 맹약한 후에는 다 같이 우호友好 협화協和해야 한다고 하였다."

"그런데 지금의 제후들은 이와 같은 다섯 가지 금지 조항을 지키지 못하고 범하고 있다. 고로 지금의 제후들은 오패의 죄인이다."

해설

춘추전春秋傳에 있다. 희공僖公 9년, 규구葵丘의 회맹에서 희생을 진설할 뿐 죽이지 않고, 축사를 읽고 희생 위에 올려놓았다. 천자의 금지령을 한결같이 밝힌 것이다.

五命曰 無曲防하며 無遏糴하며 無有封而不告이라하고 曰 凡我同盟之人은 既盟之後에
오 명 왈 무 곡 방   무 알 적   무 유 봉 이 불 고   왈 범 아 동 맹 지 인   기 맹 지 후

言歸于好이라하니 今之諸侯는 皆犯此五禁하나니
언 귀 우 호   금 지 제 후   개 범 차 오 금

故로 曰 今之諸侯는 五霸之罪人也이라하노라.
고   왈 금 지 제 후   오 패 지 죄 인 야

지금의 대부大夫들은 지금의 제후들의 죄인이다

"신하로서 임금의 악덕惡德이나 악정惡政을 막을 수 없어 어쩔 수 없이 임금의 악을 자라게 하는 것은, 그 죄가 비교적 작다. 그러나 임금의 악정이나 악덕에 영합迎合하면, 그 죄가 크다. 헌데 오늘의 대부大夫들은 모두가 임금의 악에 영합하고 함께 악을 저지르고 있다. 그러므로 '지금의 대부들은 지금의 제후들의 죄인'이라고 말하는 것이다."

해설

장군지악長君之惡은 임금이 잘못해도 간하지 못하고 순종하는 것이다. 또한 봉군지악逢君之惡은 임금의 잘못의 싹이 미처 돋아나지 않았는데 앞에서 악을 유도하는 것으로 그 죄가 중하다.

長君之惡은 其罪가 小하고 逢君之惡은 其罪가 大하니 今之大夫가 皆逢君之惡하니니
장 군 지 악   기 죄   소   봉 군 지 악   기 죄   대   금 지 대 부   개 봉 군 지 악

故로 曰 今之大夫는 今之諸侯之罪人也이라하노라.
고   왈 금 지 대 부   금 지 제 후 지 죄 인 야

백성을 전쟁의 도구로 쓰는 것은 옳지 않다

노나라가 신자愼子로 하여금 장군을 삼고자 했다.

맹자가 말했다.

"백성을 교화하지 않고 싸움판에 내다가 쓰는 것은 곧 백성에게 재앙을 주는 짓이다. 그와 같은 짓은 요임금, 순임금 때에는 용납되지 않았다."

"설사 한 번 싸워 제齊나라에 이기고, 다시 잃었던 남양南陽의 땅을 되찾는다 해도 전쟁하는 것 자체가 좋지 못하다."

신자가 발끈하고 성난 듯이 말했다.

"그런 것은 나 골리滑釐가 알 바 아니오."

해설

교민자敎民者는 백성에게 예의를 가르치고 안에서는 부형을 섬기고, 밖에서는 어른을 섬길 줄 알게 함이다. 용지用之는 '백성들로 하여금 싸우게 한다'는 뜻이다. 당시 노魯나라가 신자로 하여금 제齊나라를 치고 남양南陽을 취하려고 했을 것이다. 그러므로 맹자가 말했다. "가령 신자로 하여금 싸움을 잘해서, 공을 세우게 한다고 해도, 역시 좋지 않다."

魯가 欲使愼子로 爲將軍이러니 孟子가 曰 不敎民而用之를 謂之殃民이니
노   욕사신자   위장군   맹자 왈 불교민이용지   위지앙민

殃民者는 不容於堯舜之世니라. 一戰勝齊하야 遂有南陽이라도 然且不可하니라.
앙민자   불용어요순지세   일전승제   수유남양   연차불가

愼子가 勃然不悅 曰 此則滑釐는 所不識也이로이다.
신자   발연불열 왈 차즉골리   소불식야

나라의 땅의 넓이는 제도에 따라 다를 수 있다

"내가 그대에게 분명히 말해 주리다. 천자의 나라는 사방 천 리의 넓이가 되어야 하며, 천 리 넓이가 못되면, 천하의 모든 제후들을 상대할 수가 없다. 제후의 나라는 사방 백리의 넓이가 되어야 하고, 백 리가 못되면, 종묘에 제사 지내고 일가가 회동하는 격식이나 예절을 잘 지킬 수 없다."

"주공 단周公旦을 노나라에 봉했을 때, 그의 영지를 사방 백 리로 했다. 그것은 땅이 부족해서가 아니라, 제도에 따라 백 리로 한정했던 것이다. 강태공(姜太公: 呂尙)을 봉했을 때, 그의 영지를 사방 백 리로 했다. 그것은 땅이 부족해서가 아니라 제도에 따라 백 리로 한 것이다."

해설

대제후待諸侯는 그들이 조정에 와서 조회하고 문안을 드리는 예절에 상응하게 대접한다는 뜻이다. 종묘전적宗廟典籍은 종묘에서 제사 지내고 일가가 회동하는 기본적인 제도와 격식의 뜻이다.

曰 吾는 明告子호리라 天子之地가 方千里니 不千里면 不足以待諸侯이오
왈 오   명고자   천자지지   방천리   불천리   부족이대제후

諸侯之地가 方百里니 不百里면 不足以守宗廟之典籍이니라.
제후지지   방백리   불백리   부족이수종묘지전적

周公之封於魯에 爲方百里也이니 地非不足이로대 而儉於百里하며
주공지봉어노   위방백리야   지비부족   이검어백리

太公之封於齊也에 亦爲方百里也이니 地非不足也이로대 而儉於百里하니라.
태공지봉어제야   역위방백리야   지비부족야   이검어백리

군자나 임금은 오직 인仁에 뜻을 두어야 한다

"지금 노나라의 영토는 사방 백 리 넓이의 땅이 다섯이나 된다. 제후의 나라로서 영토가 다섯 배나 크다. 그대는 어떻게 생각하는가. 장차 천하를 다스릴 진정한 임금이 나타나면, 즉 노나라 영토를 법에 따라 줄이겠는가? 더 늘여 주겠는가? 어느 쪽이라고 생각하는가?"

"힘들이지 않고 맨손으로 저쪽에서 땅을 취해서, 이쪽에게 주는 그런 일을 조금이라도 인자는 하지 않는다. 하물며 살인하고, 남의 땅을 취하는 그런 일을 하겠느냐?"

"군자가 임금을 섬길 때에는 힘써 자기 임금을 잘 인도하여 마땅히 도道를 행하게 노력해야 한다. 그리고 군자나 임금이나 오직 인仁에 뜻을 두어야 한다."

해설

도徒는 '빈손으로'의 뜻이다. 즉 살인하지 않고 취한다는 뜻을 말한 것이다. 당도當道는 모든 일을 천리天理에 맞게 한다는 뜻이다. 지인志仁은 마음을 인仁에 둔다는 뜻이다.

今魯는 方百里者가 五오니 子는 以爲有王者가 作 則魯는 在所損乎아 在所益乎아.
금 노 방 백 리 자 오 자 이 위 유 왕 자 작 즉 노 재 소 손 호 재 소 익 호

徒取諸彼하야 以與此이라도 然且仁者가 不爲어늘 況於殺人以求之乎아.
도 취 제 피 이 여 차 연 차 인 자 불 위 황 어 살 인 이 구 지 호

君子之事君也는 務引其君以當道하야 志於仁而已니라.
군 자 지 사 군 야 무 인 기 군 이 당 도 지 어 인 이 이

양신은 백성을 해치는 도둑이다

맹자가 말했다.

"오늘날 임금을 섬기는 자들은 말한다. '나는 임금을 위해서 토지나 영토를 넓히고 창고에 곡식이나 재물을 가득 차게 할 수 있다.' 그러니 오늘의 소위 양신良臣은 바로 옛날의 이른바 백성을 해치는 도둑들이다. 임금으로 하여금 도道를 따르게 하지 않고, 인仁을 지향하지 않고, 재물만 구하게 하니 이런 자는 곧 악덕한 걸桀을 부강하게 만드는 자이다."

"'나는 능히 임금을 위해서, 다른 나라와 동맹을 맺고, 싸우면 반드시 이긴다.'고 말하는 오늘의 양신은 곧 옛날의 백성을 해치는 도둑이다. 임금이 도를 따라가게 하지 않고, 인을 지향하지 않고 억지로 전쟁만 하게 하는 그런 자는 곧 악덕한 걸桀을 더욱 악덕하게 도와주는 자이다."

孟子가 曰 今之事君者는 曰 我가 能爲君하야 辟土地하며 充府庫이라하나니
맹자 왈 금지사군자 왈 아 능위군 벽토지 충부고

今之所謂良臣이오 古之所謂民賊也이라 君不鄕道하야 不志於仁이어든 而求富之하니
금지소위양신 고지소위민적야 군불향도 부지어인 이구부지

是는 富桀也이니라. 我는 能爲君하야 約與國하야 戰必克이라하나니
시 부걸야 아 능위군 약여국 전필극

今之所謂良臣이오 古之所謂民賊也이라 君不鄕道하야 不志於仁이어든
금지소위량신 고지소위민적야 군불향도 부지어인

而求爲之强戰하니 是는 輔桀也이니라.
이구위지강전 시 보걸야

"오늘의 악덕한 부국강병富國強兵의 도를 따르고, 또 오늘의 악덕한 정치풍토나 버릇을 고치지 않는다면 비록 천하를 준다 해도 단 하루 아침을 견디지 못하고 망할 것이다."

해설

벽辟은 개간開墾의 뜻이다. 약約은 맹약盟約한다는 뜻이다. 여국與國은 서로 화친하고 좋아하는 나라의 뜻이다. 반드시 서로 쟁탈하여, 기울고 망하게 된다는 뜻을 말한 것이다.

由今之道하야 無變今之俗이면 雖與之天下라도 不能一朝居也이니라.
유 금 지 도　　　무 변 금 지 속　　　수 여 지 천 하　　　불 능 일 조 거 야

세금은 요순의 세법으로 해야 한다

백규가 말했다.

"저는 전부田賦를 20분의 1만 받고자 합니다. 그러면 어떻겠습니까?"

맹자가 말했다.

"그대의 도리는 북쪽 오랑캐 맥貉의 도리이다."

"만호萬戶가 있는 나라에서 단 한 사람만이 도기陶器를 만든다면 되겠는가?"

백규가 말했다.

"안 됩니다. 그릇이 쓰기에 부족합니다."

맹자가 말했다.

"허기는 맥나라에서는 오곡五穀도 자라지 않고, 오직 기장(黍)만 자란다. 또 성곽, 궁실, 종묘도 없고 제사 같은 의식이나 예절도 없다. 제후에게 폐백幣帛을 내리거나, 빈객賓客에게 잔치를 베푸는 일도 없다. 뿐만 아니라 나라를 다스리는 백관百官이나 유사有司들도 없다. 그러므로 오랑캐 나라에서는 세금을 적게 취해도 족하다."

白圭가 曰 吾欲二十而取一하노니 何如하니이꼬 孟子가 曰 子之道는 貉道也이로다.
백규 왈 오욕 이십 이 취 일   하여   맹자 왈 자지도   맥도야

萬室之國에 一人은 陶 則可乎아 曰 不可하니 器不足用也이니이다.
만실지국 일인 도 즉 가호 왈 불가   기 부 족 용 야

曰 夫貉은 五穀이 不生하고 惟黍生之하나니 無城郭宮室宗廟祭祀之禮하며
왈 부맥 오곡 불생   유서생지   무성곽궁실종묘제사지례

無諸侯幣帛饔殖하며 無百官有司이라 故로 二十에 取一而足也이니라.
무제후폐백옹손   무백관유사   고   이십   취일   이족야

"만약 지금 문화국가인 중국을 다스리면서 인륜 도덕을 안 지키고, 또 군자들을 무시한다면 어떻게 되겠느냐?"

"도기가 적어도 나라 살림을 잘하기 어렵거늘, 하물며 나라를 바르게 다스릴 군자가 없어서 되겠는가?"

"요순堯舜의 세법(전부의 10분의 1)보다도 적게 거두려는 사람은 곧 크고 작은 오랑캐 나라와 같은 자다. 요순의 세법보다도 더 무겁게 세금을 거두려는 사람은 곧 크고 작은 폭군 걸桀 같은 자다."

해설

백규는 세법을 고쳐 20분의 1을 취하려 했다. 10분의 1을 거두는 세법이 요순堯舜의 방식이다. 그 이상 많이 거두면 걸왕桀王의 방식이고, 적으면 오랑캐의 방식이다. 지금 가볍게 하거나 무겁게 하려고 하니, 이는 곧 작은 오랑캐 나라, 혹은 작은 걸이라 하겠다.

今에 居中國하야 去人倫하며 無君子이면 如之何其可也오. 陶以寡이라도
금   거중국   거인륜   무군자   여지하기가야   도이과

且不可以爲國이온 況無君子乎아. 欲輕之於堯舜之道者는 大貉에 小貉也이오
차불가이위국   황무군자호   욕경지어요순지도자   대맥   소맥야

欲重之於堯舜之道者는 大桀에 小桀也이니라.
욕중지어요순지도자   대걸   소걸야

제11장 단지장 丹之章

물의 역류는 홍수의 재해와 다를 것이 없다

백규가 말했다.

"저 단丹의 치수治水는 우禹임금의 치수보다도 월등하게 좋습니다."

맹자가 말했다.

"그대의 치수 방법은 잘못된 것이다. 우임금의 치수 방법은 물길을 따라 순리대로 잘 흐르게 한 것이다."

"그러므로 우임금은 사해四海를 골짜기로 삼고, 모든 물이 바다로 흘러들게 했다. 그러나 지금 그대는 이웃 나라를 골짜기로 삼고, 모든 물이 이웃 나라로 흘러들게 했다."

"강물이 역으로 흐르는 것을 홍수洚水라 한다. 역행하는 큰물이 곧 홍수洪水다 큰물을 역류시키는 일을 인자仁者는 나쁘게 생각하고 싫어한다. 그러므로 그대는 잘못한 것이다."

白圭가 曰 丹之治水也는 愈於禹호이다. 孟子가 曰 子는 過矣로다 禹之治水는
백 규   왈 단지치수야   유어우   맹자 왈 자   과의   우지치수

水之道也이니라. 是故로 禹는 以四海爲壑이어시늘 今에 吾子는 以鄰國爲壑이로다.
수지도야   시고 우 이사해위학   금 오자   이린국위학

水逆行을 謂之洚水이니 洚水者는 洪水也이라 仁人之所惡也이니 吾子는 過矣로다.
수역행 위지홍수   홍수자   홍수야   인인지소오야   오자   과의

제12장 불량장 不亮章

군자는 신의를 지켜야 한다

맹자가 말했다.

"군자가 신의를 안 지키면, 무엇을 할 수 있겠느냐?"

해설

양亮은 신信이며, 양諒과 같다. 오호집惡乎執은 '모든 일이 구차하여 잡을 것이 없다'는 뜻이다.

孟子가 曰 君子는 不亮이면 惡乎執이리오.
맹자 왈 군자 불량 오 호 집

바르게 도가 행해질 수 있음을 기뻐하다

노나라가 악정자로 하여금 나라를 다스리게 하자 맹자가 말했다.

"그 소식을 듣고 나는 좋아서, 잠도 자지 못했다."

공손추가 물었다.

"악정자는 정치 실력이 강합니까?"

맹자가 대답했다.

"아니다."

"그는 잘 알고 사려가 깊은가요?"

맹자가 대답했다.

"아니다."

"그는 박학다식 합니까?"

맹자가 대답했다.

"아니다."

"그런데 선생님께서 왜 좋아하시고 잠을 못 주무셨습니까?"

魯가 欲使樂正子로 爲政이러니 孟子가 曰 吾는 聞之하고 喜而不寐호라.
노   육사악정자   위정   맹자   왈 오   문지   희이불매

公孫丑가 曰 樂正子는 强乎이까 曰 否이라 有知慮乎이까 曰 否이라
공손추   왈 악정자   강호   왈 부   유지려호   왈 부

多聞識乎이까 曰 否이라. 然則奚爲喜而不寐이니이꼬
다문식호   왈 부   연즉해위희이불매

맹자가 대답했다.

"그는 사람됨이 선을 좋아한다."

"선을 좋아하면 족합니까?"

맹자가 대답했다.

"선을 좋아하면 천하를 다스리고도 남음이 있거늘, 하물며 노나라야. 다스리고도 남음이 있을 것이다."

"허기는 다스리는 사람이 선을 좋아하면, 사해 안에 있는 사람들이 모두, 천리 멀리에서 가벼운 마음으로 달려와서 그에게 선한 것을 일 러준다."

해설

악정자樂正子는 맹자의 제자다. 악정樂正은 성이고, 이름은 극克이다. 노나라의 대부로 재상이 되었다.

바르게 도가 행해질 수 있으므로 기뻐한 것이다. 셋을 당시 사람이 높였다. 허나 악정자는 부족했다. 고로 공손추가 의아하게 여기고 물은 것이다. 우優는 '남음이 있다'는 뜻이다. 즉 천하를 다스려도, 남음이 있다는 뜻을 말한 것이다. 경은 '쉽다'는 뜻이다. 즉 천 리 길을 어렵게 여기지 않는다는 뜻이다.

曰 其爲人也가 好善이니라 好善이 足乎이이까 曰 好善은 優於天下이온
왈 기 위 인 야   호 선   호 선   족 호   왈 호 선   우 어 천 하

而況魯國乎이다야 夫 苟好善 則四海之內가 皆將輕千里而來하야 告之以善이니라.
이 황 노 국 호   부 구 호 선   즉 사 해 지 내   개 장 경 천 리 이 래   고 지 이 선

군자와 소인은 서로 바뀌어 나타났다가 사라진다

"허기는 윗사람이 선善을 좋아하지 않으면, 곧 모든 사람들이 다음과 같이 말할 것이다. 나는 이미 그가 '그래, 그래, 나도 안다.'할 줄 알았다고 말할 것이다. 그와 같이 윗사람이 남의 좋은 말을 안 듣고 혼자 잘난 체하는 소리를 하고, 또 얼굴 표정을 지으면, 착하고 현명한 사람들을 천 리 밖으로 멀리 떨어져 나가게 한다. 착하고 현명한 선비가 천 리 밖으로 멀리 나가면, 즉 남을 헐뜯고 아첨하거나, 면전에서 아부하는 간신들만이 모이게 된다. 이와 같이 윗사람이 남을 헐뜯고 아첨하고, 또 면전에서 아부하는 간신들과 함께 있으면, 나라를 잘 다스리려고 해도 되겠느냐?"

해설

이이訑訑는 스스로 자기의 지능에 만족하고, 남의 착한 말 듣기를 좋아하지 않는 태도다. 군자와 소인은 서로 바뀌어 나타났다가 사라지게 마련이다. 정직하고 신의가 있고, 또 박학다식한 좋은 선비가 멀어지면, 참언하고 아첨하고 면전에서 아부하는 간신이 가까이 오는 것이 당연한 이치라 하겠다.

夫苟不好善 則人將曰 訑訑를 予는 旣已知之矣로라하리니 訑訑之聲音顏色이
부 구 불 호 선 즉 인 장 왈 이 이 여 기 이 지 지 의   이 이 지 성 음 안 색

距人於千里之外하나니 士는 止於千里之外 則讒諂面諛之人이 至矣리니
거 인 어 천 리 지 외   사 지 어 천 리 지 외 즉 참 첨 면 유 지 인 지 의

與讒諂面諛之人으로 居이면 國欲治인들 可得乎아.
여 참 첨 면 유 지 인 거 국 욕 치 가 득 호

제14장 진자장 陳子章

군자가 벼슬하는, 물러나는 세 가지

진자陳子가 물었다.

"옛날의 군자는 어떻게 해야 출사出仕했습니까?"

맹자가 대답했다.

"나가서 벼슬하는 경우가 세 가지 있고, 물러나는 경우가 세 가지 있다."

해설

진자陳子는 맹자의 제자로 이름은 진臻이다.

陳子가 曰 古之君子는 何如則仕이니이꼬 孟子가 曰 所就는 三이오 所去는 三이니라.
진자　　왈 고지군자　　하여즉사　　　　맹자　　왈 소취　삼　　　소거　삼

군자가 벼슬하는 경우와 물러나는 경우

"임금이 공경을 다하고 예를 갖추어 맞이하고, 또 임금이 군자의 의
견을 받아들이고 행하겠다고 언약하면 나가서 벼슬한다. 그러나 겉
으로 지키는 예의는 시들지 않아도 군자의 의견을 받아들이고, 실행
을 안 하면 곧 물러난다."
"다음은 군자의 건의를 실행하겠다는 언약은 없어도 임금이 공경과
예를 갖추어 맞이하면 나가서 벼슬한다. 그러나 예의나 태도가 시들
고 쇠하면 곧 벼슬에서 물러난다."

迎之致敬以有禮하며 言將行其言也 則就之하고 禮貌未衰나 言弗行也 則去之니라.
영 지 치 경 이 유 례　　　언 장 행 기 언 야　즉 취 지　　　예 모 미 쇠　　　언 불 행 야　즉 거 지

其次는 雖未行其言也이나 迎之致敬以有禮 則就之하고 禮貌衰 則去之니라.
기 차　　수 미 행 기 언 야　　　영 지 치 경 이 유 례　즉 취 지　　　예 모 쇠　즉 거 지

"그다음의 마지막 경우는 군자가 아침도 먹지 못하고, 저녁도 먹지 못하고, 기아에 시달려 문밖에 나가지 못하게 되자 임금이 그런 사정을 알고 '비록 내가 대도大道에 있어서는 군자의 도를 행할 수 없고, 또 군자의 말을 따를 수 없으나, 내 나라 안에서 군자를 굶주리게 하는 것은 창피하다.'고 말하고, 군자를 구제해 준다면 역시 나가서 녹을 받아도 된다. 그러나 그때에는 죽음을 면할 정도의 낮은 벼슬과 녹만을 받아야 한다."

해설

세 단계는 다음과 같다.

첫째 행해질 수 있음을 보고 출사한다는 단계다. 곧 공자가 계환자季桓子에게 벼슬한 경우와 같다.

둘째 할 만하면 출사한다는 단계이다. 이는 곧 공자가 위(衛) 영공(靈公)에 대한 경우와 같다.

셋째 공적으로 부양받기 위한 출사 단계다. 임금은 백성을 구휼할 의무가 있다. 임금이 자기의 과오를 뉘우치는 말까지 했으니 군자가 구휼을 받아도 된다.

其下는 朝不食하며 夕不食하야 飢餓不能出門戸이어든 君이 聞之 日 吾는 大者론
기 하 조불식 석불식 기 아 불 능 출 문 호 군 문 지 왈 오 대 자

不能行其道하고 又不能從其言也하야 使飢餓於我土地를 吾는 恥之라하고 周之인댄
불 능 행 기 도 우 불 능 종 기 언 야 사 기 아 어 아 토 지 오 치 지 주 지

亦可受也이어니와 免死而已矣니라.
역 가 수 야 면 사 이 이 의

하늘은 큰 임무를 주려는 이를 시험에 들게 한다

맹자가 말했다.

"순임금은 논밭에서 일하다가 발탁되었다. 부열傳說은 노예로 담을 쌓다가 높이 등용되었다. 교격膠鬲은 생선과 소금장사를 하다가 등용되었다. 관중管仲은 선비로 옥에 갇혔다가 풀려나 등용되었다. 손숙오孫叔敖는 바닷가에 있다가 등용되었다. 백리해百里奚는 여러 나라를 방랑하다가 등용되어 재상이 되었다."

"그런고로 하늘이 사람에게 큰 임무를 내리려고 하면, 우선 그들의 마음과 뜻을 괴롭히고, 그들의 근육을 수고롭게 하고, 몸을 굶주림에 시달리게 하고, 몸에 지닌 것을 없게 하고, 또 그들의 하는 일을 어긋나게 만든다. 이는 하늘이 그들에게 시련을 주고 마음을 흔들고 인내심을 키워서 전에 하지 못했던 일들을 더욱 할 수 있게 하기 위해서이다."

孟子가 曰 舜은 發於畎畝之中하시고 傳說은 擧於版築之閒하고
맹자 왈 순 발어견무지중 부열 거어판축지간

膠鬲은 擧於魚鹽之中하고 管夷吾는 擧於士하고
교격 거어어염지중 관이오 거어사

孫叔敖는 擧於海하고 百里奚는 擧於市하니라.
손숙오 거어해 백리해 거어시

故로 天將降大任於是人也이신댄 必先苦其心志하며 勞其筋骨하며 餓其體膚하며
고 천장강대임어시인야 필선고기심지 노기근골 아기체부

空乏其身하야 行拂亂其所爲하나니 所以動心忍性하야 曾益其所不能이니라.
공핍기신 행불란기소위 소이동심인성 증익기소불능

우환 속에 살고 안락 속에 죽는다

"사람은 항상 잘못한 다음에 고칠 수 있다. 마음이 막히고 생각이 오락가락한 다음에 비로소 바르게 잡힌다. 안색에 나타나고 소리로 말한 다음에 비로소 알 수가 있다."

"나라 안 조정에는 법도法道를 지키는 세가世家나 임금의 잘못을 고쳐주는 현명한 선비가 없고, 나라 밖으로는 적국이나 외환에 대처할 장군이 없으면, 그 나라는 망하게 마련이다."

"그래야 비로소 안다. 우환憂患 속에 살고, 안락安樂 속에 죽는다."

해설

항恒은 항상恒常이며, 대개와 같은 뜻이다. 횡橫은 '순탄치 않다'는 뜻이다. 작作은 분기奮起의 뜻이다. 징徵은 징험徵驗의 뜻이다. 유喩는 '알다'의 뜻이다. 법가法家는 법도法度를 지키는 세신世臣의 뜻이다. 불사拂士는 임금을 보필하는 현사賢士의 뜻이다. 윤씨尹氏가 말했다. '곤궁하고 울적함은 사람의 의지를 굳게 하고, 또 사람의 인덕仁德을 무르익게 할 수 있다. 반대로 안락한 육신적 삶을 사는 사람은 도를 잃는 사람이 많다.'

人恒過然後에 能改하나니 困於心하며 衡於慮而後에 作하며 徵於色하며 發於聲而後에
인 항 과 연 후   능 개   곤 어 심   형 어 려 이 후   작   징 어 색   발 어 성 이 후

喩이니라. 入則無法家拂士하고 出則無敵國外患者는 國恒亡이니라.
유   입 즉 무 법 가 불 사   출 즉 무 적 국 외 환 자   국 항 망

然後에 知生於憂患 而死於安樂也이니라.
연 후   지 생 어 우 환   이 사 어 안 락 야

제16장 교역장 教亦章

가르치는 방법은 다양하다

맹자가 말했다.

"가르치는 방법 역시 다양하다. 내가 가르치기를 싫어하는 것도 역시 가르치는 한 가지 방법이다."

해설

다술多術은 한 가지만이 아니라는 뜻을 말한 것이다. 설屑은 산뜻하고 좋게 여긴다 (潔)는 뜻이다. 즉 그자를 좋지 않게 여기고, 가르치기를 거절한다는 뜻이 곧 이른바 불설지교회不屑之敎誨다. 만약에 그 사람이 느끼고, 스스로 물러나 반성할 수 있다면, 그것 역시 그에 대한 나의 가르침이다.

윤씨尹氏가 말했다. '혹은 억제하고, 혹은 치켜세운다. 혹은 아는 척하고, 혹은 모른 척한다. 저마다의 재질에 따라 돈독하게 한다. 그 모든 것이 가르침이 아닌 것이 없다.'

孟子가 曰 敎亦多術矣니 予不屑之敎誨也者는 是亦敎誨之而已矣니라.
맹자 왈 교 역 다 술 의   여 불 설 지 교 회 야 자   시 역 교 회 지 이 이 의

진심장구 상 盡心章句上

盡心章句上

제1장 진심장 盡心章
천명을 따르고, 바르게 사는 태도

맹자가 말했다.

"하늘이 내려준 본연의 착한 마음을 온전하게 간직하고 충분히 다 발휘하는 사람은 하늘이 부여해준 본성의 도리를 안다. 또 본성의 도리를 알면 하늘과 하늘의 도리를 안다."

"하늘이 준 본심을 잘 간직하고 착한 본성의 도리를 키우는 것이 바로 하늘을 섬기는 바탕이다."

"수명이 짧거나 길거나 천명을 의심하면 안 된다. 항상 수신하고 기다려야 한다. 그렇게 하는 것이 바르게 천명을 따르고, 바르게 사는 태도이다."

해설

정자程子는 말했다. '마음(心), 본성(性), 하늘(天)은 다 같은 하나의 이理다. 즉 천리天理다. 근원을 말할 때는 천天이라 하고, 받아 지니고 있는 만물의 입장에서는 성리性理라 하고, 특히 사람에게 주어진 성리를 간직하고 있는 곳을 말할 때는 마음이라 한다.'

장자張子는 말했다. '태허太虛에서 천天이란 이름이 나왔고, 기화氣化에서 도道란 이름이 나왔고, 허虛와 기氣를 합친 데서 성性이란 이름이 나왔고, 성性과 지각知覺을 합친 것을 마음이라 한다.'

孟子가 曰 盡其心者는 知其性也이니 知其性이면 則知天矣니라.
맹자   왈 진기심자   지기성야   지기성   즉지천의

存其心하야 養其性은 所以事天也이오.
존기심   양기성   소이사천야

夭壽에 不貳하야 修身以俟之는 所以立命也이니라.
요수   불이   수신이사지   소이립명야

순리에 맞춰 사는 것이 정명이다

맹자가 말했다.

"천명天命이 아닌 것이 없다. 순리로 정명正命을 받고 따라야 한다."

"그러므로 지명자指命者는 무너져 내릴 듯한 위험한 암석이나 장벽 밑에 서지 않는다."

"자기의 도리를 다하고 죽는 것이 정명이다."

"감옥에 갇히거나 묶여서 죽는다면 그것은 정명이 아니다."

해설

인간이나 자연 만물의 생육 발전이나 길흉화복 모두가 하늘이 절대명령으로 내려주는 것이다. 그러나 내가 애를 쓰고 당기지 않아도 스스로 오는 것이 정명正命이다. 그러므로 군자는 수신하고 기다려야 한다. 군자는 정명을 순탄하게 받아들이는 것이다.

孟子가 曰 莫非命也이나 順受其正이니라. 是故로 知命者는 不立乎巖牆之下하나니라.
맹자　　 왈　막비명야　　　순수기정　　　　 시고　　 지명자　　불립호암장지하

盡其道 而死者는 正命也이오. 桎梏死者는 非正命也니라.
진기도 이사자　　정명야　　　질곡사자　　비정명야

제3장 구득장 求得章

 인은 자신에게 달려 있고, 부귀는 하늘에 매여 있다

맹자가 말했다.

"인의예지仁義禮智는 애써서 구하면 얻고, 내버려두면 잃는다. 이와 같이 애를 쓰고 구하는 것이 얻는 데 유익하다. 인의예지는 바로 내 안에 있는 것이다."

"부귀나 작록爵祿을 구할 때에도, 바른 도리를 따라야 하며, 얻는 데 에도 명命을 따라야 한다. 부귀와 작록을 억지로 구하면 도리어 얻는 데 유익하지 못하다. 그 이유는 밖에 있는 것을 구하기 때문이다."

해설

재아자在我者는 곧 인의예지仁義禮智의 덕德을 말한다. 덕은 모든 사람의 본성 속에 있다. 유도有道는 함부로 망령되게 구하면 안 된다는 뜻이다. 유명有名은 '반드시 얻을 수 있는 것이 아니다'라는 뜻이다. 재외자在外者는 부富와 귀貴, 이利 및 달達 등이고, 외재적外在的 사물을 다 포함한 뜻이다.

孟子가 曰 求則得之하고 舍則失之하니 是求는 有益於得也이니 求在我者也일새니라.
맹자 왈 구즉득지 사즉실지 시구 유익어득야 구재아자야

求之有道하고 得之有命하니 是求는 無益於得也이니 求在外者也일새니라.
구지유도 득지유명 시구 무익어득야 구재외자야

천리가 다 내 속에 갖추어져 있다

맹자가 말했다.

"만물의 도리가 다 나의 본성 속에 갖추어져 있다."

"항상 자신을 돌이켜보고 성실하게 하면, 그보다 더 즐거울 수가 없다."

"힘써 남을 용서하고 도를 행하는 것이 인덕을 구하는 가까운 길이다."

해설

만물의 도리 즉 천리가 다 내 속에 갖추어져 있다. 그 천리를 체득하고 열매를 맺어야 한다. 곧 도道가 나에게 있으며 즐거움이 남음이 있게 된다. 사람에게 서恕를 베풀면, 사의私意나 사욕私欲이 끼어들지 않고, 인을 얻게 된다.

孟子가 曰 萬物이 皆備於我矣니 反身而誠이면 樂莫大焉이요
맹자   왈 만물   개비어아의   반신이성   낙막대언

强恕而行이면 求仁은 莫近焉이니라.
강서이행   구인   막근언

제5장 행지장 行之章
도리를 모르고 행하는 사람이 많다

맹자가 말했다.

"행하면서도 그 도리를 밝게 알지 못하고, 습관이 된 일에 대해서도 살필 줄 모르고, 평생을 따라 하면서도 그 도리를 모르는 경우가 많다."

제6장 무치장 無恥章
수치를 알아야 행동을 고치고 남의 선행을 따를 수 있다

맹자가 말했다.

"사람은 수치를 모르면 안 된다. 수치를 모르는 것을 부끄럽게 여기면, 결국에는 창피한 일도 없게 된다."

해설

조씨趙氏가 말했다. '누구나 자기의 무치無恥를 부끄럽게 여길 줄 알면, 곧 행동을 고치고 남의 선행을 따를 수 있다. 그래서 죽을 때까지도 다시는 창피하고 욕되는 일을 거듭하지 않을 것이다.'

孟子가 曰 行之 而不著焉하며 習矣 而不察焉이라
맹자 왈 행지 이부저언 습의 이불찰언

終身由之 而不知其道者는 衆也이니라.
종신유지 이부지기도자 중야

孟子가 曰 人不可以無恥니 無恥之恥면 無恥矣니라.
맹자 왈 인불가이무치 무치지치 무치의

내가 못하는 것을 부끄럽게 여기고 노력한다

맹자가 말했다.

"사람에게는 창피를 안다는 것이 중대한 일이다."

"임기응변臨機應變으로 간교하게 꾸미고 거짓말을 잘하는 자는 하늘이 내려준 본연의 수치심羞恥心을 쓸 수가 없다."

"온전한 사람 같이 창피를 모른 다면, 무엇으로 사람 같다고 하겠느냐?"

해설

치恥는 내가 하늘로부터 내려받은 본연의 수오지심羞惡之心이다. 이 마음을 잘 간직하고 따르면 성현의 경지에 들어갈 수 있지만, 반대로 잃고 따르지 않으면 금수 같은 존재가 된다. 그러므로 수치심을 간직하느냐 잃느냐 하는 것은 매우 중대한 고리라 하겠다.

孟子가 曰 恥之於人에 大矣라. 爲機變之巧者는 無所用恥焉이니라.
맹자 왈 치 지 어 인   대 의   위 기 변 지 교 자   무 소 용 치 언

不恥는 不若人이면 何若人有리오.
불 치   불 약 인   하 약 인 유

제8장 고지장 古之章

임금은 자기를 굽히고 선비에게 겸손해야 한다

맹자가 말했다.

"옛날의 현명한 임금은 선善을 좋아하고 세勢를 무시했다. 옛날의 현명한 선비들도 어찌 그렇지 않았겠는가. 그들 또한 천도天道를 즐겨 따라 행하고, 권세를 무시했다. 고로 왕공王公들은 선비를 존경하고 예를 극진히 하지 않으면, 자주 만나볼 수도 없었다. 만나보는 것조차 자주 할 수 없었으니, 어찌 신하로 삼을 수 있었겠는가?"

해설

임금은 마땅히 자기를 굽히고 선비에게 겸손해야 한다. 선비는 도道를 굽히고 이利를 구하면 안 된다. 이 두 가지는 형세가 서로 반대되는 것 같으나, 실은 서로 어울려 성취되는 것이다. 그러므로 임금이나 선비나 저마다 바른 도리를 극진히 따르고 지켜야 한다.

孟子가 曰 古之賢王이 好善而忘勢하더니 古之賢士가 何獨不然이리오
맹자 왈 고지현왕 호선이망세 고지현사 하독불연

樂其道而忘人之勢라 故로 王公이 不致敬盡禮 則不得亟見之하니
낙기도이망인지세 고 왕공 불치경진례 즉부득기견지

見且由不得亟 而況得而臣之乎아.
견차유부득기 이황득이신지호

군자는 어떠한 경우에도 도를 이탈하지 않는다

맹자가 송구천宋句踐에게 말했다.

"그대는 유세하기를 좋아하니, 내가 그대에게 유세하는 법을 일러주겠네."

"남이 알아듣더라도 태연자약하게 말하고, 남이 알아듣지 못해도 태연자약하게 말하거라."

송구천이 물었다.

"어떻게 하면 자기 소신대로 태연자약하게 말할 수 있습니까?"

맹자가 말했다.

"인덕仁德을 높이고, 의리義理를 즐겁게 행하면 곧 자기 소신대로 태연자약하게 말할 수 있다."

"그러므로 선비는 곤궁해도 의를 잃지 않고, 뜻을 달성해도 도를 이탈하지 않는다."

孟子가 謂宋句踐曰 子는 好遊乎아 吾는 語子遊호리라.
맹자 위송구천왈 자 호유호 오 어자유

人知之라도 亦囂囂하며 人不知라도 亦囂囂하라.
인지지 역효효 인부지 역효효

曰 何如이라야 斯可以囂囂矣이꼬 曰 尊德樂義 則可以囂囂矣니라.
왈 하여 사가이효효의 왈 존덕낙의 즉가이효효의

故로 士는 窮不失義하며 達不離道이니라.
고 사 궁불실의 달불리도

"곤궁해도 의리를 잃지 않았다. 그러므로 선비가 자신을 바르게 지킬 수 있었다. 뜻을 달성하고 나가서 일을 해도 도道를 이탈하지 않았다. 그러므로 백성들이 희망을 잃지 않았던 것이다."

"옛날의 선비나 군자는 뜻을 달성하고 나가서 다스리면 백성들에게 은택恩澤을 더해 주었다. 뜻을 이루지 못하고 은퇴하면 자신의 몸을 수양하여 아름다운 이름을 후세에 남겼다. 궁하면 홀로 자신을 착하게 수양한다. 뜻을 달성하면 천하 만민에게 선덕善德을 고르게 베풀어 주었다."

해설

송宋은 성이요 이름은 구천句踐이다. 유유遊는 유세遊說의 뜻이다.

효효囂囂는 상대가 알건 말건 모른 척하고 혼자 떠든다는 뜻이다. 덕德은 인도仁道를 행해서 얻어진 선덕善德을 말한다. 존지尊之는 자중하고 인작人爵의 부귀영화를 부러워하지 않는다는 뜻이다. 의義는 바른 도리를 지키고, 도道를 즐기고 편안하게 살며 외형적인 권력이나 부귀에 유혹되지 않는 경지를 말한다.

窮不失義 故로 士得己焉하고 達不離道 故로 民不失望焉이니라.
궁 불 실 의 고　사 득 기 언　　달 불 리 도 고　민 불 실 망 언

古之人이 得志하야 澤加於民하고 不得志하야 脩身見於世하니
고 지 인　득 지 하야　택 가 어 민　　부 득 지　　수 신 견 어 세

窮則獨善其身하고 達則兼善天下이니라.
궁 측 독 선 기 신　　달 측 겸 선 천 하

제10장 대문장 待文章
범민은 성군의 교화가 필요하다

맹자가 말했다.

"일반 백성들은 문왕 같은 성군의 교화를 받아야 비로소 도덕적으로 흥성興盛한다. 그러나 재능이나 지덕智德이 뛰어난 호걸들은 비록 문왕의 교화가 없어도, 스스로 도덕적으로 분발하고 일어선다."

제11장 부지장 附之章
높은 식견이 있는 사람은 부귀를 탐내지 않는다

맹자가 말했다.

"진晉나라 경卿인 한씨韓氏나 위씨魏氏 두 집의 권세나 재산을 붙여주어도 자만하지 않고 스스로 담담하게 여기는 그런 사람이라야 보통 이상으로 훨씬 잘난 사람이라 하겠다."

孟子가 曰 待文王而後에 興者는 凡民也이니
맹자   왈 대문왕이후   흥자   범민야

若夫豪傑之士는 雖無文王이라도 猶興이니라.
약부호걸지사   수무문왕   유흥

孟子가 曰 附之以韓魏之家라도 如其自視欲然이면 則過人이 遠矣니라.
맹자   왈 부지이한위지가   여기자시감연   즉과인   원의

제12장 일도장 佚道章

 바른 도는 백성도 원망하지 않는다

맹자가 말했다.

"백성들을 안락하게 해주는 도로써 부리면, 비록 힘이 들어도 원망하지 않는다. 백성들을 잘 살게 해주는 도로서 혹 어쩌다 백성을 죽게 하더라도 자기를 죽게 한 사람을 원망하지 않는다."

해설

백성을 안락하게 해주기 위해서 하는 곡식을 파종하고 지붕을 이는 등의 노동과 백성을 잘살도록 하지만 어쩌다 불가피하게 해를 제거하거나 악을 몰아내기 위한 전쟁 같은 것으로, 원칙적으로 부득이하게 해야 할 바를 하면, 백성들의 생각과 어긋나는 바가 있어도 결국은 백성들은 원망하지 않는다. 평소 백성을 못살게 한 나쁜 사람에 대해서는 백성들은 반대의 태도를 취할 것이다.

孟子가 曰 以佚道使民이면 雖勞이나 不怨하고
맹 자　　왈　이 일 도 사 민　　　수 로　　　불 원

以生道殺民이면 雖死이나 不怨殺者이니라.
이 생 도 살 민　　　수 사　　　불 원 살 자

왕도덕치는 하늘처럼 자연스럽다

맹자가 말했다.

"패자의 통치를 받고 있는 백성들은 작은 혜택을 받아도 감격하고 좋아한다. 그러나 참다운 왕자에게 인애仁愛의 덕치德治를 받고 있는 백성들은 마치 넓은 하늘의 은혜를 알지 못하듯이 덤덤하니 자득자재自得自在 한다."

"덕치의 혜택을 받는 백성들은 설사 죽어도 원망하지 않고, 이득을 보고 잘 살아도 고맙게 여길 줄 모른다. 그러면서 백성들은 하루하루 선하게 되고, 또 그런 것도 알지 못한다."

"백성은 성왕에게 교화된다. 성왕의 덕을 간직하면서 마음이 신통하게 된다. 상하 모두가 천지의 조화와 하나가 되어 흐르고 나갈 것이다. 그러니 어찌 도움이 작다고 하겠는가?"

孟子가 曰 覇者之民은 驩虞如也이오 王者之民은 皞皞如也이니라.
맹자 왈 패자지민 환우여야 왕자지민 호호여야

殺之而不怨하며 利之而不庸이라 民日遷善而不知爲之者이니라.
살지이불원 이지이불용 민일천선이부지위지자

夫君子는 所過者가 化하며 所存者가 神이라
부군자 소과자 화 소존자 신

上下는 與天地同流하나니 豈日小補之哉리오.
상하 여천지동류 기왈소보지재

제14장 인언장 仁言章
착한 교화는 민심을 얻는다

맹자가 말했다.

"인이라는 말(仁言)보다, 혜택을 받은 백성들의 인에 대한 칭송의 소리(仁聲)가 깊이 마음속에 들어간다."

"좋은 정치보다 좋은 교화가 백성들을 따르게 할 수 있다."

"좋은 법치는 백성들로 하여금 겁을 먹고 따르게 한다. 교화하는 좋은 다스림은 백성들로 하여금 서로 사랑하게 한다. 좋은 법치는 백성에게 재물을 얻게 한다. 착한 교화는 민심을 얻는다."

해설

정자程子가 말했다.

'인언仁言은 말로만 인을 후하게 베푼다고 백성들에게 하는 말이다. 인성仁聲은 인을 알차게 베푼다고 백성들에게 칭찬을 받는 명성이다. 이렇게 되어야 인덕이 더욱 빛나며 사람들이 더욱 깊이 감동한다.'

孟子가 曰 仁言은 不如仁聲之入人深也이니라. 善政이 不如善教之得民也이니라.
맹자 왈 인언 불여인성지입인심야 선정 불여선교지득민야

善政은 民이 畏之하고 善教는 民이 愛之하나니
선정 민 외지 선교 민 애지

善政은 得民財하고 善教는 得民心이니라.
선정 득민재 선교 득민심

효孝와 제悌는 다 인의仁義의 바탕이다

맹자가 말했다.

"사람은 배우지 않고도 할 수 있는 능력이 있다. 그것이 양지良知이다."

"어린아이는 다 자기 친부모를 사랑하지 않는 법이 없다. 차츰 자라면 다 자기 형을 공경하지 않는 법이 없다."

"부모를 친애하는 친친親親이 곧 인仁이고, 연장자를 공경하는 경장敬長이 곧 의義이다. 인의仁義의 도의세계道義世界는 다른 것이 아니다. 친친과 경장을 천하에 확대하고 달성하게 하는 것이다."

해설

양良이란 '본연의 선'이라는 뜻이다. 정자程子가 말했다. '양지良知 양능良能은 연유를 알 수 없다. 자연스럽게 하늘에 의해서 주어진 것으로, 인위적인 것과 관련이 없다. 해제孩提는 두서너 살 된 아이, 싱글싱글 웃고 손으로 잡고, 또 안아주는 아이의 뜻이다. 애친愛親, 경장敬長이 이른바 양지良知 양능良能이다. 친친親親과 경장敬長은 비록 한 사람이 사사롭게 행하는 윤리도덕이다. 그러나 그와 같은 효孝와 제悌가 천하 만민에게 확대되므로 모든 사람의 행하는 효와 제가 다 같게 마련이며, 그것이 바로 인의仁義의 바탕인 것이다.'

孟子가 曰 人之所不學而能者는 其良能也이오 所不慮而知者는 其良知也이니라.
맹자 왈 인지소불학이능자 기량능야 소불려이지자 기량지야

孩提之童은 無不知愛其親者이며 及其長也하야 無不知敬其兄也이니라.
해제지동 무부지애기친야 급기장야 무부지경기형야

親親은 仁也이오 敬長은 義也이니 無他이라 達之天下也이니라.
친친 인야 경장 의야 무타 달지천하야

제16장 순지장 舜之章

사물에 감응하면 도리로서 대응한다

맹자가 말했다.

"당초에 순舜이 깊은 산속에 살았을 때는 나무나 암석과 어울렸고, 사슴이나 산돼지와 놀았다. 그래서 깊은 산속에 사는 다른 야인들과 별로 다를 바가 없었다. 그러나 순은 한마디의 착한 말을 듣거나, 한 가지 착한 행동을 보면, 마치 강물이 둑을 뚫고 호탕하게 또 세차게 흐르듯 착하게 말하고, 또 착하게 행동했으며 아무도 그를 막지 못했다."

해설

거심산居深山은 역산歷山에서 경작耕作했을 때를 말한다. 본래 성인聖人의 마음은 지극히 허명虛明하고 하늘과 혼연일체渾然一體를 이루고 있다. 그러나 그 속에 모든 천도천리天道天理가 갖추어져 있으며, 일단 사물에 감촉感觸하면 신속하게 도리로서 대응하고 통하지 않는 바가 없다. 맹자 같이 도道에 대한 조예造詣가 깊은 사람이 아니면, 이와 같이 표현하지 못할 것이다.

孟子가 曰 舜之居深山之中에 與木石居하시며 與鹿豕遊하시니 其所以異니라
맹자　왈　순지거심산지중　여목석거　여록시유　기소이이

於深山之野人者가 幾希러시니 及其聞一善言하시며 見一善行하시니 若決江河이라
어심산지야인자　기희　급기문일선언　견일선행　약결강하

沛然莫之能禦也이러시다.
패연막지능어야

제17장 무위장 無爲章
착한 본심에 따라 행동한다

맹자가 말했다.
"자기의 본심本心이 하지 않는 바를 하지 않고, 자기의 본심이 원하지 않는 바를 원하지 않는다. 오직 그렇게만 하면 된다."

제18장 덕혜장 德慧章
환난을 겪는 사람은 사리에 통달할 수 있다

맹자가 말했다.
"도덕, 지혜, 기술, 지식을 가진 사람은 항상 환난患難 속에 있게 마련이다."
"특히 버림받은 신하나 서자들은 항상 마음을 위태롭게 쓰고 환난에 대한 사려를 깊이 한다. 그러므로 통달할 수 있다."

孟子가 曰 無爲其所不爲하며 無欲其所不欲하니 如此而已矣니라.
맹 자   왈 무 위 기 소 불 위   무 욕 기 소 불 욕   여 차 이 이 의

孟子가 曰 人之有德慧術知者는 恒存乎疢疾이니라.
맹 자   왈 인 지 유 덕 혜 술 지 자   항 존 호 진 질

獨孤臣孼子는 其操心也가 危하며 其慮患也가 深이라 故로 達이니라.
독 고 신 얼 자   기 조 심 야   위   기 려 환 야 심   고   달

제19장 유사장 有事章

대인은 천하를 문화로 밝고 빛나게 하는 사람이다

맹자가 말했다.

"임금 한 사람만을 잘 섬기는 자가 있다. 현재의 임금만을 잘 섬기는 자는 임금의 은총을 받는 것만을 즐겁게 여기는 사람이다."

"사직을 평안하고, 또 안정되게 만들려는 신하가 있다. 그는 사직의 평안과 안정만을 기쁘게 여기는 사람이다."

"천민天民이라고 하는 하늘 백성이 있다. 천도天道가 천하에 행해질 만한 다음에 나타나 천도를 행하는 사람이다."

"참으로 큰사람, 대인大人이 있다. 그는 자신을 바르게 하고 아울러 만인이나 만물을 바르게 한다."

해설

대인大人은 덕德에 성대하고, 위나 아래를 감화시키는 사람이다. 역경易經에서 말하는 바 용이 나타나 밭에 있음(見龍在田)이며, 천하를 문화로 밝고 빛나게 하는 사람이다.

孟子가 曰 有事君人者하니 事是君 則爲容悅者也이니라. 有安社稷臣者하니
맹 자   왈 유사군인자   사시군 즉위용열자야   유안사직신자

以安社稷 爲悅者也이니라. 有天民者하니 達可行於天下而後에 行之者也이니라.
이 안사직 위열자야   유천민자   달가행어천하이후   행지자야

有大人者하니 正己而物正者也이니라.
유 대인자   정기이물정자야

군자의 세 가지 즐거움

맹자가 말했다.

"군자에게는 삼락이 있다. 왕이 되어 천하를 다스리는 것은 그 속에 들지 않는다."

"양친이 생존해 계시고, 형제들이 탈 없이 잘 지내는 것이 첫째 즐거움이다."

"우러러보아도 하늘에 부끄럽지 않고, 굽어보아도 모든 사람에게 창피하지 않으니, 이것이 둘째 즐거움이다."

"천하의 영재들을 모아서 교육하는 일이, 셋째 즐거움이다."

"군자에게는 삼락이 있다. 그러나 왕으로서 천하를 통치하는 것은 그 속에 들지 않는다."

해설

정자程子가 말했다.

'사람이 능히 자기의 사사로운 욕심을 억제하고 천도를 따라 살면, 우러러도 부끄럽지 않고, 굽어도 부끄럽지 않다. 마음이 넓어지고 몸이 피어나니, 그 즐거움을 알만하다. 그러나 멈추면 다시 시들게 된다.'

孟子가 日 君子는 有三樂이라 而王天下가 不與存焉이니라.
맹자 왈 군자 유삼락 이왕천하 불여존언

父母가 俱存하며 兄弟가 無故는 一樂也이오.
부모 구존 형제 무고 일락야

仰不愧於天하며 俯不作於人은 二樂也이오.
앙불괴어천 부부작어인 이락야

得天下英才 而敎育之는 三樂也이니 君子는 有三樂 而王天下가 不與存焉이니라.
득천하영재 이교육지 삼락야 군자 유삼락 이왕천하 불여존언

군자의 덕성이나 천리는 많지도 적지도 않다

맹자가 말했다.

"나라의 영토가 넓어지고, 백성의 수가 많아지는 것을 군자도 바란다. 그러나 진정한 즐거움은 그 속에 있지 않다."

"천하의 중심적 존재로서 자리에 올라, 천하의 백성들을 안정시키는 것을 군자는 즐거워한다. 그러나 아직도 하늘이 내려준 본성本性과 천리天理가 담겨진 것이 아니다. 즉 본성과 천리에 맞는 인의덕치仁義德治의 즐거움에는 못 미친다."

"군자는 본성 속에 주어진 천도천리天道天理를 터로 삼고 있다. 그러므로 비록 큰일을 한다 해도 천리가 더 가해지는 것이 아니고, 반대로 곤궁한 처지에 놓였다 해도 천도천리가 손상되는 것이 아니다. 원래 하늘로부터 받은 분수가 정해져 있기 때문이다."

孟子가 曰 廣土衆民은 君子가 欲之나 所樂은 不存焉이니라.
맹자 왈 광토중민 군자 욕지 소락 부존언

中天下而立하야 定四海之民을 君子는 樂之나 所性은 不存焉이니라.
중천하이립 정사해지민 군자 락지 소성 부존언

君子所性은 雖大行이나 不加焉이며 雖窮居나 不損焉이니 分定故也니라.
군자소성 수대행 불가언 수궁거 불손언 분정고야

"군자가 본성을 터로 하고 지니고 있는 바 천리는 곧 마음을 뿌리로 한 인의예지仁義禮智의 덕성德性이다. 그 덕성이 형색形色을 갖추고 살아나면 맑고 밝은 빛이 얼굴에 나타나고, 등에도 두둑하게 넘치고, 또 사지와 몸 전체에도 나타난다. 따라서 말하지 않아도 사지와 전신에 덕성이 넘치는 것을 알 수 있다."

해설

정자程子가 말했다.

'수면앙배睟面盎背는 덕성이 쌓이고 넘치면 그렇게 된다. 사체四體가 말하지 않아도 알아서 하는 경지는 오직 유덕자有德者만이 가능하다. 이 장은 다음과 같은 뜻을 말한 것이다. 군자는 당연히 도를 크게 행하고자 한다. 그러나 하늘에서 얻은 덕성이나 천리는 그렇다고 많거나 적지는 않는다.

君子所性은 仁義禮智가 根於心하야 其生色也는 睟然見於面하며 盎於背하며
군자소성   인의예지   근어심   기생색야   수연현어면   앙어배

施於四體하야 四體가 不言而喩이니라.
시어사체   사체   불언이유

제22장 백이장 伯夷章

군자는 노인을 잘 부양하는 임금에게 돌아간다

맹자가 말했다.

"백이가 폭군 주紂를 피하여 북쪽 바닷가에 가서 살았다. 주周나라 문왕文王이 인정을 진작했다는 말을 듣고, 백이가 말했다. '왜 문왕에게 돌아가지 않겠는가? 내가 듣기로는 서백西伯, 즉 문왕이 노인들을 잘 부양扶養한다고 하더라.' 강태공姜太公 여상呂尚도 주를 피하여 동쪽 바닷가에 살고 있었다. 문왕이 인정을 진작한다는 말을 듣고, 여상이 말했다. '왜 문왕에게 돌아가지 않겠는가? 내가 듣기로는 서백이 노인들을 잘 부양한다고 하더라.'"

"이와 같이 천하에서 노인들을 잘 부양하는 임금이 있으면 천하의 인인仁人들이 '내가 그에게 돌아간다.'고 생각하는 법이다."

孟子가 曰 伯夷는 辟紂하야 居北海之濱이러니 聞文王作興하고 曰 盍歸乎來리오
맹자 왈 백이   피주   거북해지빈   문문왕작흥   왈 합귀호래

吾聞西伯은 善養老者이라하고 太公은 辟紂하야 居東海之濱이러니 聞文王作興하고
오문서백 선양로자   태공 피주   거동해지빈   문문왕작흥

曰 盍歸乎來리오 吾聞西伯은 善養老者이라하니
왈 합귀호래   오문서백 선양로자

天下에 有善養老 則仁人은 以爲己歸矣리라.
천하   유선양로 즉인인   이위기귀의

문왕의 백성은 노인을 잘 부양한다

"다섯 이랑 넓이의 택지를 소유하고, 담 밑에 뽕나무를 심고 평범한 부녀자들이 양잠하고 비단을 짜면, 즉 노인들이 족히 가벼우면서도 따뜻한 비단옷을 입을 수 있다. 또 다섯 마리 암탉과 두 마리 어미돼지를 키우고, 때를 놓치지 않고 잘 번식하게 하면 노인들이 족히 먹을 고기를 잃지 않게 된다. 아울러 백 무 넓이의 밭을 농부들이 경작하면, 일가一家 여덟 식구가 족히 굶지 않고 잘살 수 있다."

"이른바 서백 즉 문왕이 노인을 잘 부양했다는 것은 곧 농토와 농가의 제도를 잘 정하고 즉 정전제井田制를 하고, 농민으로 하여금 뽕나무를 심는 일과 가축 사육을 가르치고, 또 농부의 처자식을 잘 교도하여 노인들을 잘 양육하게 했다는 것이다.

五畝之宅에 樹牆下以桑하야 匹婦가 蠶之 則老者足以衣帛矣며
오 무 지 택　　수 장 하 이 상　　필 부　　잠 지　　즉 로 자 족 이 의 백 의

五母雞와 二母彘를 無失其時면 老者足以無失肉矣며
오 모 계　　이 모 체　　무 실 기 시　　노 자 족 이 무 실 육 의

百畝之田을 匹夫가 耕之면 八口之家가 足以無飢矣리라.
백 무 지 전　　필 부　　경 지　　팔 구 지 가　　족 이 무 기 의

所謂西伯이 善養老者는 制其田里하야 教之樹畜하며 導其妻子하야 使養其老오니
소 위 서 백　　선 양 로 자　　제 기 전 리　　교 지 수 휵　　도 기 처 자　　사 양 기 로

나이 50세의 노인은 비단이 아니면 따뜻하지 않고, 나이 70세의 노인은 고기반찬이 아니면 배가 든든하지 않는 법이다. 따뜻하지 않고 배가 든든하지 않는 것을 '얼고, 또 주린다'고 말했거늘, 문왕 치하의 백성들로서 '추위에 떨고 굶주리는 노인이 없게 했다.'는 것은 이를 말한 것이다."

해설

묘畝는 이랑이다. 집에서 암탉 다섯 마리와 암돼지 두 마리를 사육한다. 전田은 백무의 농토를 말한다. 이里는 5무의 택지를 말한다. 수樹는 논밭을 경작하고, 또 뽕나무를 심는다는 뜻이다. 휵畜은 닭이나 돼지를 사육한다는 뜻이다.

조씨趙氏가 말했다.

'노인을 잘 부양한다는 것은, 가족들을 가르치고 교도하여, 자기 집안의 노인들을 잘 봉양하게 한다는 뜻이다. 모든 집에 재물을 별도로 내려주고, 사람에게 보태준다는 뜻이 아니다.'

五十에 非帛不煖하며 七十에 非肉不飽하나니 不煖不飽를 謂之凍餒니
오 십   비 백 불 난   칠 십   비 육 불 포   불 난 불 포   위 지 동 뇌

文王之民은 無凍餒之老者가 此之謂也이니라.
문 왕 지 민   무 동 뇌 지 로 자   차 지 위 야

민생이 풍족하면 백성들은 어질게 된다

맹자가 말했다.

"논밭을 잘 경작하고, 또 경계를 잘 구분하고, 아울러 세금 징수를 가볍게 하면 백성들을 부자가 되게 할 수 있다."

"때맞추어 생산하고 또 먹으며, 씀씀이를 절도 있게 하면, 재물이 다 쓸 수 없을 만큼 넘치게 된다."

"사람들은 물과 불이 아니면 살지를 못한다. 그러나 어두운 밤에 남의 집 문을 두드리고, 물과 불을 달라고 해도, 물과 불을 주지 않는 사람이 없다. 그 까닭은 물과 불이 지극히 충분히 있기 때문이다. 성인은 천하를 다스림에 있어 백성들이 먹고 살 곡식을 물과 불같이 충분히 있게 해야 한다. 곡식이 물과 불같이 충분하면 백성들이 어찌 어질지 않겠느냐? 민생民生이 풍족하면 백성들은 어질게 된다."

孟子가 曰 易其田疇하며 薄其稅斂이면 民可使富也이니라.
맹자 왈 이기전주 박기세렴 민가사부야

食之以時하며 用之以禮면 財不可勝用也이니라.
식지이시 용지이례 재불가승용야

民非水火이면 不生活이로대 昏暮에 叩人之門戶하야 求水火이어든
민비수화 불생활 혼모 고인지문호 구수화

無弗與者는 至足矣일새니 聖人이 治天下에 使有菽粟을 如水火이니
무불여자 지족의 성인 치천하 사유숙속 여수화

菽粟이 如水火이면 而民이 焉有不仁者乎이리오.
숙속 여수화 이민 언유불인자호

군자는 도덕 수양에 정진해야 한다

맹자가 말했다.

"공자께서 동산에 올라가 보시고 노나라를 작게 여기시고, 태산에 올라가 보시고 천하를 작게 여기셨다. 고로 넓은 바다를 본 사람은 작은 물을 진짜 물이라고 말하기를 어려워한다. 또 성인의 문하에서 글을 배운 사람은, 중인들의 말을 도에 맞는 말이라고 말하기 어려워한다."

"물의 본질을 보고 아는 특별한 술법이 있다. 반드시 세차게 솟아 흐르는 물을 관찰해야 한다. 해와 달에는 밝은 빛이 있으며, 빛을 드리울 만한 틈만 있으면, 반드시 속까지 비춰준다."

"흐르는 물의 성질은 웅덩이를 채우지 않고서는 더 흘러가지 않는다. 군자가 성인의 도에 뜻을 둔 이상, 자기의 도덕 수양이 찬란하게 빛을 내지 않으면, 높은 경지에 도달하지 못하는 것이다."

孟子가 曰 孔子는 登東山而小魯하시고 登太山而小天下하시니
맹자 왈 공자 등 동산 이 소 노   등 태 산 이 소 천 하

故로 觀於海者에 難爲水이오 遊於聖人之門者에 難爲言이니라.
고   관 어 해 자   난 위 수   유 어 성 인 지 문 자   난 위 언

觀水가 有術하니 必觀其瀾이니라 日月이 有明하니 容光에 必照焉이니라.
관 수 유 술   필 관 기 란   일 월   유 명   용 광   필 조 언

流水之爲物也가 不盈科이면 不行하니 君子之志於道也에도 不成章이면 不達이니라.
유 수 지 위 물 야 불 영 과   불 행   군 자 지 지 어 도 야   불 성 장   부 달

이利와 선善의 차이

맹자가 말했다.

"닭이 울자 일어나서 부지런히 착한 일을 하는 사람은 순임금의 무리이다."

"닭이 울자 일어나서 부지런히 이득만을 채우는 자는 곧 도척의 무리이다."

"순임금과 도척의 분별은 다름이 아니다. 이利와 선善의 차이니라."

해설

자자孳孳는 부지런함. 근면勤勉의 뜻이다. 비록 성인의 경지에는 이르지 못해도, 역시 성인의 무리이다. 척蹠은 도척盜蹠이다.

정자程子가 말했다.

'간間은 서로의 거리가 멀지 않고, 서로 다투는 바, 그 차이가 털끝 같아서 작다는 뜻이다. 선善과 이利의 구분은 공公과 사私의 차이일 뿐이다. 선에서 벗어난 것은 곧 이라고 말할 수 있다.'

孟子가 曰 雞鳴而起하야 孳孳爲善者는 舜之徒也이오 雞鳴而起하야
맹자　왈 계명이기　자자위선자　순지도야　계명이기

孳孳爲利者는 蹠之徒也이니 欲知 舜與蹠之分인댄 無他라 利與善之間也이니라.
자자위리자　척지도야　욕지 순여척지분　무타　이여선지간야

제26장 양자장 楊子章

도道의 귀중한 것은 중中이며, 중의 귀중한 것은 권權이다

맹자가 말했다.

"양자는 자기만을 위하는 철저한 이기주의자다. 머리털 하나를 뽑아 바치면 온 천하가 이롭게 된다 해도 안 하는 자였다."

"묵자는 무차별적 겸애사상兼愛思想을 주장하고, 머리털이 빠지도록 애를 쓰고, 발뒤꿈치가 닳도록 사방으로 다니면서 천하를 이롭게 하는데, 몸을 바치고 일했다."

"자막子莫은 중간을 고집했다. 중간을 고집하는 것은 근사하다. 그러나 중간을 고집하고, 권형權衡이 없으면, 역시 하나만을 고집하는 것과 같다."

"하나만을 고집하는 것을 미워하는 이유는 도道를 해치기 때문이다. 하나만을 드러내고, 백을 폐기하기 때문이다."

해설

정자程子가 말했다.

'무조건 중간을 고집하면 안 된다. 바르게 알면 모든 사물의 자연의 중도中道가 보인다. 이 중도는 인위적으로 만든 것이 아니다. 인위적인 중도는 참다운 중도라 할 수 없다.'

孟子가 曰 楊子는 取爲我하니 拔一毛而利天下라도 不爲也니라. 墨子는 兼愛하니
맹자 왈 양자 취위아 발일모이리천하 불위야 묵자 겸애

摩頂放踵이라도 利天下인댄 爲之하니라. 子莫은 執中하니 執中이 爲近之나
마정방종 이천하 위지 자막 집중 집중 위근지

執中無權이 猶執一也니라. 所惡執一者 爲其賊道也니 擧一而廢百也니라.
집중무권 유집일야 소오집일자 위기적도야 거일이폐백야

마음이 흔들리지 않아야 바른 도리를 잃지 않는다

맹자가 말했다.

"굶주린 사람은 달게 먹고, 목마른 사람은 달게 마신다. 그러나 그것은 음식의 바른 맛을 알고 먹고 마시는 것이 아니다. 굶주림과 목마름 때문에 정상적인 입맛을 해쳤기 때문이다. 어찌 입이나 배만이 굶주림과 목마름의 해를 받겠는가? 사람의 마음도 역시 다 장해를 받는다."

"사람이 능히 기갈饑渴 때문에 마음을 상하게 하지 않을 수 있다면, 비록 부귀富貴가 남에 미치지 못해도 걱정하지 않을 것이다."

해설

구복口腹이 기갈饑渴에 시달리면, 따라서 음식을 가릴 틈이 없게 된다. 그래서 바른 맛을 잃게 되는 것이다. 인심人心도 빈천貧賤에 시달리면, 부귀를 가릴 여유가 없게 된다. 그래서 바른 도리를 잃게 되는 것이다. 사람이 빈천해도, 자기 마음이 흔들리지 않을 수 있다면, 그는 범인의 경지를 훨씬 멀리 넘어선 사람이다.

孟子가 曰 饑者는 甘食하고 渴者는 甘飮하나니 是는 未得飮食之正也이라
맹자 왈 기자 감식 갈자 감음 시 미득음식지정야

饑渴이 害之也니라 豈惟口腹이 有饑渴之害리오 人心이 亦皆有害하니라.
기갈 해지야 기유구복 유기갈지해 인심 역개유해

人能 無以饑渴之害로 爲心害 則不及人을 不爲憂矣리라.
인능 무이기갈지해 위심해 즉불급인 불위우의

제28장 유하장 柳下章
도를 지키면서 임금을 섬기다

맹자가 말했다.
"유하혜柳下惠는 삼공三公의 높은 자리에 올라도, 자신의 절개를 바꾸지 않았다."

제29장 유위장 有爲章
도를 행하는 자는 끝 없이 정진한다

맹자가 말했다.
"도를 행하고자 하는 사람을 우물 파는 사람에 비유하겠다. 우물을 아홉 길까지 팠어도, 물줄기에 이르지 못하고 그만둔다면 이는 마치 우물을 포기하는 것과 같다."

해설

유하혜柳下惠는 노魯나라의 현인이다. 개介는 '분별 있게 한다'는 뜻이다. 8척尺이 인仞이다. 우물 파기를 깊게 해도, 샘 줄기에 미치지 못하고 중지하면, 이는 우물을 포기하는 것과 같다는 뜻을 말한 것이다.

孟子가 曰 柳下惠는 不以三公으로 易其介하니라.
맹 자 왈 유 하 혜 불 이 삼 공 역 기 개

孟子가 曰 有爲者는 辟若掘井하니 掘井九軔 而不及泉이면 猶爲棄井也이니라.
맹 자 왈 유 위 자 비 약 굴 정 굴 정 구 인 이 불 급 천 유 위 기 정 야

제30장 요순장 堯舜章

임금은 본성의 인정을 펴야 한다

맹자가 말했다.

"요임금이나 순임금은 본성대로 인정仁政을 폈다. 탕왕이나 무왕은 몸소 수양하고 인정을 폈다. 그러나 오패五霸는 무력으로 남을 제패하면서 인정을 가장했다."

"오래도록 가식할 줄만 알고, 본성의 인仁으로 돌아가지 않았으니, 어찌 본래 있는 것이 아님을 알았겠느냐?"

해설

요순堯舜은 천성이 온통 어질었다. 수양이나 습득하는 일 없이, 스스로 인정仁政을 폈다. 탕무湯武는 몸으로 수양하고 도를 체득하여 본성의 인仁을 회복했다. 그러나 오패는 인의仁義의 이름을 빌려, 자기의 탐욕과 사리를 채우려 했던 것이다.

귀歸는 본성으로 되돌아감이다. 유有는 실제로 있는 것이다. 명분을 훔치고, 평생을 마쳤다. 그러니 참으로 자신에게 있는 인심仁心이 아님을 알지 못했음을 말한 것이다.

孟子가 曰 堯舜은 性之也이오 湯武는 身之也이오 五霸는 假之也이니라.
맹 자 왈 요순   성 지 야   탕무   신 지 야   오 패   가 지 야

久假而不歸하니 惡知其非有也이리오.
구 가 이 불 귀   오 지 기 비 유 야

이윤은 사사로운 욕심이 없다

공손추公孫丑가 맹자에게 물었다.

"이윤伊尹이 '선왕의 도리를 따르지 않는 임금과는 어울릴 수 없다.' 하고 어린 임금 태갑太甲을 선왕의 묘가 있는 동桐으로 보내자 백성들이 좋아했으며, 후에 태갑이 현명해져 다시 되돌리자, 백성들이 좋아했다고 하더군요."

"이윤같이 현명한 분이 신하가 되어 임금이 현명하지 못하다고, 고집스레 추방할 수 있습니까?"

맹자가 말했다.

"이윤같이 성실한 뜻이 있으면, 그럴 수도 있다. 그러나 이윤과 같은 뜻이 없이 그렇게 하면 찬탈이 된다."

해설

여불압우불순予不狎于不順은 『서경書經』 태갑편太甲篇의 글이다. 압狎은 '업신여기며 가볍게 본다'는 뜻이다. 불순不順은 '태갑이 하는 일이 의리에 따르지 않는다'는 뜻이다.

公孫丑가 曰 伊尹이 曰 予不狎于不順이라하고 放太甲于桐한대 民이 大悅하고 太甲이
공손추　왈 이윤　왈 여불압우불순　　　방태갑우동　　민 대열　태갑

賢커늘 又反之한대 民이 大悅하니 賢者之爲人臣也에 其君이 不賢 則固可放與이까
현　우반지　　민 대열　　현자지위인신야 기군　불현 즉고가방여

孟子가 曰 有伊尹之志 則可커니와 無伊尹之志 則簒也이니라.
맹자 왈 유이윤지지 즉가　　무이윤지지 즉찬야

군자는 거저 녹을 먹지 않는다

제자 공손추가 물었다.

"『시경詩經』 위풍魏風 벌단편篇伐檀에 '공 없이 나라의 녹을 거저먹지 않는다.'라고 했습니다. 그런데 군자는 스스로 농사를 짓지 않으면서 나라의 녹을 먹는 이유가 무엇입니까?"

맹자가 말했다.

"군자가 나라에 살고 있는데, 만약에 그 나라 임금이 그를 등용해 쓰면 곧 나라가 안정되고 부유해지고, 또 존귀하고 번영을 누리게 된다. 또 그 나라의 자제들이 군자의 가르침을 따르고 배우면 가정에서는 효제孝第하고, 나라에는 충신忠信하게 된다. 그러니 군자는 거저 녹을 먹는 것이 아니다. 그보다 더 큰 공이 있겠는가?"

해설

시詩는 『시경詩經』 위풍魏風 벌단편伐檀篇의 시다. 소소는 '소박하게 비었다(空)'는 뜻이다. 즉 공 없이 녹을 먹는 것을 소찬素餐이라 한다. 이는 진상陳相과 팽경彭更에게 한 말과 같은 뜻이다.

公孫丑가 曰 詩曰 不素餐兮라하니 君子之不耕而食은 何也이꼬
공손추   왈 시왈 불소찬혜   군자지불경이식   하야

孟子가 曰 君子는 居是國也에 其君이 用之 則安富尊榮하고
맹자   왈 군자   거시국야   기군   용지 즉안부존영

其子弟는 從之 則孝弟忠信하나니 不素餐兮가 孰大於是리오.
기자제   종지 즉효제충신   불소찬혜   숙대어시

제33장 왕자장 王子章

선비는 인에 살고 의를 따른다

왕자 점墊이 물었다.

"선비는 무슨 일을 합니까?"

맹자가 말했다.

"선비는 뜻을 높입니다."

"무엇을 상지尙志라 합니까?"

"인의仁義의 실현입니다. 죄 없는 사람을 한 사람도 죽이면 인仁이 아닙니다. 내 것이 아닌 것을 취하는 것은 의가 아닙니다. 선비가 어느 곳에 사느냐 하면, 바로 인입니다. 선비가 어느 길을 가느냐 하면, 바로 의입니다. 선비가 이와 같이 인에 살고 의를 따르면, 대인의 자격을 구비한 것입니다."

해설

선비가 비록 대인의 지위를 얻지 못해도, 뜻을 이와 같이 높이 지니고 있다면, 공경, 대부의 일을 체용體用 양면으로 다한 것이다. 그러니 소인들이 할 일은 물론 당연히 하지 않을 것이다.

王子墊이 問曰 士는 何事이꼬 孟子가 曰 尙志니라. 曰 何謂尙志니이꼬 曰 仁義而已矣니

殺一無罪가 非仁也이며 非其有而取之가 非義也이니 居惡在오 仁이 是也이오 路惡在오

義가 是也이라 居仁由義면 大人之事가 備矣니라.

제34장 중자장 仲子章

사람에게는 인륜도덕보다 더 큰 의리는 없다

맹자가 말했다.

"진중자陳仲子는 '만약에 의義에 맞지 않게, 제齊나라를 준다 해도 받지 않을 것이다.'라고 하여, 사람들이 그를 믿었다. 그러나 그가 지킨 신의信義는 한 도시락의 밥과 한 그릇의 국을 물리친 정도의 작은 신의이다. 사람에게는 인륜도덕보다 더 큰 의리는 없다. 그러하거늘 그는 부모, 친척 및 군신, 상하 모든 인륜을 안 지켰다. 그러므로 작은 신의를 지켰다고 인륜도덕의 근본이 되는 큰 신의를 지키는 일이 어찌 가하겠느냐?"

해설

중자仲子는 제齊나라 사람 진중자陳仲子를 말한다. 중자는 만약에 의가 아니게 제나라를 준다고 해도 반드시 안 받을 것이다. 제나라 사람들은 그의 현명함을 믿었다. 그러나 그것은 다만 작은 청렴淸廉이다. 형을 피하고 어머니를 떠나고, 또 임금의 녹을 먹지 않은 것은 인륜의 대도를 무시한 것이다. 이보다 더 큰 죄가 없다. 어찌 작은 청렴만으로 인륜의 대절(大節)을 행할 수 있으며, 현명하다고 하겠는가?

孟子가 曰 仲子는 不義로 與之齊國而弗受를 人皆信之어니와
맹 자　왈 중 자　불 의　여지제국이불수　인개신지

是는 舍簞食豆羹之義也이라 人莫大焉이어늘 亡親戚君臣上下하니
시　사단사두갱지의야　인막대언　무친척군신상하

以其小者로 信其大者가 奚可哉리오.
이 기 소 자　신 기 대 자　해 가 재

제35장 도응장 桃應章

 법대로 집행한다

맹자의 제자 도응桃應이 물었다.

"순舜이 천자이고 고요(皐陶: 순임금의 신하)가 그 밑에서 사법관으로 있는데, 만약 순의 아버지 고수瞽瞍가 살인을 했다면 어떻게 할까요?"

맹자가 말했다.

"법에 따라 집행할 따름이다."

"그러나 순임금이 말리지 않겠습니까?"

맹자가 말했다.

"순임금이 어떻게 말리겠느냐? 고요는 법을 다스릴 직책을 받고 있다."

"그러면 순임금은 어떻게 해야 합니까?"

맹자가 말했다.

"순임금은 천하를 보거나 버리기를 마치 헌 짚신같이 하고, 몰래 자기 아버지를 등에 업고 도망가, 바닷가에 가서 살 것이며, 평생을 흔연하게 부모를 즐겁게 모시고 살며 천하를 잊어야 한다."

桃應이 問曰 舜이 爲天子이오 皐陶가 爲士이어든 瞽瞍가 殺人 則如之何이까
도 응   문왈 순   위천자   고요   위사   고수   살인 즉 여지하

孟子가 曰 執之而已矣니라 然則舜은 不禁與이까 曰 夫舜이 惡得而禁之시리오
맹자   왈 집지이이의   연즉순   불금여   왈 부순   오득이금지

夫有所受之也이니라 然則舜은 如之何이꼬 曰 舜이 視棄天下하샤대
부유소수지야   연즉순   여지하   왈 순   시기천하

猶棄敝蹝也하샤 竊負而逃하샤 遵海濱而處하샤 終身訢然 樂而忘天下하시리라.
유기폐사야   절부이도   준해빈이처   종신흔연 낙이망천하

인에 사는 성현은 기상이 높고 몸에서 빛이 난다

맹자가 범읍范邑에서 제齊나라 도성으로 가서, 멀리서 제나라 임금의
아들을 바라보고 감탄하면서 말했다.

"왕자로서 궁중에 살면 기상氣象이 저렇게 높아지고, 윤택하고 호화
롭게 봉양하면 신체身體가 저렇게 빛나게 되는가! 참으로 신분이나
환경의 영향이 크구나. 하기는 그도 사람의 아들로 태어나지 않았는
가! 그런데 저렇게 홀로 훤하게 피어나고 빛이 나는구나."

"왕자의 궁이나, 거마車馬나 의복은 근본적으로는 사람들의 집, 수레,
옷과 같은 것이다. 그런데 저렇게 왕자의 기상이 높고 신체가 빛나게
보이는 것은 결국 그의 환경과 지위가 그렇게 만든 것이다. 하물며
천하의 가장 넓은 집이라고 할 인仁에 살고 있는 성현聖賢들은 어떠
하겠는가? 말할 것도 없이 그 기상이 높고 몸에서 빛이 날 것이 아닌
가?"

孟子가 自范之齊러시니 望見齊王之子하시고 喟然歎曰 居移氣하며 養移體하나니
맹 자   자 범 지 제   망 견 제 왕 지 자   위 연 탄 왈 거 이 기   양 이 체

大哉라 居乎이여 夫非盡人之子與아
대 재   거 호   부 비 진 인 지 자 여

孟子가 曰 王子宮室車馬衣服이 多與人同 而王子가 若彼者는 其居使之然也이니
맹 자   왈 왕 자 궁 실 거 마 의 복   다 여 인 동 이 왕 자   약 피 자   기 거 사 지 연 야

況居天下之廣居者乎아
황 거 천 하 지 광 거 자 호

"노魯나라 임금이 송宋나라에 갔을 때, 질택埑澤의 성문에서 큰 소리로 문을 열라고 명하였다. 그러자 성문지기가 말했다. '우리나라 임금님이 아닌데 어쩌면 목소리가 우리나라 임금님과 흡사할까?' 이는 다름이 아니다. 그 자리와 지위가 같기 때문이다."

해설

범范은 제齊나라 성읍城邑이다. 거居는 거처하는 지위다. 양養은 봉양奉養의 뜻이다. 즉 사람은 그 거처와 지위가 매우 크게 영향을 준다. 왕자王子도 사람의 자식이다. 그러나 특히 거처나 지위가 남들과 같지 않고, 또 봉양 되는 바가 같지 않으므로, 그 기상이나 신체가 다르게 마련이다. 맹자왈孟子曰 세 글자를 장식張栻과 추호鄒浩는 연문衍文이라고 했다.

윤씨尹氏가 말했다.

'맑은 빛이 얼굴에 돌고, 등에 덕이 차는 것은 오직 천하광거天下廣居, 인仁에 살고 있는 사람만이 그럴 수 있다. 질택埑澤은 송宋나라의 성문城門 이름이다. 맹자가 이를 인용해서 증거로 삼은 것이다.'

魯君이 之宋하야 呼於埑澤之門이어늘 守者가 曰 此非吾君也로대
노군   지송   호어질택지문   수자 왈차비오군야

何其聲之似我君也오하니 此는 無他이라 居相似也이니라.
하기성지사아군야   차 무타   거상사야

제37장 사이장 食而章
진실한 공경이 없는 허례로는 군자를 잡을 수 없다

맹자가 말했다.

"음식을 주어 먹이기만 하고 사랑하지 않는 것은 돼지를 기르는 태도이고, 사랑을 하되 마음속으로 공경하지 않는 것은 짐승을 사육하는 태도라 하겠다."

"공경하는 마음은 예물을 보내기 전부터 지녀야 한다."

"겉으로만 공경하고 진실이 없으면, 임금이라 해도 군자를 허례로 머무르게 할 수 없다."

제38장 형색장 形色章
성인만이 만물을 천리대로 사용할 수 있다

맹자가 말했다.

"밖으로 나타나 보이는 형상形象이나 기색氣色은 내재하고 있는 천성天性이다. 오직 성인聖人의 경지에 오른 다음에야 비로소 외형적 존재인 만물을, 천리대로 바르게 쓸 수 있다."

孟子가 曰 食而弗愛면 豕交之也이오 愛而不敬이면 獸畜之也이니라
맹자 왈 사이불애 시교지야 애이불경 수휵지야

恭敬者는 幣之未將者也이니라 恭敬而無實이면 君子不可虛拘니라.
공경자 폐지미장자야 공경이무실 군자불가허구

孟子가 曰 形色은 天性也이니 惟聖人然後에 可以踐形이니라.
맹자 왈 형색 천성야 유성인연후 가이천형

제39장 제선장 齊宣章

 삼년상은 임의로 단축하거나 연장할 수 있는 것이 아니다

제齊 선왕宣王이 삼년상三年喪을 단축하고자 하자 공손추公孫丑가 말했다.

"일년상一年喪으로 하는 것이 폐하는 것보다 좋겠습니다."

맹자가 공손추에게 말했다.

"그와 같은 생각은 마치 어떤 사람이 무례하게 자기 형의 팔을 비트는 것을 보고 '살살 비틀라'고 말하는 것과 같다. 역시 모든 사람에게 효제孝弟를 가르쳐 주어야 한다."

제나라의 왕자로 자기 어머니가 죽자 왕자의 사부師傅가 임금에게 몇 달간 복상을 허락해 달라고 청했다. 이에 대해서, 공손추가 맹자에게 물었다.

"이러한 일은 어떻게 해야 합니까?"

齊宣王이 欲短喪이어늘 公孫丑가 曰 爲朞之喪이 猶愈於已乎인저. 孟子가 曰 是猶或이
제선왕   욕단상   공손추   왈 위기지상   유유어이호   맹자   왈 시유혹

紾其兄之臂어든 子謂之姑徐徐云爾로다 亦敎之孝弟而已矣니라.
진 기 형 지 비   자 위 지 고 서 서 운 이   역 교 지 효 제 이 이 의

王子가 有其母死者이어늘 其傅는 爲之請數月之喪이러니
왕 자   유 기 모 사 자   기 부   위 지 청 수 월 지 상

公孫丑가 曰 若此者는 何如也이꼬.
공 손 추   왈 약 차 자   하 여 야

맹자가 말했다.

"왕자가 삼년상을 지내려 해도 할 수 없어서 그렇게 한 것이다. 비록 하루를 더 해도 그만두는 것보다는 좋다. 제 선왕의 경우는 남이 막는 것도 아닌데 그만두자고 한 것이며, 그것은 안 된다."

해설

이르는 지止와 같다. 진紾은 '포악하게 한다'는 뜻이다. 모든 사람에게 효제孝弟의 도리를 가르쳐 주면, 그들이 스스로 형에게 대들지 않게 되고, 또 삼년상三年喪을 단축하는 것도 안 됨을 알게 된다. 공자가 말했다. 자식은 태어나 3년 만에, 부모의 품에서 벗어난다. 재여宰予도 3년 동안 부모에게 사랑을 받았을 것이다. 이른바 효제를 가르치면 이와 같이 스스로 깨닫고 행하게 한다. 무릇 지극한 정으로 삼년상을 그만둘 수 없음을 알게 한다. 억지로 강요하는 것이 아니다.

曰 是欲終之而不可得也이라 雖加一日이나 愈於已하니
왈 시 욕 종 지 이 불 가 득 야   수 가 일 일   유 어 이

謂夫莫之禁而弗爲者也니라.
위 부 막 지 금 이 불 위 자 야

제40장 군자장 君子章
군자가 사람을 가르치는 방법

맹자가 말했다.

"군자가 사람들을 가르치는데 다섯 가지 방법이 있다."

"때맞추어 내리는 비가 초목을 잘 자라게 하는 듯한 방법이 있다."

"스스로 덕을 이루게 하는 방법이 있다."

"문답을 통해서 알게 하는 방법도 있다."

"직접 배우지 않고, 스스로 따르고 배우는 방법, 자신을 수양하고 바르게 하는 방법도 있다."

"이상의 다섯 가지가 군자가 사람들을 가르치는 방법이다."

해설

사람을 가르치는 데는 인품의 고하, 혹은 상호관계의 원근遠近과 선후先後에 따라 같지 않다.

성현이 교육할 때, 각자의 재질에 따라 적은 사람은 적게 가르치고, 큰 사람은 크게 되게 교육하니 아무도 버리는 사람은 없다.

孟子가 曰 君子之所以敎者는 五이라. 有如時雨가 化之者하며 有成德者하며
맹자 왈 군자지소이교자 오   유여시우   화지자   유성덕자

有達財者하며 有答問者하며 有私淑艾者하니 此五者는 君子之所以敎也이니라.
유달재자   유답문자   유사숙애자   차오자   군자지소이교야

군자는 배울 수 있는 사람만 따를 수 있다

제자 공손추가 맹자에게 말했다.

"도道는 높고 아름답습니다. 그러나 도를 터득하는 것은 마치 하늘에 오르는 것 같아서, 좀처럼 미치기 어렵습니다. 어떻게 우리들도 도를 가까이하고, 매일같이 노력하게 해주실 수 없으십니까?"

맹자가 말했다.

"큰 목수는 졸렬한 목수를 위해서, 먹줄을 고치거나 폐지하지 않는다. 명궁 예羿는 활을 못 쏘는 사람을 위해서, 활 당기는 법도를 변경하지 않는다."

"군자는 도를 가르칠 때, 흡사 활 쏘는 자가 활을 힘껏 당기고 화살을 날릴 듯하면서 날리지 않고 마냥 긴장하고, 또 천도에 맞게 우뚝 높은 자세로 서 있는 것 같이 한다. 고로 능히 배울 수 있는 사람만이 따를 수 있다."

公孫丑가 曰 道則高矣美矣나 宜若登天然이라 似不可及也이니 何不使彼로
공 손 추   왈 도 즉 고 의 미 의   의 약 등 천 연   사 불 가 급 야   하 불 사 피

爲可幾及而日孶孶也이꼬
위 가 기 급 이 일 자 자 야

孟子가 曰 大匠이 不爲拙工하야 改廢繩墨하며 羿가 不爲拙射하야 變其彀率이니라.
맹 자   왈 대 장   불 위 졸 공   개 폐 승 묵   예   불 위 졸 사   변 기 구 율

君子가 引而不發하야 躍如也하야 中道而立이어든 能者從之니라.
군 자   인 이 불 발   약 여 야   중 도 이 립   능 자 종 지

제42장 천하장 天下章
군자는 혼자서라도 도를 따른다

맹자가 말했다.

"천하에 도가 행해질 때에는, 나 자신도 도를 따르고 행한다. 천하에 도가 행해지지 않으면 나 자신 혼자라도, 도를 따르고 행할 것이다."

"도를 지키는 군자가 무도한 사람을 따른다는 말은 듣지 못했다."

___
해설

순殉은 순장殉葬의 순과 같은 뜻이다. 죽음으로써 사물의 도를 따른다는 말이다. 내가 천하에 갔을 때, 도가 있으면 나도 반드시 도를 행한다. 반대로 천하에 도가 굽히고 막히면 나 자신만이라도 도를 지키고 반드시 도 없는 세상에서는 물러날 것이다. 이와 같이 도를 지키는 태도를 죽음으로 따르고 이탈하지 않고 지킨다. 도에서 무도한 자를 따르는 것은 첩妾의 태도이다.

孟子가 日 天下가 有道엔 以道殉身하고 天下가 無道엔 以身殉道하나니
맹자   왈 천하   유도   이도순신   천하   무도   이신순도

未聞以道로 殉乎人者也케라.
미문이도   순호인자야

군자는 뜻이 성실하지 않은 사람을 싫어한다

제자 공도자公都者가 맹자에게 물었다.

"등경滕更은 우리 문하에 있으므로 예禮로써 대해 주어야 할 것 같은데 그가 물어도 선생님께서 응대를 안 하시니 그 까닭이 무엇입니까?"

맹자가 말했다.

"무릇 존귀한 척하고 묻거나, 현명한 척하고 묻거나, 연장자인 척하고 묻거나, 공훈이 있는 척하고 묻거나, 연고를 내세우면서 묻는 자에게는 모두다 대답을 하지 않는 법이다. 그런데 등경은 이상 다섯 가지 중 두 가지 잘못된 태도를 가지고 물었다."

해설

조씨趙氏가 말했다.

'등경滕更은 등滕나라 임금의 동생으로 문하에 와서 배우고 있었다. 이二는 협귀(挾貴: 존귀한 척), 협현(挾賢: 현명한 척)이다.'

윤씨尹氏가 말했다.

'마음속에 잡된 생각이 끼어 있으면 도를 배우려는 마음이 한결같지 못하게 된다. 그래서 대답을 안 하는 것이다. 이는 군자가 회인불권誨人不倦하지만 뜻이 성실하지 못한 사람은 싫어했다는 뜻을 말한 것이다.'

公都子 曰 滕更之在門也에 若在所禮 而不答은 何也이꼬. 孟子가 曰 挾貴而問하며
공도자 왈 등경지재문야   약재소례 이부답   하야   맹자   왈 협귀이문

挾賢而問하며 挾長而問하며 挾有勳勞而問하며 挾故而問이 皆所不答也이니
협현이문   협장이문   협유훈로이문   협고이문   개소부답야

滕更이 有二焉하니라.
등경   유이언

제44장 어불장 於不章

지나친 것과 미치지 못하는 것은 같지 않다

맹자가 말했다.

"그만둘 수 없는 일을 그만두는 사람은 끝맺지 않을 것이다. 두텁게 해야 할 일을 박하게 하는 사람은 무슨 일이든지 박하게 하지 않는 바가 없다."

"예민하게 나서는 자는 물러날 때에도 빠르다."

제45장 군자장 君子章
인仁의 분별은 같지 않다

맹자가 말했다.

"군자는 만물에 대하여 사랑을 베푼다. 만물을 사랑하되, 인애仁愛하지 않는다. 모든 백성에 대해서는 인애를 베풀지만, 친애親愛하지는 않는다. 부모나 형제에 대해서는 친친親親하고, 다음에 백성을 인애한다. 백성을 인애하고, 다음에 만물을 사랑한다."

孟子가 曰 於不可已 而已者는 無所不已오 於所厚者薄이면 無所不薄也이니라.
맹자 왈 어불가이 이이자 무소불이 어소후자박 무소불박야

其進이 銳者는 其退가 速이니라.
기진 예자 기퇴 속

孟子가 曰 君子之於物也에 愛之而弗仁하고 於民也에 仁之而弗親하니 親親而仁民하며
맹자 왈 군자지어물야 애지이불인 어민야 인지이불친 친친이인민

仁民而愛物이니라.
인민이애물

군자가 전체의 도를 알면 일의 순서를 안다

맹자가 말했다.

"지혜로운 사람은 모르는 것이 없다. 그러나 당장 해야 할 일을 급하게 한다. 어진 사람은 사랑하지 않는 것이 없다. 그러나 현명한 사람에 대한 사랑을 급선무로 여긴다. 요순堯舜 같은 지혜를 가지고 두루 다 다스리지 못하는 것은 먼저 할 일을 급하게 하기 때문이다. 요순 같은 인仁을 가지고 두루 사람을 다 사랑하지 못하는 것은 현명한 사람을 급하게 친애하기 때문이다."

"삼년상三年喪을 지키지 못하면서, 시마緦麻나 소공小功을 살피고 따지거나, 또 밥을 퍼넣고 국을 흘려 넘기면서, 왜 마른 육포를 이로 끊어 먹지 않느냐고 대드는 무례한 태도가 바로 애쓸 바를 모른다고 하는 것이다."

孟子가 曰 知者는 無不知也이나 當務之爲急이오
맹자 왈 지자 무부지야 당무지위급

仁者는 無不愛也이나 急親賢之爲務이니
인자 무불애야 급친현지위무

堯舜之知로 而不徧物은 急先務也이오 堯舜之仁으로 不徧愛人은 急親賢也이니라.
요순지지 이불편물 급선무야 요순지인 불편애인 급친현야

不能三年之喪 而緦小功之察하며 放飯流歠 而問無齒決이 是之謂不知務니라.
불능삼년지상 이시소공지찰 방반유철 이문무치결 시지위부지무

진심장구 하 盡心章句下

盡心章句下

불인자는 악한 짓이 사랑하는 사람에 이른다

맹자가 말했다.

"참으로 불인不仁 하구나. 양혜왕이여! 인자仁者는 자기가 친히 사랑하는 사람에게 베푸는 인덕仁德을 사랑하지 않는 사람에게도 미치게 한다. 반대로 불인자不仁者는 사랑하지 않는 사람에게 가하는 악한 짓을 친근하게 사랑하는 사람에게 가하느니라."

공손추가 물었다.

"그게 무슨 뜻입니까?"하고 묻자, "양혜왕은 남의 나라 땅을 빼앗으려는 욕심으로 자기 나라 백성을 무참하게 죽이면서 전쟁을 하고, 크게 패했다. 그리고 복수하려고 다시 싸우다가 아마 이기지 못하고 자기 왕자까지 죽게 했느니라. 그래서 자기가 사랑하는 자제들을 죽게 했으니 이를 곧 '자기가 사랑하지 않는 사람을 죽이려는 악덕을 도리어 자기가 사랑하는 사람에게 끼쳤다'고 하는 것이다."

孟子가 曰 不仁哉라 梁惠王也이여 仁者는 以其所愛로 及其所不愛하고 不仁者는
맹 자   왈 불 인 재   양 혜 왕 야   인 자   이 기 소 애   급 기 소 불 애   불 인 자

以其所愛로 及其所愛니라. 公孫丑가 曰 何謂也이꼬 梁惠王이 以土地之故로
이 기 소 불 애   급 기 소 애   공 손 추   왈 하 위 야   양 혜 왕   이 토 지 지 고

糜爛其民而戰之하야 大敗하고 將復之호대 恐不能勝
미 란 기 민 이 전 지   대 패   장 부 지   공 불 능 승

故로 驅其所愛子弟하야 以殉之하니 是之謂以其所不愛로 及其所愛也니라.
고   구 기 소 애 자 제   이 순 지   시 지 위 이 기 소 불 애   급 기 소 애 아

제2장 춘추장 春秋章

춘추시대에는 의로운 싸움이 없다

맹자가 말했다.

"춘추시대에는 의로운 전쟁이 없었다. 저것보다 이것이 약간 좋다고 할 만한 것은 있었다."

"정벌征伐이란 위에 있는 천자天子가 잘못한 아래의 제후諸侯를 치는 것이다. 서로 비등하게 대립하고 있는 나라들이 서로 싸우고 친다는 뜻이 아니다."

해설

춘추전은 제후들의 전쟁을 기술할 때마다 반드시 나무라고 평했다. 그래서 제멋대로 싸움을 일으켰다는 죄와 아울러 모든 싸움이 의에 맞게 허락할 만한 것이 없음을 밝혔다. 단 그중에서도 저것보다는 이것이 약간 좋다는 비평의 말이 있다. 예를 들면 소릉召陵의 싸움 같은 것이다. 정征은 사람을 바르게 하는 것이다. 제후가 죄가 있으면 천자에게 일러 죄를 바로잡게 한다. 그렇게 하지 못했으니 "춘추에는 의로운 싸움이 없다."고 말한 것이다.

孟子가 曰 春秋에 無義戰하니 彼善於此 則有之矣니라.
맹 자   왈 춘 추   무 의 전   피 선 어 차 즉 유 지 의

征者는 上이 伐下也인 敵國은 不相征也이니라.
정 자   상   벌 하 야   적 국   불 상 정 야

서경의 모든 기록을 믿을 수는 없다

맹자가 말했다.

"서경書經에 적힌 글을 그대로 믿는 것보다는 불합리한 글을 없는 것으로 여기고 안 보느니만 못하다."

"나는 무성편武成篇의 글에서도 두서너 개의 글만을 취할 뿐이다."

"원래 인자仁者에게는 천하의 누구도 대적할 수가 없다. 지극히 어진 무왕武王이 지극히 잔인한 주紂를 토벌했거늘, 어찌 피가 강물처럼 흘러 방패를 떠내려가게 했겠느냐?"

해설

정자程子가 말했다.

'역사 사실을 기재하면서 지나치게 무게를 두고 과도하게 기술하는 수가 있다. 그러므로 학자는 마땅히 그 올바른 뜻을 알아야 한다. 혹시라도 적힌 문자에 구애되면 때로 바른 뜻을 해칠 것이다.'

그래서 맹자가 "그런 글이 없다고 치는 것이 더 좋다"고 말한 것이다.

孟子가 曰 盡信書 則不如無書이니라. 吾於武成에 取二三策而已矣니라.
맹자 왈 진신서 즉불여무서 오어무성 취이삼책이이의

仁人은 無敵於天下이니 以至仁으로 伐至不仁이어니 而何其血之流杵也이리오.
인인 무적어천하 이지인 벌지불인 이하기혈지류저야

제4장 유인장 有人章

인자仁者가 와서 자기 나라를 바로잡아 주기를 바라다

맹자가 말했다.

"어떤 사람이 '나는 포진을 잘하고, 나는 전쟁을 잘한다.'고 말한다면 그자는 천하의 대죄인이다."

"국군國君이 인정仁政을 좋아하고 실행하면 천하에 적이 없다. 임금이 남쪽에 가서 치면, 북쪽 오랑캐가 원망하고, 임금이 동쪽에 가서 치면, 서쪽 오랑캐가 원망하고, '왜 우리를 뒤로 돌리시오.'했던 것이다."

"주 무왕이 은나라 주를 칠 때, 중장비한 전차가 3백 량이고 호랑이같이 용맹한 전사가 3천 명이나 있었다."

"무왕이 은나라 백성에게 말했다. '두려워하지 마시오. 나는 그대들을 편안하게 해주려고 왔으므로 그대들 백성을 적으로 삼지 않을 것이다.' 그러자 백성들은 산이 무너져내리듯 머리를 땅에 대고 엎드려 절하고 귀순했다."

孟子가 曰 有人이 曰 我는 善爲陳하며 我는 善爲戰이라하면 大罪也이니라.
맹자 왈 유인 왈 아 선위진 아 선위전 대죄야

國君이 好仁이면 天下에 無敵焉이니 南面而征에 北狄이 怨하면
국군 호인 천하 무적언 남면이정 북적 원

東面而征에 西夷가 怨하야 曰 奚爲後我오하니라.
동면이정 서이 원 왈 해위후아

武王之伐殷也에 革車가 三百兩이오 虎賁이 三千人이러니라.
무왕지벌은야 혁거 삼백량 호분 삼천인

王曰 無畏하라 寧爾也이라 非敵百姓也이라하신대 若崩厥角하야 稽首하니라.
왕왈 무외 영이야 비적백성야 약붕궐각 계수

"정征이란 말은 바로잡을 정正이다. 은나라 백성들은 저마다 무왕이 자기들을 바로잡아 주기를 바랐다. 그러니 어찌 백성들이 적이 되어 싸웠겠느냐?"

해설

군대의 항렬과 대오를 잘 짜는 것을 진陳이라 한다. 서로 무력으로 싸우는 것을 전戰이라 한다. 이 말은 탕왕湯王의 예를 들고 인자를 좋아함을 밝힌 것이다. 역시 무왕의 사실을 밝힌 것이다. 양兩은 양輛으로 수레의 수를 말한다. 한 수레는 차륜이 두 개 있다. 천千을 서경 서序에는 백百이라 했다.

『서경書經』 태서편太誓篇의 글은 이와 약간 다르다. 맹자의 말은 역사 기록이 마땅히 다음과 같아야 한다는 뜻이다. 즉 무왕은 은나라 백성에게 "나를 두려워 마라. 내가 와서 주紂를 치는 것도 본래는 그대들을 편안하게 해주기 위한 것이다."라고 하자, 은나라 백성들이 머리를 땅에 대고 절했으니, 흡사 뿔이 무너져 내린 듯하다. 백성이 폭군에게 학대를 받고 있으므로 모두 인자仁者가 와서 자기 나라를 바로잡아 주기를 바랐다.

征之爲言은 正也이니 各欲正己也이니 焉用戰이리오.
정 지 위 언   정 야   각 욕 정 기 야   언 용 전

제5장 재장장 梓匠章
형이상학의 도는 마음으로 터득해야 한다

맹자가 말했다.

"목수나 수레를 만드는 기술자는 남에게 기준이나 법도는 가르쳐줄
수는 있지만, 남으로 하여금 기교를 터득하게 할 수는 없다."

제6장 순지장 舜之章
성인의 마음은 빈천해도 다른 것을 바라지 않는다

맹자가 말했다.

"순임금이 평민으로 가난하게 살 때 마른 밥을 먹고 푸성귀를 먹었으
며, 마치 평생을 그렇게 살다가 끝날 것 같았다. 그러나 천자가 되어
꽃무늬가 있는 비단옷을 입고 거문고를 타고 요임금의 두 딸을 맞아
뒤를 받들게 하자, 원래부터 그렇게 지체 높게 태어난 분 같기도 했
다."

孟子가 曰 梓匠輪輿가 能與人規矩이언정 不能使人巧이니라.
맹 자   왈 재장륜여   능여인규구   불능사인교

孟子가 曰 舜之飯糗茹草也에 若將終身焉이러시니
맹 자   왈 순지반구여초야   약장종신언

及其爲天子也하시는 被袗衣鼓琴하시며 二女果를 若固有之러시다.
급기위천자야   피진의고금   이녀과   약고유지

남을 사랑하고 존경하면, 남도 나를 사랑하고 존경한다

맹자가 말했다.

"나는 이제 비로소 남의 집 부모형제를 살해하는 것이 중죄인지를 알았다. 남의 아버지를 죽이면, 그가 내 아버지를 죽일 것이고, 남의 형을 죽이면, 그가 나의 형을 죽일 것이다. 그러니 내가 손수 죽이지 않아도 결국은 같다."

해설

내가 지금 비로소 알았다고 말한 것은 반드시 어떤 사건이 있어서, 감동했다는 뜻이다. 하나의 사이는 내가 한대로 그가 되돌리니, 결국 한 사람 사이일 뿐이다. 허나 사실은 내 자신이 나의 육친을 해친 것과 다를 바가 없다.

범씨范氏가 말했다.

'이를 알면 남의 육친을 사랑하고 존경하면, 남도 나의 육친을 사랑하고 존경하게 된다.'

孟子가 曰 吾는 今而後에 知殺人親之重也이로라 殺人之父이면 人亦殺其父하고
맹자　 왈 오　 금 이 후　　지 살 인 친 지 중 야　　　살 인 지 부　　　인 역 살 기 부

殺人之兄이면 人亦殺其兄하나니 然則非自殺之也이언정 一間耳니라.
살 인 지 형　　　인 역 살 기 형　　　연 즉 비 자 살 지 야　　　일 간 이

제8장 고지장 古之章
위정자가 백성을 함정에 빠뜨리다

맹자가 말했다.

"옛날에는 관문을 만들어 포악한 자의 침입을 막고자 했다. 그러나 오늘에는 관문을 만들어 백성을 가두고 위정자가 포악한 짓을 하고 있다."

제9장 신불장 身不章
군자는 몸소 도를 실천한다

맹자가 말했다.

"나 자신이 몸소 도道를 행하지 않으면, 도가 나의 처자에게도 행하지 않게 된다. 남에게 일을 시킬 때 도로써 하지 않는다면, 처자에게도 명령을 할 수 없게 된다."

孟子가 曰 古之爲關也는 將以禦暴이러니 今之爲關也는 將以爲暴이로다.
맹자　왈　고지위관야　장이어포　　　금지위관야　　장이위포

孟子가 曰 身不行道면 不行於妻子이오 使人不以道면 不能行於妻子이니라.
맹자　왈　신불행도　불행어처자　　　사인불이도　　불능행어처자

제10장 주우장 周于章

군자는 도를 두루 쌓아야 한다

맹자가 말했다.

"두루 일하고 곡식을 축적하면 흉년도 그를 죽게 하지 못한다. 도를 따라 두루 덕을 쌓으면 사악한 세상도 흐트러지게 하지 못한다."

제11장 호명장 好名章

사람을 관찰할 때 그가 소홀히 하는 바를 살펴야 한다

맹자가 말했다.

"명성 얻기를 좋아하는 사람은 천승의 나라를 사양하는 척할 수도 있다. 그러나 진정으로 사양하는 자가 아니면, 한 그릇의 밥이나 국에도 욕심의 빛을 내보일 것이다."

孟子가 曰 周于利者는 凶年이 不能殺하고 周于德者는 邪世가 不能亂이니라.
맹자 왈 주우리자 흉년 불능살 주우덕자 사세 불능란

孟子가 曰 好名之人은 能讓千乘之國하나니 苟非其人이면 簞食豆羹에 見於色하나니라.
맹자 왈 호명지인 능양천승지국 구비기인 단사두갱 현어색

제12장 불신장 不信章
인현이 있어야 바른 도리에 서게 된다

맹자가 말했다.

"임금이 어질고 현명한 사람을 믿지 않고 등용하지 않으면 나라가 공허해진다."

"나라에 예의가 없으면 상하가 문란해진다."

"바른 정치를 하지 않으면 재용이 부족하게 된다."

제13장 불인장 不仁章
어진 사람만이 천하를 얻을 수 있다

맹자가 말했다.

"어질지 않으면서 나라를 얻은 사람은 있지만, 어질지 않으면서 천하를 얻은 사람은 없다."

孟子가 曰 不信仁賢 則國이 空虛하고 無禮義 則上下는 亂하고
맹자   왈 불신인현 즉국 공허   무례의 즉상하   난

無政事 則財用은 不足이니라.
무정사 즉재용 부족

孟子가 曰 不仁而得國者는 有之矣어니와 不仁而得天下者는 未之有也이니라.
맹자   왈 불인이득국자   유지의   불인이득천하자   미지유야

제14장 위귀장 爲貴章

사직이 임금보다는 중요하지만, 백성보다는 가볍다

맹자가 말했다.

"백성이 가장 귀중하고, 그다음이 사직이고, 임금은 가볍다."

"고로 모든 백성들의 마음을 얻고 인정을 받으면 천자가 되고, 천자에게 인정되면 제후가 되고, 제후에게 인정되면 대부가 된다."

"제후가 사직을 위태롭게 하면 천자는 그를 바꿔치운다."

"희생도 다 마련했고 곡물도 정갈하게 고였으며, 때맞추어 제사를 올렸는데도 한발이 들고 홍수가 넘치면 곧 사직을 옮겨야 한다."

해설

사社는 토지신土地神, 직稷은 곡신穀神이다. 나라를 세우면 사직단社稷壇을 세우고 담을 쌓고 제사를 지냈다. 무릇 나라는 백성을 근본으로 삼고, 사직도 백성을 위해 세우는 것이다. 그리고 임금의 존귀함도 백성과 사직의 존망에 달려 있다.

孟子가 曰 民이 爲貴하고 社稷이 次之하고 君이 爲輕이니라. 是故로 得乎丘民이
맹 자 왈 민   위귀   사직   차지   군   위경   시고   득호구민

而爲天子이오 得乎天子가 爲諸侯이오 得乎諸侯가 爲大夫이니라.
이위천자   득호천자   위제후   득호제후   위대부

諸侯가 危社稷 則變置하나니라.
제후   위사직 즉변치

犧牲이 旣成하며 粢盛이 旣潔하야 祭祀以時호대 然而旱乾水溢 則變置社稷하나니라.
희생   기성   자성   기결   제사이시   연이한건수일 즉변치사직

성인은 백 대 후에도 본받을 스승이다

맹자가 말했다.

"성인은 백 대 후에도 본받을 스승이다. 예를 들면 백이나 유하혜 같은 사람이다. 고로 백이의 결백한 덕풍을 들으면 완악한 사람도 청렴해지고, 나약한 사람도 뜻을 세웠다. 유하혜의 부드러운 덕풍을 들으면 경박한 사람도 돈후하게 되고, 편협한 사람도 관대하게 되었다. 성인이 백 대 전에 덕풍을 일게 하자 백 대 후의 사람들이 듣고 모두 다 분발했으니, 성인이 아니고는 그렇게 할 수 있었겠느냐? 하물며 성인에게서 친히 배운 사람은 오죽 했겠느냐?"

해설

흥기興起는 '감동하고 분발한다'는 뜻이다. 친자親炙는 '의역하면 직접 가까이서 배우고 감화를 받는다'는 뜻이다.

孟子가 曰 聖人은 百世之師也이니 伯夷柳下惠가 是也이라
맹자 왈 성인 백세지사야   백이유하혜   시야

故로 聞伯夷之風者는 頑夫廉하며 懦夫有立志하고
고 문백이지풍자 완부렴   나부유립지

聞柳下惠之風者는 薄夫敦하며 鄙夫寬하나니 奮乎百世之上이어든
문류하혜지풍자 박부돈   비부관   분호백세지상

百世之下에 聞者가 莫不興起也하니 非聖人而能若是乎아 而況於親炙之者乎아.
백세지하 문자 막불흥기야   비성인이능약시호   이황어친자지자호

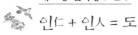

제16장 인야장 仁也章

인仁 + 인人 = 도

맹자가 말했다.

"인仁은 인人이다. 인仁과 인人을 합쳐서 도道라 한다.

해설

인仁은 사람을 사람답게 하는 이理다. 인仁은 이理이지만, 인人은 실체實體이다. 무형無形의 이理를 실재實在하는 육신에 합하고 행하는 것을 이른바 도道라고 한다.

정자程子가 말했다.

'중용中庸에서 이른바 솔성지위도率性之謂道가 바로 그것이다. 혹자는 말한다. 외국책 고려본高麗本에는 인야人也 다음에 의야자 의야(義也者 宜也), 예야자 이야(禮也者 履也), 지야자 지야(智也者 知也), 신야자 실야(信也者 實也) 등 총 20자가 더 있다. 만약 그렇다고 하면 이理의 뜻이 지극히 분명하게 나타난다. 단 그런지 아닌지는 자세히 알 수 없다.'

孟子가 曰 仁也者는 人也이니 合而言之하면 道也이니라.
맹자　 왈　 인야자　　 인야　　　 합이언지　　　　 도야

제17장 공자장 孔子章

부모의 나라를 떠나는 도리

맹자가 말했다.

"공자께서 노나라를 떠나실 적에 '나는 느릿느릿 가겠다.'하셨으니, 부모의 나라를 떠나는 도리였다. 한편 제나라를 떠나실 때는 물에 담근 쌀을 건질 틈도 없이 급하게 떠나셨으니, 그것은 남의 나라를 떠나는 도리였노라."

제18장 군자장 君子章

인금과 신하는 교통이 있어야 한다

맹자가 말했다.

"공자가 진陳나라와 채蔡나라 사이에서 곤경에 빠졌던 것은, 두 나라 임금이나 신하들이 서로 교통하지 못했기 때문이다. 공자에게는 하등의 책임이나 잘못이 없다."

孟子가 曰 孔子之去魯에 曰遲遲라 吾行也이어하시니 去父母國之道也이오
맹자 왈 공자지거노 왈지지 오행야 거부모국지도야

去齊에 接淅而行하시니 去他國之道也이니라.
거제 접석이행 거타국지도야

孟子가 曰 君子之戹 於陳蔡之間은 無上下之交也이니라.
맹자 왈 군자지액 어진채지간 무상하지교야

604

사람은 어떻게 처신할지를 돌아보아야 한다

맥계가 말했다.

"저는 여러 사람에게 이유도 모르게 비난을 받고 욕을 먹습니다."

맹자가 말했다.

"걱정하지 마라. 그러기 때문에 선비는 사람들이 함부로 말하고 욕하는 것을 미워했던 것이다."

"시경에 있다. '근심스러운 마음에 맥이 풀렸노라. 많은 소인배들에게 노여움을 받았노라.' 이것은 공자의 경우다. '비록 그들의 원한과 노여움을 해소시키지 못할망정 내 자신의 명성을 떨어뜨릴 수가 없다.' 이것은 문왕의 경우다."

해설

맥貉은 성, 계稽는 이름이다. 여러 사람들의 입에 올라 비방을 받고 욕을 먹는다. 이理는 뇌賴의 뜻이다. 즉 신뢰信賴다. 『한서漢書』에 보면 무리無俚는 방언이며, 이俚를 뇌賴라고 풀었다. 선비가 되면, 더욱 많은 입에 오르고 비난을 받는다.

貉稽가 曰 稽는 大不理於口호이다. 孟子가 曰 無傷也이라 士는 憎兹多口하니라.
맥 계 왈 계 대 불 리 어 구 맹 자 왈 무 상 야 사 증 자 다 구

詩云 憂心悄悄이어늘 慍于羣小이라하니 孔子也이시고 肆不殄厥慍하시니
시 운 우 심 초 초 온 우 군 소 공 자 야 사 부 진 궐 온

亦不隕厥問이라하니 文王也이시니라.
역 불 운 궐 문 문 왕 야

제20장 현자장 賢者章
현자는 도리를 깨우치고 백성을 교화한다

맹자가 말했다.

"옛날의 현명한 성왕은 자신이 깨달은 밝은 도리로써 백성들을 밝게 깨우치고자 했다. 그러나 지금의 제후들은 자신들이 도리를 모르고 어두우면서 백성들만을 밝게 깨우치고자 한다."

제21장 산경장 山徑章
의리의 마음을 잠시도 멈춰서는 안 된다

맹자가 고자에게 말했다.

"산림 안의 좁은 샛길도 사람들이 많이 오가면 큰 길이 된다. 그러나 오랫동안 안 다니면 띠가 자라 길을 덮는다. 지금 그대 마음에 띠가 덮여 있노라."

孟子가 曰 賢者는 以其昭昭로 使人昭昭이어늘 今엔 以其昏昏으로 使人昭昭이로다.
맹 자   왈 현자   이 기 소 소   사 인 소 소   금   이 기 혼 혼   사 인 소 소

孟子가 謂高子曰 山徑之蹊間이 介然用之 而成路하고 爲間不用 則茅塞之矣하니
맹 자   위 고 자 왈 산 경 지 혜 간   개 연 용 지 이 성 로   위 간 불 용 즉 모 색 지 의

今에 茅塞子之心矣로다.
금   모 색 자 지 심 의

제22장 우지장 禹之章

우임금과 문왕의 음악은 어느 것이 더 좋다 할 수 없다

고자가 말했다.

"우임금의 음악이 문왕의 음악보다 더 좋습니다."

맹자가 되물었다.

"어째서 그렇게 말하느냐?"

고자가 말했다.

"종의 고리 끈이 헐고 닳았기 때문입니다."

맹자가 말했다.

"그것만으로 어찌 그렇다고 할 수 있겠느냐? 성문에 수레바퀴 자국이 깊이 파진 것이 어찌 두 말이 끄는 수레의 힘만이겠느냐?" "오랜 세월 많은 수레 때문에 깊이 파진 것이다."

해설

우왕은 문왕보다 천여 년 전에 있었다. 그러므로 종이 오래되고 끈이 낡아서 끊어지게 된 것이다. 문왕의 종은 그리 오래되지 않아 끈이 온전한 것이다. 그것만으로 음악의 우열을 논하면 안 됨을 말한 것이다.

高子가 曰 禹之聲이 尙文王之聲이로소이다. 孟子가 曰 何以言之오 曰 以追蠡이니이다.
고 자　왈　우 지 성　　상 문 왕 지 성　　　　　맹 자　왈　하 이 언 지　　왈　이 퇴 려

曰 是奚足哉리오 城門之軌가 兩馬之力與아.
왈　시 해 족 재　　성 문 지 궤　　양 마 지 력 여

제23장 제기장 齊饑章

무모한 행동은 하지 않는다

제나라에 기근이 들자, 진진陳臻이 맹자에게 말했다.

"제나라 사람들은 선생님께서 다시 한 번 임금에게 권하여 당읍棠邑 창고에 있는 곡식을 풀어 구제해 주기를 바라고 있습니다. 그러나 그러실 수 없겠지요."

맹자가 말했다.

"내가 만약 임금에게 권한다면 내가 무모한 풍부馮婦 꼴이 되고 만다. 진晋나라 사람으로 풍부라는 사람이 있었으며, 호랑이를 때려잡았고 후에 착한 선비가 되었다. 어느 날 그가 들에 나가자, 사람들이 호랑이를 쫓았고, 호랑이가 험한 산모퉁이를 등지고 버티고 섰다. 이에 아무도 접근하지 못했다. 그리고 풍부를 바라보고 달려와 맞이했다. 이에 풍부는 팔을 걷고 수레에서 내리자 모든 사람들이 좋아했다. 그러나 선비는 그를 비웃었던 것이다."

齊가 饑어늘 陳臻이 曰 國人은 皆以夫子로 將復爲發棠이라하니 殆不可復이로소이다.
제 기 진진 왈 국인 개이부자 장부위발당 태불가부

孟子가 曰 是爲馮婦也이로다 晉人有馮婦者가 善搏虎하더니 卒爲善士하야 則之野할새
맹자 왈 시위풍부야 진인유풍부자 선박호 졸위선사 즉지야

有衆 逐虎하니 虎는 負嵎이어늘 莫之敢攖하야 望見馮婦하고 趨而迎之한대
유중 축호 호 부우 막지감영 망견풍부 추이영지

馮婦가 攘臂下車하니 衆皆悅之하고 其爲士者는 笑之하니라.
풍부 양비하거 중개열지 기위사자 소지

제24장 구지장 口之章

군자는 수양으로 깨달을 수 있는 것은 명命이라 하지 않는다

맹자가 말했다.

"입이 맛을 알고, 눈이 미색을 가리고, 귀가 좋은 소리를 알고, 코가 냄새를 가리고, 사지가 편하기를 바란다. 그것은 본성적 욕구이며 천명으로 주어진 것이다. 그러나 욕구는 저마다 다르다. 그래서 군자는 성性이라고 말하지 않는다."

"부자간에 인仁을 행하는 것이나, 군신 간에 의義를 지키는 것이나, 주객 사이에 예禮를 지키는 것이나, 현명한 사람을 지혜롭게 알고 높이는 것이나, 성인의 하는 일이 천도와 일치하는 것 모두가 다 천명으로 주어진 성리性理를 바탕으로 한 윤리도덕성의 실천이다. 그와 같은 도덕성은 인간 본성 속에 있으며 학문 수양으로 깨닫고 실천한다. 그러므로 군자는 명命이라고 말하지 않는다."

孟子가 曰 口之於味也와 目之於色也와 耳之於聲也와 鼻之於臭也와 四肢之於安佚也에
맹자   왈 구지어미야   목지어색야   이지어성야   비지어취야   사지어안일야

性也이나 有命焉이라 君子는 不謂性也이니라. 仁之於父子也와 義之於君臣也와
성야   유명언   군자   불위성야   인지어부자야   의지어군신야

禮之於賓主也와 智之於賢者也와 聖人之於天道也에 命也이나 有性焉이라
예지어빈주야   지지어현자야   성인지어천도야   명야   유성언

君子는 不謂命也이니라.
군자   불위명야

악정자는 선善과 신信에만 맞게 행한다

호생불해가 물었다.

"악정자는 어떤 사람입니까?"

맹자가 말했다.

"착한 사람이며, 믿을 만한 사람이다."

"어떻게 하는 것을 선善하다, 신信이라고 말합니까?"

맹자가 말했다.

"모든 사람이 그렇게 되기를 바라는 것을 선善이라 하고, 자기가 속에 지니고 있는 선덕善德을 남에게 베푸는 것을 신信이라 한다. 열매가 알찬 것을 미美라 하고, 알차고 밝게 빛나는 것을 대大라 하고, 크게 모든 사람을 감화하는 것을 성聖이라 하고, 성聖이면서 알 수 없는 것을 신神이라 한다. 악정자는 두 가지 즉 선善과 신信에는 맞게 행하지만, 나머지 네 가지 즉 미美, 대大, 성聖, 신神에는 못 미친다."

浩生不害가 問曰 樂正子는 何人也이꼬 孟子가 曰 善人也이며 信人也이니라.
호생불해 문왈 악정자 하인야 맹자 왈 선인야 신인야

何謂善이며 何謂信이니까 曰 可欲之謂善이오 有諸己之謂信이오
하위선 하위신 왈 가욕지위선 유제기지위신

充實之謂美이오 充實而有光輝之謂大오 大而化之 之謂聖이오
충실지위미 충실이유광휘지위대 대이화지 지위성

聖而不可知之 之謂神이니 樂正子는 二之中이오 四之下也니라.
성이불가지지 지위신 악정자 이지중 사지하야

제26장 도묵장 逃墨章
잘못된 사상을 깨닫고 바른 유가사상으로 돌아오다

맹자가 말했다.

"묵자 학파에서 도망하면 반드시 양자에게 갈 것이며, 양자학파에서 도망하면 반드시 유가에게 돌아온다. 돌아오면 다 받아들여야 한다."

"오늘 묵자나 양자와 논쟁하는 사람은 유가에 돌아오려는 사람을 마치 도망간 돼지를 쫓듯 한다. 이미 우리 안에 들어왔거늘 다시 잡아서 발을 묶으려 한다."

해설

성현이 이단에 대해서는 매우 엄하게 거리를 두지만 그들이 와서 유가에 귀순하면, 너그럽게 대함을 보여준 글이다. 엄하게 거리를 두기 때문에 사람이 그들이 악한 것임을 안다. 한편 너그럽게 대하므로 사람이 바른길로 되돌아올 줄 안다. 지극한 인仁이며 철저한 의義라 하겠다.

孟子가 日 逃墨이면 必歸於楊이오 逃楊이면 必歸於儒이니 歸커든 斯受之而已矣니라.
맹자 왈 도묵 필귀어양 도양 필귀어유 귀 사수지이이의

今之與楊墨辯者는 如追放豚하니 旣入其苙이어든 又從而招之로다.
금지여양묵변자 여추방돈 기입기립 우종이초지

제27장 유포장 有布章
세금을 한없이 거두면 나라가 위태롭게 된다

맹자가 말했다.

"세금으로 여름에는 베와 비단을 징수하고, 가을에는 곡물을 거두고, 겨울에는 요역傜役을 부과한다. 그러나 도를 지키는 임금은 한 번에 한 가지만을 부과하고 나머지는 늦추어 준다. 한 번에 두 가지를 다 거두어들이면 백성들 중에 굶어 죽는 사람이 생기게 마련이다. 동시에 세 가지를 부과하면 백성들은 부자父子가 서로 흩어지게 된다."

제28장 제후장 諸侯章
나라의 세 가지 보배

맹자가 말했다.

"제후가 보배로 삼아야 할 것이 셋이다. 즉 토지와 인민과 정사이다. 그런데 제후가 재물이나 주옥珠玉을 보배로 여긴다면 반드시 재앙이 몸에 미친다."

孟子가 曰 有布縷之征과 粟米之征과 力役之征하니 君子가 用其一이오 緩其二이니
맹자 왈 유포루지정   속미지정   역역지정   군자 용기일   완기이

用其二면 而民이 有殍하고 用其三이면 而父子가 離니라.
용기이   이민   유표   용기삼   이부자   이

孟子가 曰 諸侯之寶가 三이니 土地와 人民과 政事이니 寶珠玉者는 殃必及身이니라.
맹자 왈 제후지보 삼   토지 인민 정사   보주옥자   앙필급신

군자는 변하지 않는 천도를 따르고 행해야 한다

분성괄이 제나라에서 벼슬을 살게 되자, 맹자가 "분성괄은 죽은 것이다."라고 말했다. 과연 분성괄이 피살되었다. 제자가 물었다.

"선생님은 어떻게 그가 피살될 것을 미리 아셨습니까?"

맹자가 말했다.

"그는 사람 됨됨이가 작은 재주가 있을 뿐, 군자의 대도를 알지 못했으니 족히 자기 몸을 죽게 한 것이다."

해설

분성盆成은 성이고, 괄括은 이름이다. 그는 잔재주를 믿고 망령된 짓을 하므로 재앙을 자초한 것이다.

서씨徐氏가 말했다.

'군자는 변하지 않는 천도를 따르고 행해야 한다. 그러나 분성괄은 죽을 도리를 따르고 행했다. 설사 죽음을 모면해도 맹자의 말은 여전히 믿을 만하다.'

盆成括이 仕於齊러니 孟子가 曰 死矣로다 盆成括이여 盆成括이 見殺이어늘
분 성 괄   사 어 제   맹 자   왈 사 의   분 성 괄   분 성 괄   견 살

門人 問曰 夫子가 何以知其將見殺이시니이꼬 曰 其爲人也가 小有才오
문 인 문 왈 부 자   하 이 지 기 장 견 살   왈 기 위 인 야   소 유 재

未聞君子之大道也하니 則足以殺其軀而已矣니라.
미 문 군 자 지 대 도 야   즉 족 이 살 기 구 이 이 의

제30장 지등장 之滕章
도를 배우려는 사람은 누구라도 받아들인다

맹자가 등滕나라에 가서, 그 나라 임금의 별궁別宮에 유숙했다. 그때 창문 위에 미완성의 마혜麻鞋를 놓아두었는데 별궁지기가 찾았으나 끝내 찾지를 못했다.

어떤 사람이 맹자에게 물었다.

"혹 선생님을 따라온 사람 중에 누군가가 신을 숨긴 게 아닐까요?"

맹자가 되물었다.

"그대는 나를 따라온 자가 신을 훔치고자 왔다고 생각하시오?"

그러자 물었던 사람이 말했다.

"아마 아니겠지요. 허나 선생님께서 글을 가르치신다고 하실 때, '떠나는 사람을 뒤쫓지 않고, 오는 사람을 거절하지 않는다.'고 말씀하시고 모든 사람을 다 받아주셨으니 혹시나 그런 마음을 품은 자가 와도 받아줬을 것이란 말입니다."

孟子가 之滕하샤 館於上宮이러시니 有業屨於牖上이러니 館人이 求之弗得하다.
맹자 지등 관어상궁 유업구어유상 관인 구지불득

或이 問之 曰 若是乎從者之廋也여 曰 子가 以是로 爲竊屨來與아 曰 殆非也이라
혹 문지왈 약시호종자지수야 왈 자 이시 위절구래여 왈 태비야

夫子之設科也는 往者를 不追하며 來者를 不距하사 苟以是心으로 至어든
부자지설과야 왕자 불추 내자 불거 구이시심 지

斯受之而已矣니이다.
사 수 지 이 이 의

614

참을 수 없는 것을 참으면, 인이 충만해진다

맹자가 말했다.

"모든 사람에게는 잔인하고 불쌍한 것을 보면 참을 수 없는 불인지심 不忍之心이 있다. 그 불인지심을 잔인하고 불쌍한 것을 보고도 모른 척하고 참고 견디는 잔인하고 무정한 마음에 뻗고 미치게 하면 곧 인 仁이 된다. 또 모든 사람에게는 차마 할 수 없다고 망설이는 착한 마음씨가 있다. 그 마음씨를 무모하게 하자는 마음에 뻗고 미치게 하면 곧 의義가 된다."

"사람이 능히 남을 해치고 싶지 않다는 마음을 확충할 수 있으면, 세상에 인을 다 쓸 수 없을 만큼 많이 넘칠 것이다. 사람이 능히 도둑질하지 않겠다는 마음을 확충할 수 있으면, 세상에 의를 다 쓸 수 없을 만큼 많이 넘칠 것이다."

"사람이 남이 너라고 부르는 따위의 모욕을 받아들이지 않는 창피를 가리는 마음을 알차게 채울 수 있다면, 어디에 가도 의를 행하게 될 것이다."

孟子가 曰 人皆有所不忍하니 達之於其所忍이면 仁也이오 人皆有所不爲하니
맹자   왈 인개유소불인   달지어기소인   인야   인개유소불위

達之於其所爲면 義也이니라. 人能充無欲害人之心이면 而仁을 不可勝用也이며
달지어기소위   의야   인능충무욕해인지심   이인   불가승용야

人能充無穿踰之心이면 而義를 不可勝用也이니라.
인능충무천유지심   이의   불가승용야

人能充無受爾汝之實이면 無所往而不爲義也이니라.
인능충무수이여지실   무소왕이불위의야

"선비가 말할 때가 아닌데, 말하는 것은 말로써 아첨하는 것이다. 한편 마땅히 말해야 할 때, 말하지 않는 것은 침묵함으로써 아첨하는 것이다. 이들은 다 담을 뚫고, 넘는 도둑과 같은 부류이다."

해설

측은지심惻隱之心과 수오지심羞惡之心은 사람이 다 가지고 있다. 그러므로 잔인한 것을 참지 못하는 마음과 부당한 짓을 하지 않으려는 마음이 있다. 이러한 마음이 바로 인의仁義의 바탕인 것이다. 그러나 기질이 치우치고 물욕에 덮이면, 즉 다른 일에 대해서 혹 제대로 하지 못할 수도 있다. 그러나 자기가 할 수 있는 바를 미루어 하지 못하는 데로 뻗고 도달케 하면, 즉 인의 아닌 게 없게 된다.

士가 未可以言而言이면 是는 以言餂之也이오
사 미가이언이언   시   이언첨지야

可以言而不言이면 是는 以不言餂之也이니 是皆穿踰之類也이니라.
가이언이불언   시   이불언첨지야   시개천유지류야

제32장 언근장 言近章
군자의 말에는 도리가 있다

맹자가 말했다.

"하는 말은 가깝고 쉬우나, 지목하는 바는 원대하고 깊은 것이 좋은 말이다. 자신을 간약簡約하게 지키면서 넓게 베푸는 것이 좋은 도리다. 군자의 말은 하체下體가 아닌 상체上體인 마음이나 정신을 기준으로 한 것이며 그 속에 도리가 존재한다."

"군자가 도를 지키고 몸을 엄하게 단속한다는 말은 곧 자신을 수양하여 천하를 화평하게 한다는 뜻이다."

"사람들의 병은 곧 자기 밭을 내버려 두고 남의 밭의 김을 매는 것이다. 즉 남에게는 과중하게 요구하고, 자신이 질 책임을 가볍게 하기 때문이다."

해설

옛사람은 사람을 볼 때, 허리띠 아래를 보지 않는다. 즉 허리띠 위가 눈이 잘 가고 친근하게 보는 곳이다.

孟子가 曰 言近而指遠者는 善言也이오 守約而施博者는 善道也이니 君子之言也는
맹자　　왈　언근이지원자　　선언야　　　수약이시박자　　　선도야이니　군자지언야

不下帶而道가 存焉이니라. 君子之守는 修其身而天下가 平이니라.
불하대이도가　존언　　　군자지수　　수기신이천하가　평

人病은 舍其田而芸人之田이니 所求於人者가 重이오 而所以自任者가 輕이니라.
인병　　사기전이운인지전　　　소구어인자가　중이오　이소이자임자가　경

제33장 요순장 堯舜章

성인은 본성대로 행하고, 군자는 하늘의 법도를 행한다

맹자가 말했다.

"요임금, 순임금은 본성대로 행하고 성덕을 세웠다. 탕왕이나 무왕은 애를 쓰고 악을 물리치고 세상을 바르게 되돌렸다."

"용모나 행동이 두루 원만하고, 또 예법에 맞는 것이 지극한 성덕이다. 죽은 사람을 통곡하고 슬퍼하는 것은 산 사람에게 보이기 위해서가 아니다. 항상 덕을 바르게 세우고 잘못하지 않는 것은 벼슬을 구하고자 해서가 아니다. 말과 행동이 일치하고 신의를 지키는 것은 자기의 행동이 바르다는 것을 보이기 위해서가 아니다."

"군자는 하늘의 법도를 행하고, 천명을 기다릴 뿐이다."

해설

사람의 본성은 하늘로부터 받은 온전한 것이며 때 묻고 부서진 것이 아니다. 그러므로 새삼스럽게 닦고 가꾸지 않아도 지극한 성인의 경지에 이를 수 있다. 반지反之는 수양하여 본성을 회복하고 성인의 경지에 이른다는 뜻이다.

孟子가 曰 堯舜은 性者也이오 湯武는 反之也이시니라. 動容周旋이 中禮者는
맹자　 왈 요순　 성자야　　 탕무는 반지야　　　　　 동용주선　 중례자

盛德之至也이니 哭死而哀가 非爲生者也이며 經德不回가 非以干祿也이며
성덕지지야　　 곡사이애　 비위생자야　　 경덕불회가 비이간록야

言語必信이 非以正行也이니라. 君子는 行法하야 以俟命而已矣니라.
언어필신　 비이정행야　　　 군자는 행법　　 이사명이이의

618

제34장 대인장 大人章
옛 성현들의 법도를 굳게 지킨다

맹자가 말했다.

"권력을 잡은 대인에게 유세할 때는 그를 경시하고 그의 외면적 위세나 부귀는 무시해라."

"그들의 궁실宮室 높이가 여러 길이나 되고, 앞으로 뻗은 서까래 길이가 여러 자이다. 그러나 설사 내가 뜻을 얻고 자리에 올라도 그런 짓은 하지 않을 것이다. 그들은 식사할 때 사방 열 자 넓이의 식탁에, 진수성찬을 고여놓고 또 수백 명의 시녀와 첩들을 거느린다. 그러나 설사 내가 뜻을 얻고 자리에 올라도 그런 짓은 하지 않을 것이다. 또 그들은 크게 판을 벌이고 연락宴樂하고 술을 마시거나, 혹은 말을 세차게 몰아 달리고 사냥하며 그때 뒤따르는 수레가 천 대가 된다. 그러나 설사 내가 뜻을 얻고 자리에 올라도 그런 짓은 하지 않을 것이다. 그들의 무식하고 천박한 짓을 나는 하지 않는다. 내가 마음속에 품고 하고자 하는 바는 모두 옛날 성현들이 제정한 바른 제도이다. 그러니 내가 왜 그들을 두렵게 여기겠는가?"

孟子가 曰 說大人 則藐之하야 勿視其巍巍然이니라. 堂高數仞과 榱題數尺을
맹자　왈 세대인 즉묘지　　물시기외외연　　　당고수인　최제수척

我는 得志라도 弗爲也이며 食前方丈과 侍妾數百人을 我는 得志라도 弗爲也이며
아　득지　　불위야　식전방장　시첩수백인　아　득지　　불위야

般樂飲酒와 驅騁田獵과 後車千乘을 我는 得志라도 弗爲也이니
반락음주　구빙전렵　후거천승　아　득지　　불위야

在彼者는 皆我所不爲也이오 在我者는 皆古之制也이니 吾何畏彼哉리오.
재피자　개아소불위야　재아자　개고지제야　오하외피재

제35장 양심장 養心章

본심의 성리를 잃지 않게 경계한다

맹자가 말했다.

"마음을 키우는 데는 과욕寡欲보다 더 좋은 것이 없다. 사람됨이 과욕하면 마음속에 성리性理를 안 가진 바가 적다. 반대로 사람됨이 욕심이 많은 사람이면 마음속에 성리가 적게 마련이다."

해설

욕欲은 이목구비耳目口鼻 및 사지四肢의 욕구를 말한다. 욕구는 비록 사람에게는 없을 수 없다. 그러나 많이 넘치고 절제하지 않으면, 본심의 성리性理를 잃지 않을 수 없게 된다. 고로 학자는 마땅히 깊이 경계해야 한다.

정자程子자 말했다.

'욕구는 반드시 빠져드는 것만이 아니다. 그렇게 하겠다고 지향하는 것도 바로 욕구이다.'

孟子가 曰 養心이 莫善於寡欲이니 其爲人也가 寡欲이면 雖有不存焉者이라도 寡矣오
맹자　왈　양심　막선어과욕　　기위인야　과욕　　수유부존언자　　　　과의

其爲人也가 多欲이면 雖有存焉者라도 寡矣니라.
기위인야　다욕　　수유존언자　　과의

제36장 증석장 曾晳章
아버지 생각에 양조를 먹지 못하다

증석曾晳은 생전에 양조羊棗를 좋아했다. 그의 아들 증자曾子는 돌아가신 아버지를 생각하고 양조를 차마 먹지 못했다.

공손추가 맹자에게 물었다.

"회나 불고기와 양조는 어느 것이 더 맛이 좋습니까?"

맹자가 대답했다.

"회나 불고기가 맛이 더 있다."

공손추가 또 물었다.

"그렇다면 증자는 맛이 좋은 회나 불고기를 먹으면서 그만 못한 양조는 왜 안 먹었습니까?"

맹자가 답해서 말했다.

"회나 불고기는 다른 사람도 같이 먹는 음식이지만 양조는 아버지 혼자 좋아서 먹는 음식이다. 이는 마치 자기 아버지의 이름 부르기를 휘諱하고, 성은 휘하지 않음과 같다. 성은 한 집안이 공동으로 쓰지만 이름은 혼자만 쓰는 것이다."

曾晳이 嗜羊棗러니 而曾子不忍食羊棗하시니라.
증석   기양조   이증자불인식양조

公孫丑가 問曰 膾炙與羊棗가 孰美니이꼬
공손추   문왈 회자여양조가 숙미

孟子가 曰 膾炙哉인저 公孫丑가 曰 然則曾子는 何爲食膾炙 而不食羊棗이시니이꼬
맹자 가 왈 회자재   공손추   왈 연즉증자   하위식회자 이불식양조

曰 膾炙는 所同也이오 羊棗는 所獨也이니 諱名不諱姓하나니 姓은 所同也이오
왈 회자   소동야   양조   소독야   휘명불휘성   성   소동야

名은 所獨也일새니라.
명   소독야

공자는 도에 맞게 행동하는 사람을 그리워하다

만장이 맹자에게 물었다.

"공자가 진나라에 계실 때 '어찌 안 돌아가겠는가. 우리 향당鄉黨의 선비들은 기개가 높고 행동이 대범하고 진취적이며 애초의 뜻을 잊지 않는다.'라고 말씀하셨습니다. 왜 공자께서 진나라에 계시면서 노나라의 기개가 높은 선비들 생각을 하셨을까요?"

맹자가 말했다.

"공자께서 도에 맞게 하는 사람과 함께하지 못할 바에는 반드시 광견狂獧한 사람과 함께하려고 했다. 광자狂者는 진취적이고, 견자獧者는 그릇된 일은 하지 않는다. 공자가 어찌 도에 맞게 행하는 사람을 원치 않았겠는가. 그러나 얻을 수 없으니 그 다음가는 사람을 생각한 것이다."

萬章이 問日 孔子가 在陳하샤 日 盍歸乎來리오 吾黨之士가 狂簡하야 進取하대
만장 문왈 공자 재진 왈합귀호래 오당지사 광간 진취

不忘其初이라하시니 孔子가 在陳하샤 何思魯之狂士이시니이꼬. 孟子가 日 孔子는
불망기초 공자 재진 하사노지광사 맹자 왈공자

不得中道而與之인댄 必也狂獧乎인저 狂者는 進取오 獧者는 有所不爲也이라하시니
부득중도이여지 필야광견호 광자 진취 견자 유소불위야

孔子 豈不欲中道哉시리오마는 不可必得 故로 思其次也이시니라.
공자 기불욕중도재 불가필득 고 사기차야

광자는 뜻이 있으며, 견자는 지키는 바가 있다

만장이 말했다.

"감이 묻겠습니다. 어떠한 사람을 광狂이라 합니까?"

맹자가 대답했다.

"금장琴張, 증석曾晳, 목피牧皮 같은 사람이 공자가 말하는 바 광狂에 해당한다."

"어떻게 하는 것을 광狂이라 합니까?"

맹자가 말했다.

"그들은 뜻이나 말이 지나치게 크고 과장되며, 늘 '옛날의 성인이여! 옛날의 성인이여!' 하고 외쳤다. 그러나 평소에 그들이 하는 행동을 살펴보면 말이나 뜻에 어울리지 않는 사람들이다. 그와 같은 광자狂者도 같이 어울리지 못할 바에는 더러운 짓을 하지 않는 사람이라도 얻어 사귀고자 할 것이다. 이와 같은 태도가 곧 견獧이다. 이들 견자獧者는 광자 다음가는 사람들이다."

敢問 何如이라야 斯可謂狂矣니이꼬 日 如琴張 曾晳 牧皮者가 孔子之所謂狂矣니라.
감 문 하 여   사 가 위 광 의   왈 여 금 장 증 석 목 피 자   공 자 지 소 위 광 의

何以謂之狂也니이꼬 日 其志가 嘐嘐然 日 古之人 古之人아여호대
하 이 위 지 광 야   왈 기 지   교 교 연   왈 고 지 인 고 지 인

夷考其行 而不掩焉者也니라 狂者는 又不可得이어든
이 고 기 행 이 불 엄 언 자 야   광 자   우 불 가 득

欲得不屑不潔之士而與之하시니 是는 獧也아나 是는 又其次也니라.
욕 득 불 설 불 결 지 사 이 여 지   시   견 야   시   우 기 차 야

향원은 세상의 환심을 사려고 하는 자이다

"공자가 '내 집 문을 지나면서, 내 방에 들어가지 않아도 유감으로 여기지 않는 사람은 오직 향원鄕原이다.'라고 말씀하시고 다시 '향원은 덕德을 해치는 사람이다.'라고 하셨습니다."

그리고 만장이 다시 물었다.

"어떻게 하는 사람을 가히 향원이라 말할 수 있습니까?"

맹자가 대답해서 말했다.

"향원은 광자狂者를 보고 다음과 같이 욕한다. '왜 저렇게 뜻만 높고 큰소리만 하느냐! 말이 행동에 맞지 않고, 행동이 말을 돌아보지 않는다. 그러면서 항상 옛날 성인이여!, 옛날 성인이여하고 외치기만 한다.' 또 향원은 견자獧者를 다음과 같이 욕한다. '왜 외따로 고독하게 차갑게 행동하느냐! 이 세상에 태어났으니, 이 세상 사람들과 어울려 사는 것이 좋을 것이다.' 그러면서 그들은 음흉하고 남모르게 속세에 아첨한다. 그런 자가 바로 향원이다."

孔子가 曰 過我門而不入我室이라도 我不憾焉者는 其惟鄕原乎인저 鄕原은
공자 왈 과아문이불입아실   아불감언자 기유향원호   향원

德之賊也이라하시니 曰 何如이면 斯可謂之鄕原矣니이꼬. 曰 何以是嘐嘐也하야
덕지적야   왈 하여   사가위지향원의   왈 하이시교교야

言不顧行하며 行不顧言이오 則曰 古之人 古之人이여하며 行何爲踽踽涼涼리이오
언불고행   행불고언   즉왈 고지인 고지인   행하위우우량량

生斯世也이라 爲斯世也하야 善斯可矣라하야 閹然媚於世也者가 是鄕原也이니라.
생사세야   위사세야   선사가의   엄연미어세야자   시향원야

향원인은 덕을 해치는 사람이다

만장이 물었다.

"한 마을에서 모든 사람이 근실한 사람이라고 칭찬하면 어디에 가도 근실할 것입니다. 그런데 공자께서 덕을 해치는 자(德之賊)라고 평을 하신 까닭은 어째서입니까?"

맹자가 말했다.

"원인原人은 비난을 하려고 해도 드러내 놓을 잘못이 없다. 찌르고 공격하려고 해도 찌르고 공격할 것이 없다. 그들은 유속流俗과 하나가 되고, 오염된 세상과 합치고 사이비似而非 충신忠信에 몸을 담고 사이비 청렴을 행한다. 그러므로 대중들이 좋아하고, 또 자신도 옳다고 생각하고 있다. 그러나 그들과 더불어 요순堯舜의 도리를 펴는 덕德의 경지에 들어갈 수가 없다. 그래서 그들을 덕을 해치는 자들이라고 말한 것이다."

萬章이 曰 一鄕은 皆稱原人焉이면 無所往而不爲原人이어늘
만장 왈 일향 개칭원인언 무소왕이불위원인

孔子가 以爲德之賊은 何哉이꼬.
공자 이위덕지적 하재

曰 非之無擧也이오 刺之無刺也하야 同乎流俗하며 合乎汙世하야 居之似忠信하며
왈 비지무거야 자지무자야 동호류속 합호오세 거지사충신

行之似廉潔하야 衆皆悅之어든 自以爲是 而不可與入堯舜之道이니
행지사렴결 중개열지 자이위시 이불가여입요순지도

故로 曰 德之賊也이라하시니라.
고 왈 덕지적야

군자는 항상 바른 도리를 따른다

"공자께서 말씀하셨다. 비슷하면서 아닌 것을 미워한다. 강아지풀(莠)
을 미워하는 것은 곡식의 싹을 어지럽힐까 두려워서이다. 아첨하는
자를 미워하는 것은 의義를 흐리게 할까 두려워서이다. 입빠른 자를
미워하는 것은 음란하고 쓸데없는 많은 소리로 정도正道의 음악을 혼
란케 할까 두려워서이다. 자색을 미워하는 것은 원색인 주색朱色을
혼란케 할까 두려워서이다."
"군자는 바른 도리에 되돌아온다. 군자가 항상 바른 도리를 따르고
지키므로, 서민들도 도덕적으로 흥성하게 되고, 서민들이 도덕적으
로 흥성하게 되면, 상하가 다 사특邪慝한 짓을 하지 않게 된다."

孔子가 曰 惡似而非者하노니 惡莠는 恐其亂苗也이오 惡佞은 恐其亂義也이오
공자　　왈 오사이비자　　　　오유　공기란묘야　　　오녕　공기란의야

惡利口는 恐其亂信也이오 惡鄭聲은 恐其亂樂也이오
오리구　공기란신야　　　오정성　공기란악야

惡紫는 恐其亂朱也이오 惡鄉原은 恐其亂德也이라하시니라.
오자　공기란주야　　　오향원　공기란덕야

君子가 反經而已矣니 經正 則庶民이 興하고 庶民이 興하면 斯無邪慝矣리라.
군자　반경이이의　경정 즉서민　흥　　　서민　흥　　사무사특의

제38장 요순장 堯舜章

성인을 기다리다

맹자가 말했다.

"요임금, 순임금으로부터 탕왕에 이르기까지 5백 년이 되었다. 우왕이나 고요는 직접 요순의 도를 보고 알았으나 탕왕은 듣거나 배워서 알았던 것이다."

"은나라 탕왕에서 주나라 문왕에 이르기까지 약 5백 년 전후였다. 이윤이나 내주는 바로 탕왕의 도리를 직접 보고 알았다. 그러나 주나라 문왕은 듣고 배워서 알았던 것이다."

"문왕부터 공자에 이르기 까지 5백 년 전후가 되었다. 문왕을 보좌했던 태공망이나 산의생 같은 분은 문왕의 도리를 직접 보고 알았다. 그러나 공자는 듣거나 배우고 알 수 있었던 것이다."

孟子가 曰 由堯舜至於湯이 五百有餘歲니 若禹皐陶則見而知之하시고
맹 자   왈 유 요 순 지 어 탕   오 백 유 여 세   약 우 고 요 즉 견 이 지 지

若湯則聞而知之하시니라. 由湯至於文王이 五百有餘歲니 若伊尹萊朱則見而知之하고
약 탕 즉 문 이 지 지   유 탕 지 어 문 왕   오 백 유 여 세   약 이 윤 래 주 즉 견 이 지 지

若文王則聞而知之하시니라. 由文王至於孔子가 五百有餘歲니
약 문 왕 즉 문 이 지 지   유 문 왕 지 어 공 자   오 백 유 여 세

若太公望散宜生則見而知之하고 若孔子則聞而知之하시니라.
약 태 공 망 산 의 생 즉 견 이 지 지   약 공 자 즉 문 이 지 지

"공자로부터 오늘에 이르기까지, 백여 년밖에 안 되고, 성인 공자가 사시던 때로부터 이와 같이 시간적으로 멀지 않으며, 또 성인 공자가 사시던 곳과 지리적으로도 매우 가깝다. 그러면서 오늘의 사람들이 도가 이루어지는 것을 눈으로 보지 못할까 두렵고, 또 도를 듣고 배우고 알지 못할까 두렵구나!"

해설

조씨趙氏가 말했다.
'5백 년 만에 성인聖人이 출현하는 것이 천도天道의 정해진 법이다. 그러나 다소 늦거나 빠를 수 있으므로 정확히 5백 년이라고 말할 수 없다. 고로 유여有餘라고 말한 것이다.'
임씨林氏가 말했다.
'맹자가 공자 때부터 오늘에 이르기까지, 시간적으로도 멀지 않고, 또 맹자의 고향 추鄒와 공자의 고향 노魯는 지리상으로도 가깝다. 그런데 성인 공자를 보고 공자의 학문과 사상을 아는 사람이 없으니, 앞으로 다시 5백 년 후면, 어찌 다시 듣고 배우고 알 사람이 있겠는가?'

由孔子而來로 至於今이 百有餘歲니 去聖人之世가 若此其未遠也이며
유 공 자 이 래   지 어 금   백 유 여 세   거 성 인 지 세   약 차 기 미 원 야

近聖人之居가 若此其甚也이로대 然而無有乎爾하니 則亦無有乎爾로다.
근 성 인 지 거   약 차 기 심 야   연 이 무 유 호 이   즉 역 무 유 호 이

인생의 절반쯤 왔을 때
읽어야 할 맹자

초판 1쇄 인쇄 2020년 4월 24일
초판 1쇄 발행 2020년 4월 30일

지은이 맹자
옮긴이 박훈

펴낸이 이효원
편집인 김성규
펴낸곳 탐나는책
출판등록 2015년 10월 12일 제 2015-000025호
주소 서울특별시 금천구 디지털로9길 68 대륭포스트타워5차 1606호
전화 070-8279-7311 **팩스** 02-6008-0834
전자우편 tcbook@naver.com

ISBN 979-11-89550-20-2 (03140)

이 도서의 국립중앙도서관 출판시도서목록(CIP)은
서지정보유통지원시스템 홈페이지(http://seoji.nl.go.kr)와
국가자료공동목록시스템(http://www.nl.go.kr/kolisnet)에서 이용하실 수 있습니다.
CIP제어번호: 2020014556